未名社科·传播政治经济学译丛

学术顾问：文森特·莫斯可（Vincent Mosco）
　　　　　丹·席勒（Dan Schiller）
译丛主编：赵月枝　曹晋

Dependency Road
Communications, Capitalism,
Consciousness, and Canada

依附之路

传播、资本主义、意识和加拿大

［加］达拉斯·W. 斯迈思（Dallas W. Smythe） 著

吴畅畅 张颖 译

著作权合同登记号　图字：01-2009-2223

图书在版编目(CIP)数据

依附之路：传播、资本主义、意识和加拿大/(加)达拉斯·W. 斯迈思著；吴畅畅，张颖译. —北京：北京大学出版社，2022.1

(未名社科. 传播政治经济学译丛)

ISBN 978-7-301-32605-3

Ⅰ. ①依… Ⅱ. ①达… ②吴… ③张… Ⅲ. ①传播学—政治经济学—研究—加拿大 Ⅳ. ①G206 ②F0

中国版本图书馆 CIP 数据核字(2021)第 265795 号

Dependency Road：Communications，Capitalism，Consciousness，and Canada

by Dallas W. Smythe

Copyright © 1981 by Dallas W. Smythe

Simplified Chinese translation © 2022 by Peking University Press

All Rights Reserved

书　　名	依附之路：传播、资本主义、意识和加拿大 YIFU ZHILU：CHUANBO、ZIBENZHUYI、YISHI HE JIANADA
著作责任者	〔加〕达拉斯·W. 斯迈思(Dallas W. Smythe) 著　吴畅畅　张颖　译
责任编辑	周丽锦
标准书号	ISBN 978-7-301-32605-3
出版发行	北京大学出版社
地　　址	北京市海淀区成府路 205 号　100871
网　　址	http://www.pup.cn
电子信箱	ss@pup.pku.edu.cn
新浪微博	@北京大学出版社　@未名社科-北大图书
电　　话	邮购部 010-62752015　发行部 010-62750672　编辑部 010-62765016
印 刷 者	大厂回族自治县彩虹印刷有限公司
经 销 者	新华书店
	965 毫米×1300 毫米　16 开本　26 印张　387 千字 2022 年 1 月第 1 版　2022 年 1 月第 1 次印刷
定　　价	99.00 元

未经许可，不得以任何方式复制或抄袭本书之部分或全部内容。

版权所有，侵权必究

举报电话：010-62752024　电子信箱：fd@pup.pku.edu.cn

图书如有印装质量问题，请与出版部联系，电话：010-62756370

献给所有为追求完美人生而奋斗的人。
你们是最了不起的。

目　录

译丛总序　　　　　　　　　　　文森特·莫斯可　丹·席勒　/1
译　　序　　加拿大的传播发展史就是一部依附英美的历史！
　　　　　　　　　　　　　　　　　　　　　吴畅畅　/1
序　　　　　　　　　　　　　　　　　赫伯特·I.席勒　/1
前　　言　　　　　　　　　　　　　达拉斯·W.斯迈思　/1
导　　论　　　　　　　　　　　　　达拉斯·W.斯迈思　/1
第 1 章　大众媒体和流行文化如何定义发展　　　　　/1
第 2 章　受众商品及其运作机制　　　　　　　　　　/22
第 3 章　意识工业发展史Ⅰ：工作场所与大公司霸权　/53
第 4 章　意识工业发展史Ⅱ：科学的大众营销手段
　　　　　和大众媒体的产生　　　　　　　　　　　/68
第 5 章　加拿大传播媒体的背景　　　　　　　　　　/93
第 6 章　加拿大媒体的文化附属地位Ⅰ：印刷媒体和电影　/106
第 7 章　加拿大媒体的文化附属地位Ⅱ：电信业　　　/147
第 8 章　加拿大媒体的文化附属地位Ⅲ：广播电视业　/168

第 9 章	艺术与科学中的现实主义	/205
第 10 章	论作为宣传用语的"技术"与商品；需求与文化甄别	/234
第 11 章	论传播的传统与批判理论	/267
第 12 章	论意识	/289
附　　录	电子信息老虎，还是无线电频谱的政治经济学和第三世界的利益？	/321
参考文献		/341
索　　引		/356
译　　跋	吴畅畅	/371

译丛总序

文森特·莫斯可　丹·席勒

作为这套传播政治经济学译丛的学术顾问,我们非常珍惜通过译丛的出版与中国读者进行知识与思想交流的机会。在此,我们要阐明,我们对传播政治经济学情有独钟,而让中国读者更易于接触到传播政治经济学研究传统中一些开创性的著作,也能鼓励更多中国学者以独特的方式创造性地扩展传播政治经济学的研究领域,并开创出具有中国特色的传播政治经济学研究。这种想象及期待或许并非遥不可及。事实上,中国学者已经在这方面做出了实质性的贡献。

这次能有机会扩充传播政治经济学的中文文献,要归功于北京大学出版社,还要归功于赵月枝和曹晋两位教授,她们在开拓出版译著所必需的公共知识空间及提供物质资源方面发挥了必不可少的作用。对此,我们深表感谢。与此同时,我们还要感谢你们——我们的读者。我们真诚地邀请您和我们一起为丰富及发展传播政治经济学而共同努力。

什么是政治经济学?

政治经济学主要研究社会关系,特别是权力关系,正是这些权力关系之间的相互作用共同构建了包括传播资源在内的各种资源的生产、分配及消费。这一定义表述有一定的实用价值,因为它使我们关注传播业是如何运作的。比如说,传播产品如何从一系列生产者如电影制片厂,转移到批发商、零售商及消费者手中,随后,消费者的购买、租赁及注意力等信息又反馈到生产环节,从而形成新的生产过程。但是,比起这套标准的商学院课程表述,政治经济学更为深刻。这是因为,如果用最普遍且最具有概括力的定义来表述,政治经济学就是研究社会生活中的控制和生存。控制特指在不断变化的环境中个体及团体成员的内部组织,而生存意味着他们通过何种途径来创造社会再生产所需的物质。控制过程大体是政治性的,因为它推动形成了一个社群内的各种关系的社会性组织;生存过程则主要是经济性的,因为它涉及生产和再生产过程是如何发生的。我们需要将这两方面共同置于具体的历史条件下来理解。

既然要在历史背景下思考控制和生存,政治经济学就始终将社会变迁与历史转型作为首要的研究目标。对于亚当·斯密(Adam Smith)、大卫·李嘉图(David Ricardo)和约翰·斯图尔特·密尔(John Stuart Mill)等18世纪和19世纪早期的政治经济学家来说,这意味着全面认识资本主义革命,即社会由以农业劳动为主要基础向以商业、制造业为主要基础转变,直到工业社会的巨变及其所引发的社会动荡。对于卡尔·马克思(Karl Marx)来说,这意味着考察资本主义的内在动力机制和审视资本主义与其他形式的政治经济组织之间的关系,其目的是理解最终使资本主义转向社会主义的社会变迁过程。

19世纪末,正统经济学开始凝聚力量,反对政治经济学。它忽视历史和社会变化的动态过程,将政治经济学转化为经济学,使其能像物理学一样对自身领域的现象和问题提出概括性的静态解释。正统经济学能够精确说明购买者和销售者如何合力在市场上制定价格,但是,它无意展现那些在价格确定背后范围更广泛的社会及经济变化过程。当代政治经济学家恪守与正统经济学相抗衡的各种非正统立场,仍然秉持古典政治经济学立足社会变迁和转型的研究传统,关注当前诸如工业经济向服务或信息经济转变的这些领域。目前,对大众媒介、信息及传播技术的研究在政治经济学领域占据着重要地位,因为这些研究领域所涵盖的产业是构成当今世界政治经济的主要力量。

政治经济学的另一个特点是其审视社会整体的旨趣,即它对构成社会关系整体的经济、政治、社会及文化等各方面的关注。基于亚当·斯密所处的年代,他对社会生活的理解没有局限于如今学科之间清晰的学术界限。随着马克思、制度经济学、保守主义和新马克思主义理论家的相继出现,政治经济学始终如一地通过解释政治和经济之间的相互影响及二者与更广泛的社会及象征领域活动之间的关系,坚持了政治和经济的整体性。政治经济学学者想探究的问题是:权力和财富是如何联系在一起的?它们是如何构建并推动形成我们当前的大众媒介、信息、文化和娱乐体系的?

政治经济学坚持道德哲学,热衷于研究确立社会行为的价值及指导人们努力改变社会行为的道德原则。对亚当·斯密而言,正如他在《道德情操论》(*The Theory of Moral Sentiments*)——他对此书的喜爱胜于更著名的《国富论》(*An Inquiry into the Nature and Causes of the Wealth of Nations*)——中所言,道德哲学意味着理解诸如私利、物质主义、个人自由这些推动商业资本主义崛起的价值观念。而对卡尔·马克思来说,道德哲学意味着两种力量之间持续的斗争:一方面是实现人类劳动中个体和社会价值的驱动力,另一方面是将人类劳动简化为适于销售的商品的推动力。当代政治经济学在道德哲学上主张将民主推及社会生活的所有方面,即除了在政治上保证人们的参政权之外,还须将民主延伸至经济、社会及文化领域,要求实现收入的平等、普及教育,让公众参与各种形式的文化生产,并确保他们有权力自由表达和传播个人的观点和意见。

承袭上述各方面的民主要求,政治经济学的另一个核心特征在于其社会实践性,即思想与行为的一致性。特别需要明确指出的一点是,与传统的倾向于将研究领域与社会干预相分离的学术立场相反,但与古代向当权者提出劝告和建议的实践传统一脉相承,政治经济学学者坚持视学术生活为社会变革的一种形式,视社会干预为知识的一种形式。在如何进行社会干预方面,政治经济学学者有根本分歧。托马斯·马尔萨斯(Thomas Malthus)认为允许未经处理的污水溢满街道是进行人口控制的一种方式,而马克思号召劳工通过革命实现自身的价值。尽管如此,政治经济学学者一致认为,割裂研究与实践之间的关联是人为造成的,必须打破这种格局。

政治经济学的学术取向容纳了很多不同学派的思想,这确保了观点的多样性及内部争辩的活跃性。可以说,如何回应以亚当·斯密及其追随者为代表的古典政治经济学成了政治经济学最基本的思想分界线,由此形成了两种不同的研究路径。

一方面是当前作为一门学科的经济学,它将个体作为分析的主要单位并视市场为社会的主要结构,二者通过个体在市场上对需求的表达得以结合。随着时间的推移,这种研究路径将政治经济学对历史、社会整体性、道德哲学及实践(改变世界所需的思想与行动的一致性)的关注撇在一边,将政治经济学转变成一门基于用数学语言描述市场行为的经验研究之上的经济科学。在人们广义上理解的新古典经济学,或者简单来说在当下居主导地位的经济学视角中,劳动被简化为一个与土地、资本一样的生产要素,其价值只是体现在其生产力或其在增加终端产品的市场价值的能力上。

另一方面,以亚当·斯密为代表的古典政治经济学形成的研究路径反对上述主流经济学的研究取向,他们坚持关注历史变迁、社会整体性、道德哲学及实践性。有很多不同学派的学者推动了这一政治经济学的演进与发展:保守主义者试图取代市场个人主义;空想社会主义者赞同社会干预但主张将社区的地位置于市场之前;马克思主义者则使不同社会阶级之间的劳动及斗争回归政治经济学研究的中心议题。基于这些视角的观点陈述,形成了当下广泛而复杂的政治经济学理论表述。

尽管主流经济学在学术及政治谱系中处于中间及中间偏右的位置,但是,以乔治·J. 斯蒂格勒(George J. Stigler)、詹姆斯·M. 布坎南(James M. Buchanan)和罗纳德·H. 科斯(Ronald H. Coase)这三位诺贝尔经济学奖得主为代表的新保守主义政治经济学却与传统经济学持有不同的观点,因为他们主张将新古典经济学的范畴推及社会生活的所有方面以扩展个人自由。制度经济学在政治谱系中占据中间稍稍偏左的位置,认为受制度及技术限制而形成的市场有利于那些规模和权力较大的公司和政府对其进行控制。阐述这方面观点的例子是约翰·肯尼思·加尔布雷斯(John

Kenneth Galbraith)的著作,他的主要观点来自索尔斯坦·凡勃伦(Thorstein Veblen)的思想。制度学者创建的分析框架被用来研究大型传媒企业如何能够控制大众媒介产品的生产和销售,从而限制了媒介内容的多样性。这些分析尤其关注这些媒介集团是如何将挑战迎合商业主义的观点排除在生产和销售之外的。新马克思主义政治经济学的各种流派包括后福特主义、世界体系理论、劳动过程理论以及参与全球化问题争论的各派,它们继续将社会阶级置于问题分析的中心,主要致力于解释资本主义、劳动的自动化和去技术化,以及国际劳动分工的变化这三者之间的关系。最后,社会运动也促成了它们各自的政治经济学分支的产生。这方面的代表主要有:女权主义政治经济学,关注父权制在社会中根深蒂固的存在和对家庭劳动的忽视;生态政治经济学,聚焦社会行为与有机生态之间的关联;还有一种政治经济学把社会运动分析和意大利自主马克思主义者的理论传统熔于一炉(Mosco,forthcoming)。

传播政治经济学

传播政治经济学在北美的出现与三个复杂的历史发展背景相关:其一,多元化的传播产业在发达资本主义国家尤其是美国的迅速扩张;其二,这一产业随后的跨国发展,并因此在强劲的去殖民化社会背景下引发了其他国家对这一发展趋势的政治回应;其三,信息和传播在全球资本主义积累过程中发挥的日趋居于核心地位的关键作用。

在美国,传播产业典型的所有权及控制形式是怎样的?现代传播机构是如何组织的?它们的社会功能和机构目标是什么?它们的雇佣机制和劳工的劳动实践是怎样的?如何决定生产此种形式而非彼种形式的传播产品和服务?传播资源在全社会是如何分布的,且如何解释这些接近和使用传播资源的形态?传播中的控制体系如何重新调整国家和社会中的制度性决策并与之紧密关联?当前的传播机制是支持政治自由、文化发展及经济福利抑或不支持?随着达拉斯·斯迈思(Dallas Smythe)这样的学者在20世纪中期开始探讨上述重要问题,他们成为传播政治经济学研究的先驱。

还有一些亟待探讨的问题也很快浮出水面,随之构成了反思及争论的第二个历史机遇。与第二次世界大战后早期去殖民化的历史过程同时出现的历史现实是:以美国为基地的传播工业实现了跨国发展,并因此引发了其他国家对这一发展趋势强有力的政治回应。

20世纪六七十年代,亚洲、非洲、拉丁美洲宣称要争取民族自主性的国家倡导成立了不结盟运动,由此推进了建立世界信息传播新秩序的斗争,这为传播政治经济学提供了政治目标和富有活力的新研究议题,即传播在以美国为主导的战后全球资本主义重组过程中扮演了什么角色?在对已经取得独立的国家进行新形式的控制的过程中,传播和文化是如何牵涉其中的?应采取何种措施改变国际信息流向不平等的现状?

为了回答以上问题,北美政治经济学家如赫伯特·I.席勒(Herbert I. Schiller)等与来自欧洲及世界南部地区的传播学学者相呼应,对主流理论提出了强有力的批评。起源于西方尤其是美国的现代化理论及发展主义理论试图使传播成为解释发展的一种视角,以契合占主导地位的学术和政治利益。发展主义理论认为,媒介是一种资源,应当与城市化、教育及其他社会力量一起共同促进第三世界国家经济、社会及文化的现代化。因此,媒介的成长可以被视为衡量发展的一个指标。政治经济学家汲取了国际新马克思主义政治经济思潮的若干养分,其中包括世界体系理论和依附理论,开始挑战发展主义模式的基本理论前提,指出该理论是技术决定论,忽视了第一世界和第三世界之间的权力关系,也忽略了第一世界和第三世界各自内部及相互间存在的多层社会阶级关系(Pendakur, 2003; Zhao, 1998)。

政治经济学家详细阐述了取代现代化理论的文化帝国主义理论,证实存在一系列作为跨国公司和国家权力马前卒的结构和实践。具体而言,将美国制作的电影和电视节目倾销到刚独立且贫穷的国家,不仅削弱了这些国家生产新闻和娱乐节目的能力,而且推动形成了文化和信息从中心流向边缘的单向传输路径。当这些国家引进商业媒介体系后,推动培育消费主义文化代替了其他优先发展目标,即使人们普遍享有充足的食物、医疗保健、教育和其他生活必需品。此外,消费主义本身也产生了破坏生态及文化的负面效应。在发展被美国精英和跨国公司所掌控的超国家的传播新技术,尤其是人造卫星的过程中,这些刚独立且贫穷的国家的主权遭到系统性践踏。而通过电脑传播系统实现的跨边界数据传输进一步使大公司的利益凌驾于国家主权之上。由于传播秩序的分布有利于西方国家,因此,全世界的公众看到的是被扭曲的贫穷国家和人民的形象。在美国的外国留学生在学习过程中接受的是一种既定的美国式的假设,即私人所有且受广告资助的媒介应当主导所有形式的公共传播。图绘跨国传播企业的发展、权力以及与美国政府间亲密的关系,是传播政治经济学一个重要且持久的研究焦点。此外,资源再分配及去军事化也是其研究关注的重要方面。

由于文化帝国主义论说有强大的解释力,而且日渐成为国际辩论中用以分析问题的标准,它们不久便引发了反弹。这些反弹既表现在政治经济上,又表现在意识形态上。在罗纳德·里根(Ronald Reagan)任总统期间,美国在财政上停止资助联合国教科文组织,因为该组织处于有关建立国际传播新秩序问题争论的中心。从20世纪80年代早期开始,现代化理论家试图通过重新聚焦电信及电脑新技术来修正他们原先提出的发展模式,宣称这些领域为原来的模式提供了新的认识。大学研究人员极力宣称信息和传播技术将消除全球贫困和不平等等现状之时,也是他们的研究得到如世界银行等机构资助之际。

对此,世界不同地区的政治经济学家再次进行了回应,他们关注的焦点是信息和传播技术在全球劳动分工的重新整合中的重要作用,这构成了传播思想史中的第三个关键时刻。起初,研究人员认为劳动分工主要表现在地理上:无技术含量的劳动集中在世界上最贫穷的国家,半技术和较复杂的组装劳动分布在半边缘的社会,而研究、发展及战略计划局限于第一世界国家的公司总部,而这正是大宗利润流入的区域。最新研究表明,阶级分化超越了地理界限,就不断发展的国际劳动分工而言,核心问题在于跨国公司的灵活性和适应性不断增强,它们掌控着能超越传统时空限制的新技术(McKercher and Mosco,2007;Pellow and Park,2002;Schiller,1999;Sussman and Lent,1998)。

事实上,劳动分工的转变(我们应该补充一个方面,即劳动过程的转变)隶属于另一个涉及范围更广的转型,即传播和信息在整个全球资本投资及利润生产过程中起着越来越核心的作用(Schiller,2007)。传播和信息在经济方面日益增长的重要性引发了新一轮的争论和对知识的修订。在早期研究的基础上,传播政治经济学开始研究传播机构,主要是商业和国家政策部门与范围更广泛的资本主义经济体系间的整合,证明新的信息和传播系统在推进自由化、商业化和私有化的新保守主义议程中扮演着重要的角色。

"末名社科·传播政治经济学译丛"

传播政治经济学在反法西斯主义的严酷政治中孕育而生,在争取国际信息新秩序的斗争中延伸了分析触角,在系统地关照数字资本主义的现实中更新和完善了自身的理论框架。我们选择的启动本翻译系列的几部著作体现了传播政治经济学的上述三个构成侧面。

达拉斯·斯迈思在美国伊利诺伊大学讲授了第一门传播政治经济学课程,并在加拿大的里贾纳大学和西蒙菲莎大学继续推进这一研究传统。他的生活和学术历程始于20世纪中期的反法西斯主义年代,历经第二次世界大战后争取国际信息新秩序的斗争后,一直延续至20世纪90年代我们所身处的信息资本主义时代。在研究取向上,他一直恪守政治经济学长期关注整体性的传统,关注传播在社会(资本主义社会及社会主义社会)再生产中的角色,并借用政治经济学的研究方法分析了美国、加拿大、智利、南斯拉夫及中国的传播问题。此次有机会将他的杰作《依附之路》(Dependency Road)译成中文,实在是一项具有划时代意义的工作。

另有两本被挑选翻译的著作分别是我们两人的个人专著。《数字化崇拜》(Digital Sublime)一书从批判的角度分析了后工业主义理论的兴起和这一理论迷思在围绕信息和传播重建起来的政治经济中的作用。而该书最强有力的分析也许是,这一理论迷思如何掩盖了一个特定的社会历史事件,即纽约世贸中心大楼这一原初数字资本主义光明前景的象征最后成为"9·11"事件中最主要的攻击对象。《传播理论化》(Theorizing Communication)是一部主要对美国和英国的传播思想史进行系统追溯的著作,它在视域更广阔的分析框架中勾勒了政治经济学的发展轮廓,通过对不同时期传播理论发展的梳理,强调了劳工和传播之间的复杂关联。

在《制造共识》(Manufacturing Consent)一书中,爱德华·S.赫尔曼(Edward S. Herman)和诺姆·乔姆斯基(Noam Chomsky)详细阐述了影响力甚广的"宣传模式"理论,即控制和资助媒介的利益团体——主要是政府机构、广告商、企业和国家的新闻来源——如何制造日常新闻。借助在国际新闻领域里大量详细且覆盖面广泛的个案分析,两位文著颇丰的学者展现了"宣传模式"理论的分析力量所在。

乌苏拉·胡斯(Ursula Huws)的著作《高科技无产阶级的形成》(Making of a Cybertariat)关注当下世界的劳工问题。必须强调指出的一点是,对政治经济学领域的很多作者而言,资本最主要的含义不在于金钱或者说是一种投资的能力,而在于一种社会关系——工资劳工和资本之间形成的阶级关系。在快速重建全球市场体系的变化大潮之中,这种阶级关系如何发生了改变?对胡斯来说,要回答这个问题不仅需要关注社会阶级,而且需要关注社会性别关系。她的这部著作为传播政治经济学树立了一个新的学术标杆。

这五本著作应该有助于引领中国读者了解推动传播政治经济学发展

的核心观点和主张。我们期待有一天,为传播政治经济学研究传统做出贡献的英美学者会大声疾呼,要将与他们的学术思想产生共鸣的中文著作译成英文。

罗慧 赵月枝 译

参考文献

McKercher, C. and Mosco, V. (Eds.) (2007). *Knowledge workers in the information society*. Lanham, MD: Lexington.

Mosco, V. (2009). *The political economy of communication*. second edition. London: Sage.

Pellow, D. N. and Park, L. S. (2002). *The silicon valley of dreams: Environmental injustice, immigrant workers, and the high-tech global economy*. New York, NY: New York University Press.

Pendakur, M. (2003). *Indian popular cinema: Industry, ideology, and consciousness*. Cresskill, NJ: Ablex.

Schiller, D. (1999). *Digital capitalism: Networking the global market system*. Cambridge, MA: MIT Press.

Schiller, D. (2007). *How to think about information*. Urbana, IL: University of Illinois Press.

Sussman, G. and Lent, J. A. (Eds.) (1998). *Global productions: Labor in the making of the "Information Society."* Newbury Park, CA: Sage.

Zhao, Y. (1998). *Media, market, and democracy in China: Between the party line and the bottom line*. Urbana, IL: University of Illinois Press.

译序：加拿大的传播发展史就是一部依附英美的历史！[①]

吴畅畅

《依附之路》背后的故事

1947 年，美国经验主义传播学创始人施拉姆（Wilbur Schramm）在伊利诺伊大学创立了传播研究所，这被视为美国传播学建制化的开端。在研究所成立后的两年内，施拉姆相继引进了保罗·拉扎斯菲尔德（Paul Lazarsfeld）等人作为访问学者或专职研究员，其中也包括达拉斯·斯迈思（Dallas Symthe）。斯迈思是从经济学领域切入传播与媒体研究的。1937 年，博士毕业后，他的第一份工作是在美国中央统计局（Central Statistical Board）做问卷调查。1938 年，斯迈思出任劳工部高级经济学家一职，在多个涉及劳资纠纷的案件中以鉴定证人的身份出庭作证。第二次世界大战爆发后，他重新进入中央统计局统计标准处任首席经济学家，专事劳工问题。罗斯福新政期间联邦通信委员会面对电信产业技术工人拖延工期或罢工的问题束手无策，斯迈思因此于 1943 年受邀成为联邦通信委员会首席经济学家（Lent, 1995: 28-31）。从农业问题，到劳工问题，再转向经济学，最后在传播研究领域落地，斯迈思同其他受邀的学者一样，面临着学术转型的问题。

作为传播学四大奠基人之一的拉扎斯菲尔德来到美国后，小心地隐藏自己犹太人、外国人，以及最重要的奥地利马克思主义者的身份，并以"抽

[①] 以下文章可以参照阅读：吴畅畅：《中国传播的社会主义现实主义：〈依附之路〉译者序》，《台湾社会研究季刊》2020 年 12 月总第 117 期，第 279—282 页。

象的经验主义"方法论赢得了施拉姆的赏识。然而,斯迈思同施拉姆的相处,与拉扎斯菲尔德的际遇完全不同。斯迈思在此前的工作经历中表现出的亲劳工的左翼立场,以及虽从未加入共产党组织却疑似支持共产党的态度,在他1948年转向学界后,与施拉姆自告奋勇成为美国政府反共主义的"未来的士大夫"的政治急进姿态之间,直接相冲。所以,当斯迈思遭遇众议院非美活动(调查)委员会(House Un-American Activities Committee)某职员的举报后,作为传播研究所负责人的施拉姆扣押了举报信,并在有利于斯迈思的调查结果出炉后,仍然把举报材料放进斯迈思的个人档案,也在意料之中。对此,斯迈思当然意见很大。在他看来,施拉姆这么做很不体面,这几乎等于要将他驱逐出校园和学界(Lent,1995:31-32)。除了个人恩怨外,斯迈思在政治层面上也极不赞同施拉姆对国际共产主义传播运动的相关判断(转引自史安斌、盛阳,2019)。尽管斯迈思在麦卡锡主义甚嚣尘上之时并未遭到公开的攻击,但他也没有获得包括福特基金会在内的任何机构的资金资助。最终,他只获得美国教育广播工作者联合会的拨款,开始进行前期调研,以参加1950年末至1951年初美国联邦通信委员会关于电视政策的听证会(郭镇之,2001)。实际上,因为他的努力,听证会结束后,美国教育电视网正式创立。1952年,他基于此前的研究材料,写出一篇论文《对传播理论的若干观察》。然而,该文因直接抨击了受洛克菲勒基金会资助研究传播效果的约瑟夫·克拉珀(Joseph Klapper)而无法在国内发表。无奈,他只能选择将其翻译成意大利文,而后在意大利的学术期刊《展示》(Lo Spettacolo)上刊发。作为教授批判的传播政治经济学的第一人,斯迈思曾直言自己在伊利诺伊大学没有同侪支持,深感"孤单"(Lent,1995:33-34,37)。

随着冷战的持续深入,1963年,斯迈思决定全家移居加拿大。他于1974年开始在西蒙菲莎大学任教。1977年,他发表了论文《传播:西方马克思主义的盲点》("Communications: Blindspot of Western Marxism",以下简称《盲点》)①。该文指出,西方已有的马克思主义研究仅侧重大众媒

---

① 这篇文章因为对资本主义制度持明显的批判立场,而被斯迈思曾经的同事、"培养理论"的提出者乔治·格伯纳(George Gerbner)拒绝在其主编的《传播学季刊》上发表,最终只能刊发在《加拿大政治和社会学刊》上,具体可参见陈世华(2018)的文章。

体的意识形态功能,而对其在资本主义经济体系运转过程中的作用认识不足。虽然该文因其尖锐的批判性不断引发争议①,但斯迈思坚持自己的立场,誓与占据主流位置的施拉姆或埃弗里特·罗杰斯(Everett Rogers)构建的传播学科分道扬镳。最终,《盲点》一文直接推动了20世纪90年代传播政治经济学在西方尤其是北美地区的传播研究领域的崛起(冯建三,2003)。

1969年,斯迈思参加了联合国教科文组织在蒙特利尔举办的国际会议。会上,他首次使用依附与被依附的关系来形容全球新闻传播秩序的不平等现状。同时,他开始追随不结盟运动的脚步,积极参加建设世界新闻传播新秩序的社会运动。理论和实践的相互结合,促使他借助最擅长的制度经济学理论,写下了这本虽主要描述加拿大在北美传播领域的依附地位却对半边缘和边缘地带的国家和地区具有警世意味的著作《依附之路:传播、资本主义、意识和加拿大》(*Dependency Road: Communications, Capitalism, Consciousness and Canada*,以下简称《依附之路》)。四个术语组成了该书的副标题,它们分别是:传播、资本主义、意识和加拿大。以这四个术语为纲,斯迈思不仅重新梳理了自己的受众商品论,而且把加拿大的传播发展史书写成一部传播依附简史,更将反殖民主义、反帝国主义理念,以及最核心的对社会主义制度的憧憬和想象,坚定且精细地植入了他的电子传播政策研究。

依附美国文化和传播体系的加拿大

《依附之路》这本书章节较多,涉及的理论较为复杂。究竟应该怎么读呢?无论是非传播学或初入传播学科的读者,还是在传播政治经济学领域深耕多年的研究者,我都会建议直接先从第5章读到第8章。这一部分的

---

① 这篇文章引发了英语世界相关研究者(尤其是英国文化研究学派的研究者)的激烈反应。例如,1978年,彼得·戈尔丁(Peter Golding)和格雷厄姆·默多克(Graham Murdock)发表论文回应了相关指控。可参见 Murdock(1978)及 Golding & Murdock(1979)的相关论述。

关键词是加拿大和大众媒体。这些章节的内容向我们展示了加拿大自建国以来各种传统媒体（报纸、杂志、图书、电影、广播和电视）的发展历程。不过，要理解这段历史，必须将加拿大的传播媒体放在加拿大建国以来的政治经济结构中。斯迈思认为，加拿大是世界上最"发达的"依附性国家和世界上最富裕的"欠发达"国家。之所以这么说，是因为他认为加拿大从未实现过真正的民族自治。他认为，要实现民族自治，必须满足两个条件：保障军事独立和建立坚实的文化防御阵线。然而，这两大条件，在加拿大本国的统治阶级和商人群体，同进入加拿大本土的美国跨国公司的资本，以及北美地缘政治的复杂互动中，日益瓦解，最终传播和意识工业领域沦为美国的附属物。

加拿大建国，是17—18世纪西欧资产阶级发展重商主义的结果。加拿大这块土地上的原住民与他们的文化，和美国一样，都曾遭受英、法等国的摧毁。19世纪中叶后，尽管加拿大脱离了英国的殖民怀抱，却再次沐浴在美帝国微型重商主义的"光辉"之下。这一结果离不开加拿大实施的保护性关税政策，它刺激大部分美国跨国公司来加直接投资。斯迈思认为，这种同化加拿大经济的过程，与20世纪50年代以后美国垄断资本主义对第三世界国家的文化攻势，性质相同。若非如此，加拿大的经济不会过早地与美国垄断资本主义制度相融合。也正因为此，加拿大商人才会在占有性个人主义、私产合法以及源于英国普通法的商业交易法则等与南方邻居共享的意识形态的指引下，充当了在文化上屈服于后者的代理人。第二次世界大战期间，《奥格登斯堡协议》和《海德公园协议》的签署保证了美加两国军事采购一体化。1969年，美国军事工业联合体甚至在加拿大拥有500多家公司。在此基础上，斯迈思指出，加拿大在军事和文化（传播）层面上的双重依附，与统治阶级自我认同为"殖民地"买办及其短期牟利的诉求密不可分。

在这样事无巨细地梳理完加拿大的政治经济背景后，斯迈思才开始重新书写加拿大的传播发展史。加拿大的报刊、图书、电信，以及无线电广播、电视和电影的发展过程，经斯迈思的勾勒，也沿着两条线索往前推进：

其一是对英国而后美国的"单向的信息流动"的被动接收,其二是魁北克人等族群的文化自治运动。本书关于加拿大传统媒体的内容,更侧重于讲述它们如何在资本和文化意识等方面,一步步陷入被动依附美国的境地。斯迈思的叙述里,最值得我们关注的,应该是加拿大政府和统治阶级制定的各种媒体政策,几乎少有从公共性的角度出发,而是不遗余力地迁就美国的商业和资本组织,为它们制造和提供受众。面对此情此景,斯迈思发出悲观的论调:加拿大的大众媒体仅仅是在为美国打工啊!它们是在替美国的意识工业生产受众,摇旗呐喊!他在当时只能无奈地感叹:加拿大英语区的文化和美国太平洋沿岸诸州还有什么区别?至少,美国西部各州还拥有各自独特的历史与文化身份。

源源不断生产受众力的意识工业

读完中间部分的章节后,我们再回到第 1 章开始阅读,就会对斯迈思提出的理论,形成更为深刻的理解。那么,他在第 1 章至第 4 章搭建了什么样的传播政治经济学理论框架?这个框架以受众商品论和意识工业为核心,从传播媒体的角度,拓展了依附理论的深度和广度。说到依附,斯迈思自己也承认,他的理论框架受伊曼纽尔·沃勒斯坦(Immanuel Wallerstein)的世界体系学说的影响不可谓不深。所以,他眼中的依附体系,是资产阶级在至少近 400 年的时间跨度内,基于国际劳动分工差异所形成的中心/边缘结构,借助以大众媒体为代表的意识工业所设定的议程,向它所覆盖的人口定义什么是"发展"和"现代化"的必然结果。相较于拉扎斯菲尔德等人所侧重的大众媒体对个体行为改变的影响的研究,斯迈思更致力于发掘大众媒体对个体和族群的意识的塑造功能,并因此称大众媒体为"意识工业"。他的这个概念,将美国经验主义传播效果研究中的"议程设置"理论和列宁关于报纸功能的理论("报纸不仅是集体的宣传员和集体的鼓动员,而且是集体的组织者")(列宁,1986:8)结合起来,剖析了资本主义世界里大众媒体的社会功能。斯迈思把大众媒体与社会变革相联系,视之为"一种专业机构复合体",并认为大众媒体不断声明和重申所处的社会制度的议程,以此"大规模生产、整合并发展了意识工业"。

斯迈思从政治经济学的角度出发,认为擅长营销的大众媒体制造出一种日常生活的政治。那么,大众媒体,尤其是商业性大众媒体在资本主义核心地带,靠生产什么才能完成上述职能?斯迈思把法兰克福学派、文化研究学派、法国结构主义马克思主义者,以及美国政治经济学激进派等批了个遍,认为他们要么忽略了大众媒体生产受众的过程,要么对(受众)需求管理产生的动机避而不谈。随后,他直接指出,商业性大众媒体生产的产品,就是受众力(audience power),一种新形式的劳动力,以帮助完成资本主义体系的政治和经济任务。

如何理解受众力这个被视为新形式的劳动力的概念?如果它是劳动力的一种,那么,是否能用经典的马克思主义劳动价值论来对其加以阐释呢?需要指出,受众力是斯迈思的受众商品论的集中表述。斯迈思与电视业和广告业打交道良多,在目睹了广告营销的套路后,将之理论化为受众商品论。实际上,在广告营销界,这就是著名的"二次售卖"原则。也就是说,传统大众媒体如电视台,播出免费午餐的内容,吸引受众观看;然后,受众观看的数据再被售卖给广告商。受众观看的行为导致受众力的形成。斯迈思在《依附之路》的第2章,通过九问的形式清晰地阐明了受众力的形成过程。在他生活的年代,每个个体的日常生活早已被商品所包围,媒体化的程度也不低;除了必要劳动时间和必须承担的无报酬劳动时间外,每个人每周只剩下7小时的自由时间。在这7小时内,大众媒体通过广告(显性)和免费午餐的内容(隐性),指导工人如何支配自己的时间和金钱,这就是需求管理。于是,自由时间不知不觉地变成了免费(劳动)时间。受众替谁打工,或者说劳动呢?广告商。受众以"休闲"的形式收看电视节目,潜移默化地成为向自己推销并购买特定品牌的消费品或服务的受众商品,这不是劳动力,而是受众力。斯迈思以此更新了主流的马克思主义者关于劳动者出售自己生产出的劳动力的理论,认为受众在非工作时间看电视,非但没有获得任何报酬(所以不存在自己主动出售的情况),反而还需要支付资金购买被说服采购的商品。因而受众力所做的,就是为明天和下一代生产劳动力。①

斯迈思没有停留在受众商品的理论上踟蹰不前,他进一步揭示,受众之所以在自由时间内似乎心甘情愿地"无偿做工",是因为大众媒体生产的免费午餐内容,与广告商制作的广告,直接作用于工人个体的意识层面,起到了主流意识形态的规范化和稳定现状的作用。不论是免费午餐的宣传价值,还是其中隐含的对受众毫无抵抗力的预设,他倒与他所批评的学者之一路易·阿尔都塞(Louis Althusser)不谋而合,只是斯迈思换了一个更直观的术语"意识工业"。相比法兰克福学派的文化工业概念,"意识工业"的概念更加直观。

斯迈思这套严丝合缝的学说,因其对受众的消极、盲从或被动的本质的假设,必然受到英国伯明翰大学文化研究学派或美国大众文化学者的批判。后者从女权主义、粉丝文化等角度重申受众的积极能动者的角色。②然而,受众的需求管理,以及作用于受众意识层面而被无偿生产出的商品——受众力,至今在商业化媒体的运营过程中,依然具有很强的解释力。譬如,美剧的试播制度,就可以被视为美剧的购买和播控方,也就是美国四大电视网,和制作机构之间相互妥协后的收视率对赌协议。还有现在通行的流量经济。流量,只不过是斯迈思察觉到的受众力在网络时代的更新版。那些点赞、点击观看的网络用户,原本都是活生生的受众,但流量经济的运作,将他们转化成一组组抽象的数据,例如点击率、播放量、阅读次数等。

要学会对资本主义现实主义文化和传播阵线进行文化甄别

读完前 8 章,我们再进入第 9 章,阅读斯迈思更加抽象,也更具历史视

---

① 可参见 Livant Bill(1979)对斯迈思受众商品论的回应和发扬。
② 关于积极的受众,请参见金惠敏(2010)的文章。

野的论述。这部分的关键词是资本主义现实主义。为什么斯迈思在这里突然转入关于资本主义现实主义的阐述？斯迈思进入传播学界，正是在冷战之初，所以他尤为关注冷战双方阵营围绕文化和传播而展开的竞争。他提出的文化/传播现实主义的概念，正是针对冷战期间所存在的两大文化阵线的既存事实。在他看来，当时最有影响力的文化/传播阵线，依然是发达资本主义国家的大众媒体生产出来的现实主义文化产品，它们对不发达国家或地区成功地实现了文化渗透和改造。

斯迈思去世时，冷战结束。我们不妨把他的观点再继续推进到冷战结束之后的年代：如果资本主义现实主义作为一种文化和传播体系，意味着资本主义制度的核心价值体现在各种人工制品、实践行为和机构制度上，那么，西方影视和文化产品之所以在"历史的终结"的时代，仍能漂亮地完成"美国和平队"（布卢姆，2007：40-48）文化扩张主义的政治任务，关键在于，身份认同与政治多元主义被上升为"教条"，允许并保障了广泛的人本主义或占有性个人主义在日常生活中的主导原则，从而超越了阶级与规制的本质主义的性质。这些想法，都能从他关于和商业化媒介有关的大众文化的犀利洞见中析取出来。但是，斯迈思仍不满意，他甚至把给人造成永恒和普世主义印象的艺术（或美术）也掀了个底朝天。因为，艺术在资本主义现实主义文化体系中，占据高位，深刻地影响了全球文化的趣味等级。

说到艺术，马克斯·霍克海默（Max Horkheimer）和西奥多·阿多诺（Theodor Adnorno）（2006：27）曾引用《荷马史诗》中《奥德赛》的故事：奥德赛知道人类无法抵御海妖的歌声，却命令水手用蜡封住耳朵，而让水手把自己绑在桅杆上，去听那诱惑的歌声。① 他语带讽刺地点破了资产阶级（高雅）艺术的创立，是统治阶级为保护自身利益而人为建构和干预的结果。到了法国社会学家皮埃尔·布尔迪厄（Pierre Bourdieu）这里，高雅艺术成为战后法国社会结构合理化和自我确证的一部分，它作为最高级也是正统的文化形式，与中间（中产阶级）文化以及大众文化的互动，揭示并代

---

① 霍克海默和阿多诺对艺术所采取的立场，与他们对启蒙运动中资产阶级表现出的二重性的批判密不可分，具体可参见霍克海默、阿道尔诺（2006）的著作。

表了社会制度的不同组成部分之间的各种被结构化了的关系。① 不过,斯迈思在第 9 章谈及艺术的发展史时,却从政治经济学的独特视角,精准地点出,对占有性个人主义、竞争以及市场观念的系统性培养,是艺术能够以资本主义现实主义模式运营的基本条件,也是手段。同时,他追根溯源,指出 16 世纪最先出现的艺术院校开启了艺术建制化的进程;资本主义民族国家在此后长达 3 个多世纪的时间里,利用权力和资源,按照资本主义现实主义的原则,改造与发展艺术的风格和结构。艺术由此区别于手工业或其他人类活动,并在 18 世纪的《大百科全书》与几乎同时出版的康德的《判断力批判》的交相辉映中,在本体论的意义上,被确定为资本主义知识体系里的高级文化。这段历史叙述,虽然对很多读者来说可能比较陌生,或稍显晦涩,但它至少启示我们思考一个问题:我们关于艺术的概念是从哪里来的?为何跳芭蕾舞、弹钢琴或拉小提琴成了高级文化的象征?布尔迪厄和霍克海默都无视这个问题,或把它视作某种不证自明的前提,唯有斯迈思质疑并解答了这个问题。

虽然斯迈思去除了涵盖文化、艺术和传播等领域的资本主义现实主义体系的阶级概念的神性,但是关于如何建立社会主义现实主义体系的规划,他却在《依附之路》中语焉不详。尽管如此,他在这本书中还是提出了一个重要的概念:文化甄别。第三世界国家或地区在建设自己的文化阵线时,对资本主义现实主义文化或传播产品就应当采取这样的行动。什么是文化甄别?在第 10 章,斯迈思认为,文化甄别是用来抵制资本主义现实主义文化阵线的单向度传播和入侵的方式或手段。他主张第三世界新兴国家或地区的政府采取文化和传播自治的政策或手段,以避免对资本主义文化的高度依附。可如何进行文化甄别呢?斯迈思举了个例子。他不是很喜欢"第三世界国家超英赶美"这个提法。需要赶超吗?因为"赶超"就意味着在英美资本主义国家所制定的标准下竞争,而无法实现本质性超越。为何要在它们制定的游戏规则下行动呢?文化甄别正是在这个意义上,帮

---

① 有关趣味的形成机制,法国社会学家布尔迪厄在批评康德美学的基础上有较为精彩的实证分析,具体可参见布尔迪厄(2015)的著作。

助第三世界国家或地区在另一种社会经济结构的基础上,从本质上形成与资本主义现实主义文化比肩而立的局面。这套叙述,更是成为带有斯迈思标签的关于技术的政治性(而非中立)的学说。

读到这里,我们基本上跟随斯迈思完成了一趟从加拿大转向西方资本主义社会的传播发展旅程。可能在21世纪很多年轻人读这本书,会发现不少观点有些古旧。然而,与其说它们古旧,不如认为斯迈思在当时充满了乐观主义甚至胜利主义的情绪。例如,他对资本主义现实主义体系中意识工业对受众个体的侵蚀,以及后者潜在的颠覆力量的理解,一直心明眼亮。很明显,他的用意在于,理解并把握资本主义核心地带大众意识的基本构成。他把突破或颠覆垄断资本主义的意识培育阵线的希望,放在了他所谓进步主义者和解放主义者(见第12章)身上,因为他们最有可能利用代议制政府的各种机构或广播电视委员会等传播规制部门推动各种必要的改革。

尽管斯迈思对美加两国的进步主义者或解放主义者寄予厚望,但他忽略了20世纪80年代以来,以占有性个人主义、消极自由、丛林竞争和社会达尔文主义为核心的新自由主义意识形态对他充满共和主义色彩的政治理念的直接狙击。而这种狙击,正是他所提出的资本主义核心地带意识工业的核心功能。现在西方社会已经脱离福柯的生命政治时代,而正式步入精神政治的阶段(韩炳哲,2019a,2019b)。倘若如此,那么斯迈思这位身处资本主义核心地带却始终关注第三世界国家的社会主义传播实践并为其呐喊的学者,在半个多世纪以前就已提出一个至今仍然振聋发聩的重要命题:"如何通过大众媒体的实践,逐步建立一套有别于资本主义现实主义的社会主义现实主义文化体系?"这个命题如今是否还成立?这个命题是否具备了更多的突破的可能?如果答案是肯定的,那么究竟谁能唱主角呢?谁将成为全球动员的主体力量?究竟是马克思最戒备的软弱易倒戈的中间阶级,是被社会排斥、高度不可见的无套裤汉,或是忠于传统和稳定的道德规范的红脖子,还是在新媒体世界里拥有相对可见度和话语权的符号阶级?一切皆有可能。这或许才是斯迈思在他长达40年的学术和实践中,留给我们思考的核心问题,甚至是一项不可回避的政治任务!

参考文献

艾伦·布卢姆.(2007).美国精神的封闭.战旭英译.南京:译林出版社.

陈世华.(2018).传播政治经济学的话语逻辑与权力考量:基于《传播:西方马克思主义的盲点》一文的分析.新闻大学,1:90-99+152.

冯建三.(2003).传播政治经济学与文化研究的对话.传播与管理研究,2(2),97-104.

郭镇之.(2001).传播政治经济学理论泰斗达拉斯·斯麦兹.国际新闻界,3,58-63.

韩炳哲.(2019a).精神政治学.关玉红译.北京:中信出版社.

韩炳哲.(2019b).倦怠社会.王一力译.北京:中信出版社.

金惠敏.(2010).积极受众论:从霍尔到莫利的伯明翰范式.北京:中国社会出版社.

列宁.(1986).列宁全集(第5卷).北京:人民出版社.

马克斯·霍克海默,西奥多·阿道尔诺.(2006).启蒙辩证法:哲学断片.曹卫东译.上海:上海人民出版社.

皮埃尔·布尔迪厄.(2015).区分:判断力的社会批判(全两册).刘晖译.北京:商务印书馆.

史安斌,盛阳.(2019).追寻传播的"另类现代性":重读斯迈思的《中国笔记》.清华大学学报(哲学社会科学版),5,136-148+201-202.

Bill, L. (1979). The audience commodity: On the blindspot debate. *Canadian Journal of Political and Social Theory*, 3(1), 91-106.

Foster, J. B., & Magdoff, F. (2009). *The great financial crisis: Causes and consequences*. New York, NY: Monthly Review Press.

Golding, P., & Murdock, G. (1979). Ideology and the mass media: The question of determination. In M. Barrett, et al. (Ed.), *Ideology and cultural production* (pp. 198-224). London: Croom Helm Ltd.

Jameson, F. (1981). *The political unconscious: Narrative as a socially symbolic act*. Ithaca, New York, NY: Cornell University Press.

Lent, John, A. (1995). Interview with Dallas W. Smythe. In John A. Lent (Ed.), *A different road taken: Profiles in critical communication* (pp. 21-42). Boulder, CO:

Westview Press.

Murdock, G. (1978). Blindspots about Western Marxism: A reply to Dallas Smythe. *Canadian Journal of Political and Social Theory*, 2(2), 109-119.

于上海
2021年6月

序

赫伯特·I.席勒

达拉斯·斯迈思的职业生涯见证了美国商业体系的国内、国际运作完全依赖传播的过程。如果传播学重要地位的日益显现和斯迈思的职业生涯平行发展，那绝不仅仅是巧合，这恰恰是我们的好运气。

出生在加拿大的斯迈思在第二次世界大战期间步入传播学领域，1943年出任美国联邦通信委员会（Federal Communications Commission）首席经济学家。这使他获得了一个绝佳的机会去观察当时美国在全球舞台上力量的大爆发，以及企业与政府势力融合的过程中传播学的突出地位。

将美国军队送往全球各军事基地，并将美国私有资本注入欧洲前殖民地的扩张主义政策已被包装齐备，供公众消费。与共产主义抗争或者钳制共产主义就这么印在商品包装纸上。尽管这并不是完全行之有效的营销策略，但它并不妨碍大多数政府专员在海外推广帝国主义，在国内压制知识分子。

斯迈思1948年离开政府，前往伊利诺伊大学厄巴纳-香槟分校（University of Illinois in Urbana-Champaign）继续他的事业。在这里，他开设了大众传播政治经济学领域的第一门大学课程。他还负责指导传播学专业的研究生。20世纪60年代早期他返回加拿大，首先在里贾纳（Regina）的萨斯喀彻温大学（University of Saskatchewan）工作，随后前往不列颠哥伦比亚省的西蒙菲莎大学（Simon Fraser University）。1980年，他又去往费城的天普大学（Temple University）执教。

我之所以提及他的个人经历，是想为读者提供一个既不乏个性又具有历史性的框架，以更好地理解达拉斯·斯迈思献身四十余载打造的科学事业,而这本书是其毕生事业中最辉煌的篇章。传播学作为一门研究学科,现在已经从边缘地带迈入中心舞台,斯迈思曾经研究的问题在当今国际政策研讨主题中占有显赫的地位。

1977年年底国际传播问题研究委员会(International Commission for the Study of Communication Problems)(麦克布莱德委员会[The McBride Commission])的建立极具启示意义。可以说,它在很大程度上是欠发达国家对国际传播状况的不满情绪日益积累的结果。1980年春,该委员会在其发布的总结报告中对其认为应该开展的传播研究做了一些概括性的评价。它认为,这些研究应该有助于建立一种更为平等的国际信息与传播秩序,而这种秩序支持并践行了国家和人民之间的非剥削关系。在此,我稍微详细地引述其中的某些评论:

> 当前和今后的研究应该进一步打开视野,去关注更多的问题,以便解决我们这个时代真正的根本性问题。它不应仅仅满足于推行一种既定的传播政策或对现有传媒机构提供"支持",也不应为了使现有体制或其各部分更有效而不管其是否正确、是否需要重新思考某种占统治地位的价值观,以及是否需要寻找其他替代性方法或目的。研究,不应该是对那些没有价值、无足轻重的问题的纠缠,而应该是尽力运用独立的批判标准,对新形式、新结构的潜能进行探索。但是,仅对传播组织的结构、制度以及类型进行转换或调整,不是研究的最终目的。这些远远不够。调查和评判工作需要完全开放且具有挑战精神的思维,我们不能自以为是地认为那些既定的结构复合体本身必然符合某个既定社会所有个体的最佳利益。
>
> 为此,我们必须努力探索并不断接近作为一种社会过程的传播的真实面目,这要求我们不能孤立地对传媒制度进行研究,而应在结构、所有制、组织、社会化、参与性等各方面将它与其他含义更为宽泛的制度(如社会的、国家的和国际背景等)相联系,并竭尽所能对现有体制、

制度、结构和手段进行重新评估……①

这些评论在我看来就是对达拉斯·斯迈思在传播学领域所做的研究和工作的恰当描述。

斯迈思从不会不加质询地对**任何**传媒机构予以赞同。他关心的不是"没有价值、无足轻重的问题",而是社会经济中的根本问题。他自始至终强调传播是一个社会过程。他始终如一、毫不动摇地致力于剖析传媒制度,以及它们同基本的经济结构、社会体制之间的关系。

《依附之路:传播、资本主义、意识和加拿大》是凝聚斯迈思毕生工作与思考成果的大作。这本书自成一体,但在阅读时我们有必要了解:它不仅仅意味着一位学者在一项严肃课题的研究中付出的大量时间与精力,虽然情况通常如此,它更多反映的是他在政界多年经验的积累,对这一时期传播学研究领域诸多重要人物的了如指掌,以及更为重要的,在暴风骤雨般的政治和学术气候下,作为一位无所畏惧的学者的充满智慧的探索。

这部著作勇敢地回应了几个棘手的问题,这些问题从两个世纪前工业化拉开序幕时就随着大规模的社会变革出现了。它们时常改头换面,不断出现。斯迈思研究的主题是"大公司的成长,它们怎样在商品生产过程中实现对资源与劳动的控制,以及对创造商品需求的控制"。

企业资本主义对消费者需求的创造成为斯迈思最感兴趣的分析点,而这或许也是整本书最令人兴奋的部分。他的观点是,意识的生产已经成为人类劳动的一个主要场所,而这一点从未获得承认。他指出,在这个致力于意识制造的行业的刺激下,受众从事的工作就是生产和再生产他们自己的意识形态。斯迈思宣称,这个行业中最明显而又并非唯一的组成部分是广告,它包裹着"免费午餐"——娱乐、新闻、戏剧等被编排在电视、杂志、报纸和广播的广告中,而不是相反。

这一观点为"效果"研究和类似的受众与节目分析提供了重要的补充。

---

① *Many Voice, One World: Communication and Society: Today and Tomorrow*, Report of the International Commission for the Study of Communication Problems, UNESCO and Kogan Page Ltd., Paris and London, 1980, pp. 225-226.

在对技术的认识方面,斯迈思是无人能及的。据我所知,他反复强调过传播与技术并非完全等同,与它所携带的信息并非完全等同。社会关系决定了什么样的信息会被传递和产生影响,以及信息被传递的方式。

伊朗国王虽然坐拥价值数十亿美元的美国信息技术,但还是在瞬间倒台。古巴几乎没有任何工程技术,却借助数以千计的年轻教师扫除了大量文盲。还有越南,面对美国制造的野蛮而浩大的电子化战场,通过大众动员躲避并摧毁了超级大国先进的军事通信设施。

这些现代历史上有关传播成败的故事,不意味着传播技术不重要。相反,它们告诉我们,什么真正构成了传播技术、谁因什么目的使用传播技术等问题,而这些问题都与社会控制和阶级权力相关。

欠发达国家和先进的工业化国家在未来几年必须做出选择和决定时,尤其可以参照斯迈思对技术的讨论。我们应该采取怎样的社会标准理解、评估,以及在什么情况下引入这些由企业资本主义积极推销的计算机、卫星通信、有线电视和其他辅助工具?

《依附之路:传播、资本主义、意识和加拿大》还对国家的发展、依附关系的形成,以及作为统治阶级复合体的国家等关键问题进行了分析。作者以美加关系为例展开阐释。加拿大在经济和文化信息上附属其"南方邻居",这是加拿大在本国统治阶级的领导下,在每个关键时刻都向美国的强大利益妥协的不可避免的结果。加拿大的例子对其他依附性国家特别具有启发意义,因为斯迈思详细列举了如果加拿大领导人有意使自己的国家获得真正的独立可以做出的其他选择。

《依附之路:传播、资本主义、意识和加拿大》将帮助学生、教师和广大读者在日常生活和工作中更好地理解资本主义制度当前面临的多重危机。当一个接一个国家在上演社会动荡和革命爆发的剧目时,当浪费、生态环境破坏、失业和通胀在体制腹地愈演愈烈时,人们将日益依赖传播学和传播技术来达到维持、转变和重振世界商业秩序的目的。它们的用途将包括:全球监视,军事干预,在资本主义世界市场的激烈竞争中降低劳动成本以实现经济合理化,用娱乐、消遣和意识形态按摩等手段笼络全球受众,并为一种新式国际劳动分工提供支撑。

上述用途大部分在《依附之路：传播、资本主义、意识和加拿大》中得到了分析和展示，不仅如此，这本书还参与了与这些用途或趋势的斗争。随着危机的加速和深入发展，本书将继续发挥其功用。它将为人们做出贡献，至少在人们必须做出选择时给予指导，帮助人们在诸多情况下预先找到社会发展和个人解放的全新之路。

于加利福尼亚州拉荷亚

1980 年 9 月

前　言

达拉斯·W. 斯迈思

在这里，要对本书完成之前很长一段时间内给予我帮助的朋友表达谢意，似乎有些草率。这里没有提及的很多人或许也应出现在致谢名单中。

彼得·R. 桑德斯(Peter R. Saunders)，时任多伦多麦克莱兰·斯图尔特出版社(McClelland and Stewart)大学销售经理，他鼓励我写这本书并向我提供有关出版的有用信息。极具讽刺意味(正如本书书名所示)的是，当我在18个月后完成这本书的手稿时，加拿大的那家出版社迫于来自美国方面的竞争压力，要求彼得放弃出版这本书，并迫使我另寻一家美国出版商。谢谢你，彼得。感谢我的朋友、同事，同时身为主席的威廉·H. 梅洛迪(William H. Melody)，感谢他给我的鼓励，感谢他给我机会在西蒙菲莎大学教授"大众传播学导论"课。我在将这本书的初稿当作教材使用的过程中，学生们为我提供了十分珍贵且颇具指导价值的检验机会。感谢里贾纳大学(University of Regina)的约瑟夫·K. 罗伯茨(Joseph K. Roberts)帮助我处理各种事务，使我能够从学术性的行政工作中解脱出来，我在社会科学部成立之初的五年时间里主持这里的工作。他还鼓励我放眼全世界来探求传播学理论并将研究成果付诸实践。谢谢你，乔(Joe)。还要感谢赫伯特·I. 席勒，从20世纪50年代起我们就并肩工作，他以多种方式在与本书相关的工作中给予我学术和道义上的莫大支持，谢谢！

关于本书的内容，我要感谢里贾纳大学的比尔·莱文特(Bill Livant)，他对受众商品和资本相关理论给予了严厉的批判和不懈的支持。本书对资本主义和传播学、加拿大依附之间的关系的制度性分析，反映了我从两个群体那里收获的宝贵财富。我在加利福尼亚大学伯克利分校(University of California，Berkeley）经济学领域的三位老师对我特别重要。给我最全面帮助的是梅尔文·M.奈特（Melvin M. Knight）教授，我在1928年至1933年期间担任他的经济史课程助教，他敏锐的洞察力常常令我受益匪浅。虽然我在写这本书的时候他已经九十岁高龄，但仍不时提出中肯的建议。罗伯特·A.布雷迪（Robert A. Brady）和利奥·罗金（Leo Rogin）为我制定了严格的工作标准，对此我十分珍视。另一个群体是我在联邦通信委员会（华盛顿哥伦比亚特区）任首席经济学家期间结识的朋友和工作伙伴。他们当中，我必须提及克利福德·J.杜尔（Clifford J. Durr）、查尔斯·克利夫特（Charles Clift）、丹尼尔·德里森（Daniel Driesen）、约瑟夫·基欧（Joseph Kehoe）、杰拉尔丁·尚德罗斯（Geraldine Shandros）、珍妮·纽瑟姆（Jennie Newsome）、比尔·本德（Bill Bender）和约瑟夫·塞利（Joseph Selly）。我们都曾投身于反对垄断资本主义的斗争，这些斗争大大推动了理论认识的发展，并取得了一些实际成果。

在更为私人的层面上，我非常感谢比阿特丽斯·贝尔·斯迈思（Beatrice Bell Smythe）和珍妮·纽瑟姆·斯迈思（Jennie Newsome Smythe），她们满含深情地容忍了我的专业工作对我的丈夫和父亲角色的侵犯。谢谢你，珍妮。谢谢你，比。我感谢我的父母，约翰·W.斯迈思（John W. Smythe）和埃米莉·C.斯迈思（Emily C. Smythe），因为你们，我才这么热爱这个世界及其人民，才这么同情被压迫者。最后，我要感谢我的孩子们，桑德拉（Sandra）、苏珊（Susan）、罗杰（Roger）、帕特（Pat）和卡罗尔（Carol）以及他们的孩子。通过我自己的工作，以某种方式增进他们的福祉一直是我最迫切的目标。

于加拿大不列颠哥伦比亚省本拿比

1980年9月

导　　论

达拉斯·W.斯迈思

　　这项研究的对象是在资本主义体系内人们有组织地制造的一个名叫加拿大的国家，以及将其制造为资本主义体系的核心地带的中心——美国的附庸国的过程。这项研究植根于垄断资本主义制度在美国和加拿大被同步建设的真实历史，并聚焦于传播机构（报纸、杂志、图书、电影、广播电视、电信、艺术、科学和工程）在为保障依附关系合法化而制造意识和意识形态的过程中发挥的作用。

　　如果加拿大的依附是笔者研究的中心，那为什么又要用大量篇幅来讨论美国的发展情况呢？因为，加拿大人民和他们在过去150年来取得的发展，从本质上说已经被美国同化。大概在19世纪中期，资本主义将自身转变为垄断资本主义的过程自然而然地跨越了北纬49度美加边界线，仿佛这条边界线根本就不存在。的确，在财团勾结和特别关税的助推下，加拿大军事工业体系成为美国军事工业体系的下属机构。如果把地广人稀的加拿大想象成一个与美国毫不相干的国家，那真是天方夜谭。加拿大的自然资源与美国的自然资源构成一个整体，这就好比阿拉斯加和夏威夷的自然资源一样。所以，加拿大实际上是垄断资本主义核心——美国的组成部分。

　　加拿大要么享受美国的存在，要么把美国当作已逝的刺激源，用理想主义的鞋带把自己捆绑起来，然后被征服。加拿大人和加利福尼亚人开的车，看的电影，听的流行音乐，喜欢的流行电视节目，吃的处方和非处方药物，在快餐连锁店吞下的垃圾食品，毫无区别。加拿大人是某个特殊区域的公民，这个区域既具有自身短暂的历史传统，又拥有自己的旗帜；但他们又是属于整个"大陆"体系的一群人。极具讽刺意味的是,加拿大人经常说:"当美国感冒时,我们就会得肺炎。"皮埃尔·特鲁多(Pierre Trudeau)曾经在1968年说过:加拿大相对于美国的独立就像波兰相对于苏联一样;我们充其量拥有10%的独立性,就靠这点儿自由度存活于世。

加拿大拥有自己的国家机器,这在加拿大往往被误认为国家自治的表现。加拿大联邦政治的典型说法是,必须强调生活在这个国家的人的同一性身份。为调查对各种国家政策的需求而成立的皇家委员会形成的十几份报告证明,仅仅强调这种同一性身份即可,而不必付出实际行动。长期以来,加拿大的统治集团一直没有采取强硬措施,因此无法建立像比利时、荷兰及斯堪的纳维亚半岛上的国家那样的适度、有限,但真正自治的国家。

加拿大的历史和社会学学术传统的影响强化了这种把国家机器误认作自治的倾向。加拿大学者通常不假思索地采取司法形式主义,后者正是加拿大的统治阶级对待加拿大文化所抱持的态度。加拿大不仅拥有边界,还具有从英国继承而来的宪法形式。因此,它不折不扣地是一个独立的国家,而且我们把它作为一个独立的国家来研究。甚至哈罗德·英尼斯(Harold Innis)的论著也以在英国殖民统治下加拿大早期发展过程中占统治地位的商业资本主义作为研究对象。这也许同样适用于英国在北美建立的13个殖民地。英尼斯显然忽视了在美国垄断资本主义掌控下加拿大的工业发展这一关键点。从19世纪70年代起,科学被广泛地应用于加拿大各大公司优化效率的过程中。不过,英尼斯没有注意到,在直接投资的庇护下,他的国家中不断滋生出商业官僚;在这样的环境下,科学蓬勃发展的动力早已被贪婪捆绑。当他谈到"技术"时,通篇使用的都是唯心主义术语,完全没有考虑到当前人们对加拿大融入美国体系的忧虑。

国际社会过高估计了加拿大的自治程度,将其视为一个中立国家。然而,自1945年以来,加拿大一直扮演着美国外交政策的实验田或实验工具的角色。

只不过,加拿大**低估**了自己的国家机器的能力。当加拿大人的要求与美国的意愿相冲突时,他们几乎不会想到借助国家机器来主张自己的要求,加拿大的电影、图书、杂志和广播电视业的发展史就是很好的例子。在联合国及其专门机构的成员资格、与外国的直接外交关系,这些都能帮助加拿大修复受损的主权。实际上,加拿大更倾向于与美国开展"安静的外交"(比如私下的、顺从的谈判)。

你或许可以站在对自身身份感到忧心忡忡的加拿大人的立场上来读这本书,但你也应该发现,这本书详细地阐述了美国如何开发并创建其最大、最忠诚的附庸国的过程。在某种程度上说,它分析了美国历史乃至美国经济史的一个方面,而这在美国几乎还不为人知。

遗憾的是,因为时间和空间的限制,我无法更加深入地探索那些第三世界和社会主义国家的意识工业(Consciousness Industry)以及大众媒体的政策与结构,但是在第 10 章和附录 A 中,我对文化甄别(cultural screen)和"技术"进行了分析,这些分析涉及这个问题。第三世界和社会主义国家的人会发现,正是这些政策和结构使他们依附资本主义核心,他们将从加拿大的依附地位在 150 年间如何形成的经历中获得启示。的确,这个世界上也许没有其他国家拥有与加拿大类似的经历。加拿大几乎与美国同时被欧洲人入侵,两个国家的主要人口使用同一种语言。如今,加拿大从最初的英国殖民地沦为美国的附庸国。本质上说,美国夺得对加拿大的控制权的过程与美国 1945 年后在全世界范围内建立经济文化帝国的过程是一致的。

尽管资本主义在短期内通过组织商品和服务的生产而繁荣起来,但是作为一个体系,它的可持续性取决于它是否有能力生产出在意识形态上愿意长期支持它的人。到目前为止,它在这两方面的成功得益于竞争资本主义转化为垄断资本主义。虽然这种转化不只局限在美国和加拿大,但垄断资本主义在这一核心地带的成长确实比在欧洲和日本更早,更充分。在欧洲和日本,垄断资本主义的变革趋势受到一系列因素的阻挠和拖延,其中最主要的因素是传统阶级结构的负隅顽抗、封建主义的官僚残余、19 世纪类型的阶级斗争,以及美国从中获得巨大经济与军事利益的两次世界大战所造成的破坏。

我们通过剖析垄断资本主义发展的转型过程来关注大公司的成长，同时关注它们怎样在商品生产过程中实现对资源与劳动的控制，以及对创造商品需求的控制。建立以科学为基础的商品生产方法和建立能够管理消费者需求的市场机制一样大有必要。与此同时，出于对安全的考虑，大公司必须学会掌控国家机器。

大众媒体是垄断资本主义的一种**系统化**的发明创造，旨在引导其他机构及全体人民建立一套关于事件、问题、价值观和政治的日常议程。它们大规模地生产受众，并把他们销售给广告商。这些受众向他们自己推销大规模生产的消费品和服务，并反过来在这个过程中被消费。这就是巴兰和斯威奇（Baran and Sweezy）所谓的"平民销售努力"。受众还在营销政治竞选人和公共政策的过程中贡献了自己的力量，并在这个过程中再次被消费。这项工作包含巴兰和斯威奇所谓的"军事销售努力"。没有受众的生产、消费和工作，就不可能有消费品和服务的大规模生产及军事机构的产生、发展和壮大。这在结构上导致的结果是企业资本主义体系的创建：冲在少数大公司前面的是由大众媒体，也就是我所说的**意识工业**领衔的工业复合体。

过去一百年发生在核心地带的资本主义的转型产生的主要效应是，（体现在传播的抽象符号和物质商品的设计与包装中的）信息—形象世界与全体人民所认知的"真实"世界的本质之间的差异逐渐模糊甚至消失。人与资本之间的主要矛盾（既指国家层面上的，又指世界层面上的）体现为：一方是资本借助信息—形象的影响力维持并提升其权力地位的能力，另一方是人们力争控制自身生存条件（和人力以外的资源）的抵抗与奋争。传播的首要因素是人，远非讯息或媒介，因为有人才有传播的开始与结束。

在人们被制造成受众的环节，每时每刻都上演着人与信息—形象的大规模生产之间的斗争，这些斗争发生在当时或之后他们完成受众"工作"的场所。被**大规模生产的**受众是在目前错综复杂的机构复合体（包括家庭、工作场所、学校、教堂和国家）中占据中心地位的新式团体。我认为，通过大规模生产受众，垄断资本主义不仅生产出了自己的重要支持者（和议程设置者),而且生产出了它在核心地带的主要反对者,这些反对者取代了工会工人的角色。

自19世纪90年代起,垄断资本主义体制在出于一己之私创建和利用大众媒体等方面,取得了令人惊叹的成就。其成就首先在核心地带取得,随后出于对边缘地区文化统治的需要而不断扩展意识工业的范围。尽管自20世纪60年代以来,美国相对其他垄断资本主义国家(尤其是西欧国家和日本)实力有所衰退,但扎根在美国、触角遍及全球的数百家大型跨国公司的持续发展与繁荣,仍使美国的垄断资本主义体制得以维系。从20世纪70年代早期起,对边缘国家的能源、矿藏及其他资源实施控制的竞争不断引发通胀压力。这一潮流遍及资本主义体制的各个角落,且极具破坏性。在这种情形下,核心国家的受众可不愿看到社会现实消解在一个充满主观形象的世界里。

那么,传播怎样与盛行全球的斗争相联系呢?确实,每一种政治经济体制都建立在对信息使用的控制能力的基础上。成熟的工业国家具有利用无线电频谱率先发展电子通信的优势。这种对无线电频谱的利用已成为资本主义政治经济体制不可或缺的基础。在电子通信及其他资源的应用方面,资本主义核心地带和第三世界国家、社会主义国家处于完全不平等的地位。然而,核心地带把鸡蛋放在了一个容易破碎的篮子里。发达工业国家的军事和非军事活动要依赖无线电频谱的远程数据处理技术,但是只要一个国家或一个用户群体能使用无线电频谱,所有只具备仅能满足最低标准的必要技术设备和技术的国家和用户群体也必须能够使用这种资源。所有国家通过国际电信联盟(International Telecommunications Union)进行合作是每个国家平等利用无线电频谱不可或缺的先决条件。据我们所知,负责无线电频谱远程处理的组织与技术难以承受任何偶然发生的意外中断。显然,如果得到国际电信联盟的支持,那些反对侵略国的成员就可以有意反对敌对国对无线电频谱的使用权,那么,一国被另一国在文化或实质上统治的悲剧就有可能终止。尽管这种制裁在目前的技术、政治或法律条件下还不具备可行性,但有朝一日持续的斗争将实现这一目标。这种制裁的非暴力性质或许对那些反对暴力侵略者特别具有吸引力。简言之,随着垄断资本主义体制多重矛盾的不断深化,其软肋也日渐暴露出来,即垄断资本主义体制的威力在很大程度上依赖传播技术的发展。

我在这里使用了批判的、历史的唯物主义方法论。我提出以下观点:

(1)生产的物质性不只意味着加工来自大自然的原材料。"消费者"对气溶胶导致的生态后果的意识,对企业在最早阶段进行物质生产决策发挥了重要作用,甚至不亚于工业化学专家的建议。我认为,资本主义体制中的生产和生产性工作除了发生在消费品最初得以生产的工厂中,也发生在交换、销售和对消费品的消费过程中。在当代马克思主义者看来,物质性应该是指在社会生产和社会消费中将人们联系在一起的实际过程。

(2)马克思主义者必然关注受到垄断资本主义制度束缚的社会生产和社会消费的特殊性质,而这与马克思和恩格斯所关注的竞争性资本主义有差别。垄断资本主义最显著的特征是大型集团化企业(通常是跨国公司)使用科学管理手段管理需求(受众前沿)及工作场所。

(3)为了管理需求,垄断资本主义"发明"了大众传播媒体,其主要产品是准备出售给广告商的受众。广告商购买的受众力(audience power)一方面通过推销商品完成商品生产的任务,另一方面又通过在政治活动(包括参与投票)中采取行动完成政治竞选人和国内、国际政策的生产任务。

(4)大众传播媒体的**主要**产品是受众,他们在大规模推销批量生产的消费品和服务的过程中贡献了实质性的生产服务。

(5)由于受众商品具有显著性,因此需要从这一角度重新思考劳动力被生产出来的过程这一问题。这不是经济主义还原论:在生产自己的劳动力时,受众成员承受着来自两张"面孔"的辩证张力:一张面孔以受众成员的身份完成选择品牌和竞选人的工作,另一张面孔用来处理在生活和抚养孩子的过程中形成的非资本主义或反资本主义价值观。

(6)大众传播的现实基础不是"媒介"(medium),也不是大众媒体表面上的非广告成分中那些被叫作"讯息"的东西。大众媒体依据预期的受众规模和构成而生产与采用相应的形式与内容。如果要用否定的表达方式,我认为这个逻辑顺序应当是:没有受众,就没有讯息;没有媒介,就没有广告商。大众传播理论,不论是未来的还是已有的,自始至终都与受众息息相关。

(7) 应该辩证地看待意识形态、意识和霸权这些概念,因为它们总是在某种政治—经济—社会制度背景下,与涉及某种程度的思考、语言和身体行为的人类活动有关。第一次世界大战后反动的法西斯政权对革命运动的沉重打击,使欧洲马克思主义者(尤其是葛兰西和法兰克福学派)转向对意识形态与意识的主观性、操纵性功能进行解释。统治阶级利用国家、教会、教育系统以及大众媒体来辅助统治力量,这一点不足为奇。不论"霸权"这个概念对我们澄清和理解这个过程能起到什么样的作用,在我看来,它的实际表现都已远远超越其僵硬、刻板的既有意义。我们要做的,不是永无止境地发掘这个车轮(作为"霸权"的阶级统治),或者对媒体免费午餐进行内容分析,从而创造圈内流行术语。相反,我们应该发展出一套理论工具,以更好地描述和分析工人的个人"面孔"与公共"面孔"之间的辩证张力的运动过程。这是因为,垄断资本主义在创造其主要支持者——大众媒体和受众的同时,也已经在资本主义核心地带创造了它潜在的劲敌。

(8) 正如对马克思主义者来说,物质生产应该从资产阶级的"技术"伪装下被解放出来一样,艺术和科学同样应该从资产阶级的虚伪矫饰中被解放出来,并且以辩证的方式被重新定义。

在引用必要资料的基础上,充分论证上述八个命题至少得写一本书。我并不想写一本关于理论的书,而是想尽力写一本在实践中论证理论的书。至少对学生们来说,这本书里的理论性和实际性内容是"可行的"。在过去三年中,我使用本书的手稿作教材,学生们的反馈令我备受鼓舞。

于不列颠哥伦比亚省本拿比
1980 年 9 月

第1章
大众媒体和流行文化如何定义发展

大众传播媒体(电视、广播、新闻、杂志、电影以及图书)、相关艺术形式(如流行音乐和连环漫画)和消费品与服务(服装、化妆品、快餐等)为发达资本主义国家和日益增长的第三世界国家的人设置了议程。据此可见，那些决定各机构议程的政策在这些人的"发展"过程中起着特殊的作用。

这里的**议程**是什么意思呢？如奥尔特加·伊·加塞特(Ortega y Gasset)所说："生活就是选择做这件事而不做那件事。"人要活着，就要对每天需要处理的问题给予**优先权**方面的考虑。人们有意或无意地根据优先次序用时间和资源来解决这些问题。正是在他们作为各种**机构**的组成部分展开行动时，这种议程设置功能变成了一个集体而非个人的过程。

人之所以为人，是因为他们彼此联系的关系或过程。机构是一种社会习性，即人们之间系统性的和永久性的联系。机构拥有指导人们的自身行动的专门议程。这样，家庭主要关注子女的抚养；劳动组织(工厂或农场)主要关注"生产"活动；军队及其他安全机构特别关注如何使用武力来维持特定的阶级结构对人和其他资源的长久控制；正规的教育体系主要关注如何运用主导性社会制度的技术和价值观来教育下一代；医疗机构主要关注如何治疗病人和应对突发事故；宗教机构则特别关注出生、生命和死亡的理论及道德层面的意义。

每个这样的机构都植根于其自身的行动，并宣传特定的议程，这些议程源于它们身处其中的整个社会制度的意识形态理论和实践。因此，每一个机构偶尔会不忘初衷，声明并强调公众予以关注的系统性议程的优先顺序。比如,军队纪律以私有财产的价值和服从权威阶层的理念来教导年轻人。所有这些机构都十分古老,可以追溯到史前时代。与它们相比,大众媒体则是相当年轻的机构。资本主义大众媒体区别于其他机构的特点在于,它们具备指导并合法化社会制度发展的**特殊功能**。比如,自1945年至1950年,第二次世界大战结束,冷战兴起,资本主义核心国家与苏联之间原本"缓和的"局势陡然紧张。对此,西方大众媒体的宣传功不可没。这只是古老机构的一个偶然的功能。由于大众媒体比较年轻,它的这种特殊功能尚未得到普遍认同。

产生于近四个世纪以前、如今居于主导地位的制度性结构(institutional structure)的现实世界背景正是资本主义的发展。在生产和消费层面,该制度建立在私有财产的基础之上。同时,这一制度还建立在资本所有者占有剩余劳动产品的基础之上。这是一个彼此紧密联系的世界性商品市场体系。通过对价格的垄断,这些市场决定生产**什么**产品、生产**多少**产品、**为谁生产**产品,以及**如何生产**这些产品。关于如何生产这些产品的答案可以从市场中获得,它们也决定着专门化工作和生产的种类、数量、所在地,以及对新产品、新生产技术的发明与革新的种类、时间、程度及范围。

配有军队、教育机构、宗教及"文化"等附属性国家机器的民族—国家(具有程度不一的威力)和商业集团,作为两大基础性结构,旨在控制在全球范围内相互联系的商品市场,并确保其有效运作。商业集团已在"发达"国家中发展壮大,三五成群地盘踞在许多行业,并通过它们的影响力支配这些行业。这些在若干个国家经营的大型企业(主要盘踞在美国)大约有200家或更多,被称为**跨国集团**。尽管不同国家的资产阶级和工人之间存在不同程度的持续斗争,但国家权力机构仍处于统治阶级或与其他阶级象征性的联盟的掌控之下。这场斗争不仅推动了国家结构的制度性变革,而且导致了整个世界秩序的改变。工人和资方是一对主要矛盾,但也存在其他一些严重的矛盾,如多数族群和少数族群之间、男女之间、各年龄阶层(年轻人与中年人、老年人与中年人)之间以及不同宗教群体之间的矛盾,统治阶级内部也存在着矛盾。

美国(及其附属地加拿大)、英国、联邦德国、法国和日本共同组成了第二次世界大战后资本主义制度的核心。社会主义国家与跨国集团产生不同程度的关联,即便仅仅因为它们在资本主义世界市场中开展了些许贸易活动。剩下的就是第三世界国家。它们在改变或新或旧的殖民依附关系的过程中比其他国家得到的更多。正如我们之后还会更加细致地阐释的,一个国家(比如加拿大)在资本主义权力结构的控制下"发展",象征着"发展中"国家服务于跨国集团和资本主义核心国家这一典型的文化附属地位。实际上,资本主义核心国家通过掠夺世界上其他国家的物质与自然资源而获得了自身的发展。如今,人口仅占世界30%的核心国家消耗着世界80%的能源产出(在美国,世界人口的6%消耗了世界能源的30%)(Cook,1973,p.135)。在飘扬着单一国旗且在世界地图上由单一色彩代表的帝国瓦解之前(大约直到1918—1945年),帝国的控制不仅正规,而且采取直接可见的政治手段,即通过对国家结构的公开控制以实现宗主国的掌控目的。然而,自大众传播出现后,帝国的控制可能并正以一种更简单、更平和的方式出现,它主要借助由核心国家(主要是美国)的军事力量支持的意识工业完成其文化统治。那些认为"1918年后前殖民地从帝国主义核心国家中正式独立出来意味着它们已取得了反对前宗主国帝国的胜利且获得了自治"的神话,并不符合事实。

加拿大就是一个典型的例子。随着英帝国的离开,加拿大表面上似乎取得了自治。实际上,加拿大仅仅从对英国的依附转变为对美国的依附。用资本主义术语来说,加拿大属于"发达"国家——世界上最具依附性的发达国家。与此同时,它又是世界上最富有的欠发达国家,并且随着时间的推移将更加欠发达。我们将在第5章更加深入地分析这些观点,但在此之前有必要更深入地分析大众媒体如何与一国的发达或欠发达情形相关联。此外,尤其有必要搞清楚意识工业的功能。

当今,大众媒体(报纸、电视、广播、杂志、图书、电影)是形成态度、价值观和购买行为(简言之,就是行为中的意识)的主要手段。众所周知,它们既是意识工业领域的突击部队,又是自由派和激进派批评家高度关注的对象。大众媒体挑选和呈现新闻、在"娱乐"中描述种族群体,以及处理舆论争端的方式正强有力地影响着人们的行为。尽管这种影响很重要,但它**不是**本书的关注焦点。在此,我们慎重地指出,大众媒体对我们的生活和意识形态有着基础性的深远影响,因为它们与广告商共同决定垄断资本主义制度的力量的壮大或减弱。在核心地带,大众媒体**生产**受众,并将他们**出售**给推销消费品与服务的广告商、政治竞选人,以及对争议性公共话题感兴趣的群体。这些受众努力**工作**,把这些东西推销给自己。**与此同时**,这些受众有他们作为人的最基本的关注,劳动力的再生产成为他们必做的一项**工作**。该项工作象征着他们对意识工业威力的抵抗,这种威力通过全部大众媒体上的**讯息**(由广告、娱乐、信息和新闻组成)、有形的消费品、政治竞选人,以及社会关系问题的确凿证据等,呈现在他们面前。

当人们处于既要顺应资本主义制度的需求,又要顺应人自身的需求这一矛盾中,并与那种辩证性张力以平行间距赛跑时,在所有商品当中,以及每件为个人或集体福利而生产的商品的现实与象征性潜能之间,也开始出现一种类似的矛盾。正如个人和组织会以截然不同的方式经历由内部矛盾导致的内部斗争,商品"配制"针对个体或集体利益的物质刺激的方式也大不相同(见第 10、11 和 12 章的相关剖析)。在这一意义上,所有商品类似于教学机器,其中一些商品比另一些更加明显。音乐和通讯社就生产出以这种或那种方式完全左右人们的意识的商品(见第 12 章关于**意识**的定义)。于是,处在资本主义核心地带的人们开始意识到,汽车使他们倾向于采取自私自利的个人主义行动,尽管它也具有(相较而言已被破坏)一定的群体性行为潜力。现实仿佛是这样的(过于简化地讲),即我们面对两套彼此平行的辩证性张力:一种存在于个体(和群体)内部,一种存在于商品内部。此外,还有一种辩证性的张力存在于人与商品之间相互交叠的关系中。俗话说,众口难调。我的一位朋友对蚌过敏,可我完全没事。我认为这三套辩证性张力的发展过程正是意识形态生产和再生产的具体场所。因此,意识工业必须包括所有消费品和服务。

为什么不把所有的生产资料与服务,或意识工业的整个经济秩序也包括进去呢？众所周知，原子能发电和杀虫剂的生产与使用至今仍象征着私利与社会利益之间的冲突。或许某一天，我们的理论理解力能进步到解决这一问题的水平。但在目前，笔者将消费品纳入意识工业而把生产资料排除出去，是因为笔者旨在研究受众与受众推销给自己的现实的和象征性的产品和服务之间的关系。那么具体来说，意识工业是由什么组成的呢？①

虽然大众媒体开始了**大规模**的信息生产，但它们通过连锁的商业组织，与具有更广泛的信息生产和交换基础的寡头市场相联系。这就是意识工业。广告、市场研究、摄影、产品与包装设计中对艺术的商业化应用、艺术品、教学机器及相关软件和教学实验，还有正规的教学体系，都是意识工业的一部分。借助"捆绑"合同和广告服务，大众媒体通过企业关系和相互交叠的市场，与职业或业余体育运动、表演艺术、连环画、玩具、游戏、音像制品的生产与销售、酒店、航空以及形形色色的消费品行业（汽车、服装、珠宝、化妆品等）联系在一起。它们还与电信操作（点对点电子通信），计算机存储、传输、检索，数据信息处理，电信与计算机设备制造业以及从事电子、物理和化学领域研发的行业相互依存。美国政府与军事信息部门的规模不在民用电信部门之下，并且两者都通过大型集团与媒体相联系。电信和计算机行业的收益和资产规模让大众媒体相形见绌。与此同时，它们不断推出技术革新成果（如电视、远程数据处理），以此增强它们的经济与政治力量。

从另一个角度看，这个复合体由生产和处理信息的银行、金融和保险业组成。对许多学者而言，将银行、金融和保险业视为权力生产者就已足够。然而，尽管权力既是它们运作的原因，又是结果，但这些行业的运作仍然要以行业生产的信息为基础。赌博业（非法的与合法的）和有组织的白

---

① 汉斯·马格努斯·恩森斯伯格（Hans Magnus Enzensberger）是在《意识工业》（*The Consciousness Industry*, 1974）一书中公开识别意识工业的第一人，并将这一概念提上了马克思主义者和其他媒体分析批评家的议程。他将其定义为广播、电影、电视、录音、广告、公共关系、出版、时尚和工业设计、宗教和邪教、民意调查、"模仿"以及"旅游业和教育"。然而，他并没有将其与垄断资本主义的权力结构、需求管理，以及大众媒体是一种能生产受众力量并将其出售给广告商的系统性的发明这一事实联系起来。也就是说，他采取了传统的观点，即免费午餐是大众媒体的主要产品，而且它的运作具有操纵性。

领犯罪的灰色地带环绕着这一信息复合体并渗入其中。1967 年,这一"首要信息业"(不包括赌博和犯罪)的总收入占美国国民生产总值的 25.1%。**首要信息部门加上消费品行业构成了意识工业。**

次要信息业由与信息相关的农业活动、**除信息外**的其他生产资料(比如导弹和铁、钢、货车等生产资料)的生产商以及服务行业构成。次要信息业的总收入占国民生产总值的 21.1%。国民生产总值的剩余部分已不足一半,由曾经占据统治地位的农业、手工业和服务行业的总收入构成。此外,首要和次要信息部门的劳动力占劳动力总数的 47%,他们的收入占美国雇员总收入的 53%(Porat,1977,1978)。

这样的现状与 1875 年前的加拿大和美国有天壤之别。在之前的几个世纪里,"信息"传递功能主要由邮政部门以及报纸、杂志和图书业来实现,市场狭窄且精英化,几乎不存在操纵性广告。不过,在过去的一个世纪,哈罗德·英尼斯曾指出:"随着机器工业被应用于传播,它所导致的粉碎性效果使得西方社会日益原子化。"(Innis,1951,p.79)

然而,家庭、教会、教育机构、医疗机构和军队的规则中仍然浸透着对已逝现实的想象和态度。这种残余被称为**机构性滞后(institutional lag)**。本书后面的一些章节将具体阐述如何驱散有关机构性滞后的谜团与困扰。

每个社会机构都遵循自身的议程开展工作。不论议程是自上而下地制定的还是通过民主决议制定的,每个机构在制定议程时都把优先权留给它需要解决的问题或可能采取的行动。这些议程涉及的范围可以很广(比如一部国家宪法),也可以很窄(比如今天要采取什么行动,按照重要性谁先谁后)。它们可以是正式的、书面的,也可以是非正式的、口头的。同样,每个人也有自己的议程,但鉴于本书的主旨,我们只考虑各主要机构的议程,因为它们通过不同的方式代表并影响着所有个体,并对国家和整个资本主义制度的政策造成决定性影响。议程没有提及的事情很少或根本不会得到关注,而那些登上议程的内容及其形式才决定着我们对现实的集体定义——以及对何种目标可能达成的定义。

资本主义制度和其他社会制度一样,拥有独一无二的议程,它引导身处其中的机构与人的关注焦点。人们的真实生活及其催生的各种矛盾和冲突,受到资本主义制度的议程需求的影响;每个人就这么展开他们各自的人生。对于大多数人而言,在大部分情况下,资本主义的日常议程往往体现为薪资压榨、失业与通货膨胀、医疗及养老需求得不到满足等残酷现实。大多数人,在大部分情况下,通过与工作机构、宗教机构、警察、学校和健康组织打交道,不经意间体察到日常议程的意义。实际上,任何时候对任何人而言,左右他们注意力的议程都来自意识工业的大众媒体。大众媒体的标题或主题的优先顺序与人们自身的人性需求之间的矛盾决定着个人议程的优先顺序。这一教化过程从人出生时开始,直至死亡。

近一个世纪以来,以下几组关系揭示了意识工业发展的秘密:(1) 广告与大众媒体中新闻、娱乐和信息材料之间的关系;(2) 信息材料、广告和真实的消费品与服务、政治竞选人及公共问题之间的关系;(3) 广告、消费品和服务与消费它们的人之间的关系;(4) 支配上述三种关系的垄断资本主义集团希望建立并维持的对人们生活的有效控制。资本主义制度培育出一种幻觉,即三种信息和事物流彼此独立:广告仅"支持"或使新闻、信息和娱乐"成为可能",反过来后三者与我们购买的消费品和服务**毫无关系**。但这绝不是事实。商业大众媒体拥有完整的广告模式。广告提供关于"赞助"机构的产品的新闻(一种与特别产品或赞助商有关的值得受众关注的"新鲜"事)、娱乐内容(许多电视商业广告比它们植入其间的电视节目更具娱乐性),以及关于产品价格和所谓质量的信息。广告和"节目材料"不仅反映、神话化了商品与服务的销售,而且对后者发挥了决定性作用。节目材料基于吸引和保持受众注意力的目的被制作和发行。这样,受众成员就能被悉数统计(通过能确认受众规模和特征的受众调查组织)并出售给广告商。

加拿大大众媒体参议院特别委员会(Canadian Special Senate Committee on Mass Media)以耸人听闻的措辞阐述了下面这个被人忽略的事实:

在资本主义社会,媒体销售的是受众,以及借助广告信息到达受众的途径。正如多伦多广告人杰里·古迪斯(Jerry Goodis)对委员会所说的那样:"大众媒体在商业层面致力于创建和销售适当的受众……那些购买者,更为重要的是那些能够自主做出购买选择的人,那些不仅仅是选择生活必需品的人。"在这个意义上,内容或好或坏,或脆弱或无畏,或愚蠢或睿智,或枯燥或有趣,都比不上用何种手段吸引受众更为重要。这听上去很刺耳,但绝对是事实。这就像走江湖卖膏药,跳着性感肚皮舞的女孩子先把乡下人勾引过来,摊贩才有兜售蛇油的目标。媒体中编排好的节目内容精确地对应着它的经济目的。不错,广告商确实关心内容,但仅到能用来吸引受众的程度为止……换句话说,相比于一个浑身赘肉的45岁舞女,卖药的小贩还是更喜欢身材苗条、跳性感肚皮舞的芳龄17的女孩。(Canada,Special Senate Committee on the Mass Media,1970,pp. 39-40)

我们在随后几章将阐述,由广告支撑的大众媒体的读者和受众是被生产出来并出卖给广告商的商品,**因为他们能为广告商提供有价值的服务**。这就是广告商购买他们的原因。这些受众能提供什么有价值的服务呢?那就是以下三种:

(1) 他们向自己推销消费品和服务。

(2) 他们学习在政治领域怎样给竞选人或议案投票。

(3) 他们习得并坚定有关政治经济制度正确性的信仰。

作为资本主义宣传的一部分,**消费者主权(consumer sovereignty)** 这一说法实属"一种破旧的神话",即消费者拥有主权,能够在成千上万个每天向他们宣传的不同商品中进行自由选择。人们被告知如果他们不喜欢这个节目、这份报纸或杂志,可以随时"关机"或停止阅读。决定哪些商业赞助的节目可以继续、哪些必须终止的"收视率"之类的东西有时被称为**文化民主(cultural democracy)**。毕竟,不应该是大多数原则起作用吗?当人们意识到商家付钱打广告并非竹篮打水时,这些宣传主题听上去就不那么诚恳了。有人会刨根问底:受众究竟为广告商做了什么样的"工作"?

这是什么样的**工作**,没有薪水,还必须从小干到老,每小时、每天排队等着干？我们很容易想到，受众力可以被比作**精神上的奴役**(mind slavery)。唯有**奴隶制**可以拿来进行比较。然而，奴隶制意味着对人的**占有**。使用这样一个词形容核心地带的受众成员肯定会遭人痛批，因为他们在法律上可以"自由地"掌控自身的生活。

为意识工业而展开的受众力工作（audience power work）生产出一种特殊的人性或意识，它聚焦于商品消费。埃里克·弗罗姆（Erich Fromm）将这种情况下的个体称为"**同质消费者**"(*homo consumens*)，这些人的生活和工作，让建立在生活商品化基础上的资本主义制度得以维系。这并不是说个人、家庭或工会、教会等其他机构形同虚设。他们面对资本主义制度的压力，奋起反抗。我在第 12 章将具体阐述，他们每天都在以单独和群体行动的形式，进行反抗。这体现出人性最基本的品质，比如爱、创造力，以及为保留尊严而进行斗争。然而，大约一个世纪以来，身处这个核心地带的个体的人性已经在很大程度上沦为意识工业的产品。具有这种本性的人主要为服务这一制度而存在；这一制度却**不**在他们的控制下为他们服务。

典型的情况是，当一种"新"型消费品或服务诞生时，这一过程会在原来的产品市场结束的地方重新开始。人们对可能"卖得好"的假想中的产品、竞选者或服务的特性展开市场调查。这意味着进行一项研究，该研究模拟向受众—成员—消费者样本推销某种新产品的过程。最复杂的心理测试方法也被包括在其中。在较为粗糙的起步阶段，市场研究只聚焦于潜在市场中的消费者数量。到了大约 20 世纪 60 年代的第二阶段，研究技术提升到了应用**人口统计学**的水平——需测定年龄、性别、收入水平、种族、受教育程度，以及未来市场的地理位置（市区、乡村或者农场）。正如埃里克·巴尔诺（Erik Barnouw）所说：

> 广播电视网的决策者现在倾向于基于人口统计学意义上的产品需求来检测他们的节目表。谈判如同一场买卖人口的交易。一名广告代理会简单地告诉广播电视网："对于洗发香波 Y，我们的客户愿意为 18—49 岁年龄段的女性投入 180 万美元的广告宣传费用，其他受

众不在考虑范围之内。客户不会为无关的受众付钱,但他愿意为18—49岁年龄段的女性,支付Z美元的千人成本。你能提供哪些广告时段?"(Barnouw,1978,p.71)

到了20世纪70年代中期,统计调查方法进一步改良,更为精确的心理学理论得以发展,它们共同推动了"消费心理学"的不断完善。在此基础上,人们被归入不同的心理类型。有了这些类型,不同的市场和受众群体才能被相应地生产出来。正因如此,汽车制造商现在才可能针对属于不同心理类型的受众群体设计并推销一系列不同款式的汽车(比如,一种款式是针对"追求时髦的人"设计并宣传的,而另一种是针对"老年人"的)。克莱斯勒(Chrysler)公司最近陷入困境,再加上福特公司埃德塞尔(Edsel)汽车的惨败,受众不会再照单全收这些产品和广告。

当市场研究的结果被消化吸收,新产品或服务的方案已经确定,接下来要做的就是设计,即借用工程研究方法把可控的过时把戏和最理想的外表特征混合为一体。包装设计与实际产品的潜在可售性被给予同等程度的重视。市场研究表明,潜在顾客有可能因为某个潜意识的信号而在半清醒状态下把商品放进自己的购物车,所以设计还需要考虑产品被放在货架的哪一层以及超市的哪一个片区等因素。

这样一来,终极市场营销计划(试销市场、推销计划,以及为覆盖到以年龄、性别、种族、收入水平、地理位置、消费心理学等为标准而划分的目标市场而选择的广告媒体的类型)近乎完美。最后,实际的生产过程被自动激活,整个"营销战役"全面打响。

在理解现代资本主义制度的议程(包括发布这一议程的大众媒体)如何以及为何形成之前,有必要先考察现代资本主义制度赋予其议程的独特特征。赫伯特·席勒(Herbert Schiller,1976)曾指出,美帝国与早先的帝国不同,它倚赖文化统治而非常规的政治操控手段。20世纪50年代美帝国外交政策的缔造者约翰·福斯特·杜勒斯(John Foster Dulles)也强调过意识工业的关键作用。他说:"如果我只能制定外交政策中的某一项议题,我会选择信息的自由流动。"(Schiller,1976,p.25)自第二次世界大战以来,随着三分之一的世界人口接受了社会主义制度,美帝国开始采取一种战略防御姿态。不过,通过文化统治,它开始发动战术性攻势。经济上,以美国为首的垄断资本主义在发展中市场的发展和在西欧、非洲、亚洲、拉丁美洲等地区的投资取得了巨大成功。军事上,帝国仰仗大规模的破坏力而有恃无恐。此外,从 20 世纪 50 年代末开始,帝国对捍卫自身命运的地区性民族解放运动(如发生在多米尼加共和国、印度尼西亚、巴西、刚果和智利的解放运动)采取了一系列镇压行动。然而,每次军事干预都会引发世界范围内与国内舆论的批评,这些批评日益限制了美国对武力的使用。

从 1945 年至今,西方垄断资本主义的持续成长,主要以少数大型垄断集团(来自西欧、美国、加拿大和日本,不足 1000 家)的自发性合作为基础,其中有数百家是在全球市场经营的跨国公司。在各主要行业中,占主导地位的大型企业实现了利润积累,并极为看重从自己经营的市场中所获取的利润,因为这些利润具有相对的自主权和安全性。从事消费品生产的大型企业彼此借力,避免价格竞争,为抵御通货紧缩提供内在保障,而且能在经济萧条时期出现**滞胀**(通胀和生产、就业的压缩同时出现)时支撑资本主义制度的继续运转。企业和制度的剩余价值的不断增长有赖于对现有产品的新模式,以及"全新"的产品与服务的开发。在把被淘汰的产品设计包装成新型消费品的过程中,替换市场(replacement markets)应运而生。

有两点可以保证消费者购买新产品的必然性:(1) 时尚潮流的变化;(2) 制造业的质量控制,它不是要延长产品的使用寿命,而是要让产品的寿命终结于保修期结束后很短的一段时间内。这时,由于修理费用超过了重新购买的费用,消费者必定会"丢弃"旧产品(购买新产品)。所有消费品和服务的时尚特性,都建立在蓄意操纵公众品味的基础上,所以,越来越多的消费者更愿意为形象而非使用价值掏钱。在对美国的科学、资本设备和生产的发展情况进行分析之后,麻省理工学院的戴维·E. 诺布尔(David E. Noble)教授在他的著作《设计美国》(America by Design)的开篇指出:

> 现代美国人面对着一个一切都在改变,而一切又都没有挪动的世界。现代市场的特点在于对新奇的不断追逐,以及对技术变革的不断

升级的承诺。然而,早先的生活模式仍未改变,一切都维持原状。每一个重大的科学进展虽然预言了一个崭新社会的到来,却依旧证明了导致这些进展的古老规律的活力与弹性。每个看似颇有胆略的新的征程,最终均又回到那一条熟悉的道路上。(Noble,1977,p. xvii)

大型企业针对两大类市场采取"促销手段",以保证垄断资本主义制度赖以生存的剩余价值的不断产生。在两大市场中容易辨识的应该是普通老百姓可以购买消费品和服务的民用销售市场。然而,如果垄断资本主义制度完全依靠这一领域来寻求发展,那么它必将陷入毁灭性萧条。军用销售和福利市场因而必须作为一个巨大且功率不断增强的"泵启动装置"(pump primer)而存在,这样才能阻止制度中出现"泄漏",即企业及其直接受惠者倾向于积累剩余价值,而不是将其分配给工人,以保证他们再次购买新的消费品和服务。当然,军用销售还能保障资本主义制度的安全,防止国内出现异见分子与罪犯,以及世界范围内经济殖民地的自由解放运动对制度的损害。

这个简单的总结忽略了资本主义核心地带与其他资本主义主要力量中心,以及与第三世界边缘国家及其不结盟运动组织之间的诸多矛盾,因为它们在本书的讨论范围之外。为了取得对自身社会的控制权,后者坚持与或新或旧的殖民宗主国进行斗争。寡头垄断导致的局部通货膨胀,让资本主义制度本身出现不稳定发展的问题。从 1945 年到 20 世纪 70 年代,为了维护世界宪兵的身份,美国付出了沉重的代价:1971 年美元被迫贬值,国际货币的稳定性遭受重创。巧合的是,日本和欧洲共同市场也相继确立了强势的资本主义霸权。于是,一种多中心体系开始出现,而这种体系不再像从前那样完全由美国支配。美国通过跨国公司,逐步参与世界体系的活动。这些跨国公司主要从美国本土之外赚取利润,成为美国垄断资本主义不可缺少的组成部分。与此同时,它们也导致美国国内市场和全球范围内出现不稳定的发展状态。

在这一背景下,我们可以从更宽泛的意义上来确认大众媒体和意识工业的议程设置功能。意识工业最主要的一项议程是生产出可以购买"新款"消费品与服务并缴税的**个人**,由此支持军用销售不断膨胀的预算。我们应该回忆一下童话故事里的那个国王,他一丝不挂,但他的臣民不愿公开承认这一事实。在这里,被掩盖的事实是:(1)垄断资本主义制度**通过广告宣传使人们向自己推销新款消费品和不断壮大的军事组织**;(2)广告、商品和服务与大众媒体上的新闻、娱乐及信息之间相互影响。

如果用经济术语描述,产品分为三种:初级产品(如小麦)、中间产品(如面粉)和最终产品(如面包)。大众媒体的受众属于中间产品。如同其他生产要素一样,他们在生产过程中被消耗;广告商对受众的生产和使用,都被算入营销成本。大型企业的最终产品就是那些消费品和服务。大众媒体生产的受众不过是销售最终产品的手段之一。在更宽泛的、更制度化的层面,那些作为受众并向自己推销产品和服务的个人及其意识终将成为**资本主义制度**的最终产品:**他们被制度生产出来**,随时准备消费和纳税,并为明天能继续消费而在异化的位置上继续工作。资本主义制度(向外界传达的)讯息,可借由《纽约时报》(*New York Times*)在某整版广告中用小号字体写成的一条标语管窥一斑:"买点儿什么吧。"你这样做了,就是为维持国民生产总值或保住你的饭碗出了力,这样你下次就能再"买点儿什么"。

媒体生产的受众不局限于向自身推销消费品和服务的受众,还包括用来生产最终产品的受众,他们为政治候选人投票,生产关于"政治"事件的舆论。比如,围绕"水门事件",理查德·尼克松(Richard Nixon)与美国媒体之间的长期矛盾就是一场制造舆论、拉帮结派的斗争。对尼克松来说,他最大的敌人是"自由派"媒体与电视受众的生产者;实际上,正是大众媒体形塑了舆论,推动了他的辞职。尼克松在1968年和1972年的竞选活动中使用了与消费品市场的生产部门相同的策划和管理方法。他曾在1957年说过,大众买的不是政纲,而是名字和面孔,竞选公职的候选人必须用类似推销电视产品的方法宣传自己。从他以欺骗手段利用"南瓜文件"对阿尔杰·希斯(Alger Hiss)审判案进行新闻管理开始,他逐步成为制造反共产主义舆论的先驱人物。尼克松给**新闻管理**(news management)这一术语提供了一个出色的案例。

对于政党候选人、国家元首、政府机构、商业公司以及他们组织的压力集团来说,新闻管理的做法是普遍的,这些压力集团通常通过各行业的行业协会和政府情报机构(如中央情报局等)等开展工作。政党及其候选人通过大众媒体大肆宣传,他们与受众的关系如同消费品制造商与受众的关系一样。充斥于印刷媒体、电视、广播中的新闻大部分属于新闻稿,或为**制造新闻而排演的吸睛无数的公共事件**。对此,广告公司策划人做过评估:通过策划虚假时间(新闻发布会、公众前的表演等),85%的新闻被"培育"出来,而这并不是编辑和记者的初衷。政治广告、新闻管理的目标和消费品广告商的目标别无二致,即生产出随时准备支持某种特定政策而非其他政策的人,比如购买 X 品牌而非 Y 品牌的汽车的人,"支持"这一个而非那一个政治候选人的人,支持少数族裔而非盎格鲁-撒克逊新教徒白人享有就业优先权的人,在中东持久战中支持以色列人而非阿拉伯人的人。就这样,大众媒体日复一日地设定着公众所关注的事件与形象的议程。

大众媒体的广告和"非广告"内容有何异同?要回答这一问题,先要弄清这一问题的本质基础是什么。汉弗莱·麦奎因(Humphrey McQueen)说过:

> 要理解澳大利亚的媒体垄断,首先要厘清媒体和广告之间的关系:商业大众媒体不是由广告支撑的新闻和故事片;相反,**商业大众媒体是带有新闻、故事片和娱乐节目的广告,旨在为广告商捕获受众**……以为媒体的主要功能是向受众推销广告产品,这样分析媒体和广告之间的关系的观点实在大错特错。相反,媒体的工作是向广告商出售受众。①

广告要想有效,就要像与其混在一起的新闻、娱乐节目和信息一样,具有与表面上看不是广告的节目内容一样的品质:它必须吸引并维持受众的注意力,用娱乐的形式传递讯息;也就是说,它必须讲点儿令人印象深刻的

---

① McQueen, Humphrey, *Australia's Media Monopolies*, Camberwell, Victoria, Australia: 3124, Widescope, P. O. Box 339, 1977, pp. 10-11. 黑体为原文所有。这是关于大众媒体的一项重要的马克思主义研究。

故事。广告就是讲故事。新闻也一样。虽然有人宣称新闻是"客观的",但很显然它并不是。它具有一个主观的视角——这由程式化的惯例决定。甚至电视上的天气预报也是在讲一个有关明天的天气将如何变化的故事。当然,电视上所谓的娱乐节目无非是用程式化的和商业化的方式讲述的故事罢了。电视广告每分钟的播出成本远高于其所赞助的节目的制作成本(大约为 10∶1 或 8∶1)。因此,广告包含的娱乐性和信息性内容的密度,远高于非广告节目内容的密度。

正如我们提到过的,另一个把广告及其赞助的节目内容视为不可拆分的混合体的原因是,广告商要求节目内容必须适合广告。例如,报纸上的出国旅游广告必须紧挨在有关去夏威夷或欧洲度假胜地旅游的"新闻故事"旁边。当然,如果是在美国,就得挨着去加拿大旅游的故事。同样的例子数不胜数,电视节目被迫停播(或无法通过"试映"),不是因为它们没有娱乐性,而是因为它们不能吸引和生产出符合广告商需要的具有某种特定人口统计学特征的受众群体。第三个原因,尤其适用于新闻,即大量新闻由商业企业、政府部门,或有时由其他机构(教会、工会和类似环境保护协会这样的特殊利益集团)制造,那么,它们便与露骨的广告一样,都带有操纵性意图。

认为大众媒体中的广告和非广告内容彼此密不可分的第四个原因是,经营它们的商业组织就是这样看待它们的。在大众媒体的早期发展阶段,正如第 4 章将着力阐述的,通讯社通常会让广告商直接提供他们想要公布的新闻。然而,经过长期的斗争,这种原始且直白的新闻发布机制逐步被取消,大众媒体获得了有限的"可信度",媒体编辑拥有了部分自主权(通常报纸上有关旅游和房地产的版面仍然由广告商决定编辑内容)。爱德华·L. 伯奈斯(Edward L. Bernays)指出:

> 在 1888 年举行的大会上,美国报纸出版商协会(American Newspaper Publishers Association)公开表达了对媒体入侵造成的影响的担忧……直到大概二十年之后,免费的宣传活动才被取消。(Bernays,1952,p. 61)

与由广告公然支配的大众媒体中的非广告内容相比,其他大众文化工业,如电影、流行音乐、平装书和连环画中的内容有何不同?毕竟,消费者在影院售票处或收银台付款,相当于直接为广告商工作。然而,从一个宽泛且制度化的角度来看,这些大众文化产品的内容与受广告商支配的大众媒体的内容**并没有什么不一样**。如果一个故事自身有卖点,那么它在交易中的重要性不言自明,不论它是最先出现在一本书中、一首流行歌曲或一个音乐流派(如摇滚乐)中、一部电影中,还是一部电视剧或广播剧中。非广告材料的交叉营销手段对资本主义大众文化而言,必不可少。甲壳虫乐队(Beatles)的唱片一时风靡各广播电台。投币式自动点播机里的"畅销歌曲"来自好莱坞电影配乐。《根》(Roots)原本是一部小说,后来成为热播电视剧。《冷暖人间》(Peyton Place)既是卖座的电影、电视剧,又是畅销的平装书。不管怎样限定,交叉营销不限于媒体,甚至扩展至商品市场。电视剧《丹尼尔·布恩》(Daniel Boone)和《戴维·克罗克特传》(Davy Crockett)催生了浣熊皮帽、T恤衫等商品的衍生品销售市场。电影《埃及艳后》(Cleopatra)催生了珠宝、香水、发饰和服装的衍生品销售市场。汽车商在电视警匪片中"免费"植入汽车广告。20世纪60年代反主流文化创造的首饰和服装大摇大摆地进驻电视情景喜剧,这些喜剧为服装行业大做免费广告。受众在娱乐自身的同时,无限制地延长了这条产业链。我国不仅仅要关注这些特殊文化商品的交叉营销,而且要关注如下事实:文化商品在不同文化工业分支领域中获得成功所依赖的形式与内容的诸多品质,都是**所有**文化工业的分支有意打造的结果,无论这些品质是否受广告商支配。

大众媒体的**所有**内容(与形式)都卷入了一场极端复杂的斗争,不同的机构和人群在其中彼此竞争。加拿大属于资本主义体系的一部分,因而加拿大的大众媒体的所有内容与形式,代表并指引资本主义制度的发展。在这种情况下,大众媒体通过内容和形式对老百姓行教化之职,进而将资本主义制度的意识形态植入人们的头脑。在此,我倾向于使用列宁关于**意识形态**的定义:它是一种价值体系,人们用它来支持或者反对统治阶级主导的社会制度(参见 Kellner,1978, p. 41)。大众媒体吸收资本主义制度的价值观,过滤掉其他价值观——这一功能被卡利·诺顿斯登(Kaarle Nordenstreng)定义为"霸权过滤器"(hegemonic filter)。大众媒体尽管包含传统的矛盾因素,但它设置的议程(在很多所谓的娱乐内容中,如职业体育运动)或清晰或模糊地被托付了支持资本主义制度的意识形态的责任。对这些价值观的凝练的概括,可以形象地证明这一论点。

人们认为人性是固定不变的("江山易改,本性难移")。不可救药的自私自利是它的典型特征。所以,"事不关己,高高挂起""各人自扫门前雪,莫管他人瓦上霜"。在任何领域,永远都是私比公好。私营企业无害、高效。倘若有人既不诚信又刻薄,他们将受到侠肝义胆的英雄、武力或警察部门的严厉惩罚。公共政府天生腐败无能,政治也被视为肮脏的勾当。这样一来,私营企业的定价就显得合乎情理,因为它们的服务高效,还给工人支付薪水。相较而言,政府征税(从经济学角度而言,税费很难与价格相区别)是不对的,因为政府官员不应牟利,更何况他们的工作效率如此低下。私有财产神圣不可侵犯。为私产拥有者提供财产处置建议的公共规划本质上就是邪恶的。不过,有时恶毒又吝啬的土地所有者应该受到整个社区施加的惩罚。实际上,管得越少的政府就是越好的政府,可以留给"市场"做的事它们绝不应插手。

当我们的跨国公司的利益在第三世界受到威胁,那些心怀不满的农民或工人想重新选举政府维护自身利益而非跨国公司的利益时,我们就应该支持军事占领,这样我们(比如在智利、巴西)的朋友就能继续推行他们的政策。外交政策对公民而言过于复杂,甚至很难理解,应当交由国家领导人及其军事顾问来做决定。对我们这些文明的个体而言,技术和胜利是首要的价值。正如我们从职业运动中所学到的,"好人没好报"。我们高尚的道德目标可以合理化我们的手段。我们是"自由世界"的保护者,甘愿冒着被核武器攻击的风险维护我们的制度。任何对占主导地位的价值观的概述,都有可能被简化。意识形态的构造显然更为复杂。比如,电视节目强调家庭价值观,反对个人主义。同样,小团体被赋予意义,以反对原始的个人主义(例如,电视连续剧《玛丽·泰勒·摩尔》[*Mary Tyler Moore*]和电影《陆军野战医院》[MASH]中的内容)。

尽管资本主义制度的核心价值观静止且僵化,但这一制度仍然具有一定的弹性,足以应对可能出现的内部结构性冲突,否则这一制度就会瓦解。这正是大众媒体政策的特质;大众媒体报道并能收编这些破坏性的力量。当1946年尼克松及其幕僚在美国掀起反共浪潮时,大众媒体就顺势推动了右派思潮的发展壮大。同样,黑人民权运动、20世纪60年代末的反越战行动、"水门事件"中尼克松总统腐败行径的暴露等,都离不开大众媒体的推动。《纽约时报》为某家银行做的一整版的广告,充分体现了资本主义制度的收编能力。它把一张切·格瓦拉(Che Guevara)的大幅照片放在显著的位置,再配上如下文字:"如果可能,我们会雇用这个人。因为我们将在银行界发动一场革命。"借助收编的弹性空间,个体与种族的异化程度被控制在制度可以容忍的范围内。意识工业**带头**发挥这种收编功能。人们迅速接纳了这些具有20世纪60年代反主流鲜明色彩的服装、首饰、发型以及音乐,商家因其利润可观而大量生产和大规模推销这些商品。这有效地消除了它"叛逆"的文化特征,并逐渐消解了20世纪60年代年轻的激进派希望推进结构变革或革命的诉求。

在先进的资本主义国家,来自**所有**大众媒体的排山倒海般的广告及其他媒体内容劈头盖脸地向人们袭来,催生了一种系统化效应,即噪声密集症,它有效地消耗了大众的时间与精力。这极大地遏制了那些寻求社会关系的另类制度的诉求。1948年,罗伯特·默顿和保罗·拉扎斯菲尔德(Robert Merton and Paul Lazarsfeld)在大众电视尚未出现的情况下就已认识到,大众媒体的净效应就是发挥其负功能,"麻醉"大众:

> 这些媒体不仅继续维持现状,而且无法针对社会结构提出根本性的问题。(Lazarsfeld and Merton,1949,p.459)

为广告商效命的受众时刻关注大众媒体为他们设定的议程,以至于他们的行为麻醉了全体人民。人们的注意力从本该给予高度、持续重视的政治、经济和社会危机等问题上转移开。这些问题反而成为议程设置过程中不起眼的边角料,没人当真,比如自然资源遭到破坏、环境被污染以及核武器威胁生命这些极具现实紧迫性的生态灾难议题。生物学家巴里·康芒纳(Barry Commoner)发现，人们的选择面迅速变窄，他们被迫只能在遵循野蛮主义人性，或发动社会重组以彻底取缔资本主义制度之间做出选择（参见 Commoner，1971，especially chap. 13）。

如果当代大众媒体和流行文化旨在定义什么是发展，那么，发展究竟意味着什么呢？联合国及其教科文组织出台的无数文件、委任状，以及众多学者，已经对它进行了定义：发展是这样一个过程，它为每个单独的个体创造条件，保障个体与其他人类个体、他或她的动物伙伴以及物理环境的剩余部分共同生活，并实现所有人和事的潜能。如果把这个解释套用在"和平"这个概念上，也无懈可击。由于我们尚未在这个星球数百万年的生命演化过程中探求到这种潜能的内在本质，所以现在很难更确切地描述发展的目标。

生命在一系列矛盾和代表这些矛盾的斗争过程中不断延续自身的发展。从有记录的历史开始到目前为止，这些斗争的共同特性表现为某些社会形态对其他社会形态（比如男人对女人、老板对工人、富人对穷人、白人对非白人）的压迫或剥削。近 35 年来围绕联合国等国际论坛展开的各种斗争，使得诸如**发达**国家、**发展中**国家和**欠发达**国家之类的术语进入我们的视野。上述术语中关于发展的概念是从到目前为止的漫长经验中总结出来的。这种经验主要是指资本主义的世界秩序（至少近 400 年来）的发展过程。所以，毫无疑问，对当今世界大部分人口而言，资本主义制度根据以媒体为先锋的意识工业设定的议程来定义发展这一概念。自 1917 年俄国十月革命和 1949 年中华人民共和国成立以来，在建设社会主义的相对短暂的历史中，或许与发展的目标更为一致的定义和实现发展的**过程**，已经达到某种程度的制度化水平（全球大约三分之一的人口现在居住在社会主义国家）。不过，当前下结论还为时过早，只能暂且这么说。

抛开资本主义和社会主义制度的当前成就不论，两者之间的竞争暴露出发展的**过程性**本质。每个人都有权问这样的问题：谁来决定我们的发展方向？如何发展？什么时候发展？为什么发展？还有最根本的问题，即发展为了实现谁的利益,比如哪个阶级的利益?这些问题的答案描述了什么是每个人都会经历的**发展**过程。不同阶级之间展开的权力斗争,本身就是发展的必经阶段;在这样的斗争中,大众媒体权力的独特技术形式将在所有意识形态体系中发挥议程设置的功能。大众媒体作为专门为这一目的而创建的机构,将引导(而不是以任何确定性的方式决定)制度内互相矛盾的力量之间的渐进式斗争。大众媒体为哗众取宠而在设定的日常议程中有意**省略某些**内容;这些被抹去的内容,使得这个社会的政治决策难以达到战略水平。未被议程纳入考虑或没有被持续地考虑的问题无法深入大众的意识。在策略的层面上,比如在暴力革命前夕,革命力量必须通过其他一切途径化解大众媒体的技术优势;控制了大众媒体,就意味着掌握了技术优势,能够维持现状。因此,夺取广播电台和电视台、电信网及各大报社成为每场政变或革命中最为迫切的任务。无论在象征还是实践层面,这一行为都概括了信息在维系或推翻社会制度中的关键作用。控制获取信息的方式是政治权力的基础——不管这些方式是大众媒体传播、非正规的政治说教,还是要动用枪杆子。艾尔弗雷德·索韦(Alfred Sauvy)指出,那些开办电视台的权力堪比在莱茵河边建造堡垒的中世纪权威(Sauvy,1959)。

"现代技术"对发展有必要吗?尽管我可以预料到人们对这一问题的答案都是肯定的,但我们仍需对此命题进行批判性的考察。在过去30年里,那些曾依附19世纪的帝国的前殖民地,受惠于外界给予的援助,积极吸收先进技术,以寻求发展。琼·鲁宾逊(Joan Robinson)曾指出:这种援助旨在使那些前殖民地国家在体制上永远落后于发达国家,事实上也的确如此(Robinson,1966,p.25)。安德鲁·冈德·弗兰克(Andrew Gunder Frank)与其他学者在书中揭示,这些前殖民地国家曾遭受国力倒退这一后果。比如,它们通过跨国公司进口非自然的垃圾食品和软饮料,同时,"农业综合企业"大规模生产像方形番茄这样没有味道,仅为满足美加两国的市场需要的基因创新产品。因此,无数农村人口被驱赶至大型城市周围的贫民窟(例如:Frank,1969;Schumacher,1973)。"技术"意味着什么?如我将在第 10 章所述,**现代技术**就是一个用来描述进行中的资本主义制度,并将其神话化的术语。除此之外,它没有任何意义。事实上,尽管技术这个词是资本主义在面对富国与穷国、国内贫富阶层之间的斗争时所采用的最具威力的宣传武器,但它看上去与政治毫无瓜葛。

本章的写作目的有二:它引出了后面章节的内容;同时它表明,所有的社会制度如何依赖专业化机构,这些专业化机构除了提供专业服务和产品外,偶尔也会根据自己所处的特定社会制度的议程来指导和教化人民。大众传播媒体作为一种专业机构复合体,永远都处于前沿阵地,不断声明和重申不同社会制度的议程;借此,传播机构的大规模生产整合并发展了意识工业的利益。已有人指出,资本主义意识工业实现的发展以一种对现实的虚构与神话化,取代了真正的发展。意识工业的文化统治,与加拿大乃至世界范围内的广大人口之间,存在根本性的矛盾。

第 2 章
受众商品及其运作机制

> 显而易见,传播及其设备、劳动及其工具都是不可分割的,除非在思想里。这两个复合体实用且适合于推销,因此,不管理论假设如何,它们都属于商品。
>
> ——M. M. Knight, letter to author, 23 January 1978.

本书提出大众媒体的受众是一种商品以及受众"工作"的观点,意味着抛出了大量将动摇人们的既定思维方式的问题。鉴于大多数受众"工作"的中心在家庭,家庭的其他所有功能就都与上述命题的内涵相关。婚姻关系、子女抚养与发展、休闲活动、消费支出决策,这些或多或少地涉及受众的工作。此外,我们还能想到家庭生活、受众的工作与酗酒、吸毒、镇静剂上瘾、犯罪及暴力之间的关系——所有这些关系以各种方式聚焦于家庭。我在北美资本主义核心国家的背景下提出了这些议题,因而我很难回答由此出现的大部分重要问题。的确,我将讨论的问题如此复杂、鲜有人涉足,以至于我在考虑是否应该提出"恰当的"问题以便顺利得出相关结论。传统的行为研究(及其基础研究,即颇受欢迎的市场研究)十分肤浅且以满足自身利益为导向,与摆在我们面前的矛盾的复杂辩证过程无关。要分析这一高度商品化的社会,我们必须警惕把人和商品视为不相关的事物,而应认为它们在社会过程中相互作用。

大众媒体的主要产品是什么?我们需要工具——理论来回答这个核心问题。存在两种理论模式:主观的、理想主义的概念;客观的、现实主义的概念。到目前为止,所有与我们的主要问题相关的理论都是主观的和理想主义的。事实如此,可我们仍然需要一套客观的和现实主义的理论。在对这一现实主义的理论进行阐释之前,有必要说明为何关于大众媒体及其主要产品的相关理论至今都是主观的和理想主义的。要看清有关传统资产阶级的传播理论为何带有理想主义色彩,并不困难。关于大众传播的研究文献(不论是资产阶级的还是马克思主义的)都将大众媒体的主要产品定义为"讯息""信息""图像""意义""娱乐""教育""取向""操控"等。**所有这些概念都是主观性的思想实体;所有这些只在表面上处理各种问题,与实际生活完全脱节**。娱乐、教育、取向和操控等概念不是指大众媒体内容的某个方面,而是指其**效果**或**目的**。

当然,这并不意味着抽象的、主观的过程不真实。受众为广告商所做的大量工作产生于受众的头脑。但我要表明,在垄断资本主义条件下,人们必须从事的工作有一个物质基础。受众不得不购买食物、衣服,受众工作的这一面使广告商得到"报偿"。同时,由于收入不足以支撑家庭开销,为了最大限度地实现家庭生活的各种价值,受众被迫在某些方面做出牺牲。为了让孩子或老人能去医院看牙,父母就得延迟自己的部分花销。个体相信,他们必须实践某些价值,才能组建他们为之自豪的家庭、社区甚至祖国;在实践这些价值的努力,同为广告商所做的工作之间,存在着一种辩证张力。实践意识(简单地说,就是意识到生活的意义)客观上极大地受到这种辩证的矛盾过程的结果的影响(见第 11 章)。

自然而然,有关经济学的一般文献在近一个世纪以来原本可以体认到大众媒体、广告、受众及意识工业的重要性并对此进行分析,然而,实际上,没有论著阐述过受众市场的功能,这里的受众由大众媒体生产,由广告商购买并使用。这并不奇怪,因为新古典主义边际效用经济学家的兴趣在于构建虚构的竞争模型,然而,这些模型在寡头垄断的现实世界中一文不名。凯恩斯学派中的确有学者关注广告行为,但他们仅仅从主观心理学的视角出发,其目的是"操控购买者的意识"(Chamberlin,1931,pp. 113-134)。然而,他们关注归关注,随后弃之如敝屣。从 20 世纪 60 年代起,越来越多的资产阶级经济学家开始发展有关品味与购买行为的理论。他们要么与管理层亦步亦趋,执念于市场研究,要么致力于反垄断法的实施。他们都不出意外地忽略了垄断资本主义所具备的需求管理的功能,并对大众媒体为自己生产市场营销代理(受众)的功能视而不见。相反,他们认为广告费和公司赢利一样,都是单纯的数据,好像真正被购买或使用的产品根本不存在。① 在制度经济学学者当中,只有约翰·肯尼思·加尔布雷斯(John Kenneth Galbraith)一人论及大型企业通过广告进行需求管理这一点,可他在即将发现受众市场的时候却突然止步了:

> 当前传统的经济学理论倾向于抹去产业系统每年为广告及类似的推销所付出的百亿美元的成本,仿佛这些钱花得没有任何目的和结果。我至少想说明一点,这种做法实在极端。没有任何其他合法的经济活动甘心屈就于此。可见,为销售和广告支出的费用在制度中起到一种有机的作用,这一发现并不是完全没有道理。(Galbraith,1967,p.205)

不过,遗憾的是,他并没有深究那一"有机的作用",也没有描述和分析大众媒体、受众和广告商之间的关系(Smythe,1980)。

另一方面,为何马克思主义者也没有发展出一种现实主义的传播理论呢? 一直到大约 1920 年,马克思主义者都没有认识到代表垄断资本主义利益的广告和大众传播所具有的需求管理功能,这是因为直到第一次世界大战后这一功能方才显山露水。在 19 世纪 80 年代之前的报纸杂志发展时期,新闻界主要靠政党的资金和影响力支撑,而非广告商。政客资助的报刊通过社论(除了不太重要的广告)影响受众对政客所持观点的态度。受众的购买成为这些报刊唯一的销售渠道,所以受众很容易就"新闻界生产什么内容"这一问题形成各自主观的心理认知。新闻界生产并出售报纸和杂志;彼时还不存在生产和销售受众的有组织的市场。因此,马克思主义者将新闻界与教育和其他国家高级文化机构,一同并入"上层建筑"的范畴,而那些生产性的**工作**发生在基础层面,即"物质基础",在那里人们按劳取酬。1920 年后,马克思主义者仍然持有这种观点,即大众媒体的主要产品是其影响力。

葛兰西(Gramsci)、法兰克福学派(阿多诺[Adorno]、霍克海默[Horkheimer]、洛文塔尔[Lowenthal]、马尔库塞[Marcuse]、哈贝马斯[Habermas])、威廉斯(Williams)、普兰查斯(Poulantzas)、阿尔都塞

---

① 以下著作回顾了相关文献:Simon,1970;Schmalensee,1972 以及 Pollak,1978;Pessemier,1978;Marschak,1978。

(Althusser)与其他马克思主义者(如萨米尔·阿明[Samir Amin]、克莱夫·Y.托马斯[Clive Y. Thomas])特别关注资本主义核心国家之外的边缘国家,而无人从历史唯物主义的角度,关注意识工业以需求管理的方式(广告、市场营销和大众媒体)保障垄断资本主义制度的运作。① 在垄断资本主义制度下,商业大众媒体的主要功能在于,它们基于两个目的,为意识工业的生产设定议程。巴兰与斯威奇在他们合著的《垄断资本》(Monopoly Capital,1966)一书中的确强调了垄断资本主义需求管理的重要性,然而遗憾的是,他们没有进一步阐释需求管理是**如何**产生的这一问题,仅仅局限于大众媒体与广告具有操纵性这一假说。同样的盲点困扰着在不同程度上以马克思主义的观点来研究传播学的学者(如诺顿斯登、恩泽斯伯格[Enzensberger]、海姆林克[Hamelink]、席勒、默多克[Murdock]、戈尔丁[Golding],以及之前的我)。他们没有考虑在垄断资本主义制度下大众媒体如何生产出向自我推销商品、竞选人和议程的受众,因此,有关意识形态生产的理论和实践始终建立在一个主观的、非现实主义的、不符合史实的基础上。至于他们**为什么**到现在都还在受此盲点困扰,并不在我当前讨论的范围内。②

---

① 相比其他马克思主义者,雷蒙·威廉斯更接近于站在现实主义的角度研究传播,可以单独进行评述。他在著作《马克思主义与文学》(Marxism and Literature,1978)中已经指出,包括娱乐在内的所有类型的文化工业,都是"必要的物质生产"。他没有把广告纳入文化工业,并对除了官方文化之外的什么活动应当被纳入文化工业这个问题,语焉不详。威廉斯的另一著作《电视:技术与文化形式》(Television: Technology and Cultural Form,1975)则有些令人失望。作为一种"新型生活方式",广播电视出现了。广播电视技术的创新,也被神话化了。"广播电视制度虽有瑕疵,但确实在特定环境中得到了广泛的认可,然后由一些特定的社会决策所决定。然而,我们现在不太能够看出这样一个事实,反而以为广播电视制度本当如此。"(p.23)可他没有说这些决策是由谁出台的、为什么会出台以及是在什么情况下出台的。"意识形态控制"是一个暧昧不明的目的,无法说清楚谁会卷入其中以及以何种方式卷入其中。威廉斯也没有定义技术这个概念,认为它在政治层面是中立的。他从技术的角度看待世界范围内的广播电视,并认为广告"与广播电视本身的特征并不相关,而取决于特定社会(没说什么社会)中广播电视的编排"(p.68)。他公正地批评了麦克卢汉(McLuhan),却没有注意到他自己也从麦克卢汉那里获得了某种启示("传播的方式先于内容",p.25)。实际上,正是这未来可期的受众,召唤媒体的形式和内容成形。在威廉斯的任何一本书里,他都没有把媒体视为生产售卖给广告商的受众的平台,也没有发现广告商只有借助受众力才能完成他所生产出的消费品的营销工作。威廉斯也没有在任何一本书里指出垄断资本主义制度下跨国公司的需求管理。这些术语在他的著作里,都奇异地消失了。

② 我在论文《传播:西方马克思主义研究的理论盲点》中,第一次提出对马克思主义理论研究的批评,具体可参见"Communication: Blindspots of Western Marxism,"1977。也可以参见 Murdock, Graham, "Blindspots about Western Marxism: A Reply to Dallas Smythe,"1978,以及我的回应"Rejoinder to Graham Murdock,"1978,与 Livant,1979a。

我在上一章已经指出,在垄断资本主义制度下,商业大众媒体的主要功能在于,它们基于两个目的,为意识工业的生产设定议程。这两个目的相辅相成:(1)利用受众力对垄断资本主义制度大规模生产的消费品与服务进行大规模营销;(2)对国家及其战略或战术政策与行动的合法性进行大规模营销,如选举政府官员、对有社会主义倾向的国家(如越南、朝鲜、古巴、智利、多米尼加共和国等)实施军事打击、抵制年轻的异己者(如"美国中产阶级")等。垄断资本主义制度下商业大众媒体的主要产品是什么?这个问题的答案很简单:受众力。这是具体(而非抽象)的产品,用以完成资本主义制度的经济和政治任务,而这些任务正是商业大众媒体存在的理由。现在,让我们来分析这个奇怪的商品:受众力。

受众力要经历生产、销售、购买和消费等环节,所以它是一种有价商品。如同其他"劳动力",它与"工作"有关。因此,从一开始,我们就必须思考**工作**是什么意思。在资本主义情境下,**工作**往往被视为人们为获得酬劳(工钱、薪水等)而做的事情。(关于受众成员免费提供受众力这一事实,暂时按下不表。)同样,工作的内容通常被认为是人们不愿从事的事情,它令人郁闷,使人异化,给人带来挫败感。工作还能让人联想到职位、工厂、办公室,或者商店。实际上,它并非总是如此。工作具有创造性,充满人性——正是工作这一能力使人区别于其他动物。人类在通过劳动改变生活环境的**同时**,也改变了自身的属性,因为人类的生活**受到他们生产什么和如何生产这两方面的影响**(Rinehart,1975;黑体为作者所加)。

看起来,其他动物(如海狸、蚂蚁、蜜蜂)的工作技能来自基因,而人类从出生起就开始学习,他们是社会的产物。该事实隐藏着一个秘密,它能解释人们在工作中产生的无穷创造力,以及他们在资本主义制度下的工作过程中遭遇的异化现象。秘密在于,对人类而言,工作不仅涉及思考,而且涉及在实践中应用或检验各种观念。思考与实践(或理论与实践)——这里的思考可以与实践相结合或相分离——是劳资双方权力斗争的基础(顺便插一句,正是因为抓住了这一点,毛泽东思想和中国人民才取得了伟大的胜利)。资本主义制度分化工人的实践活动,将其从理论与实践的互动中分离出去，以此有效地阻止工人的创造性活动；以牺牲劳动者个人为代价，资本主义制度才能依靠劳动分工与对资本的掌控，大大提高使用最先进的机器进行生产的"生产力"。这才是资本主义作为一种制度取得革命性胜利的原因。这也是"科学管理"的实际效果（参见第3章和第4章）。

让我们提出一些有助于更准确地辨识和描述受众商品的问题，并给出相应的答案。

问题1：广告商耗费资金进行广告宣传，他们得到了什么？ 身为精明的生意人，他们绝不会付了广告费却什么都不要，也绝不会出于利他主义的目的这么干。他们购买的是具有预期规格的受众的服务。受众在特定的时间和特定的市场范围内，关注特定的传播方式（电视、广播、报纸、杂志、广告牌和第三类邮件）。① 受众以群体的形式成为商品。身为商品，他们通过厂家和买家（后者也是广告商）与市场发生关系。此类市场按照垄断资本主义的模式制定价格。市场与被交易的受众商品都是高度分化的。受众商品具有所谓的"人口统计学"特征。这些特征包括年龄、性别、收入水平、家庭构成、市区或郊区住址、种族、房屋产权、汽车、信用记录、社会阶层，以及（休闲和流行杂志关注的）对摄影、模型电动火车、跑车、集邮、自己动手制作、出国旅游和怪癖性爱的嗜好。

问题2：受众都是同质的吗？ 虽然他们都由大众媒体生产、定价并被投入寡头垄断市场销售给广告商，但他们绝不是同质的。受众为广告商提供服务以"维持生计"，比如使广告商觉得广告费没有白花，从而愿意继续投放广告。向广告商出售的受众分为两类：一类与推销消费品有关，另一类以推销生产原料为目的。贸易或商业媒体（杂志、报纸或直接邮件）生产出典型的第二类受众商品。显然，生产资料的买家都是政府机构，或就"军用销售意图"而言，私营企业，它们根据客观的质量规格进行购买。这类广

---

① 我的一个批评者指出，若用一个术语描述广告商购买了什么，这个术语就是**注意力**。基于当前我们对此问题的粗浅认知，**看起来**广告商购买的就是注意力。然而，人们工作了，报酬谁来给？难道我们应该说，雇主购买的是"劳动力"，或者"必要的动手能力和注意力，以照管机器"？尽管我认为受众是被生产、购买与使用的，怎么理解"受众力"可以暂时按下不表，但我仍需要更加现实主义的分析以支撑我的观点。

告只是整个广告行业的一小部分。下面,我们将分析另一类受众——为广告商销售消费品而生产出来的受众群体,这一群体具有更为重要的战略意义。这些受众又可以分成两类:第一类受众服务于朱利安·L.西蒙(Julian L. Simon, 1970, p.71)所谓**同质包装的零售商品(HPG)**的生产商。同质包装的零售商品具有如下共性:(1) 品牌之间很少有或没有客观的实际差别;(2) 单位成本低;(3) 重复购买的间隔时间短;(4) 每个产业的资金量巨大;(5) 除酒以外大量使用电视作为广告媒体;(6) 将大量销售收入投入广告。

同质包装的零售商品包括软饮料、口香糖、糖果、肥皂、清洁用具、蜡制品、香烟、啤酒、葡萄酒、烈酒、汽油、专利药品、香水、化妆品、除臭剂、剃须刀片,以及快餐店和饭店等类别。第二类受众是为销售耐用消费品而生产出来的受众。耐用消费品包括汽车、雪地车、服装、船只、鞋子、休闲用品(如相机、运动装备、家庭用品)、家用电器等商品。虽然它们具有客观的质量规格,但款式的更新换代仍然决定着它们的寿命。大众媒体为销售消费品的广告商生产出具有持续"需求"的受众,并保证国民生产总值的不断增长。

问题3:广告商如何确保他们在购买受众力时能获得他们想要的东西呢? 毕竟,怀疑论者会问:广告商如何知道我就是他的受众呢?即使我在开着电视的房间里坐着,他如何知道我正在看那些广告呢(我一到播广告时就去厨房或上厕所)?答案很简单。广告商可以保证自己获得他或她付钱购买的受众力,这与保险公司通过承保你的寿命而赚取利润的方式一模一样。你可能刚买了一份保险就命丧黄泉,也可能一直缴费长达50年。保险公司在你生命年限的或然率上"赌"了一把。然而,或然性和大数法则,转移了保险业在这场赌博中的任何风险。同样,在广告行业,广告商的信心有赖于大数法则,以及受众或然性;受众或然性构成了预期的基础,而受众力的价格就是依据这个基础得以确定的。因此,部分受众不看广告,也不是什么大事;这些都在广告商的预料之中,也常被他们忽略。

就受众规模的预测和经验的统计基础而言,意识工业下辖的二级部门专门从事这一工作,即确定受众规模的大小。受众成员在广告和大众媒体其他内容的影响下采取的行动,成为大量独立的市场研究代理机构和广告代理机构、广告公司以及传媒企业中类似的部门进行市场研究的对象。人口统计和消费心理研究的原始资料来自深度访谈,并根据专门从事受众商品快速评估工作的 AC 尼尔森公司(A. C. Nielsen)和大量同类竞争者所提供的调查报告,将原始数据推及全部受众。科学抽样方法可以对受众做出可靠的分析,如同它对稻谷、白糖及其他基础性商品所做的分析一样;唯有在或然性和过往经验的基础上,才能对受众商品进行"分级"。

问题 4:什么机构会生产广告商用广告费购买的商品呢? 这个问题的答案似乎存在于两个层面。媒体企业和作为受众关系中心的家庭是最表面的答案。媒体企业包括商业电台和电视台(以及由商业电台和电视台组成的网络)、报纸、杂志,以及广告牌与第三类信件广告的制作者。更深层的答案应当是向媒体提供的要素供给(factor supply)服务。向媒体提供生产资料,是站在商业媒体这边保障受众的生产过程;服务的提供商包括所有的广告代理、人才代理、节目制片商、商业广告专营商、胶卷生产商、通讯社(美联社[AP]、合众国际社[UPI]、路透社[Reuters]、加拿大通讯社[Canadian Press]等),以及制作新闻专栏的"辛迪加组织者"、作家代理、书刊出版商、电影制片人和发行商。

但是,一些有影响力的机构站在家庭或受众的立场上,保障受众的生产过程。教育机构,尤其是小学和初中教育机构,发挥了十分重要的作用。这些机构帮助孩子们为扮演受众的角色做好准备。这一准备工作要么清楚地体现为在课堂上"教育"儿童媒体和商业机构(比如商业英语课程或其他与销售、广告等有关的职业技能课程)如何运作,要么含蓄地表现为向学生示范如何对权威表示顺从。显然,同时在媒体和受众两方保障受众生产过程的物质基础是电子摄像工业复合体,它策划、生产并推销"软件"(整套节目、通讯社稿件)与各种硬件(高速印刷机、电视接收器、广播等)。

问题 5:如何制定受众力的价格? 垄断和寡头确定报业生产的受众的供给特征。实际上,一城一报现象在美国和加拿大的城市中十分普遍,报纸出版商厘定的唯一有效的受众价格上限,在使用替代媒体(直接邮寄广告、广告牌、广播和电视)的广告商眼里则成为机会成本。报纸出版商对广播电视台的交叉所有权如此普遍,以致抑制了受众力销售过程中的媒体间竞争(参见第6章和第8章)。此外,各媒体的老牌商会帮助制定寡头垄断价格。对受众力的需求的类型不同,价格也会不同。报纸定价的首要标准是区分"国有的"和"零售的"广告商,对前者的要价比后者高得多。一张价目单操控着对"不同类型"的广告商的售价。在零售价目表中,通常不同的价格针对不同类型的广告商,比如,"商业版面"可包括重大财经新闻、分红通告、企业会议,以及餐饮、娱乐、图书、旅游等板块。减少内容就可以刊登更多的广告;在一定的时间内多次刊登广告的广告商可以享受频率折扣。费用的高低取决于付费能力(Simon,1971,pp. 146-147)。杂志开出的价格可分为"全国性"和"地方性"两种,前者指杂志的受众分布于全国,后者指受众局限在固定的地理范围内。

除了专业频道所服务的相对狭窄的受众市场,相较于报纸,在广播和电视的受众市场中,围绕广告商的广告投放展开的竞争显然更加激烈。广播电视网对电视受众的争夺可谓白热化。电视(以及电视被发明后,广播网衰退之前的广播)受众的售价是不同的。电视网的受众和某一家电视台的受众,对应着不同的价格。同样,受众作为"赞助节目"生产的产品,或作为节目中的插播广告生产的产品,也对应着不同的原始价格。到了20世纪70年代,"赞助节目"几乎绝迹(黄金时段主要播放肥皂剧和一次性"特别节目");如今,广播和电视的大部分受众时段以插播广告的形式售卖——主要由广播电视网出售,也有一些时段由电台或电视台通过"台销售代表"直接卖给广告商。

埃里克·巴尔诺(1978,pp. 69-70)用小麦或铜这类商品的现货与期货交易术语进行类比,描述了受众力的电视市场:

> 重点在于,某一类销售规定了**节目**的特定内容,而不限于某一广告时段。广告商要求节目内容必须与其信息和目的相匹配,广播电视网认同此要求的合理性并予以接受。一系列后果由此产生。

后果之一是固定价格的消失。价目表被废弃,排在尼尔森或阿比创(Arbitron)收视率榜榜首的节目时段必然比那些位置靠后的时段售价更高。因此,生意陷入了无止境的讨价还价过程,价格就像处于股票市场一样上下波动。

一次收视率猛涨便能引来一轮询价高潮。1970年美国全国广播公司(NBC)决定播出喜剧演员弗利普·威尔逊(Flip Wilson)主持的综艺节目,当时还不确定播出集数,30秒广告时段的售价为35000美元。该节目获得了意外的成功,轰动全国且收视率猛涨,卖方的报价随之从40000美元涨到45000美元,甚至50000美元或更高。就某一广播电视节目而言,某一时段可能以最早开价的最低价格出售,其他的时段以稍晚报出的价格出售。部分连续剧,收视率和价格不是上升而是下滑。

买卖交易通常按照一揽子协议进行。由于各时段的收视率起伏不定,因此经常会出现这种交易方式。对赞助商来说,这也是一种对冲办法。意外失败可与意外成功相抵消。这种"分散"购买方式具有安全性。在讨价还价的过程中,赞助商可以通过他的广告代理表明他想为X品牌的漱口水投资140万美元购买广告时段;他们要求广播电视网提供一个可能时段的参考表。他们以不合适为由拒绝其中一些时段,同时接受另一些时段的报价。最终,双方就播放时段和一揽子价格达成协议。每个时段都对应一定的现金价值。这一点很重要,因为一个节目停播就意味着广播电视网必须退款给广告商或提供另一个相当的时段。一揽子时段中的标价可能相距甚远,这与它们各自的收视率及其他讨价还价因素有关。在一场超级碗美式足球赛中,一个30秒时段可能标价90000美元;在收视火热的悬疑电视剧里,相应的标价可能是55000美元;在晚间新闻中,标价可能是18000美元;在黄金时段的纪录片特别节目中是14000美元;在早间节目里,可能只有4000美元。

一个纪录片特别节目,除非其中含有轰动性的因素,否则就算在黄金时段播出都有可能仅以"优惠价"出售。特别节目由于缺少过去的收视表现而只能估算其收视率。大多数赞助商不愿意考虑争议性节目中的时段，有些干脆拒绝冒此风险。

为了说明受众力其实就是一种商品，让我们来看看1978年5月在不列颠哥伦比亚省温哥华的本地电视广告商可以得到的一张受众力价格表：

大体上，每30秒的广告价格
（按每千人计，美元）

	《陆军野战医院》（黄金时段）	《加拿大冰球之夜》（Hockey Night in Canada）（黄金时段）	《蝙蝠侠》（Batman）（周六上午）
全体观众	2.32	1.99	0.96
全体成年观众	3.0	2.29	—
男性	5.84	3.45	—
女性	5.13	5.98	7.35
青少年	25.39	42.44	3.85
儿童	50.78	50.78	1.89

如果这个市场中女性受众的人口统计学数据与消费心理学特征符合某广告商的需求管理标准，《陆军野战医院》应该比其他两个节目更有竞争力。同样，如果广告商试图针对儿童群体展开营销策略，三个节目中最理想的应该是周六上午播出的《蝙蝠侠》。

这些受众力市场遵循了垄断资本主义制度中寡头模式的定价方式。同时，受众市场中广告商的力量已经成为建立垄断集团帝国的重要因素。有同情心的广告专家朱利安·西蒙(1970,pp.222-223)曾经指出：

> 在企业层面，基于广告时间与空间的多产品折扣政策，通常会导致营销多元化现象。由此，有时广告会推动行业日益集中化。例如，据联邦贸易委员会(Federal Trade Commission)透露，宝洁公司能用少于高乐氏公司(Clorox Company)5%的价格购买电视时段，这是对宝洁购买行为的允诺的奖励……布莱克和布卢姆(Blake and Blum, 1965)就此编撰相关资料并分析指出，对大量投放广告的广告公司来

说,这是寻求合并、减少广告成本的一个重要的原因。

最近,一家专业性报纸把这种效应描述为如下故事:"吉百利-史威士(Cadbury-Schweppes)并购案着眼于广告和海外扩张经济所带来的巨额利润,会让英国排名第四的食品集团的预售金额高达6亿美元。批量购买电视广告时段,能够为并购后的电视媒体广告投放节省至少75%的预算。1968年,两家公司共拿出1365万美元用于广告投放,这一数字居全国第二……"(*Advertising Age*,March 3,1969,p.26)

西蒙还指出,广告商评估其所购买的受众力的生产力的能力越强,对收视率变化的反应就越灵敏。他以一个购买杂志受众力的邮购广告商为例:

邮购广告商对他们的广告效益进行近乎精准的评估,并且获得了明显低于普通广告商费率的折扣。(Simon,1970,p.146)

问题6:谁来为受众力的生产买单?应该支付多少费用? 表面上看,用受众力交换商业媒体的内容很平等,甚至受众还占了点儿便宜。这些受众成员付出不计酬劳的工作时间,作为交换,他们免费观看节目,接触到清晰易懂的广告内容。如果不是这样,他们还有其他更好的方式享受"闲暇时光"吗?如同受众研究指出的,从20世纪60年代中期以来,电视受众日益倾向于把电视当作视听墙纸:开着电视,受众成员要么专心地看着屏幕,要么在放电视的房间和隔壁(或更远点儿的)房间穿梭,一边在经过屏幕时"瞥一眼",一边用耳朵收听(Lyle,1972,p. 23)。作为商品的受众力与这种有失礼貌的行为之间存在矛盾吗?当然没有。这个问题不就像流水生产线上的工人的敷衍和磨洋工行为,与他们已经将劳动力出卖给老板的事实相互矛盾吗?

如果我们要理解资本主义社会的受众为生产受众力所做的全部贡献,就必须首先提出如下问题:资本主义制度赋予受众力何种价值?我们(在接下来的两章里)将发现,这种价值对资本主义制度至关重要,正所谓"皮之不存,毛将焉附"。然而,资本主义制度以"贱如粪土"的代价获得了这种价值。

对于广播和电视而言,1976年加拿大广告商向电视投放了4.17亿美元的广告费用,向广播投放了2.79亿美元。① 1976年加拿大有668.4万户家庭(占全部家庭的97%)拥有电视,广告商为每户家庭平均支出62美元。假设每户家庭每周收看23小时(一个十分保守的数字)的电视节目,那么广告商为1976年拥有电视的每户家庭的受众力平均每小时支出5.2美分。同样,加拿大有691.8万户家庭拥有收音机,广告商每年为每户家庭平均支出40美元。每户家庭每周平均收听18小时的广播,这意味着广告商要为每户家庭每小时的收听平均支出4.2美分。就算不对这些成本进行精细的生产率分析,我们也能知晓,广告商为了有利可赚,可以收回支付给受众力的成本;对他们而言,受众力的生产率,相对于所有受众个体而言,不需要太高。

然而,从受众的角度看,他们付出的成本远高于广告商。他们图什么呢?就图某一种"特权":他们以受众的身份,无偿劳动,并向自己推销消费品和服务。这笔沉重的花销还不包括他们购买商品的隐形支出。表2-1对加拿大和美国商业电视与广播节目的受众的直接成本进行了比较。可以看到,1976年,加拿大受众成员共支出21.88亿美元的直接成本用于购买电视接收器并维持其正常运转,而广告商仅支出4.17亿美元购买受众。换句话说,广告商每花1美元购买由媒体生产的电视受众,加拿大的户主需要支付5美元。1976年,加拿大有线和无线电视行业及无线电广播行业的财产、厂房及设备折旧投资等总成本共计6.45亿美元,与之相比,受众在电视机和收音机的折旧投资上花费高达39.05亿美元。(由于加拿大广播公司[Canadian Broadcasting Corporation]没有分别公布对电视和广播财产的投资数额,这里有必要将两项相加。)换句话说,加拿大电视和广播行业在厂房和设备上投资的每1美元对应着加拿大的户主在他们的电

---

① 把美国广播电台和电视台的广告时段售卖总额相比广告总支出的数值,套用于加拿大广播电台和电视台广告时段售卖的情况,就能得出这些估值。在美国,1976年,电视广告总支出的77%用于电视网和电视台时段的插播广告,共计51.98亿美元,只有22%用于制作节目和广告内容;在广播业,广告总成本的87%(20.19亿美元)用于广播网和电台时段的插播广告,只有13%用于制作节目和广告内容。在加拿大,官方提供的数据意义不大。"数据加拿大"公司(Statistics Canada)提供的数据显示,电视广告总支出为3.418亿美元;向广告商售卖的电视网和电视台时段的总价为3.226亿美元。广播业的广告总支出仅为1.111亿美元;向广告商售卖的广播网和电台时段(只是广告开销的一小部分)的总价却高达2.418亿美元。我推测,加拿大完全遵照美国的广电发展模式。

视机和收音机上投资的 6 美元以上的成本。

在美国,1976 年,受众成员为拥有和运转他们的电视接收器共支出 219.49 亿美元,而广告商支出 67.21 亿美元购买电视受众。也就是说,受众每支出 3 美元,广告商只支出 1 美元。广告商购买广播受众的支出(80.4 亿美元)和收音机的购买与运转成本(23.3 亿美元)的比率,也差不多是 3∶1。令人好奇的是,虽然美国的运营成本比率低于加拿大,但受众折旧投资(depreciated investment by audience)比率高于加拿大。电视业的受众投资为 326.7 亿美元,但无线电视折旧投资为 8.5 亿美元——比率为 33∶1。广播业的受众投资为 144.72 亿美元,广播网和广播电台的投资为 5.04 亿美元,比率为 33∶1。*

表 2-1 1976 年加拿大和美国电视、广播业成本比较

	加拿大		美国	
	电视	广播	电视	广播
受众直接成本:				
基本数据:				
接收器数量(000)*	9895	23400	121000	402000
平均购买价(美元)	600	80	540	72
平均使用寿命(年)	7	7	7	7
平均剩余使用寿命(年)	3.5	3.5	3.5	3.5
投资利率(%)	10	10	8	8
平均电费(美元)	15	4	15	4
平均维修费(美元)	70	3	60	3
每台年成本(美元):				
折旧(价格的1/7)	86	11	77	10
利率(价格的1/2)	30	4	22	3
电费	15	4	15	4
维修	70	3	60	3
总计	201	22	174	20
受众总成本(每台总成本×接收器总数/百万美元/年)	1989	515	21054	8040
对有线家庭增加有线成本(百万美元/年)†	199	—	895	—
受众总成本(百万美元)	2188	515	21949	8040

---

* 此句中的两个比率原文如此,疑有误。——译者

(续表)

	加拿大		美国	
	电视	广播	电视	广播
广告商成本(百万美元/年)‡	417	279	6721	2330
受众和产业投资：				
受众折旧投资(原成本 1/2,百万美元)	2969	936	32670	14472
广播财产、厂房和设备折旧投资(百万美元):				
无线产业(除加拿大广播公司)§	101	56	850	504
无线产业(包括加拿大广播公司)§		409	—	
有线产业†	236		?	
有线和无线总计(加拿大)		645		
产业利润：				
税前净利润(百万美元):				
无线产业§	60	36	1546	158
有线产业(加拿大)†	36			
回报率(%):				
无线产业	59	65	182	31
有线产业(加拿大)	15			

* UNESCO *Statistical Yearbook*，1977，pp. 996，1016.

† Statistics Canada，*Cable Television*，Cat. 56，205，1976；United States Bureau of the Census，*Statistical Abstract*，1978. Aspen Institute，*The Mass Media*，1978，p.215.

‡ For Canada, see footnote 5 (in text); for United States, Aspen Institute，*The Mass Media*，1978，p. 203.

§ For Canada, Statistics Canada，*Television and Radio Broadcasting*，Cat. 56，204，1976；for United States, Federal Communications Commission，*Annual Report*，1976，pp. 130，141；Aspen Institute.

仔细观察表 2-1 中受众接收器成本的基本数据,不难发现,我已经对所有数据做了大致的估算。估计的数值显得比较保守。受众成本和投资,与广告商支出和电视广播产业的投资之间的比例明显失衡。就算真实的折旧成本、利率成本、电费、维修费比我的估值少三分之一,加拿大和美国的电视受众支出的费用也超出广告商的费用一倍有余。

有一点令人惊讶,即受众成员的大量投资和支出居然完全没有被他们自己和大众媒体的研究者察觉。不妨借用魔术术语"误导术"(misdirection)形容这一现象:人们陶醉于新奇的表演、媒体明星的生活,以及节目制作、广播电视网和广播电视台运营的娱乐光环,以至于实际情况神不知鬼不觉地消失了,当然这是就大众意识而言。

谁在通过电视和广播以外的途径为受众力的生产买单?这一账单的数额有多大?报纸和杂志的广告商支付了绝大部分成本——通常是7成至9成的成本。受众的订阅和在报摊的购买只能抵消报刊的运费。"社区"和"导购"报纸没有定价,完全由广告商买单。直邮广告的材料费,由广告商承担,此外,第一类邮件的收入对直邮交叉补贴,或者用总税收补贴低于成本价的直邮邮费。自19世纪最后25年以来,这种对报纸、杂志类似的邮政补贴,已经把报纸和杂志的大部分成本转移到美国和加拿大两国的邮政服务行业。

问题7:在垄断资本主义制度下,商业大众媒体的内容具有什么样的性质? 在第1章中,我们思考过商业大众媒体的广告和非广告内容之间相互统一的多种方式。两类内容其实具有相同的特征。但是,如果忽略了"广告"与"节目"或"编辑性"内容之间存在重要的差异,就会犯下严重的错误。有关广告支撑新闻、娱乐和"教育"内容或广告使它们成为可能的假说,已经成为指导商业大众媒体进行公共关系的实务操作的基本原则。记者的专业主义精神取决于这一假说。而且,教材、教学课程、教师和大众媒体的研究者也都接受这一假说,并以此圈定他们的研究范围。他们要么研究(如报纸和杂志的)编辑性内容或节目内容,要么投身于有关广告行为的研究或教材写作。广告商的猜疑,以及打消他们的疑虑,构成了媒体的广告与非广告内容之间的唯一联系:广告商会向报刊的编辑部门,或广播电视台的节目制作部门告知非广告内容的禁区话题(当然,他们很少这么做,也没必要这么做,因为媒体会依据编辑政策雇用员工,因此预先划定了"可接受的"非编辑内容的边界)。

这一假说的盛行必然导致受众和社会科学家想当然地认为非广告内容足以吸引受众,并能保证他们花时间收看全部节目。因此,A. J. 利布林(A. J. Liebling, 1961)关于非广告内容属于"免费午餐"的观点在大众意识里奠定了坚实的基础。可笑的是,报纸用长短合适的"新闻"填补广告之间的留白这一做法,讽刺性地佐证了这一基础的存在。该类比显然十分恰当。如同酒吧或鸡尾酒会向客人提供薯条和花生仁等餐前小吃一样,免费午餐的作用就是刺激胃口。刺激潜在受众成员的胃口,一方面可以吸引他们对电视节目、报纸或杂志的关注并形成黏性,另一方面能培养他们的情绪,使他们乐于接收广告商发出的或清晰或隐晦的信息。

大众媒体的行业政策规定,免费午餐必须服膺于正式广告的特点,因为大众媒体旨在生产受众并将其出售给广告商。若节目比插播广告还要振奋人心,那这个节目估计将命不久矣;即便媒体管理层和广告商的判断失误,它也活不过首播。制作一条显性广告所需的单位时间或单位空间成本,是生产一顿免费午餐的单位时间或单位空间成本的若干倍(在电视界,这一比例大约为 8∶1 或 10∶1)。这一比例,大致反映出广告和免费午餐两类内容的刺激性分别受到的关注度。

当然存在提供免费午餐的市场,这一市场不仅横贯完全依赖广告商的媒体领域(电视和广播),还遍布电影、杂志、报纸和图书等媒体行业。在免费午餐市场里,有一种特殊商品(比如《根》)。它出现在多种媒体上:针对不同媒体的需求,大部分情况下相继出现在不同的媒体上,偶尔同时出现在各类媒体平台上。

免费午餐节目的资质十分重要。一方面,在报刊行业,许多读者购买出版物的动机是获取广告信息,尤其是报纸上的分类广告和本地商家的商品与价格展示广告。许多"休闲"杂志的情形也是如此,广告中的产品信息在潜在读者眼中,如同免费午餐一样诱人。另一方面,有线电视与商业电视台播放节目,以此生产出**既为免费午餐节目,又为广告**直接掏钱的受众。在未来,一旦付费电视流行起来,并先发制人,抢占像热门体育锦标赛等受大众欢迎的免费午餐节目的制作权,受众将像在有线电视和商业电视时期那样,甘愿自掏腰包。

我强调媒体内容中免费午餐的经济功能绝不是要贬低其自身的重要性。作为具有议程设置功能的社会机构,大众媒体所提供的免费午餐节目把由记者生产或由媒体企业发布的关于社区、地区、国家,以至世界上发生的各种事件的观点转变成文字和图像输出给受众。不可否认,加拿大和美国的大众媒体有时候也会暴露并抨击国内腐败问题,或以批判的眼光审视现有社会制度的工作效率。考虑到既有的大众媒体的研究文献主要关注的就是这些,在此恕不赘言。但如第11章所述,免费午餐节目铺天盖地的发展,唯一的功能就是维系现状,延缓变革。

同样,我们绝不应贬低这种免费午餐的宣传价值。意识工业生产免费午餐节目的过程正是一个运用当前的商品化机制诠释并同质化全部文化遗产的过程。(一位好莱坞宣传员的办公桌上摆着个标牌,上面写着:"低估大众的品味绝不会让你挣的钱变少。")一旦资产阶级文学、戏剧、艺术、音乐和传统民间文化(如卡利普索[Calypso]音乐)有利可图,它们就会一股脑地成为商业媒体的免费午餐和广告内容的原始素材。第1章已点明,所有免费午餐节目的意识形态基础就是占有性个人主义。已有学者对这一过程如何运作的具体事实展开初步研究(Dorfman and Mattelart,1975;Schiller,1969,1973,1976;Kellner,1979;Gitlin,1979)。约瑟夫·克拉珀(Joseph Klapper)博士向美国国会小组委员会提交了题为《论取得冷战的胜利》("On Winnning the Cold War")的证词,它清楚地显示出这种宣传手段的应用范围和精密程度。尽管证词评价了境外宣传的各种形式,但它同样适用于国内媒体:

> 显然,现在的流行音乐播放已不大可能对受众的政治立场产生立竿见影的效果;然而,这种传播形式仍不失为西方观念和概念的一个切入口,即便在传播中的某个特定时刻这些概念无法被清晰或完整地表述出来。此外,正因为这种传播的确能满足受众的某种需求,所以它有助于在受众中建立起对传播源的一种信任和尊重……而建立起对源头的信任只是无数可能的准备步骤之一,最终的目标是说服。(U. S. Congress,House,1967,pp. 64-65)

与显性广告一起,免费午餐节目提供了受众工作的基本素材。

问题8:被购买的受众成员为广告商提供了什么性质的服务? 用经济学术语说,受众商品是一种广告商在推销产品的过程中购买并使用的非耐用生产资料。卖给广告商的受众为广告商所做的工作,就是用收入所得购买商品,有时候是购买任意一款商品(例如,飞机制造商一般销售空运业务,乳品加工业销售各种品牌的奶制品),但大部分情况下是购买特定"品牌"的消费品。简言之,受众的工作旨在创造对广告商品的需求,而这正是垄断资本主义社会的广告商的目的。受众也许会抵抗,但广告商最终会完全实现其预期目标,进而永远维系需求管理制度的有效性。

我们应该记得,受众人群在从事受众工作前需接受长期而丰富的教育。儿童、青少年和成年人都曾在街上、朋友家、学校或上班的地方见过特定品牌的产品或新或旧的款式。他们经常在各种场合花费大量时间讨论品牌的"好"与"坏"。人们直接体验商品的持续过程,已融入日常生活的方方面面。甚至在免费午餐式的广告节目播出之前,或启动新一轮的受众工作之前,广告商就已拥有数量庞大的受众为他工作(创造消费意识)。这简直可以称得上是一种红利(见第11章)。

人们在以受众的身份工作的同时,也在再生产自己的劳动力。如果这种劳动力忠实地附属于垄断资本主义制度,那它将受到依赖该制度而生存的广告商的极大欢迎。只有体认到这一点,我们才有可能在受众问题上避免掉入某种操控学说的陷阱。在再生产劳动力的过程中,工人会对其他现实条件做出反应,而这有时会令广告商感到惊讶,甚至失望。

我们需要不断探究,以了解受众工作的性质。从最浅显的层面来看,它就像哈佛商学院(Harvard Business School)教授 T. N. 莱维特(T. N. Levitt, 1976, p.73)所说的:"消费者不买东西。他们购买工具以解决问题。"因此,受众力工作的本质在于,广告和免费午餐节目带来的综合性感官刺激决定了他或她自己是否具有广告商所说的"问题"(比如:孤独、失眠、在一家之主离世后对经济状况失去安全感等),是否意识到一旦购买了某种商品(比如:洗发香波、非处方安眠药、人寿保险)就能"解决"这类问题,并知道像他或她这样的普通人都会使用这款商品以达到目的,以及是否最终会把X品牌的某款产品存入脑海,或在下次去商店时加入购物清单。这是广告商的思维的理性基础。但对受众成员而言,他们的工作并非如此理性。

越来越多的新商品及其广告包围了受众,强迫他们做出是否购买的决定。超市里任何时候都堆放着成千上万种不同的产品;此外,每年还有成千上万种新型消费品源源不断地涌入市场。毫不夸张地说,受众成员购物时面对着数以百万计可比较的选择。20世纪20年代的大量研究文献(比如,Chase and Schlink,1927)已经指明,随着现代化的大生产技术制造出消费品,消费者已无从**了解**工匠对质量的感知或质量的"科学"基础。设想你走进某家高级百货商店的洗浴用品区,这里所有的产品都装在相似的玻璃瓶里,瓶身上只注明化学成分,标示出价格。除非你是一个非常有经验的、专门研究化妆品和洗浴用品的化学家(即使如此,你也得认真辨别),不然你怎么可能知道哪样东西最值得买,或它们究竟是用来做什么的:到底是洗发香波、除臭剂、护肤霜,还是别的什么?若没有产品的品牌名称,包装也没有什么形状,或缺少标志性的装饰,你肯定会在购物时陷入无助。[1]

我们必须假设一点:绝大多数人,即使是最讲究效率的人,也会在某种真实的需要的推动下去购物,如需要把冰箱填满、洗澡需要肥皂等。他们越来越清楚地感受到拮据的经济收入不断挤压着日渐增加的生活成本。最新出现的"无名品牌"(no-name brand)商品就是垄断资本主义制度针对消费者抵制常规品牌的定价手段的一次回应。20世纪50年代出现过一阵"廉价商店"潮,商店以极低的折扣出售"常规"商品(货源来自倒闭的商店、常规渠道或窃贼)。"廉价商店"就是资本主义制度针对消费者的抵抗行为所采取的一种策略。随着越战时期的美国社会呈现出虚假繁荣的景象,这些"廉价商店"全部消失无踪。同样,销售"无名品牌"商品应该也是资本主义制度一次暂时的策略性妥协。无论如何,就当下而言,"无名品牌"商品无非是低价销售的"工厂品牌"。

受众的工作,与他们的人生问题如何同他们体验广告免费午餐的经历互动相关。如何理解这一点?在体验广告免费午餐的经历中,受众如何确

---

[1] 感谢威廉·莱斯(William Leiss)提供了这一精炼的假设性问题。可参见他的作品:*The Limits to Satisfaction*,1976,p.81。

定自己是否具有广告商为其诊断出的那些"问题"呢？如果他确实认为自己存在这些问题，又如何确定那些被用来解决问题的产品能实现它们所宣称的广告效果呢？他又如何决定在 A、B 或更多的品牌中选择购买哪一款呢？这一过程包含一个近乎荒谬的矛盾。从广告商的角度来看，它完全是理性的；而对于受众成员而言，它完全是非理性的。

当我们自己必须决定应该把哪类商品或哪种品牌的商品列入购物清单（如同为自己保留一丝自尊，以证明我们尚有能力自行做出决定）时，斯塔芬·B. 林德（Staffen B. Linder，1970，p. 59）的观点看起来一针见血。他认为，消费者应对商品和广告最重要的方式就是在每次购物时限制选择（哪类或哪种品牌的商品的）时间：

> 在做决定之前减少思考的时间显然会导致非理性的不断增加，但是既然每次做决定时逐渐减少考虑的时间是绝对理性的，那么就必然存在一种"非理性的理性"。

市场研究者早已透彻地研究过当顾客沿着超市通道推着购物车购物时，商店布局、货架展示、商品包装设计和插画所施加的影响。这些研究显示，鼓励"冲动购买"日益成为意识工业的实践形式。有关眨眼频率的研究表明，顾客处于半催眠状态时会产生一种购买冲动，当他们回到家后已记不清楚这种行为的合理性。意识工业生产出并卖给广告商的"消费者"，实际上要应对一场规模巨大的诈骗游戏。他们知道自己其实并没有广告商逼迫他们通过购买商品来解决的种种问题。然而，消费者时间有限，收入也不足，因此他们几乎无法做出理性的购买决策，只能"碰碰运气"。彩票业或许提供了一种完美的解释模式，足以说明消费者伸手去拿货架上的商品的那一刻究竟发生了什么。值得注意的是，彩票业长期被排除在社会合法活动之外，最近却拥有了合法身份并得以在北美大量经营。与消费者习惯于碰运气从超市货架上选择一件 9.99 美元的商品一样，对数字进行随意的排列就可能获得百万美元的做法也相当具有吸引力。然而，"非理性的理性"之说并不能令人满意地解释受众的工作。它充其量可被视为第一种可被接受的解释。我们必须继续深入探讨受众工作的全过程。

问题 9：既然受众的工作发生在"自由的"或"闲暇的"时间，那么它如何成为"工作"？如果受众是在工作，那么如何用劳动价值论做出解释？人们在非工作（可以得到报酬的工作）时间所做的事情就是休闲，这一定义难道有误？在"自由的"时间"你喜欢做什么就做什么"，这一点难道不对吗？难道"现代"家用电器没有帮助妇女减轻家务负担？

这种自由或闲暇时光的说法属于资产阶级上流社会的旧玩意，我们从一开始就必须注意这一点。它来自上流社会针对享受"官方文化"的"闲暇"时光所形成的观念（见第 9 章）。19 世纪末帝国主义权威处于顶峰时，人们效仿有钱人和有权人进行**炫耀性**消费。索尔斯坦·凡勃伦（Thorstein Veblen）在《有闲阶级论》（*The Theory of the Leisure Class*，1899）一书中深刻地揭示了这一现象。被垄断资本主义制度改造后，炫耀性消费这一现象意味着模仿昂贵的消费。凡勃伦指出，垄断资本主义制度奉行在"公众性和稀缺性层面相互比拼"的制度（见第 3 章）。戴维·里斯曼（David Riesman，1950）和斯图尔特·尤恩（Stuart Ewen，1976）着力研究这种"闲暇"和"自由时光"对现实的虚幻模仿。

我们必须指明，就像人们很少完全被意识工业控制一样，被推销的商品也很少完全没有使用价值。在此，我以另一种方式再次强调，大多数人表现出一种辩证的张力：他们觉得有必要通过各种方式，或基于各种理由与垄断资本主义制度结成合作关系；与此同时，作为人类，他们又通过各种方式，或基于各种理由抵制这样的合作关系。资本主义制度下大部分的商品中，似乎都存在着一种与之类似的内部辩证性张力。广告商通过广告向受众承诺：油耗大、动力过大、有危险性的私家车**也能**把你从家里送到工作地点，并保证让你顺利回家；你只要保持适当的"性感"，就能吸引一位商品化（commoditized）了的异性，走进一段永久的爱情关系。正如商品之间存在极大的差别（比如一种掺假的药品和普通包装的牛奶），一件商品内部起抑制作用的成分当然与起解放作用的成分极为不同。我们将在第 10 章看到，商品内部这种辩证的冲突不仅存在于生产原料中，而且存在于消费品中，而这正是**技术**这一被假定为中性的术语具有误导的危险的原因。对当今大多数处在核心地带的人而言，休闲也好，自由时光也好，都与技术一样只是宣传工具。人们与垄断资本主义制度及其商品的合作或抵抗之间存在的真实矛盾，被混淆一气，或被消解掉了。

除了那些极为富有以至于不需要工作的人之外，所有人都必须（以这种或那种方式）一直工作下去，当他们不工作的时候就得为**明天**的工作做准备。在大规模生产消费品（大概是 1875 年）**之前**，资本主义核心国家的人民在家庭手工业的条件下完成他们迎接明日工作的准备事项（比如再生产他们的劳动力）。例如，他们用自己磨的面粉和自己培养的酵母来烤制作为主食的面包。然而，在大规模的消费品生产机制出现后，他们再生产劳动力的工作完全依赖购买和使用以**成品形式**出现的消费品。他们逐渐习惯于食用工厂烤制的面包。如果像吸尘器这样的复杂的耐用品要把他们从用扫帚打扫卫生的工作中解放出来，他们就得花时间购买过滤器和其他设备，并安排时间将它们送到"检修人员"那里检修。层出不穷的新商品（比如电子开罐器、电子刻刀、电动除草机等），争先恐后地占领家庭消费领域的一席之地，它们需要人们花费大量所谓的自由时间去购买、使用和维修，以至于"自由时光"这种说法变得荒唐可笑。想想过去一个世纪里工人们的空闲时光中发生了什么，以及他们在空闲时做了什么就能明白。

1850 年，在家庭手工业的生产条件（例如无品牌的消费品）下，美国雇佣工人平均每周工作 70 小时。① 工人用于再生产劳动力的时间平均每周为 42 小时。到 1960 年，工人平均每周工作 39.5 小时，比之前明显缩短了约 30 个小时（若考虑到每周的带薪假期，还应该再慷慨地增加 2.5 小时）。

广告商和家庭经济学家经常辩解说，1910 年至 1940 年间，"工作"时间的显著减少使得工人和家庭主妇有了新的闲暇时间，斯图尔特·尤恩在《意识统帅》（*Captains of Consciousness*，1976）一书中对此有过详细论述。诸如洗衣机、吸尘器等耐用消费品的确将家庭主妇从家务工作中**解放**出来。人们借此确实节省了干家务活的部分时间，但大多数人都拥有大把自由时间的幻象，完全是意识工业编造的神话。经过仔细的考察，我们不难

---

① 下面关于时间使用的分析引自 de Grazia(1964)。

发现,对于大多数人而言,闲暇时间就是工作时间。玛丽李·斯蒂芬森(Marylee Stephenson,1977,p.32)曾指出,"占人口总数51%的成年人中有超过90%的人在整个成年阶段……从事……没有报酬的劳动(所谓家务)"。

事实上,1850年至1960年间,每周缩短近30个小时的工作时间的意义,被垄断资本主义制度进行了两种形式的转换。大都市的扩张,以及人们必须承担的无报酬工作,这种转换掠夺走了人们可自由支配的大部分时间。譬如,每周上下班通勤花在路上大约需要8.5小时;每周从事"第二职业"至少需要1小时;每周进行家庭内部的维修工作需要5小时;每周男性需要至少2.3小时处理家庭杂务和购物。就在我写下这些内容的时候,邮递员从门缝里塞进来一个宣传自己动手(DIY)的直邮广告手册。它告诉我,拥有这本手册:

> 就如同身边有了专家……但你不需支付任何费用!你可以节省要打无数次电话才能请到的家具师、木匠、装修工、电工、供暖专家、锁匠、泥瓦匠、粉刷匠、裱糊工、石膏匠、管道工、屋顶工、地毯清洁工、铺瓦工等专业人员的服务费。

手册里列举了五十多项你可以自己在屋子或花园里干的工作。

因此,虽然"现代化"帮助人们每周空出32小时,但其中有16.8小时并不能自由支配。由于1960年的数据中增加了女性兼职这一项,因此"被解放出来的"32小时中又有7小时消失了。①

第二种转换与社会制度向个体每周剩余的时间施加的压力有关。如果每天睡眠约8小时,那么减去睡眠时间和之前计算出的不自由的工作时间,一周的168小时就只剩下42小时(1850年)或49小时(1960年)。这样一来,多出来的自由时间一下子缩减至每周7小时(而非大约30小时)。

---

① 兼职工人(其中女性可能多于男性)在1960年占美国总就业劳动力的19%,他们平均每周工作19小时。如果想要得到与1850年的70小时工时相当的数字,而不计入这些兼职工人的工时,那么美国男性平均每周的工作时长至少是35小时。然而,我们发现,他们的平均工作时长实际上是46.4小时(全体劳动者的平均工作时长是39.5小时)。为了简洁起见,我没有计算女性劳动者对应的"空闲时间"。这里没有性别歧视的意思。

虽然我们无法系统地获取有关人们如何使用增加的自由时间的信息，不过，我们清楚这两个时段人们一般会做什么：个人护理、做爱、拜访亲戚朋友、做饭吃饭、参加工会活动、参加其他组织包括沙龙的活动。我们也了解到，在1960年（而不是1850年），广告、零售店展销，以及同辈群体等，都会影响工人对种类繁多的品牌消费品和服务的选择。观看体育比赛，参加少年棒球比赛、保龄球赛、野营活动等，享受驾驶汽车和雪地车的快感（都是意识工业为促进设备和能源销售而开展的活动），所有这些都需要时间。然而，在1850年，这些时间都被花在非商业性活动上。如今，人们在家里必须花时间考虑是否要购买和使用（谁来购买和使用、在哪里购买和使用、在什么情况下购买和使用以及为什么购买和使用）无穷无尽的商品，包括个人护理产品、家庭装修产品、服装、音乐复制设备等。到目前为止，我们还未提及大众媒体的**功用**，但是我们应该注意到，大众媒体通过显性或隐性广告，来指导工人如何支配自己所有的收入和时间。

既然很少有人研究大众媒体如何与7小时的自由时间相互关联，那么，现在我就来阐述一下大众媒体的功用（暂时忽略前文所说的受众承受的支配时间和收入的压力）。作为大众媒体的受众产品，人们总共花费了多少时间？这里的时间是指被媒体售卖给广告商的时间。哥伦比亚广播公司（Columbia Broadcasting System）聘请的经济学专家戴维·布兰克（David Blank）在1970年发现：一年中每个人看电视的时间日均3.3小时（每周23小时），听广播的时间日均2.5小时（每周18小时），阅读报纸杂志的时间日均1小时（每周7小时）（Blank，1970）。近年来，情况没有出现大的变化。如果以家庭为单位而非以个人为单位看待受众产品的话，那么我们可以发现，1973年美国广告商购买的电视受众的时间是平均每周每户43小时。① 考虑到产业用途，这些被分开出售的受众产品，如"家庭主妇""儿童""家庭成员"等，被混在一起计算。在晚间黄金时段（7:00—11:00），电视受众商品的数量是日均8380万人，平均每户有两人在收看电视。黄金时段中女性受众的数量明显高于男性（女男之比是42:32；儿童

---

① *Broadcasting Yearbook*，1974，p.69.

占 16%;青少年占 10%)。

让我们来汇总一下这些数字。电视、广播和报纸再加上杂志,平均每周占用每个美国人 48 小时的时间!相比 1850 年,他们仅多出 7 个小时的自由时间!显然,很多事情在同时发生。我们不妨这样估算:有一半收听广播的时间花在上下班的路上;或许还有四分之一的时间花在早晚处理个人琐事的过程中。也许人们在收看电视的平均四分之一的时间里同时在做饭、吃饭、洗碗或维修等。估计有一半的报纸、杂志阅读是在上下班路上或吃饭等时间里完成的。现在,受众花在四种商业媒体上的时间减少至平均每周 22 小时。显然,在受众的媒体使用时间和其他活动之间还存在很多重叠的区域,欢迎读者们在实证研究的基础上做出更加精确的估算。有研究发现,在美国商业体育赛事进行电视直播的过程中,坐在体育场里的一些观众在观看现场比赛的同时还在收看便携电视播放的节目(以便观看"即时重放",大屏幕没有这一功能)或收听广播(以便获悉体育解说员的即时评论)。

到现在为止,或许我们唯一能下的结论是,没有什么自由时间与受众活动无关,而受众活动都与市场有关(包括睡眠,如果你想以良好的状态参加明天的市场测试就必须睡觉)。在**任何**社会,睡觉和其他非工作活动对恢复并维持生命和劳动力都是必不可少的。工作本身并不令人压抑。垄断资本主义制度下商品生产的工作,被纳入所谓的闲暇时光;正是在这一点上产生了矛盾——人们花时间从事压迫性的解放活动,却得不到任何报酬。

对于大多数加拿大人和美国人而言,苦涩的现实是,在他们的职业生涯与退休时间里,商品的激烈竞争糟蹋了本属于他们的真正的自由和闲暇时间。

在发达的资本主义核心地带,什么时间才**不**是工作时间呢?对绝大多数人(除了那些可以差遣仆人去购物的有钱人)来说,每天 24 小时都是工作时间。现代化的机械需要在运转的间隙得到维护和保养。人的身体需要休息,同时需要思考的时间、从事艺术活动的时间(见第 9 章)、抚养子女的时间、参加社会活动的时间等。但是,意识工业施加的受众工作的压力是巨大的。美国著名足球教练乔治·艾伦(George Allen)告诉他的队员:"没有人应该整天工作。休闲时间就是你每天晚上睡觉的五六个小时。你可以同时享受睡眠和休闲这两样好东西。"(转引自 Terkel,1974,p.389)

关于资本主义核心国家的大部分人的全部时间都是工作时间这一观点是如何与卡尔·马克思的劳动力学说相联系的呢?正如比尔·莱文特(Bill Livant)所说,剩余价值这一概念的力量"完全基于马克思解决古典政治经济学中价值难题的方式,他把劳动的概念一分为二,即用于生产的劳动和劳动力(劳动的能力)"①。

在三卷《资本论》(*Capital*)(除了第1卷第6章)里和分散在《政治经济学批判大纲》(*Grundrisse*)的篇章中,马克思的关注点是生产广义商品的劳动。马克思认为,在他所处的手工业生产盛行的时代,劳动力由劳动者及他或她的直系亲属生产出来。一句话,劳动力是"家庭制造"的(垄断资本主义那时还未发明知名的品牌商品、大众广告和大众媒体)。在马克思所处的时代和他的分析中,劳动者同生产资料相分离,构成了资本主义生产方式的主要面向。在当下和此前的一段时期,劳动者同生产资料与再生产劳动者本身的过程相分离,成为资本主义生产方式的主要面向。

当前,主流的西方马克思主义者仍然认为,劳动者是独立的商品生产者,他可以出售自己生产出的劳动力。然而:

> 人们通常容易忽视的一个问题是,劳动者出售了它(他或她的劳动力)并不意味着他或她生产了它。我们过于纠结于人们必须吃饭睡觉这一事实,以至于我们误认为劳动力的卖方就是劳动力的生产者。两个错误再次合二为一了。(Livant,1975b)

莱文特继续指出,马克思主义者……将闲暇时间正确地视为生产、再生产和修复劳动力的时间。这些生产、再生产和修复都是活动。这是人们必须做的事。因此它们需要劳动力。可以肯定,你不必把后

---

① Livant(1975c);在此我要强调,里贾纳大学(University of Regina)的莱文特教授的著作有助于分析受众商品这一概念。

面提到的这种劳动力直接出售给资本。但是,你必须使用它来生产你必须出售的劳动力。

第3章和第4章将讨论资本主义内部的矛盾怎样生产出垄断资本主义、意识工业和大众媒体。

在资本主义制度下,你的劳动力变成一种个人财产。看起来你可以随心所欲地处置它。如果你工作并得到报酬,你就出售了你的劳动力。下班之后,你似乎没有把所做的工作卖出去。这里正是误解通常会出现的地方。上班时你出售的所有劳动时间并非都换回了报酬(否则利息、利润和管理层的报酬从哪里来?)。下班后,你的劳动时间以受众商品的形式被出售了,尽管你没有出售它。在能获得报酬的上班时间,你生产出用于消费或再生产的商品;而下班后,你生产的可是为明天和为下一代准备的劳动力:工作和生活的能力(Livant,1975a)。

需要深究的是,占统治地位的集团为他们自己的娱乐,培育出(以艺术的形式呈现的)"高级"文化或资产阶级文化(第9章将阐述相关问题),并使之成为垄断资本主义制度的无价的意识形态特征。大部分资产阶级社会学家(例如,Kaplin,1960,1975)曾花费大量精力研究的关于"休闲"的自由主义理念,使休闲时间成为一种"非政治"的神话。实际上,资本主义制度利用工会、宗教团体和社会艺术(音乐、绘画、雕塑、文学、诗歌等)组织,把源自希腊的"高雅文化"转化为使工人效忠于制度的手段。大量关于"流行文化"和"大众文化"的研究文献都在解释这一关系,第9章也将论及此议题(比如,Garnham,1977)。不过,来自意识工业的无情压力暴露出,用于宣传"国家认同"的"休闲"这个高级文化观念,与通过世俗地、原子化地和资本化地剥削休闲时间而遮蔽商品市场不断扩大这一事实的行为之间,存在云泥之别。

商业大众媒体的受众是一种奇怪的公共团体。与其说他们是坐在电影院的活生生的观众,毋宁认为他们更像一组抽象的数据,因为他们不可能在内心深处同时、彻底地进行自我互动,并由此产生一种受众情绪或情感。但是,我们知道他们其实远远不止是数据抽象体。奥森·韦尔斯(Orson Welles)播送的广播节目《火星人入侵地球》(Invasion from Mars)让大众集体陷入歇斯底里(Cantril et al.,1940)。唱片业依赖广播电台制造出"流行歌曲排行榜",极大地调动了流行歌星的崇拜者购买唱片的热情。我们目前还远没有全面了解受众商品,但毫无疑问的是,受众是一种全新的重要社会团体,一个集合体,更是一种商品。如比尔·莱文特(1979a,p.103)所说:

> 实际上,每个人都被编织进由这些受众构成的繁复挂毯,我们才刚刚开始了解隐藏于其下的财富。一方面,对受众的生产、销毁、分割和重组是幅度大且剧烈的动作。另一方面,受众商品是一种多用途的劳动力。这是马克思在商品生产中发现的劳动力的另一面,其能力有如海神普罗特斯般千变万化。
>
> 这种商品组织的**第一种**伟大形式是作为市场的受众商品。这种形式在美国以极度清晰的形象历史性地首次显现……这种形式是**第一个,但不是最后一个**。

我们可以看到,受众商品改变了资本主义世界的政党选举行为的社会形式。默多克(1978,p.117)在提及欧洲的社会冲突的形式正在发生改变时指出:

> 随着消费主义的扩张,行业冲突和阶级斗争逐渐减弱。劳资矛盾从舞台中心逐渐退出,取而代之的是植根于年龄、性别、国籍、种族的冲突,尤其是发达世界与欠发达世界、殖民宗主国与殖民地之间的巨大矛盾。

意识工业使得通过大众媒体的"假新闻"和广告等形式操纵选举的现象日益合理化。借助能够说明问题的人口统计学特征,这一事实成为受众商品存在的证据。受众商品因为选举市场的需要而被生产出来并由政党出资购买,这一状况在北美人尽皆知。里盖利(Richeri,1978)将意大利政治选举体制的迅速转型与近年来商业电视台和广播电台迅速引入受众生产的概念联系起来。在20世纪30年代中期至20世纪60年代之间,美国和加拿大的选举流程也发生了类似的转型,比如:通过广播播送政治竞选活动或广告;开展民意调查;政客与报纸出版商对广播电台(后来是电视台)的所有权的重合,取代了19世纪那种动员人民参加选举的模式。理查德·尼克松1957年关于政治竞选人现在必须像其他消费品一样被推销的直白言论,也承认了这个事实。欧洲虽然延后了十年左右,但现在正以更快的速度经历着相同的转型。

受众商品的工作,向源自欧洲、建立在19世纪竞争资本主义模式分析基础上的马克思主义理论,提出了新的命题。马克思主义理论的**经济基础**被定义为工作场所,在工作场所人们进行生产性劳动并获取报酬。之所以这么定义,有两个原因:(1) 工业革命导致工作效率的全面提升,因此,19世纪资本主义的工厂制度包含了大规模的商品(几乎都是无品牌的)生产。(2) 经济理论的传统由重农主义开启,并经历了马克思主义的洗礼,生产因此紧密地同自然资源,尤其是农业联系在一起。马克思主义理论中的上层建筑就是国家统治阶级向人们灌输意识形态的场所,例如报刊等新闻机构、教育和宗教机构,以及国家的垄断性力量(警察机构和军队)。

经济基础和上层建筑之间的分离在垄断资本主义制度下不再清晰,因为意识工业几乎购买了全部人口,并让其以受众的身份协助垄断资本主义制度的商品输出,进行需求管理。受众从事的生产活动就像19世纪早期的工人在工作场所进行的生产一样对资本主义制度起着至关重要的作用。或许受众市场比工作场所更加重要,因为前者通过大型集团的经营模式非常直接地"召唤"工人采取行动。上层建筑(就19世纪而言)果决地加入了生产行列。而且,随着雇主的福利计划日益把工作场所的个体推向各种形式的流行文化活动和职业培训项目,原先的"经济基础"似乎已经开始发挥意识形态的教育功能,而这在以前应该是"上层建筑"做的事(见第3章和第4章)。

如我将在第11章和第12章中进一步阐述的,为了推销其产品,垄断资本通过生产和消费受众进一步完善了它的需求管理制度,并且在核心地带生产出它的主要对手:在受众市场商品化了的人,这些人有意识地寻找非商品化的群体关系。在美国经历了30年的电视收视率上升后,这种情况在1977年和1979年的收视率下滑期间更加显著。①

人们很早之前就已经注意到,所有的传统社会团体(家庭、教会、工会、政党等)在大规模生产的媒体产品的影响下逐渐失去了它们的很多传统目标。附加在技能(和"技术")上的神秘主义观点错误地认为媒体从根本上定义了受众。但是,大众媒体崛起的历史将告诉人们,事实正好相反:不管基于单一媒体,还是媒体整体,受众的可获得性及其行为都是媒体的定义的基本要素。通过在广告商/媒体和受众之间设置社会关系层面上的矛盾,我们得以在稳固的基础上拒绝那种把受众与硬件、软件及技能(如英尼斯、麦克卢汉等指出的)相捆绑的技术决定论或神秘主义陷阱。

为更深层次地发掘受众工作作为其构成部分的整个过程,有必要思考我们是如何走到现在这条路上来的。换句话说,我们必须回顾垄断资本主义的某些历史,这将是第3章和第4章的主题。

---

① *Time*, 12 March 1979, p. 57.

第3章

意识工业发展史Ⅰ：工作场所与大公司霸权

> 牧师（在南方某州的小路上）：我的好心人啊！你怎能用木条抽打那头骡子呢？你应该对它好点儿。
>
> 乡下佬：我会对它好的，尊敬的牧师。但我得先让它注意到我。
>
> ——民间故事

本书的论点是：资本主义核心国家的人几乎将他们的全部时间用于工作；作为广告受众，人们所做的工作是**名副其实的**工作，尽管他们没有得到报酬。此外，大众传播媒体每天都在出色地设置各项议程，帮助人们定义"现实"。它们把具有商品形式的新闻、娱乐和信息糅合在一起，生产出一种广告加免费午餐的混合体来实现议程设置的功能。我们分析过受众力提供的服务的性质，发现它对商品和服务的大规模生产具有重大意义。为了保障垄断资本主义集团能对"民主"选举等公民事业进行需求管理，也为了向人们灌输资本主义制度的美德，资本主义制度要求人们围绕媒体内容工作。我们注意到，在电视和广播行业这一壮举已经实现，人们对电子设备的资金投入已是媒体企业的数倍，年度开销也是媒体企业的数倍。这一切仅仅是为了保证广电媒体有资格生产并向广告商出售受众力。最后，我们只要对受众"工作"的性质再稍做探究就会发现，受众似乎在用一种不合理的方式"分析"媒体内容，因为只有这么做，受众才能理性地接受消费品和服务销售商强加给他们的开支决策。但是，我们意识到这只是对受众工作的性质所做的粗略解释。接下来,我们要问:它总是这样吗(就像媒体制度所说的那样)?如果不是,我们做何解释?为了得到答案,我们现在需要梳理资本主义核心国家的生产和消费经济发展史。

在15、16世纪新兴的西欧现代资本主义制度下工作,如同在中世纪时期工作,不管是务农还是在城镇干活,地点一般都在家里或者离家很近。工厂制之前是制造纺织品、皮革或金属器皿的家庭生产制或外加工制。随着中世纪同业公会的终结,家庭生产制成为组织工作的模式。商业资本家向技术熟练的工人提供以原材料或半加工材料的形式呈现的资本,工人在自己家里生产产品。在这种前工厂制度中,工人的家属像一个生产团队一样,不仅协助生产将在资本主义市场里出售的产品,而且一起生产工人自己的家庭所需的大部分物品(如:谷物、肉类、衣服)。即使自己生产这些家用消费品需要购买一些原材料,他们仍基本上在家里加工和准备这些材料。在农村地区,家庭生产消费品的现象远比城镇普遍,因为随着市场关系的发展,城镇地区已经出现明显的劳动分工现象。这并不是什么田园诗般的美妙图景,因为工人要辛苦谋生,而女人长期以来从属于男人。然而,男人、女人与他们的劳动产品之间的异化并不像后来那样明显。大部分消费品都是由家庭生产的,这意味着女人们(也包括男人们)在家庭中所扮演的角色,结合她们此前所扮演的抚养孩子的角色,可以使她们从创造性工作中获得满足感。那时,男人或女人的工作还没有出现异化现象,这种现象通常出现在工业资本家管理下的工厂里。①

随着18、19世纪工业革命的爆发,以及工厂制度在西欧的出现,资本家和劳工之间的斗争围绕工厂工作而展开。在工厂,劳动分工以及工具、机器的发展,成为更大规模的生产,以及工作与产品标准化的基础。这一"生产"场所不仅支配着资本家和工人的生存和思考方式,而且主导着古典经济学家的生活和思想。在19世纪最后二十五年,工人及其家人用面粉、布匹和其他家庭生活必需品,生产出自己所需的大部分消费品。**奢侈品**是

---

① 具体可参见 Knight et al. (1928)的著作中的"The Beginnings of European Expansion"和"Commercial Revolution"等章节,以及其中引用的 W. Cunningham 和 Henri See 的著作。

上流社会使用的术语。工人们通过喝酒来麻痹自己,以忘记他们在贫民窟的痛苦生活。马克思、恩格斯在著作里指出,"劳动力的再生产"发生在手工业生产条件下的家庭中。古典经济学家和马克思的著作,缺少对广告和品牌商品销售的分析。这很好解释:工业格局的转型动力不依赖广告或品牌名称。工厂制度下生产出来的"一般商品"(比如,铁路设备和蒸汽轮船这样的生产资料,无品牌的主食、服装和鞋)如此稀缺,以至于看起来,消费品的**家庭**生产方式向**工业**生产方式的转型,促使人们为满足真正的消费需求(比如,没有广告和品牌商品等人为刺激因素)而呼吁市场扩张。在马克思写作最活跃的年代(大概从 19 世纪 30 年代至 60 年代),资本主义的发展进程似乎在预料之中:在他看来,清楚地意识到自身的阶级身份和所受到的压迫的工人阶级将没收资本家的财产。尽管自由派为基于资产阶级权力的启蒙运动辩护,并伪装出乐观主义的面孔,但是,资本主义制度的运作,似乎表明资本家们都认为马克思的预言是正确的。对他们来说,现实令人沮丧,毫无安全感(参见 Hobsbawm,1967,1975)。

在维多利亚自由主义的全盛时期,企业间竞争的作用具有辩证色彩。一方面,它推动了市场的迅速发展并将其扩展至整个世界(就像马克思所预言的那样)。另一方面,它又毁灭了自己。为了获得最大的利润,必须扩大生产规模,增加投资,并改良固定设备。更大的生产规模,更低的价格,更广阔的市场,更多的利润和资本积累,更富效率的生产资料,更大规模的生产……环环相扣,无尽延伸。在 19 世纪中期的几十年里,以市场为导向的竞争性资本主义结构,引发了日益剧烈的商业周期的波动。1837 年、1857 年、1871 年和 1893 年,经济萧条相继进入清偿期。在清偿期内,竞争资本主义自我毁灭的一面,在工人和资本家看来,显然都是令人悲恸的。在工厂中,资本投资的日益增加导致了间接成本的巨大压力,并导致恶性竞争四处蔓延。大量破产、银行倒闭、失业以及随之出现的价格下滑等现象,动摇了资本主义制度的基础。

生产力过剩的威胁似乎已成为美国许多行业开始初期合并的主要推动力。但是,为什么在市场快速增长时期工厂充分调动其可用资源会困难重重呢?答案也许是大量小企业产品输出的快速增长超过了即时需求。尤其是在美国内战和19世纪70年代经济萧条后的繁荣时期,为从新市场中攫取利润,每家公司都按照决策者的意图扩充自身实力。然而,随着市场供过于求,价格下滑,许多制造商逐渐走上合并之路,这样可以通过设定价格和生产计划来控制或限制竞争。(Chandler,1962,p.30)

就消费品生产商而言,不同厂家生产的商品可以相互替代,所以竞争摧毁了竞争性的企业。面粉还是面粉,布匹还是布匹,商人们眼里只有"循环"的商品,以及商业周期不可避免的波动。然而,如果针对某制造商的产品形成不完全垄断的市场,那么,这个不完全垄断的市场也许就能在价格竞争中保护制造商的产品,并使其在周期性商业萧条时期免遭损失甚至破产。品牌商品广告就是实现上述不完全垄断和确保商品销售市场安全的手段之一——稍后我们将就此展开论述。

当商人们回头考虑那些生产要素市场时,同样会面对一个缺乏稳定性和安全感的前景。这个生产过程,从开始(以原材料的形式)到结束(在成品市场)毫无疑问都是以市场为导向的,但与纵向合并的生产企业的笃定相比,各行业资本经营的规模和程度显得非常不理性。另外,间接成本同样会导致分裂性和毁灭性的后果,它们不仅在生产资料市场而且在消费品市场上导致恶性竞争。

这就是19世纪下半叶的状况,资本主义不仅在结构上(这是起决定性作用的),而且在政治上面临危机。如马克思、恩格斯所预言的,劳动供给正处于革命爆发的边缘。工厂制度对儿童、妇女和男人令人发指的虐待激起了激进分子的武力反抗。众议院一位议员根据其调查发表了如下报告:

> 棉花行业已经存在了九十年……它经历了三代英格兰人,而且我有把握地说在这九十年里它已经毁灭了九代工人。[1]

几十年之后,抗议的工人和他们具有政治倾向的工会迫使英国政府相继出

---

[1] 转引自 Marx, Karl, *Capital*, 1959, Modern Library edition, Vol. I, p. 293。

台了规定儿童和成年人劳动时长以及确保其工作环境安全性的法规。但是,这些补救措施太慢,太无力。

1848年在欧洲大陆掀起的革命浪潮,带有潜在的革命运动的征候。工人们难以被驾驭,但也在工作过程中掌握了大量技术知识,掌控着保障雇主安全的政治组织。在工厂制度的早期发展阶段,劳动者在工厂里被组织起来,并进行劳动分工协作,以看护用蒸汽和水作为动力的新型机器。但是,从中世纪的同业工会延续下来的工匠大师—短工—学徒模式,并没有被家庭工业制取代,反而被整合进生产复杂产品的工厂制度。

问题在于,知识和信息为谁而生——工人还是资本家?控制信息(比如,在工业组织内部的传播)的流动和使用信息的能力,是经济权力,最终是政治权力的基础。毫不夸张地说,工厂里熟练的炼钢工人或机械师掌握的生产流程方面的知识肯定比其雇主多。就像在19世纪中间的几十年里发生的情况一样,当掌握关键技术知识的男性在具有革命政治性目标的工会中表现活跃时,资本家的权力就会受到严重的威胁(Stone,1974,pp.113-173)。缺少对生产流程中关键信息的控制,必定会颠覆工厂内部的纪律。同样,从长远来看,更为重要的是,它将阻止资本家利用技术进步的成果;资本家曾怀疑,随着时代的发展,物理和化学等科学领域的快速发展能否带来技术进步。由于缺乏对其工厂内的生产流程的全面了解,雇主无法规划并实施旨在降低成本、进一步提高生产率的革新计划。这种情况,对那些举足轻重的公司和行业,同时对整个资本主义制度来说,都是无法忍受的。控制信息及其流动也因而成为每家公司必须面对和处理的特定议题。但该议题植根于行业的体制结构,也植根于这种结构与国家的关系。每家公司都有**潜力**以更低的单位成本扩大生产规模;这些(低成本、大规模生产的)产品可以卖给更多的人,而他们以前从来没有能力支付超过维持最低生活水平所需的费用。利润的潜力似乎难以估量。如果需求总是先一步大于供给,如果商业总是先一步支配工业,那么在19世纪晚期就可能出现相反的情况。① 戴维·诺布尔(1977)曾指出,那时的科学家和工程师都信誓旦旦,甚至怀抱乌托邦式的理想,预言将出现经济大繁荣的景象。

19世纪最后二十五年,资本主义面对的主要矛盾是(在高利润的刺激下)消费品生产扩张的巨大潜力同工人与部分中产阶级所持有的明显政治敌意之间的矛盾。制度解决该矛盾的方案就是毛泽东"矛盾论"的翻版:"一分为二"。要解决主要矛盾,有两个问题必须予以确认并得到解决:(1)商业体系战胜一切的需求:商业体系要控制这个国家及其意识形态国家机器——军事力量、教育体系、传播体系等;简言之,它要驯服资产阶级国家的正式政治制度。(2)商业体系的使命:它要赢得国民对"合理化的"垄断资本主义制度的自动归顺。这两个目标的成功实现,将成就商业制度的霸权,比如,对民族国家的有效统治。

但是,这些问题要得到解决,仍需满足一个先决条件,即采用一种适当的手段。先前出现的典型的独资或合资等商业组织由于太过局限于小规模运营,因而无法适应新的形势。大型企业或托拉斯是能解决上述两个问题的组织性工具,并且是垄断资本主义的基石。凡勃伦(1923,pp.98-99)曾经说过:

> 这段时期被称为"自由竞争时代",其标志是相当自由地以竞争的形式为市场生产商品,商业利润来自竞争性的低价销售……大概在本世纪中期这种自由竞争的商品生产在英格兰逐渐衰退,在美国大概是二十五年后消失的……这意味着生产者和销售者之间的竞争,也意味着对消费者利益的顺应。

从中世纪起一直到1850年,我们现在所知道的**股份公司**在英国普通法条款下都是非法的,除了经国王(从16世纪起)特批获得了执照的公司(比如:哈德逊湾公司[Hudson's Bay Company])。股东得到了"有限责

---

① Knight et al.(1928)和Veblen(1903,1904)将这一19世纪的模式视为一种矛盾,即具有阶级意识和掌握技术的工程师群体将有可能推翻资本主义制度。

任"这一条款的保护,股份公司在19世纪成为"行业巨头"(如范德比尔特[Vanderbilt]、阿斯特[Astor]和J. P. 摩根[J. P. Morgan]等)积累资本和垄断市场的普遍工具。随着股份公司在19世纪最后二十五年中获得了对关键行业(铁路、钢铁、煤炭、石油、化工产品和电报[之后是电话])的控制,一个根本性的变革发生了:

> 毫无疑问,这种自由的竞争性生产和销售仅在有限的范围内发生,尽管在工业化背景下它本应该成为一条起码的原则。随着时间的流逝和市场的不断饱和,这种有限的范围也逐渐收紧、变窄。这种经营方式在一定程度上以令人难以察觉的方式转变为一种新的秩序。对这个领域的商业企业来说,通过维持价格并缩减产量来追求净收益已经日益成为一件理所当然的事情。
>
> 竞争停止不是由"竞争制度"的衰败导致的,只是因为竞争的形式已经发生了转变。从那时起,曾经存在于生产商和销售商之间的竞争越来越多地出现在**商业团体和消费者之间**。推销术和破坏行为(比如,为了计划报废而进行的质量控制)逐渐发展,愈演愈烈,并且付出了不菲的代价。**这种推销术的终极目的就是在封闭的市场里以消费者为代价空手套白狼**。而在之前的计划中,净利是通过在开放市场中低价出售产量不断增加的可用商品获得的。老式的计划,就其有效性而言,可以被称为手艺竞争;**新的计划,考虑到其已经生效,可被称为对公众关注度和稀缺性的竞争**。(Veblen,1923,p. 99;黑体为作者所加)

凡勃伦在1923年清楚地觉察到竞争资本主义政体与垄断资本主义政体之间的差异。从实践的角度看,差异在于完全的竞争性市场权力是19世纪中期企业实力的基础。到1920年,对劳动力和消费市场的**有意识的**和有效的控制成为大型企业的权力基础。

1850年后,随着掠夺性的战略和共同利益消除了竞争激烈的商业活动,大型企业在美国拉开了成长之幕。最早的大型企业之一是西部联合电报公司(Western Union Telegraph Company)。在19世纪90年代之前,它是这个国家唯一的电子通信公司。西部联合电报公司的线路铺设因得益于铁路公司的开路权而与后者的利益息息相关;由此,西部联合电报公司为垄断资本主义发挥着协调的功能。在公司的董事会上,列席的不仅有铁路公司的老板,而且有J. P. 摩根这样的顶尖银行投资家。这些银行家策划并实施了多起大型并购案,包括美国钢铁集团的并购案。在1890年,这些属于统治阶级的非正式的"总参谋部"的成员包括杰伊·古尔德(Jay Gould)、拉塞尔·塞奇(Russel Sage)、威廉·W. 阿斯特、J. P. 摩根、P. R. 派恩(P. R. Pyne)、C. P. 亨廷顿(C. P. Huntington)、昌西·M. 迪皮犹(Chauncy M. Depew)、亨利·F. 弗拉格勒(Henry F. Flagler)、赛勒斯·W. 菲尔德(Cyrus W. Field)、A. B. 康奈尔(A. B. Cornell)、约翰·海(John Hay)等人(Parsons,1899,p. 60)。对这些野心勃勃的垄断资本家来说,西部联合电报公司的众多优势之一就是它与美联社之间的关系。作为唯一的全国性电报公司,西部联合电报公司与美联社达成了相互援助的协议。西部联合电报公司拒绝为其他谋求建立电报业务的通讯社提供服务,以此来保护美联社及其附属地方报纸不受竞争之扰。作为回报,美联社(及其附属报纸)将西部联合电报公司的政策(比如该公司对电报和铁路的公有权问题)制作成新闻,向全国播报,使之具有政治威慑力(Parsons,1899)。在19世纪晚期,这种新闻管理方式能够粗糙但高效地控制大众媒体所设置的议程;我们需要对此进行历史性的分析,然而这种分析不大可能出自美国的新闻学院。

大小商业企业都需要一些相互之间的政策合作手段来帮助它们应对所面对的问题。为了达到这一目的,在19世纪90年代中期许多先进资本主义国家几乎同时普遍采用了同业公会的形式(Brady,1943,pp. 1-17, chap. Ⅵ)。1870年美国的商会不超过40家,而到了1930年大约有3000家。与此同时,各个行业的同业公会也快速发展起来,表面上是为了保护中小型企业不受大型企业的侵犯。20世纪60年代早期《美国协会百科全书》(*Encyclopedia of American Associations*)第二版中列出了2314个同业公会。当时甚至还有个别在最高层面上协调商业行为的**同业公会协会**。

然而,大型商业之间的协调主要是由美国全国制造商协会(National Association of Manufactures)完成的(从1895年开始)。它的形式和政策类似于英国工业联合会(Federation of British Industries)和前希特勒德国的"顶峰协会"(peak associations)。通过这些商业协会的稠密组织,"私人"企业针对范围广泛的问题制定并执行它们的政策,例如:如何击败并控制工会;就关税立法进行有利于自身利益的政府游说;争取政府对商业的适当监管;争取政府对开拓海外市场的援助;等等。总而言之,这种协会的功能在于,在垄断资本主义时代调动资本家的力量应对一切危及商业"底线"的政治—经济问题。为消除赢利潜力的发展与大量人口(至少包括工人和农民)所怀敌意之间的矛盾这一制度性顽疾,资本主义制度建立起这样的组织,但这种做法必将在两个层面遭受打击。

1. 私有(经济)权力的范围与在正式的民主政治和治理程序中遭遇的抵抗力量之间的矛盾,受到了垄断资本主义新"总参谋部"的正面攻击,而国家明确地成为大型企业的工具。在英国、法国和德国,工人的阶级斗争赢得了社会保障措施:劳资双方就工资问题集体协商;保护妇女和未成年人的劳动立法得以通过;等等。在美国,商业体系对国家的征服更难一些,因为美国在经历了杰斐逊和杰克逊两任政府后已将保护个人权利这一特征植入了1789年宪法。国家的制宪权威对当时席卷南方、中西部和西部各州的反华尔街主义运动持支持态度。19世纪90年代,民众强烈地倾向于将基础产业国有化。[①] 激进的农民—劳工—市民—改良运动团体与保守的上层阶级之间展开了尖锐的斗争。"华尔街"的剥削体现为高利率、歧视性高价铁路运费、"托拉斯"的勒索和股市诈骗等。针对这种剥削的斗争贯穿于整个政治进程。同样,在19世纪90年代,货币政策(金银二本位制

---

① 19世纪90年代,公有制联盟(Public Ownership League)由两个政党和超过两百万名成员组成;这些成员以投票和请愿的方式支持电报归政府所有。农夫联盟与行业同盟(Farmers' Alliance and Industrial Union)、国家农庄(National Grange)、劳动骑士团(Knights of Labour)、美国铁路工会(American Railway Union)、美国劳工联合会(American Federation of Labor)、国际印刷工会(International Typographical Union)以及人民党都表示支持。纽约、费城、丹佛、匹兹堡、里士满、堪萨斯城、新泽西城和其他城市的商会和同业工会也表示支持。至少有四个州的州立法机构向国会请愿,主张电报归政府所有。不少法官、政府官员、国会议员和知名经济学家也表示支持(Parsons,1899)。

vs.金本位制)集中反映了在民主党内部运作的民粹主义力量与其对手(利用共和党)之间的斗争。大企业对美联社的控制,以及最激进的报纸编辑政策——赫斯特(Hearst)及其"黄色报刊"——将美国导向 19 世纪的离岸帝国主义之路,比如,1898 年美国打着自私的"天定命运"的旗号,打响了夺取菲律宾和古巴的战争。和平主义和社会民主主义者的防御努力一直持续到第一次世界大战爆发——数百万人将和平主义同民粹主义和素朴的社会主义中的平等主义道德观联系在一起。

统治阶级采用的策略是一把双刃剑。改革主义被吸收,比如:赋予铁路象征性的立法管理权力(如 1887 年的《州际商务法案》[Interstate Commerce Act]的实施和一些州铁路委员会的成立,特别是在威斯康星州和密歇根州等地,激进主义在德国移民和其他熟悉马克思主义的大陆飞地中很盛行)。然而,实际上,"监管"委员会通常是在保护铁路和后来出现的其他公共事业(电话、电报、电力等)免受批评和责难。《谢尔曼反托拉斯法》(Sherman Anti-Trust Law,1890)的出台,虽然缓和了公众对不断发展的托拉斯运动的敌意,但并未真正遏制后者的不断发酵。黑人中的激进潜力被残酷的白人统治和种族主义消解。一系列的法院解释有效地废除了内战结束时为保护黑人权利而增加的宪法修正案,布克·T. 华盛顿(Booker T. Washington)在洛克菲勒基金会的资助下唯唯诺诺地发动了一场改良主义运动,由此,种族主义不断地被合法化。

与此同时,企业通过严厉打压,镇压具有政治意识的工会。在芝加哥(Haymarket,1886),以及在钢铁(Homestead,1892)、铁路(Pullman,1893)和煤炭(Colorado Fuel and Iron Co.,Ludlow,1913)等行业,军队和警察开始攻击工人。19 世纪 70 年代镇压罢工浪潮后的各种斗争向世人昭示了麦考密克(McCormicks)、卡内基(Carnegies)、洛克菲勒(Rockefellers)及铁路巨头利用国家机器为大商业服务的真实面目。与此同时,塞缪尔·冈珀斯(Samuel Gompers)和美国劳工联合会(American Federation of Labor)的"猪排"工联主义因否认政治目标,主张立竿见影的经济回报,受到了雇主们的默认鼓励。基督教青年会(YMCA)和基督教女青年会(YW-

CA)的作用则是引导工人们在意识形态安全的渠道中重新投入精力,并灌输强身派基督教思想。在欧洲统治阶级的倡议下,奥林匹克运动会开始举办,旨在培养拥有健康体魄并充满爱国情怀的男性,以实现保家卫国的目的。从19世纪80年代到1914年,科尔科(Kolko)所谓的"保守主义的胜利"正是通过夺取和占领国家中央机关及其意识形态国家机器取得的。就像科尔科(1963,pp. 279-305)所说的,这是经济与政治合力的结果。因此,资本主义制度成功地建立了正式的政治条件,以确保寻求市场的资本的安全,进而在市场中开发其科学的生产潜力并获利。

以上就是对垄断资本主义的腹地——美国——的意识工业的崛起的政治经济背景的大致描述,加拿大的情况也大抵如此。得益于1878年的加拿大关税法(这是国家政策的一大特征,被普遍认为是加拿大的"国家建设"的成就),美国主要大型企业的分公司早在第一次世界大战之前就安全占领了加拿大基础市场。19世纪80年代,美国贝尔电话系统的分公司在加拿大革新了电话行业。1913年前,国际收割机公司(International Harvester)、爱迪生电气公司(Edison Electric)、胜家缝纫机公司(Singer Sewing Machine)、西屋电气公司(Westinghouse)、吉列公司(Gillette),以及其他444家美国分公司已落地加拿大。劳资双方的阶级斗争超越了国境。在两国都存在的工人问题的共同影响下,加拿大工会从19世纪60年代至20世纪初一直受益于边界以南地区的组织性帮助,并隶属于"国际工会"。大约在1900年之后,扮演着阶级通敌者角色的美国劳工联合会(之后是产业工会联合会)使国际工会和与其谈判的工厂管理部门实现了结盟。与此同时,好战的世界产业工人组织(Industrial Workers of the World,IWW)的工会主义进入加拿大,但被加拿大雇主联合镇压(Howard and Scott,1972;Scott,1975)。从19世纪70年代到1913年,加拿大的统治集团看到了美国保守主义的胜利,也克服了早先对美国民粹主义激进主义的所有疑虑,敞开大门欢迎美国跨国集团对加拿大投资。后来为人们所熟知的**大陆主义思想**,尽管被掩饰为带有大英帝国标志的旧政治符号,可它在1913年就已经牢固地确立了。加拿大总理金(King)因帮助洛克菲勒家族处理劳资关系而"功成名就",该家族起家于 1920 年前发生在科罗拉多的"勒德罗大屠杀"(Ludlow Massacre)事件,而这也是对两国间意识形态关系的一个恰当的封建比喻。

2. 第二个层面是 19 世纪最后二十五年新崛起的垄断资本主义制度长期面对的问题,例如,建立能够让国民顺从的体制关系。鉴于它最早在美国和加拿大取得成功,我们最好将目光集中在这些地方。凡伯伦曾准确地指出,这其实就是针对作为消费者的人群建立商业体系的霸权的问题。用凡伯伦的话说,这是一个在公众的**关注度**和**稀缺性**方面相互关联的竞争问题。这更是一个通过文化和传播建立意识统治的问题。

概括地说,意识工业兴起的背景如下:合并与托拉斯运动的发展,对正式的政治政府和国家意识形态机器(尤其是军事和教育机构)的控制。这些方面构成了意识工业得以发展的直接而表层的前提条件。凡伯伦确实将企业的合并行动解释成市场导向的企业动员。摩根及其他"强盗式资本家"出于操纵公司的目的,收割即时且丰厚的利润。这些利润推动并补偿了企业动员,而大型的一体化的企业正是在这样的公司的操纵下产生的(Veblen,1903,1904)。为了使公司管理者从技术熟练的工人那里获得的技术知识可以实现赢利,同时的确是为了化解之前所说的给竞争企业造成不安全感的基础性矛盾(例如,"前"有消费者,"后"有包括劳动力在内的生产要素供给的市场不确定性导致的不安全感),性质和结构上的改变都十分必要,二者缺一不可。**合理化**这种经济主要组成部分的**整体**是当务之急,这样新兴的大型企业就能**完全**将其置于控制之下。合理化的基础是以科学的名义存在的。以科学的名义,新兴的大型企业就可以名正言顺地掌握知识以及对生产和信息的管理。一开始,科学在产品制造和市场营销领域被广泛应用,而被公司管理者剥夺了工艺技能的工人则在工作场所面对着"科学管理"。同样,这些工人和他们的家人一起在家里面对着科学的市场营销的狂轰滥炸,而领头的,正是垄断资本主义制度的各项发明,即大众传播媒体和受众为广告商提供的无酬劳动。

作为德士古公司(Texaco)的广告经理和广告教师,哈里·蒂珀

(Harry Tipper)注意到,伴随着大规模生产的技术的引入,"为有助于市场控制,消费者必须被教会使用他们以前没有使用过的东西,并且学会区分不同的卖家或市场"。①

由弗雷德里克·泰勒(Frederick Taylor)首倡的科学管理起初是针对职场和家庭中的工人实施的一种统一化策略。归功于技术的巨大进步和随之而来的商品的极度丰富,"**现代化**"这个术语得以产生,而且更微妙的是,技术这个词有了大写的首字母"T"。戴维·诺布尔(1977,p.xxi)正确地将"现代技术的同时出现和公司资本主义的崛起视为美国的社会生产这一过程的两个不同方面"。科学管理是最好的工作方式吗?不,并非如此,因为这不是它的目的。科学管理旨在为资本家提供最佳控制手段,并从异化的劳动力和异化的"消费者"那里获取最大利润。从意识形态的角度说,它被用来掩饰工作是一个集体性事件的事实,不管这一工作是发生在工厂里的生产线上,还是发生在"受众力"从广告商那里挣口饭吃的超市收银台(这是另一条生产线)上。消费者成群结队地挑选商品并把商品带到收银台去,这原本是那些领工资的商店员工的工作。科学管理把占有性、竞争性个人主义价值观,以及消费者"贪得无厌的欲望"必将促使他们把永无止境地消费商品作为生活的最终目的这一神话,植入了生活和工作,也在意识形态的层面上,彻底颠覆了工作的集体性质。从20世纪20年代起,苏联按照泰勒模式组织工作,这难道不是资本主义制度的宣传机器在商品生产和消费的本质层面取得的又一次胜利?

科学管理的系统化目标现在已经变得很清晰了。它远远不止是物理机器和商品的生产制造这么简单。长远来看,科学管理的目标在于使生产和对人的控制合理化。不管是在工作场所还是家庭,目标都只有一个:控制人的思想和身体。在工作场所强调工人的身体和思想,在受众力被使用的家庭强调工人的思想和身体,这两者之间只存在程度和制度设计上的差异。在这里我们不必具体分析科学管理在工作场所的应用,但我们必须充

---

① Pope,1973,p.41;此处文字引自Tipper,Harry,*The New Business*,N.Y.,1914,p.13。

分说明,以展示上述意识形态指令系统的完整性。

在解散了好战的工会组织、解雇了大量全能型工人之后,下一步就是"工作分解"(这是人事经理的行话)。查尔斯·巴比奇(Charles Babbage)在1832年提出了一条有效原则:千万不要向熟练的劳动力支付工资,如果可以科学地避免这么做。① 通过分析复杂的工作过程(借助秒表以及关于时间和运动的研究),我们能够确定新机器能够提供的最大效能,以及哪些具体的和非技术性的"任务"仍然必须由人来完成。在设计、发明并改良完机器后,非技术性工人的生产力得到了提高,因为计件工资代替了计时工资。这似乎意味着,一个人工作越努力,赚的钱就越多。工人很快就被激怒了,因为新的流水线可以不断加快速度(不妨回忆一下《摩登时代》[*Modern Times*]中的查尔斯·卓别林[Charles Chaplin])。

罢工和更加频繁的工会斗争导致心理学家和社会学家参与了科学管理。于是,这个问题就转变为:怎样使工人相信,作为单独的个体,他们的利益与雇主的利益一致,而与他们的工友相悖。更加复杂的工资计划不仅包括按小时或天计算的标准工资,而且提供了与超出"标准"的生产相应的奖金额度。这些照顾机器的死板任务被排列在"职业阶梯"上,阶梯上的每一阶都标注了醒目的头衔,但薪酬相差甚微。"内部晋升制"被引入;这使"阶梯"被进一步加固,并为管理层节省了招聘和培训新员工的大量开支,降低了工人的流动率。这么做的目的是鼓励工人在工厂内部竞争,依赖公司,并接受管理制度。这也是一个范围广泛的福利计划的目的,其中包括养老金、认股计划、安全计划、健康计划、公司住房、体育活动、学校、音乐节目等。它必然导致雇主之间的水平劳动力流动速度的减缓,并阻碍行业工联主义与工人阶级意识的形成。② 上述科学管理方法在第一次世界大战结束之前基本上渗入了美国的基础工业(钢铁、电力、化工和汽车)。科学

---

① 更精确的阐述,可参见 Braverman,1974,pp. 79-80。
② 布里夫曼(Braverman,1974)在科学管理的研究上颇有建树,然而在技术与广告的关系问题上略显无知。还可参见 Stone,1974,pp. 113-173,以及 Palmer,1975,pp. 31-49。

管理还包括行业和科学的标准化(从具体细节到各个时区),为公司利益开展的专利制度改革,行业综合研究和大学研究的开展,以及对公立学校和大学教育规划的接管(Sinclair,1923,1924;Veblen,1918)。于是,在大量新消费品和服务的生产中,滋生出权力和商业利润。

下一章将继续分析意识工业的发展,我们将探究科学的大规模市场的发展和大众媒体的发明。

第4章
意识工业发展史Ⅱ：
科学的大众营销手段和大众媒体的产生

> 英国著名画家W. P. 弗里思(W. P. Frith)(皇家艺术学会会员)曾画过一幅画，画中一个小女孩拿着衣服。这幅画后来被一家肥皂公司买去并用来做广告推销他们的肥皂，对此弗里思提出抗议。《艺术杂志》(*Magazine Art*)的编辑这样回答他(1889)："艺术，就像真理，只能使那些与之相容的事物变得高贵而美丽……商业可以得到一切却没有任何损失……总之，艺术广告是……以尽可能最公开的方式传播优秀艺术的一件有力武器。"
>
> ——Presbrey, 1929, pp. 99-100.

在垄断资本主义制度下，销售过程的合理化与实物生产过程的合理化具有同样的革命性。以无品牌消费品（面粉、苹果、布匹、新鲜的肉制品、家禽、鱼等）为显著特征的美国和加拿大19世纪中期的市场营销过程其实与中世纪时的情况没有太大区别。绝大部分消费品是人们自己做或可以自己做的，至少在最后的加工环节是这样：

> ……1850年，人们消费的所有面包中大概只有10%是从店里购买的，到1900年这个比例上升至25%，而到1930年这个数字已经达到60%。(Pope, 1973, p. 25)

如果不是当地生产并供应，它们就是经"商品流通"而来的，这是马克思所熟知的。五金产品和其他金属消费品（如黄铜床架）以及盐、香料、白酒等产品都是通过批发商、中间商、销售代理这么一个链条从制造商自由地"流通"到零售店的。在消费品大范围的"品牌化"营销时代之前,推销的手段是巡回推销员(鼓手),他们到各地"拜访"零售商。零售商于是又变成沿街叫卖的小贩,他们或者推着手推车去贫民窟叫卖,或者用马车拉着货物挨家挨户地找买主。

运输设施和运输商品的费用限制了消费品市场的地理范围。因此,那些相对于其市场价格而言体积小、重量轻的商品首先获得了地方性或全国性市场的青睐。专利药就是一个典型的例子。在19世纪中期,加拿大和美国的广告分为两种:较老式的一种是我们"民族品牌"广告的前身。能让人长生不老的专利药可以说是最早利用品牌技术的产品,它使用"秘密"配方,并由能说会道的演说家把一大堆想象中神奇无比的药效灌输给人们,这些演说家经常在集市、街角等地方"工作"。① 另一种广告一般是形式各异的简单"通知",比如在报纸上刊登"新到一批优质皮鞋(或炉具)"。这种广告,类似现代分类广告,自18世纪起就经常出现在报纸上。在广告栏,零售商的位置通常比制造商更引人注目。杂志(期刊)上不适合刊登报纸上那种信息型广告,原因在于杂志出版频率较低,而且通常比报纸的地理销售范围更广,因而市场就会超出广告商所能控制的范围。因此,我们不会感到惊讶,早在拿破仑战争时期全国性的品牌商品的广告就零星出现在英语杂志当中:普瑞斯布里(Presbrey,1929,p.85)就找到了一个例子——早在1820年,"沃伦黑鞋油"(Warren's Shoe Blacking)的广告就出现了。但是,消费品的市场营销竞争激烈且缺乏"垂直性"的行业组织。"展示"广告仅限于广告牌和杂志。这很典型地说明直到19世纪中期消费品生产的最后阶段仍然在国内。

如前所述,像卡尔·马克思这样目光敏锐的观察者认为这是理所当然的事情。从他所说的与劳动力被生产出来的条件有关的内容,以及他没有说的内容,可以清楚地看出,马克思假定劳动力那时是在"手工"条件(而不是意识工业强加的条件)下被生产出来的。尽管资本家极力劝诱,工人们

---

① 普瑞斯布里(Presbrey,1929,p.65)谈及1706年在伦敦某大开本报纸(或大众报纸)《伦敦邮人》(London Postman)上刊登过的一则关于"斯托顿万能药"(Stoughton's Great Elixir)的广告。不过,商标广告在当时并不流行,也可见 Lynd and Lynd,1929。

还是可以基于自己的常识去购买消费品。①

虽然马克思明显没有对广告给予直接关注,但他关于生产和消费的观念却能支持垄断资本主义关于行为的一个现实主义观点:

> **消费从两方面生产着生产……因为消费创造出新的生产的需要,也就是创造出生产的观念上的内在动机,后者是生产的前提。**消费创造出生产的动力;它也创造出在生产中作为决定目的的东西而发生作用的对象……没有需要,就没有生产。而消费则把需要再生产出来。……一旦消费脱离了它最初的自然粗野状态和直接状态,——如果消费停留在这种状态,那也是生产停滞在自然粗野状态的结果,——那么消费本身作为动力就靠对象来作中介。消费对于对象所感到的需要,是对于对象的知觉所创造的。艺术对象创造出懂得艺术和具有审美能力的大众,——任何其他产品也都是这样。因此,生产不仅为主体生产对象,而且也为对象生产主体。**因此,生产生产着消费:(1)是由于生产为消费创造材料;(2)是由于生产决定消费的方式;(3)是由于生产通过它起初当作对象生产出来的产品在消费者身上引起需要。因而,它生产出消费的对象,消费的方式,消费的动力。同样,消费生产出生产者的素质,因为它在生产者身上引起追求一定目的的需要。**(Marx,1973,pp.91-92;黑体为作者所加)*

第一,很明显,在生产本身中发生的各种活动和各种能力的交换,直接属于生产,并且从本质上组成生产。第二,这同样适用于产品交换,只要产品交换是用来制造供直接消费的成品的手段。在这个限度

---

① 细读马克思《资本论》三卷本和《政治经济学批判导言》,会发现马克思没怎么论述广告在资本主义的深入发展过程中的角色。因此,他也认识到,"工人参与更高一些的享受,以及参与精神享受——为自身利益进行宣传鼓动,订阅报纸,听课,教育子女,发展爱好等等——这种使工人和奴隶区别开来的分享文明的唯一情况,在经济上所以可能,只是因为工人在营业兴旺时期,即有可能在一定程度上进行积蓄的时期,扩大自己的享受范围"(Marx,1973,p.287)。他看到积累的过程将推动商品大量繁殖,"资本作为孜孜不倦地追求财富的一般形式的欲望,驱使劳动超过自己自然需要的界限,来为发展丰富的个性创造出物质要素,这种个性无论在生产上和消费上都是全面的"(Marx,1973,p.325)。他显然忽视了广告和品牌商品,这一点仍然令人惊讶;也许尚未发表的文章会及时出现,以填补这一空白。(以上两处译文参见《马克思恩格斯全集》第30卷,北京:人民出版社1995年版,第247、286页。——译者)

* 此处译文参见《马克思恩格斯全集》第30卷,北京:人民出版社1995年版,第32—34页。——译者

内,交换本身是包含在生产之中的行为。第三,所谓实业家之间的交换,不仅从它的组织方面看完全决定于生产,而且本身也是生产活动。只有在最后阶段上,当产品直接为了消费而交换的时候,交换才表现为独立于生产之旁,与生产漠不相干。(Marx,1973,p.99)*

这就是"大众媒体"产生的环境。在 19 世纪最后二十五年,人们发现,"生产"过程的合理化能够保证大规模地生产消费品,因此公司**需要**一些方法来扩大消费品的销路。但是,怎样才能大规模销售数量和品种都在不断增加的无品牌商品呢?仍然依靠那种挨家挨户小商小贩式的推销方式,在物流层面是行不通的。邮购推销开始出现,但显然不足以满足需求。批发商、中间商、佣金中间商,还有零售商,这种分散的局面让公司无法满足管理"消费者"需求的需要("消费者"一词仅在意识工业诞生后被普遍使用)。自 17 世纪以来,传单就被用作广告,但是,分发的随意性和材质的易损性使其作为推销中介的功能大打折扣。广告牌也被用于刊登粗糙的海报艺术和广告,但它们的作用也很有限。剩下的还有报纸和杂志。如果能对它们进行现代化改造,它们也可以成为大规模市场营销的代理。"早在 19 世纪 70 年代,广告人就将广告形容成代替人力销售的一种现代的、低成本的手段"(Pope,1973,p.15)。

生产报纸、杂志的技术从古登堡时代到 19 世纪初几乎没有任何改变。碎布优质纸(rag paper)高昂的成本和报刊小规模的印刷量,意味着较高的售价和较小的流通范围,即它们只能在上层社会、神职人员、知识阶层和商人中流通。这就是出版物的政治影响力潜能,我们完全可以说它**绝不**受读者市场的支持和操控。起初,在 17 世纪和 18 世纪,王权和教权给印刷商或出版商颁布执照,使他们成为**垄断者**,向他们征税并实施监管。大约从 1690 年至 19 世纪 40 年代,随着英美政党(的当代形式)初具雏形,其政治和经济支持者开始控制报刊。同样,从 18 世纪起通过以免除或实际上免除邮资的形式给予的定期国家补贴,政党将相当一部分出版成本转嫁给了纳税人。在 19 世纪中期的几十年中,当出版业"摆脱"了王权、教权和严厉

---

* 此处译文参见《马克思恩格斯全集》第 30 卷,北京:人民出版社 1995 年版,第 40 页。——译者

的政党操控(但并没有摆脱延续至今的邮政补贴),取而代之的市场控制迅速被广告统领。如果看看整个体系就会明白,下面这种自吹自擂之辞**一定**是个谎言:出版物上的非广告内容是基于不受操控的报刊的购买者的利益被生产出来的。

大概从拿破仑战争结束时起,一系列技术革新使循环的、交互式的操作流程有了实现的可能。这极大地增加了北美和英国的报纸与杂志的出版数量,提升了发行量,并且在降低面向读者的售价的同时使出版商获利。这一流程的逻辑如下:技术革新促使印刷量增加,单位成本得以降低,出版商因此获得了更大的利润,实现了资本的积累,于是富有竞争力的出版商进入市场,进一步进行技术改良,加大印刷量,找到更多的复制图片的办法,进一步降低成本、增加利润等。鉴于本书的目的,这里就不点出那些作为革新先锋而名利双收的出版商了(多如牛毛的新闻专业教材往往会以传奇的方式对他们进行浮夸的介绍)。

重要的是,当19世纪中期那些受人尊重、处于"引领"地位的报纸、杂志还在继续用每份6分钱的售价(相对于当时的物价水平来说,是一个较高的价格)吸引高收入阶层或中产阶级读者时,一些企业已经成功地创办了带有社论的低价报纸,这些内容与其说是有实质意义的,不如说是"耸人听闻的"。这种现象先于英国在美国出现——1833年纽约的《太阳报》(Sun)和1835年纽约的《先驱报》(Herald)。在19世纪下半叶,这种相互促进的关系发展得很快;到19世纪80年代,现代模式的北美—英国的报业格局基本成形。大众媒体一方面模仿美国的报业领袖普利策(Pulitzer)和赫斯特,以及英国的诺思克利夫(Northcliffe)和皮尔逊(Pearson),制造耸人听闻的"社论",另一方面将自身想象成为广告商生产读者的市场机制。在这种情况下,它实现了系统化的全面革新。① 现在,就像凡勃伦

---

① 假若我们可以以绕过一个陷阱,不去从浪漫主义的"明星"记者、编辑或出版者的角度思考报刊史,我们也会掉入另一个陷阱,它令人着迷,经常使我们偏离关注的重点:报刊技术的经济学。哈罗德·英尼斯的一篇极有价值的文章《美国的技术和舆论》("Technology and Public Opinion in the United States of America"),对我有意忽略的复杂过程中的技术因素做了精彩的分析。不过,他完全没有意识到广告和大众媒体在垄断资本主义中的经济作用。他只得出了以下结论:"报刊积极地支持压低新闻纸价格、提高产量的政策,因此它支持广告业的显著扩张。因此,报刊经济倾向于商品的大规模生产模式,即快速流通和高效的分销系统。于是广告商开始长期关注经济繁荣。"(Innis,1951,p.187)

所说,公众关注度和稀缺性为所有人制造了一个富足的假象。

生产和发行报纸、杂志的成本主要由广告商支出,那么广告商就应该负责提供"免费午餐"和广告并为其支付费用吗?我们在第1章中注意到,一直到1908年,这个问题的答案似乎都是肯定的,广告商的宣传资料构成了报刊"新闻"的相当一部分内容。伯奈斯(1952,pp.60-61)报告指出,当时的广告——专利药品、肥皂、早餐食品、煤气公司、分类广告等——急剧增加。其导致的一个重大后果就是,"成群的新闻代理商……假借新闻之名通过新闻机构发布了大量广告"。广告商在这种伪新闻广告上支付的费用远高于公开广告。这一点可以从美孚石油公司和一些专利药品行业的领先企业身上清楚地看到。

来自大众媒体外的组织和个人从事审慎的**新闻管理**工作,这种新闻管理行为设置了免费午餐的议程和内容。能否进入议程取决于媒体信息、问题或观点是否有利于新闻管理者的利益。媒体企业有时也将其他来源提供的报道和信息作为免费午餐的一部分予以发布,原因有几个。最重要的原因是,这样做可以使经营媒体的开支得以缩减,要知道填充那些空间(和时间)并更新内容是需要花钱的。第二,由媒体管理者和外部新闻管理者构成的利益共同体促使前者把后者花钱制作并提供的这些新闻视为由他们自己打造的具有同等身份的免费午餐。第三,物质回报(旅游、礼品和金钱)也是诱因。

在美国,企业为最大限度地实现自身利益而进行新闻管理的行为屡遭曝光并遭到公众抨击,曝光者包括林肯·斯蒂芬斯(Lincoln Steffens,1920)、艾达·塔贝尔(Ida Tarbell,1904)、厄普顿·辛克莱(Upton Sinclair,1920)等。19世纪90年代的"扒粪运动"揭露了铁路、肉类加工厂、洛克菲勒石油帝国等企业如何耗费数百万美元来操控新闻机构的"免费午餐"。作为回应,出版行业清除了部分由非媒体组织提供的形式粗糙、直接植入的免费午餐材料。

在20世纪头十年,在T. N. 韦尔(T. N. Vail)和美国电话电报公司(American Telephone and Telegraph Company)的努力下,一种自称**公共**

关系顾问（public relations counsel）的新"职业"发展起来，其目的是影响公众意见（U. S. Federal Communications Commission，1937，1939；Daniellian，1939；Bernays，1952）。从此以后，企业和行业协会（包括全国制造商协会和美国商会[United States Chamber of Commerce]）对新闻的管理开始以十分复杂的形式展开，其间为达到影响公众意见的目的而大量使用**各种综合性手段**。宣传活动、新闻发布、为记者和编辑提供的免费旅游和特殊优惠、为公关目的制作的电影（免费提供给影院和电视台播放）、据称由独立作家创作而实际上是应邀写作的图书，以及企业形象广告（比如一家飞机制造商在广告中说，其生产的飞机拉近了世界各国人民的距离）等都是"公共关系"代理人的百宝箱中的工具。按照美国电话电报公司的解释，公共关系的精髓就是：在企业**不需要**来自大众媒体的帮助时开展企业与大众媒体之间的联系活动，而在企业**确实**需要大众媒体的帮助时，媒体人就如何解决问题来**征求**企业的意见与建议是世界上最自然不过的事情。不过，如果你认为公共关系仅仅是通过设计并执行战略性的方案来影响公众，那就错了。大型企业依靠它们的副总裁处理公共关系，而依靠企业外部的公共关系顾问公司应对涉及其长期赢利能力的最基础的结构性问题。例如，20世纪40年代，在厄尔·纽瑟姆（Earl Newsom）公共关系顾问公司的建议下，福特汽车公司加速了自我重组，并向公众开放该公司的普通股份认购，与此同时剥离巨额剩余资本成立了免税的福特基金会（Ford Foundation）。

扒粪运动的传统作风在乔治·塞尔迪斯（George Seldes）、I. F. 斯通（I. F. Stone）、拉尔夫·纳德（Ralph Nader）等人的作品中得到延续。对私营部门和情报机构的新闻管理活动调查都毫无例外地暴露出特权集团通过影响免费午餐来保护并提升自身特权地位的行径。20世纪20年代，美国电力与照明行业为反对实行公有化和对行业进行高效的公共监管而进行大规模幕后操控一事被美国联邦贸易委员会揭穿并公之于众。之前我们还提到过联邦通信委员会对贝尔系统的调查。美国国会对中央情报局在颠覆智利阿连德政权中扮演的角色的调查，曝光了中央情报局利用通讯社和

《时代》(Time)杂志进行新闻管理的行为。美国联邦法院的五角大楼文件案也曝光了美国政府针对越战进行新闻管理的行为。这类例子还有很多。

部分免费午餐的内容被用于就广播媒体中公众争议的问题展开辩论的做法,起源于20世纪30年代晚期美国联邦通信委员会的五月花决定。联邦通信委员会在该决定中规定,一家企业不能仅仅因为持有广播许可证就通过节目倡导其所有者的私人利益。委员会认为,如果该企业所有者希望借新闻机构达此目的,它就有义务向公众表明被讨论的问题的"其他方面"。这起事件催生了至今仍存在的"公平原则"(fairness doctrine),少数报纸在它们的"评论专栏"模仿了这一原则。然而,正如爱德华·R.默罗(Edward R. Murrow)的亲身经验所示,富有创造力的媒体调查记者对公众争议性话题进行剖析的自由受到私营的、集团化的力量的极大限制(Friendly,1967;Halberstam,1976)。默罗也正是在这种压力下被迫停播。这样的例子太多了,但其实一个就足以说明问题。现在,所有人都很清楚,所谓的原子能和平利用对人类的未来构成了巨大的威胁。幸而有政府—行业联合体,从1945年至20世纪60年代末美国核能的发展才处于控制之下:

……从电视上看到或听到的一切都不能令观众联想到原子会导致的各种严重危害。纪录片和公共服务信息都压倒性地——或许是唯一地——来源于跟发展这一行业有利害关系的部门。(Barnouw,1978,pp. 164-165)

同样,如巴尔诺(1978,pp. 140-146)所示,由广告委员会(Advertising Council)赞助的众多所谓"公共服务公告"实际上都受到由大广告商组成的行业组织的控制。从本质上说,它们不是公正的公众关注的产物,而是政治筛选过程的结果。这种筛选过程旨在维持现状,同时似乎是公正的。

报纸和杂志面向广告客户的受众生产使得大规模生产的消费品和服务的合理化营销成为可能。随着报纸杂志行业成为市场代理机构,这些行业的规模迅速扩张。这一点众所周知。就报纸和杂志出版商的数量来说,这种扩张在资本主义的腹地相当惊人。发行量达到天文数字,报纸的每磅手续费(尤其在美国和加拿大,新闻纸的用量惊人)猛涨。

我们必须强调指出,广告(以及广告商和广告代理商)在发展凡勃伦所谓的垄断资本主义的"持续经营"特征方面起到了关键的作用。遗憾的是,这一点被经济学家忽视了。表4-1显示了美国从1867年起的某些年份与人口相关的广告发展情况(加拿大没有发布可做平行分析的相关数据)。由于物价水平大幅度上涨(自1867年以来翻了4倍),第4列经缩减后的数字才是对我们有用的、有意义的数字。以美元衡量的**不变**购买力(如1977年的物价)显示,1977年美国的广告总支出是1867年的176倍,而此间人口增长不到6倍。以人均数字(第5列)来看,1867年美国经济在广告上的人均支出是5.8美元,而1977年达175.74美元——翻了**30倍**。1948年以来人均广告支出翻了两倍,这一事实反映了自第二次世界大战以来意识工业的发展。

表 4-1　美国的广告支出与人口
(1867—1977 年中的个别年份)

年份	人口（百万）	生活成本指数（1977:100）	广告总支出(美元)		
			实际（百万）	定值美元（百万）	人均（定值美元）
	(1)	(2)	(3)	(4)	(5)
1867	37.4	23	50	217	5.80
1880	50.2	16	200	1250	24.90
1890	63.0	15	360	2400	38.09
1900	76.0	14	542	3871	50.93
1914	99.1	17	1302	7659	77.20
1919	104.5	28	2282	8150	77.99
1929	121.8	28	3426	12236	100.46
1933	125.6	21	1302	6200	49.36
1948	146.6	40	4864	12160	82.95
1970	204.9	64	19600	30625	149.46
1977	216.8	100	38100	38100	175.74

资料来源:
列(1) Bureau of Census, *Historical Statistics of the United States, Colonial Times to 1970*, Washington, D. C.: United States Government Printing Office, 1975, pp. 10-12; *Statistical Abstract*, 1978。
(2) *Historical Statistics*, 1975, p. 210; *Statistical Abstract*, 1978, p. 478.(将1977年的数据设为基准100,其他年份与之比较)
(3) *Historical Statistics*, 1975, p. 856; *Statistical Abstract*, 1978.
(4) (3)除以(2)乘以100。
(5) (4)除以(1)。

第4章 意识工业发展史Ⅱ：科学的大众营销手段和大众媒体的产生

从一开始，报纸行业就是为广告商生产受众力的主力（以广告商的支出作为衡量标准）。1935年（有数据记录的最早年份），报纸占全美广告支出的45%，杂志占8%，直接邮件占17%，广播占7%，室外和农场广告分别占不到2%，其余杂项占18%。在1935年到1975年间，受众生产商方面的主要变化就是电视的崛起，电视占广告总支出的19%。这一变化是以报纸的重大牺牲为代价的，其所占比例降到30%（仍然比电视高得多），此外还有杂志（下降到5%）。广播（7%）、直邮（15%）、商业报纸（3%）、室外广告（2%），以及杂项（18%）在总广告支出中的比例保持稳定。[1]

从意识工业的角度来看，广告代理商在需求管理方面发挥着重大作用。尽管广告代理商自19世纪早期就出现在英国和美国，但他们的功能在19世纪80年代和90年代发生了巨大的变化。作为报纸（和杂志）的广告空间（以及因此而来的受众力）的**批量**购买者，他们早期的主要功能是把空间转卖给特定的广告商。他们的作用相当于中间人。他们不用准备广告文案，也不在商品创意或包装创意中发挥"创造性"的作用。然而，如今，这些是他们对大规模的商品推销所做的贡献。他们的报酬来自媒体的佣金，媒体把受众卖给了广告商。在19世纪的最后二十年之后，他们的功能发生了变化。他们越来越多地在市场调查、文案撰写、制定销售规划等方面发挥作用。自20世纪20年代以来，他们日益频繁地从事这些工作。只有他们获得报酬的方式（一般占广告预算的15%）还能作为其早期身份的一个象征，当然他们逐渐也会就自己提供的扩展性服务跟媒体协商费用。[2] 自19世纪90年代以来，由于媒体对广告商形成了系统性依赖，"客户"变成了广告商。当然，这背后有一些为人所不齿的手段。

广告代理商之间的合并、整合过程几乎等同于大公司之间的类似过程。由此产生的对代理业务的直接控制，促进了意识工业的大规模营销与对受众力的生产和利用的整合。如赫伯特·席勒（1973，pp.128-133）指出

---

[1] *Historical Statistics*, 1975, pp.855-856; and *Statistical Abstract*, 1977, p.845.
[2] 若要了解对这些系统性变化持有同情态度的论述，可参见 Presbrey, 1929。Goodis(1972)猛烈地批评了代理机构抽佣15%的传统。

的,在 1971 年,10%的代理公司承接了美国 4/5 的广告,国际广告甚至更为集中。加拿大广告代理商杰里·古迪斯愤怒地指出,美国大型广告代理机构的纽约总部与它们的客户,即那些大型跨国公司紧密勾结,它们建立的美国代理商分支机构可自动获得那些跨国公司在加拿大分公司的广告业务代理优先权。他建议将美国广告代理机构加拿大分公司与加拿大广告代理商合并:"现在让食人族和传教士联合起来应该是不错的选择"(Goodis,1972,p.111)。杰里米·腾斯托尔(Jeremy Tunstall,1977)在报告中指出:意大利最大的 5 家广告代理公司中有 4 家是美国分公司,最大的 20 家广告代理公司中有 13 家是美国分公司。广告代理商是垄断资本主义赖以生存的"中枢神经系统"的重要组成成分,有了它,垄断资本主义才能通过文化和传播实施文化占领。

作为大规模受众力生产商的大众媒体的出现,旨在迎合大规模消费品和服务的生产商的需求,其工作模式的设定和报纸、杂志的转变一起服务于这一目的。① 在 20 世纪上半叶意识工业蓬勃发展的背景下,大众媒体十分自然地获得了扩张受众生产模式的技术可能性。无线电通信对垄断资本主义制度来说是一种难以抗拒的诱惑。从 20 世纪初至第一次世界大战,早期的无线电通信技术应用就是在海岸电台与海上船舶之间,或在执行军事任务的海上船舶之间传输编码信号。当时,生产无线电设备的能力在资本主义世界的技术先进国家获得了发展。频率分配、设备标准、操作程序等方面的国际合作是无法避免的,而无线电频谱的特点使得无线电从 1906 年起就处于国际法律法规的管辖之下。② 在第一次世界大战期间,军事需要导致研发活动迅速增加,特别是关于通过无线电话传输声音的研发

---

① 早在 1909 年,广告收入就占了美国报纸总收入的 64%。1973 年,这一比例上升至 76%。在杂志行业,这一比例一直恒定在 59%—67%(Newspaper Advertising Bureau,使用了 Census of Manufactures 的数据)。

② 英国马可尼公司(British Marconi Company)近乎垄断的控制及其竞争手段(例如拒绝与没有装备马可尼公司设备的船只进行沟通等)直接推动了 1903 年第一届国际无线电会议在柏林召开。奥地利、法国、德国、英国、匈牙利、意大利、俄罗斯、西班牙和美国参加了此次会议。1906 年在柏林召开的首届国际无线电—电报会议(International Radio-telegraph Convention)通过了更为严格的规则。1910 年美国正式通过第一部无线电法案。类似的一系列情况也发生在英国(Smythe,1957,再版于 Kittross,1977,Vol.2)。

活动。大型电子公司(美国电话电报公司、通用电气公司[General Electric]、西屋电气公司等)就成了用纳税者的钱来研发无线电技术的承包商。

随着1918年和平的到来,各主要交战大国的私营企业掌握了技术知识,可以"分离"无线电技术的非军事用途,并进一步发展其军事应用。当时,民用无线电的体制形式是不固定的。在国际上,美国一直主导着无线电领域的发展,而在日渐式微的民粹主义—民主力量和私人商业利益之间,则展开了确定体制形式的斗争。民粹主义—民主力量一直在为公共所有权和通信运营而斗争。威尔逊(Wilson)总统指定了一个委员会,该委员会在1914年建议政府掌管所有的无线电通信事务(U.S. Congress. Senate,1914)。战争期间,美国海军接管了所有的商业无线电台。这些无线电台除了被用于军事行动,还提供商业新闻传播和每日航运新闻简报。1918年7月,国会审议了一项联合决议。根据该决议,总统接管了电报、电话和有线系统的控制权。海军部部长和邮政局局长都发言说,这种控制应该是永久的。结果,亲商势力轻而易举地赢得了这场战争。这多亏了美国电话电报公司总裁T. N. 韦尔和他在华盛顿的助手沃尔特·吉福德(Walter Gifford)的高超政治能力,后者被"借调"担任联邦政府的战时行业动员机构的秘书(参见Daniellian,1939)。通信行业利用战时政府对电话和电报业务的短暂"接管",从国家监管委员会那里获得了提高费率和会计政策方面的理想承诺,并阻止了公有化。当时,破解相互干扰的专利地位、市场占领和发展计划所造成的僵局的方法是明确的。在通用电气公司的领导下,一个卡特尔组织瓜分了美国国内的电子通信市场,这一组织的成员包括:由通用电气公司创建的一个新实体——美国无线电公司(the Raido Corporation of America)、美国电话电报公司、通用电气、西屋电气公司和联合水果公司(United Fruit Company)。美国的公司和英国的马可尼公司又以同样的卡特尔协议瓜分了国际市场(Smythe,1957,pp.46-53)。

无线电广播革新的动力来自无线电设备制造商从生产和销售无线电接收机和发射设备中获得的利润。这个市场我们在第2章中提到过,它在很大程度上受制于无线电接收机的生产。不可避免的是,接收机的制造商利用广播节目来生产观众,推销他们自己的产品,顺便也推销消费品和服务制造商的产品。因此,在20世纪20年代初,加拿大和美国的无线电广播的机构基础与报纸、杂志和其他广告媒体的基础相结合。在英国,上层社会的文化遗产通过英国广播公司提供的服务强有力地抵制对意识工业的粗鄙化发展,而英国广播公司是靠听众支付的许可证费支持的。法国、德国、意大利和西班牙都采用了同一种模式,这种模式后来还传到了欧洲列强的殖民地。如我们在第8章中所述,20世纪20年代加拿大也按照美国的模式建立了永久性的无线电广播模式(之后是电视)。加拿大广播公司将英国广播公司的模式嫁接在以美国模式为基础的加拿大广播系统上,是一种老套且失败的尝试。

因为无线电频谱是一种独特的自然资源,所以要成功地使用它就不能把它降至私人财产的地位。广播(之后是电视)身上有一种张力,这与其他大众媒体(见附录)不同。18世纪,为了保护新兴的商业阶层的利益不受变幻莫测的君主"审查制度"的侵害,宪法设置了壁垒,用以保护印刷媒体的出版商。这样一来,在广告商的控制渐占上风时,他们实际上可以完全不受政府的干预而自由经营。但是,对一家广播电台(或电视台)而言,拥有自己的广播频率许可证在法律上讲是行不通的。于是,运营广播电台的企业的需求和国家正式政治组织中的"政客"和"选举人"的需求之间需要达成妥协。前者希望以符合自己利益的方式经营企业,后者强调企业的经营必须符合"公众利益"。其结果就是,在赤裸裸的"底线"利益和愤怒的公众抗议之间,爆发了一场持续多年的游击战。在经常因猥亵、暴力和答辩权等有争议的公共问题而爆发的斗争中,"受管制的"无线广播(后来也包括电视)行业享有高于其管制者的权力地位(这一结果通常是广播员的地位导致的,而不是意识工业领域的知名批评家的地位导致的)。

第二次世界大战是垄断资本主义发展过程中的一大转折点。与英国、德国、法国相比,在第一次世界大战之前美国并不是世界强国(从军事角度说)。然而,战争结束后,美国资本主义的经济实力猛增,因为英国和法国的实力被大大削弱,而德国失去了殖民地并且背上了沉重的赔偿负担。当第二次世界大战开始的时候,美国垄断资本主义秩序已经为大规模的军事经济动员做好了准备,这决定性地扭转了对轴心国的战局。同时,苏联的抵抗也消耗了轴心国的大量精力。当1945年第二次世界大战结束时,美国已经掌握了使自己称霸世界的手段。那时,英国和法国已退居二流大国的位置;德国满目疮痍、四分五裂;苏联也因损失大量人口和极度缺乏各种生产设备而一贫如洗。除了在核武器和常规武器上占据优势地位,1945年美国声称自己掌握世界领导权所依靠的最大资产就是其显示出来的生产和销售商品,尤其是消费品的能力,以及生产、销售和经营可以延伸至任何国家的宣传手段(报刊、电影、广播和电视)的能力。这是意识工业最自由的时期,它推动了垄断资本主义在世界范围内建立霸权。"信息的自由流动"(朝向一个方向)畅通无阻。

自1945年以来,美国和其他垄断资本主义核心地带的国家的权力基础是在民用销售和军用销售领域取得的成绩。就美国而言,表4-2列出了这些成绩所产生的影响的一些指标,选取的年份是从1934年的大萧条开始之后的某些年份。这些数据是以人均美元数表示的。首先,消费者价格指数消除了价格水平变化的影响;其次,用所得的固定美元收入除以总人口。消费品和服务的人均支出——民用销售的成绩产生的影响——在1934年至1977年间持续增长,直到第二次世界大战结束时出现放缓的迹象,之后又加速增长,到1977年已是1934年的3倍。这一成绩的取得也许有两个方面的原因,即政府支出的刺激和消费者借贷(其中分期贷款是最活跃的因素)。1934年至1938年间,由于美国军队在为第二次世界大战做准备,国防开支(反映了军用销售的成绩)的增长速度超过了其他联邦政府。但是,正是战争年代国防开支的大量增加为战后消费者开支的增加奠定了基础。在战争的最后一整年(1944年),国防开支达到1934年的107倍。由于1941年至1946年间耐用消费品严重短缺(比如,民用汽车生产已经停止),充分就业所带来的消费者收入的增加被部分用于消费服务(当时电影消费达到顶峰)和非耐用消费品。增量部分流向消费者服务(当时的电影上座率达到了历史最高水平)和消费易耗品。后者处于供不应求的状态，原因是战时紧缩、定量配给，以及剩余的未支出收入被用于储蓄（尤其是战争债券）和偿还消费者分期贷款。1944 年的消费者分期贷款与 1934 年相比大幅减少，不到 1938 年的一半。

表 4-2　美国消费者支出、消费者分期贷款、联邦政府开支和国防开支
（从 1934 年至 1977 年中选取个别年份）
（以 1977 年人均定值美元计算）

	1934	1938	1944	1946	1955	1977
(1) 消费者支出	$1857	$2132	$2735	$3231	$3464	$5586
（相较于 1934 年）	100	115	147	174	187	301
(2) 消费者分期贷款余额	$67	$122	$54	$92	$396	$999
（相较于 1934 年）	100	182	81	137	592	1492
(3) 联邦政府总开支*	$213	$279	$2504	$1461	$1005	$1854
（相较于 1934 年）	100	131	1178	687	473	872
(4) 国防开支	$20	$34	$2130	$1107	$520	$450
（相较于 1934 年）	100	173	10769	5593	2628	2272
(5) 其他联邦政府开支	$193	$245	$374	$354	$485	$1404
（相较于 1934 年）	100	127	193	183	251	727

* 注意：这里的数字和国防方面的数字仅与联邦政府有关。

资料来源：上述所有条目，以实际（当期）美元数值除以消费者物价指数再乘以 100 后则转换成 1977 年美元币值；1977 年的消费者物价指数，比照 1934 年的数据，基数为 100。将这些数值除以人口总数，包括武装部队人数，则可得人均数值。

所有基本数据来自 United States Department of Commerce, Bureau of the Census, *Historical Statistics of the United States*, Washington, D.C.：1975，p.225。其中不包括 1977 年的数据，1977 年的数据来自 Bureau of the Census, *Statistical Abstract*, 1978, p.261。

当再次转向民用生产后，美国民众动用他们的积蓄、现金收入，并通过分期贷款来支持持续增长的消费。因此，战后出现了规模庞大的经济扩张。消费日益依赖分期付款：1977 年是 1934 年的 15 倍，是 1929 年的 9 倍（以 1977 年的物价水平计为 102 美元），是 1919 年的 37 倍（以 1977 年的物价水平计为 27 美元）。如果观察一下消费者分期贷款余额占消费者支出的比例，可以明显看到以未来收入为抵押，增加当前的支出是可能的。这一比例从 1934 年的 3% 增长到 1977 年的 18%。1975 年之后利率的急剧上升对庞大的消费者借贷的金字塔的影响是巨大的。消费者借贷水平将会下降，消费者支出也会随之减少。民用销售将会因此停滞不前。1948

年以后,军用销售开始提供大量支持(当时,以 1977 年价格计,国防开支下降到人均 278 美元)。冷战、朝鲜战争和星球大战期间的国防开支在 1955 年上升到 1934 年的 26 倍。对军事支出的严重依赖仍在继续:到 1977 年已经达到 1934 年水平的 23 倍。然而,军事支出刺激经济增长的效应已经不能直接影响工人的收入和他们的消费者支出。自第二次世界大战以来,军事支出越来越多地被投入"高科技"电子和武器的研发与生产。这样的支出有利于专业人员和管理人员的就业,并且能够帮助企业获利,而不像主要涉及小型武器、弹药、坦克、服装和食品的军事采购那样能创造大量的就业机会。

前面的分析局限于美国,因为我们缺乏来自加拿大的大多数相关可比信息。表 4-3 列出了加拿大个人消费支出和短期消费信贷余额的信息(人均数字,剔除价格水平变化的影响)。我们可以将 1955 年至 1977 年加拿大的变化与美国同期相比(当然,不能分别用以加拿大元和美元计算的绝对数据表示)。到 1977 年,加拿大个人消费支出增至 1955 年的 2 倍;同年,短期消费信贷增至 1955 年的 3.5 倍。根据表 4-2,美国的相应数据是,1977 年的消费者支出是 1955 年的 1.5 倍多,1977 年的消费者分期贷款余额是 1955 年的 2.5 倍。在 1955 年至 1977 年之间,加拿大的个人消费支出和短期消费信贷的使用量比美国的增长幅度大。此外,加拿大的消费者分期贷款占消费者开支的比例在两个年份(1955 年 15%,1977 年 25%)都高于美国(1955 年 11%,1977 年 15%)。因此,这段时期加拿大的消费对分期贷款的依赖比美国更大。

表 4-3　加拿大个人消费支出和短期消费信贷
(1955 年和 1977 年)
(按 1977 年的不变价格计算的人均数值)

	1955	1977
(1) 个人消费支出	$2643	$5304
(相较于 1955 年)	100	201
(2) 短期消费信贷余额	$388	$1345
(相较于 1955 年)	100	347

资料来源:*Canada Yearbooks*。

第二次世界大战期间无线电通信技术研发的快速发展为掌握这一技术秘诀的大型企业提供了潜力巨大的民用产品与服务(电视、土地、海运、航空无线电话、民用波段移动无线电话和计算机)市场。在这种情况下,大型企业借助其行业顶峰协会和大集团之间的适度竞争,革新了黑白电视和后来的彩色电视播送技术(比如,1943 年至 1950 年间,美国无线电公司与哥伦比亚广播公司之间就黑白和彩色电视的工程技术标准和频率配置进行了艰苦的斗争)。这一革新进程显示了意识工业的某些有趣的方面。第一,这场革新主要是针对市场控制展开的斗争。在市场中,受众力向自己推销新的广播设备。黑白电视技术在 20 世纪 20 年代和 30 年代就已经成熟,并没有过多地受益于第二次世界大战期间的研发。第二,国家政府管理部门的作用局限于使电视系统的技术和组织规划合理化。第三,为新的广播电视行业提供的融资所需的风险资本,主要来自无线电广播网络以及电台、报纸和杂志的累计利润,还有少量来自急于加入本行业的毁灭性竞争的电影制片人。电子行业在战争时期"转向"为战时需求(炮弹、小型武器和军火等)生产,这些工厂都在成本加成的基础上运营。在很大程度上,一般纳税人通过废弃的工厂支持了对电视行业的新投资。这些工厂被政府捐赠或者以象征性的价格出售给战争末期的相关行业,以便立即转换成生产电视和无线电接收器的流水线。

意识工业革新电视业的系统性过程(正如刚才指出的)以公司间的竞争为标志,有时会爆发公开的冲突。它还显示出革新的一致性(或者系统的完整性?)。在这方面,广播传真是一个很好的例子。从无线电广播的早期开始,这种技术就得到了发展。记录通信既可以在声载波上实现多路广播,又可以在非常窄的信道上单独广播。在第二次世界大战期间,西方列强的海军使用这种技术将天气图、作战计划等发送到不同的地点。到1943 年,当战后主要的电子工业发展规划开始实施时,很明显,广播传真技术已经成熟,可以通过电子的方式把报纸送到人们家中,不管有没有无线电的声音。

这种可替代传统的报纸生产与传递方式的清晰模式已在人们的掌握

之中,并且它具有诸多优势。生产和发送传真报纸的工厂耗资不多(一台传真机最多1万美元,还需要一些用于撰稿的电动打印机,占地仅约3000平方英尺,可以建在廉价建筑的顶层)。相比之下,一份大都市的报纸需要昂贵而宽敞的市中心地产、价值数百万美元的排版和印刷设备,外加卡车、变电站的递送系统,以及大量的直接劳动力投入。广播传真报纸的接收组件是廉价且粗糙的(发明了无线电的前辈约翰·V. L. 霍根[John V. L. Hogan]1948年告诉我说,可以用不到一台便携式打印机的成本来批量生产并销售这种设备,而且技术性能毫不逊色)。传真接收器使用的化学敏感性纸张也可以被廉价地批量生产并销售。

这一前景意味着,一个当时只有1到3份报纸的城市,可以随时支持多达15到20份广播传真报纸。在农村地区,恶劣的天气、崎岖的地形或稀少的人口阻止或妨碍了传统的新闻报纸的发行,而现在,借助无线电波的速度及其能覆盖的地理范围,这就不再是难事了。在20世纪20年代至50年代,美国几乎所有的主要报纸都试验了广播传真的方式,有些报纸(如迈阿密的奈特[Knight]连锁报业)还大胆地公开尝试使用广播传真创业。美国联邦通信委员会批准了它的商业执照。

意识工业在革新广播传真方面的失败,说明了政治—经济因素是如何生产将会被"革新"的技术以及如何排除其他技术的。专利显然是导致广播传真的革新遭遇失败的一个因素。所有必要的技术都不受专利的限制,那些专利早已过期。没有哪家大公司会寄希望于革新传真来获得相对于对手的竞争优势(就像美国无线电公司对黑白电视所做的革新)。但是,我们可以从报业和大规模销售消费品的大公司间的相互关联的利益中找到它们对革新广播传真缺乏兴趣的一个更为可信的原因。对后者而言,广播传真将动摇对报纸、广播和电视媒体生产的受众的垂直控制模式。那些生产消费品的大型企业中的空间与时间的购买者将面对一个由报纸、广播和电视受众的生产商构成的地方性的竞争结构。在这个结构中,被生产出来的受众份额波动剧烈,因此导致"科学的"大规模市场营销活动复杂化,并处于不稳定的状态中,难以付诸实践。不稳定的市场营销条件可能再次出现。然而,在19世纪的最后二十年里,制度其实已经开始医治这一疾病。

在分析传真革新遭遇"失败"的原因时,还要提到的就是官僚化。这种现象既存在于大型广告公司中,又存在于普通印刷媒体中。上至高层人员"下至"工匠协会,这些人几个世纪以来一直牢守印刷生产的物理模式(U.S. Federal Communications Commission,1948;Hills,1949;Jones,1949;Hogan,1941)。因此,尽管广播传真具有明显的优势,但它仍然被体制束之高阁。在考虑"技术"的意识形态方面的问题(第10章)时,我们会再次提到广播传真:它的不革新和电视的迅猛革新究竟是某种原生的"科学"技术发展的结果,还是"地球村"某种神秘召唤的结果,或是垄断资本主义持续经营的结果?

为圆满地完成对大众媒体的系统性发明和革新的分析,我们必须指出,通信卫星和数据处理技术的革新是冷战的组成部分,是美苏之间的军事太空"竞赛"的"民用"副产品,它们花费的是公共费用。它们在美国的帝国主义文化统治战略政策中的作用被赫伯特·席勒一针见血地点了出来(1969,chap. 9;1976)。

与此对应的一项创新——电视,则处于截然相反的位置上,在当地社区的层面成长起来,并形成了一种更为传统的模式:首先,小企业承担风险、展示利润;然后,对无线电视和广播、报纸、杂志以及电影公司进行"对冲"投资。来自太空竞赛研发项目的拆分式晶体管、印刷电路和光导纤维等给意识工业提出了以下有待解决的问题:

1. 为配备有线设备的家庭提供的多样化、交互式的革新服务——包括银行业、市场营销业,以及广播电视服务——不仅需要对传统经营模式(例如银行业)进行大规模的重新定位,而且会让消费者背负沉重的设备更新开支。在这个核心地带通胀失控、利率飙升、失业率居高不下的时期,要对这些设施进行革新肯定是个难题。

2. 付费电视的革新能否实现**最终**还是要看人们是否愿意出大价钱来购买现在能够看到的**同样的**节目。当然,现在**大部分**这类节目中充斥着广告。如果付费电视企业的购买力十分强大,以致在流行体育赛事上比"商业电视"出价更高,那么这一领域就将被付费电视所垄断。然后,把这些非常昂贵的免费午餐送给付费电视观众的成本,将启动一个已经在商业广播领域(现在甚至在美国公共广播领域)流行的过程,即引入广告——首先是规模不大的机构赞助广告;随着观众对广告日益麻木,广告会越来越复杂。据我所知,没有哪位未来的付费电视企业家曾保证或将保证不会在观众支付的费用之外叠加广告。

在对科学在市场营销中的应用(大众媒体为服务广告商而进行的系统性发明)进行了深入的分析之后,我们有必要回头探讨它的孪生兄弟:资本主义科学在产品制造中的应用情况。第3章讨论了有竞争力的工厂企业、有竞争力的批发商等合并成横向和纵向的巨型公司的过程。在19世纪70年代和80年代,由于缺乏内部凝聚力和决策的集中化,早期为达到合并运动的反竞争目的所做的努力大部分是失败的。就像钱德勒(Chandler,1962)所说:

> 从19世纪70年代大萧条末期到世纪之交的这些年,美国的工业产出大幅增长。至1900年,美国的工业产能超过了其他任何国家。在相同的增长时期内,美国工业中最具活力、最重要的企业已被几家在国内,甚至世界市场上经营的纵向一体化的大公司所垄断……
>
> 在19世纪的最后二十年里,美国的实业家把他们的想象力和精力集中在建立这些工业帝国上。他们全神贯注于规划扩张战略和获取(人力、资金和设备)资源,以满足经济快速工业化和城市化的需要,并应对相应的挑战。**强大的船长们**——洛克菲勒、斯威夫特(Swift)、杜克(Duke)、加里(Gary)和西屋,以及他们的得力助手没有时间,而且往往也没有兴趣制定**一套合理而系统的设计方案,以便有效地管理他们掌控下的数量巨大的资源。然而,他们的扩张、合并和一体化战略要求各级政府进行结构改革和革新。**(Chandler,1962,p.36;黑体为作者所加)

到1914年前后,在美国,科学管理已经接管了重工业的"工厂车间",

并将触角延伸至轻工业。大量关于生产流程的信息得以产生并交由行政办公室的白领职员处理。同样,原材料来源调查、市场营销活动和公共关系活动等的文案在行政办公室堆积如山;高效的合理化管理被提上议程。正如钱德勒(1962,p.37)所说,现在需要的是"……被仔细定义的权力和传播的界限,以及……在这些界限间流通的详细的、准确的、大量的数据"。我们再一次看到,对传播流的控制成为权力的基础。

大量职员的工作量成为工作场所的科学管理的下一个目标。起初,文件从一站到另一站、在办公室内部或在办公室之间的流动都通过充气管道、电线系统或传送带系统得以实现。第二种减少文书工作量的更基本的方法是使用霍利里思(Hollerith)计算器(一种机械计算机器,使用 1900 年之前美国人口普查局[United States Census Bureau]发明的 80 列穿孔卡)来科学地处理信息(不是纸质信息)。线性规划是作为预先规划整个系列的系统决策站的一种手段而发展起来的。这样,就不再需要中间的办事员了。1945 年以后电子计算机的引入及其成本的下降,使每家公司都能使用这种"管线"系统。在这场科学管理浪潮中幸存下来的大部分职员都成为"勤杂工"(就像在车间里一样)。大部分人是女性,她们的工资比工厂技工低。1945 年后,科学管理这种模式被应用于整个服务和零售行业,以类似的方式降低劳动力成本、减少就业岗位。在众多政府部门、教育机构的行政部门,以及计算机操作领域,情况也是一样。**所有**这些科学管理的发展都建立在传播系统和技术的基础上。这不是组织工作的最佳方式,而是为垄断资本创造利润的最佳方式(见第 3 章关于科学管理的讨论)。

目前,典型的应用是在超市即将实施的一"波"科学管理。在这波浪潮中,计算机将取代收银员。计算机能够"读取"印在商品包装上的神秘符号。这样一来,超市就只需要"打包工"和收银员了。很快,甚至那些杂活也能被信用卡和自动包装机取代了。如果货架上的商品能自动补充,那么工作中的受众成员在现代超市中能看到的人类将只有一位经理和偶尔出现的维修工人。科学管理使劳动分工有了合理的结论。每一代机器只需要"受损"的劳动力来操作。这一代机器所揭示的工作流程的信息,为进一步降低对工作的要求、减少工资和工作岗位提供了基础,从而又导致新一代机器得以问世,如此循环往复。总体而言,工会已经完全被科学管理的应用所"驯服"——甚至到了把任务阶梯、"论资排辈"和"内部升迁"都加以合理化的程度。这些曾经是19世纪90年代强加在工人身上且工人不愿接受的东西,但从20世纪30年代起,工人竟主动向他们的雇主提出这样的要求。

商品生产和市场营销的纵向组织发展迅速,营销史学术研究的落后状态掩盖了现实的情况。菲利普·科特勒(Philip Kotler,1972,p.446)是这样描述的:

> 19世纪90年代,随着全国性公司和全国性广告媒体的发展,情况开始发生变化。品牌的成长是如此引人注目,以至于今天在美国几乎没有什么东西是没有品牌的。盐巴被盛放在有显著制造商标记的包装里,柑橘被打上了标记,林林总总的商品被包在塑料纸里,塑料袋上印着经销商的标志,汽车的各种零部件(火花塞、轮胎、过滤器)都拥有与汽车品牌不同的显眼的商标。

约瑟夫·C.帕拉蒙顿(Joseph C. Palamountain,1969,p.138)说过,"制造商或零售商规模的显著增长在很大程度上改变了分销方式,从在一系列基本自主的市场中流动转变为由制造商或零售商主导的单一运动"。意识工业的需求管理已经用商品的"诱导引力"取代了商品的"流通"。

尤恩(1976,p.195)曾正确地指出,"在工作中实施'科学'校准的单调需要发展一门新的科学来处理它对意识的影响"。这就是凡勃伦所说的"宣传",但我们更熟悉的是传播(在第11章中有相关分析)。它植根于第一次世界大战结束二十年后由心理学和社会学主导的行为科学。[①] 传播学实践者在意识工业的理论和实践中更关心实践结果,而不是发表的理论

[①] 引人注意的一点是,美国行为心理学奠基人约翰·B.华生(John B. Watson)辞去了他在约翰斯·霍普金斯大学(Johns Hopkins University)的教职,转而成为纽约广告机构的一名资深主管。罗洛·梅(Rollo May)、弗洛伊德·奥尔波特(Floyd Allport)和其他许多学者也在同样的公共关系、宣传和市场营销机构任职。爱德华·伯奈斯是一位公共关系实践家,备受瞩目,著述颇丰。

的合理化。由此确立的奴性角色继续主导着北美传播领域的工作,对数百所教学机构中的图书名称和课程的仔细审查就可以证明这一点。

意识工业的主管所发表的政治性的花言巧语(随处可见来自学术界的支持)是我们要分析的最后一个特征。支持上述关于意识工业兴起的分析的证据是与制度及其运作有关的严肃的、现实的材料。我对那些行为的系统性目的持谨慎评价的态度,因为正如每位历史学家所知,花言巧语要么是空洞无物的夸大其词,要么是图谋不轨的阴谋诡计。尽管在这一历史时期,商业和政治阴谋的确不少见,但我们没必要借助证明它们的存在来申明如下观点:由成百上千各谋其利的大型企业组成的整个体系实际上变成了一个"持续经营"的聚合体,并在很大程度上成为一个具有凝聚力的系统。这么说并不意味着这个系统不存在严重的问题。从国际范围来看,大萧条(20世纪30年代至第二次世界大战开始)的事实暴露了企业定价和需求管理政策的失败的后遗症,而正是这些政策在半个世纪以前推动了公司资本主义的兴起。"美国优先"公共运动暴露了某些美国企业(如福特汽车)同情纳粹和意大利法西斯的倾向。然而,贫穷是实实在在的。保罗·道格拉斯(Paul Douglas)在1924年经计算发现,大多数工薪家庭的生活处于或低于最低生活保障水平(转引自 Ewen,1976,pp.57-58)。这个严酷的事实意味着意识工业正处于进退两难的境地。为了赢利,垄断资本主义需要足够的**潜在买家,他们要有能够用于消费的收入**。没钱花的潜在买家可能会带来政治麻烦。如果不闹革命,他们就会嗜酒、吸毒和犯罪。后者可能会被掩盖(还记得约翰·埃德加·胡佛[John Edgar Hoover]和"美国十大通缉犯名单"吗?)。20世纪20年代分期贷款开始盛行,用于消费的必要收入可以通过这一方式越来越多地延伸至未来。

就是在这种背景下,意识工业的发言人在公开场合支持公司资本主义的意识形态。在诸多可以引用的人当中,我引用一个有资格为资本主义制度说话的人。美国总统卡尔文·柯立芝(Calvin Coolidge)1926年曾说过:

当我们停下来考虑广告在现代生产和贸易生活中所发挥的作用时,我们会发现这基本上是一个教育的问题。通过解释使用商品会带来的好处,广告告诉读者商品的存在及其性质,并为他们创造更广泛的需求。它催生了新思想、新欲望和新行动。**通过改变人们的心态,它改变了人们的物质状况。**

我不知在哪里看到过亚伯拉罕·林肯(Abraham Lincoln)说过的一句话:"在这个社区,和其他社区一样,民意决定一切。只要有民意支持,没有什么是干不成的;没有民意支持,什么也干不成。因此,民意制造者比颁布法规或宣布决策者更深入人心。他能让法规和决策得以执行,也能阻止法规和决策的执行。"

广告创造并改变了所有大众行为、民意与舆论的基础。它是影响我们接受和改变生活习惯与模式的最强有力的因素。它影响到我们吃什么穿什么,整个国家的人干什么玩什么。**从前,众所周知,竞争是行业的生命,这是一条颠扑不破的公理。然而,在当今社会,我们觉得换个说法也许更为恰当,即广告是行业的生命……**

在广告的刺激下,国家已经发生了变化:过去那种缓慢而费力的、单位成本高而工资低的生产方式,发展为我们现在的大工厂制度及其大规模生产,并由此取得了低单位成本和高工资的惊人成就。美国在工业领域取得的卓越成就主要是通过大规模生产来实现的,正是大规模生产导致了成本的降低。**只有存在大量需求才可能有大量生产,而这种大量需求几乎完全是被广告创造出来的。**

早些时候,产品必须自谋销路。必须有人经常挨家挨户地叫卖,不然商品就会被搁置在商店的货架或柜台上。人们靠自己去了解货源,以及待售商品的情况。**现代商业既不可能靠这种体系被创造出来,也不可能在这样的体系中得以维持。它需要不断的宣传。仅仅制造商品是不够的,还得制造需求。由广告创造的需求扩大了生产,正是在这一基础上,制度才取得了巨大的成功……**从事这项工作的人正在改变人类思想的发展趋势。他们正在塑造人们的思想。那些在牌匾上写字的人书写了永恒……这种伟大的权力现在交由你来掌管。它赋予你崇高的使命——激励商业世界的发展并使其崇高。这是使

人类获得救赎和重生的伟大工作的全部。①

在上述引文中,霸权的、帝国的、专制的和系统的意图是显而易见的。制度性的手段已准备就绪。在文化"民主"的幌子下,商品化的人群追逐美元以向自我大规模推销商品,这种民主将受到公司资本主义的专制制度的管理。在第二次世界大战期间,大型企业与正规政府机构的紧密结合使这一制度趋于完善(Catton,1948)。那些年建成的军事工业联合体不失为一种刺激经济的方法,可以让国家在大萧条时期避免损失巨额利润、避免价格下跌,并且避免大规模失业导致的政治危机。在某种程度上,福利国家的相关措施或多或少地弥补了人们的损失。各种社会机构(从教会和学校到体育运动)的普遍的重新定位,保证了公司资本主义不间断的意识形态教育。就核心国家而言,出现在工作场所和家庭的关于占有性个人主义的意识形态教育是意识和劳动力的生产过程的焦点,这些生产过程是为了明天和下一代做准备。公司资本主义系统地利用了稀缺性和公共性,通过意识工业的文化支配能力创建了能够创造利润的帝国。垄断资本主义制度的霸权似乎坚不可摧。然而,无论是在核心地带还是外围国家,人们对它的抵制与日俱增。严重的内部问题,包括长期的滞胀和货币、信贷的不稳定都表明,和其他帝国一样,"没有什么比成功更失败的了"。在自然的辩证过程中,另一种系统性的转换似乎马上就要出现。现在有必要考虑一下加拿大与资本主义的特殊关系了。这正是第 5 章要谈论的内容。

---

① Coolidge, Calvin, address to the Annual Convention of the American Association of Advertising Agencies, Washington D. C. ,27 October,1926. (演讲全文参见 Presbrey,1929,pp. 619-625;黑体为作者所加。)

第 5 章
加拿大传播媒体的背景

> 商人没有祖国。他们脚下所踏的土地不能像让他们获取利益的地方那样让他们产生强烈的依恋。
>
> ——Thomas Jefferson, letter to Horatio Spafford, March 17, 1814. 转引自 *Monthly Review*, November 1976, p.61。

本章开篇引用的这段话解释了加拿大为什么是一个附庸国,起初依附英国而后是美国,从来没有真正成为一个自治的国家。加拿大的传播媒体主要是在它依附美国的阶段形成的,加拿大传媒发展的背景已经在阐述意识工业发展的第3章和第4章被提及。在这片资本主义核心地带,传媒行业的发展几乎不受美加之间的国界的阻碍。因此,加拿大可以同时被视为美国经济的组成部分和外围国家典型的欠发达案例。

加拿大是世界上最"发达的"依附性国家和世界上最富裕的"欠发达"国家。早在1964年,加拿大一国独担美国对外直接投资31%的份额。这不仅比整个欧洲都多,而且比整个拉丁美洲多(Levitt,1970,p.61)。虽然1978年这一数字降到了22%,但加拿大仍然稳坐美国对外投资最大份额国家的头把交椅。拉丁美洲和欧洲所占的份额也在增长,但1978年占12%的英国(第二大美国投资接受国)仍远远落在加拿大之后。与此同时,加拿大又是美国大量直接投资的**来源**国。1978年,加拿大的机构与个人在美国拥有62亿美元直接投资,仅次于拥有73亿在美投资的英国。加拿大对美国也进行了大规模直接投资,美加之间的直接投资从而成为一种双向行为。当然,重心仍在美国对加拿大的直接投资这一边,1978 年美国对加直接投资达 388 亿美元。①

在所有工业化国家中,加拿大在国际贸易中所占的份额一直在下降。加拿大的贸易组成与不发达国家很相似:它出口的大多是原材料和部分加工材料(占出口总量的 75%),进口的则多为制成品(占进口总量的 80%)。就加拿大而言,只有不到 20% 的出口产品是制成品,而典型的西欧国家的出口总量中有三分之二是制成品。自 20 世纪 20 年代中期以来,加拿大进口的制成品的比例一直在上升。自 20 世纪 50 年代中期以来,加拿大进口的消费品所占比例稳步增长(Gonick,1970,p. 59)。如在典型的不发达国家中一样,加拿大经济饱受"微型复制品效应"(miniature replica effect)的不经济和无效率之苦。也就是说,为广阔得多的美国市场设计的大量产品类型由美国跨国公司分支工厂在加拿大制造并在加拿大销售。当然,每种产品的生产规模都太小。美国跨国公司控制着大多数消费品行业,而加拿大的市场(与美国相比)太过狭窄,无法实现规模经济效应,因此这种情形在所难免。其结果是,加拿大的消费品成本过高,而且生产资源的配置机制被严重扭曲。正像在美国那样,随着分支工厂中"科学管理"的稳步推进,加拿大工人的技能退步也日益明显。

在一个适当的地理环境中了解加拿大及其传播媒体的发展全貌(不仅是在美国主导的时期)之前,首先应确认世界范围内资本主义制度的基本要素。它们是:

1. 相互关联的市场,基于此能够计算出最大的利润,从而确定生产活动的种类、目的和数量;专业化的种类、数量和地点;劳动、货物和其他服务的支付方式;发明创造的性质、范围和地点。

2. 在统治阶级的控制下,伴随着统治阶级和工人阶级的斗争,具有不同程度的力量的民族国家结构及其意识形态国家机器(军事的、教育的、宗教的、"文化的"等)。

3. 200 个或者更多的跨国公司和其他商业企业在相互关联的市场上

---

① U. S. Department of Commerce, *Survey of Current Business*, August 1979, Part I.

运作，其结果是资源从外围向系统的核心单向流动。

4. 生产商品（包括大众媒体的受众）的设备、机器、技术和政策，以及以从世界体系核心向边缘地区的单向流动为特征的信息传播模式。这种单向流动被一些对资本主义制度至关重要且不证自明的命题所掩盖。它们是：

（1）比较优势法对每个国家都有好处，因为它对跨国公司和资本主义制度有好处。这是一个经济命题，即鉴于各国现有的资源，经济活动中的区域和地方**专业化**可能是最有效的劳动分工。这一命题由亚当·斯密（Adam Smith）在《国富论》（*The Wealth of Nations*，1776）一书中阐述，成为古典经济学理论的基石之一，被马克思主义经济学学者普遍接受。如第9章和第10章所述，这与边缘国家和社会主义国家确立相当程度的自给自足的经济模式和确立民族义化自治的努力是矛盾的。

（2）"现代性"这一概念需要不加批判地接受"技术"，而技术被认为不会带来政治后果。第10章提出了相反的观点。

（3）"现代性"要求"客观地"看待信息，就好像它不会带来政治后果一样。本书的论点恰恰相反。

（4）"现代性"需要"观点的自由市场"和政治形态的多元化。这一观点最早由约翰·斯图尔特·密尔（John Stuart Mill）提出，后来发生了微妙的变化，意指所有的价值都是相对的，可以对每一种价值观进行同样有效的论证。

（5）私人商业公司享有与个人同样的权利是垄断资本主义至关重要的法律原则。

（6）占有性个人主义的意识形态被不断推动发展。

（7）单一语言——英语的推广。

5. 通过三个组织层面占有剩余劳动产品：

（1）人们工作的地点，即家里或者上班的地方。

（2）在国家或者州的层面上，买办拿走一部分，并把剩下的部分留给

（3）跨国公司总部。

6. 国家为争取独立而进行的斗争、民族为摆脱压迫而进行的斗争、人民为争取人权而进行的斗争和对他们的劳动成果的控制,以及这些斗争所要求的社会制度的革命性变革。①

加拿大的出现是17、18世纪西欧国家发展资本主义的重商主义政策的结果。具体来说,首先是法国,然后是英国把现在被称为加拿大的土地占为己有,剥削这里的原住民,摧毁他们的文化,并大规模地杀害他们(Knight et al.,1928;Naylor,1972;Innis,1954,1970)。英国征服新法兰西后,加拿大国内的殖民体系沿袭了重商主义帝国模式。莱文特(1970,pp.142-143)指出,与边境以南猎獗的个人主义民主形成鲜明对比的是,

……加拿大是一个秩序井然、稳定、保守且专制的社会,其基础是移植过来的英国制度。这些安排十分符合法属加拿大的官僚文书精英的利益。

英属和法属加拿大的教会在维护殖民统治方面都发挥了重要作用。

殖民地的资产阶级作为统治者所发挥的作用是不稳定的。它必须使殖民地适应其在帝国体系中的附属地位,即为帝国的老板服务。如彼得·纽曼(Peter Newman,1975,p.184)所说,加拿大资产阶级将民族主义"……用作一根绷紧的绳子,以缩短本土的与帝国的关切之间的距离"。用德拉赫(Drache)的话说,它是在利用政府权力进行统治,而不是建设。资产阶级统治的基础是分裂。它从未试图解决法国的问题,正如它从未试图建立包容的和保护性的国家机构。

实际上,在他们的框架内,如果去掉矫揉造作的修辞,国家政治就是一种固定的行动。在这一行动中,中心是渥太华或海湾街(Bay Street)(英国的多数族裔,以及工业和金融企业的聚集地)。这个中心通过分离国家而使其实现"团结"。领导这个国家意味着让法国人对抗英国人,让东方对抗西方,让劳动对抗商业。(Drache,1970,p.10)

---

① 在归纳这些特点时,我借用了沃勒斯坦(E. Wallerstein)、赫伯特·席勒(1976)以及毛泽东著作中的一些概念。

第5章 加拿大传播媒体的背景

这种模式就是分而治之,在拖延时间的同时享受权力和利润。

加拿大的统治集团**从来**没有实施过建立一个自治国家的政策。这些集团(不管是下加拿大的富裕家族、家族盟约[Family Compact]、托利党,还是自由党)的权力基础都是商业,而不是工业。作为商人,他们的经济基础是贸易、金融、交通,以及新兴的传播业。20世纪20年代,加拿大在英国重商主义中的殖民地地位终于结束了,取而代之的是隶属于美国帝国主义的微型重商主义。美帝国主义从1867年起就开始建设加拿大。

随着1815年之后"主要产品"(皮货、鱼和木材)的产量相对下降,商业企业开始将目光投向美国。内勒(Naylor,1972,p.20)指出,"从1763年开始,蒙特利尔的商人遵从的重要原则就是严格贯彻英帝国内的重商主义,同时与美国展开自由贸易"。与美国进行自由贸易存在两种可以考虑的模式。一种是直接将加拿大并入美国;另一种是将关税降低到相当于自由贸易的水平。在19世纪30年代到60年代之间,这两种模式均被加拿大商人阶层中的一部分人所推动。在他们的斗争中,支持关税减免"互惠"的团体赢得了胜利。南北贸易轴心因此形成。此外,经过圣劳伦斯河(St. Lawrence)前往英国的加拿大商人,也被排除在美国产品的贸易之外。这种经济关系的缓和因加拿大倒向美国内战的战败方而宣告终结。1866年,美国废除了互惠条约。第二年,在西部联合电报公司的外交努力下,美国买下了阿拉斯加。那一时期,该公司一直在与俄罗斯沙皇谈判,计划通过加拿大和阿拉斯加向欧洲出售电报系统。因此,正如内勒(1972,p.12)所言,"加拿大联邦不是由充满活力的资产阶级领导的革命运动的产物,它之所以形成,是因为加拿大资产阶级没有能力找到一个新的依靠"。

1867年以后的国家政策采取了一种独特的加拿大重商主义形式,其内容包括一个强大的国家政府、由国家重金资助的洲际铁路建设和保护性关税。最后一项是加拿大一项旧政策的变化:享受美国工业化生产的商业成就。原来(现在也是),一个国家可以通过三种方式获得建设工厂、矿山和运输机构等所需的资金。

(1)它可以从现有工业和现成的自然资源(木材、鱼和皮货)的贸易所产生的盈余中积累资本。这条路对加拿大来说意味着缓慢的发展,而且无论如何都要假定占统治地位的商业阶层会放弃私人囤积和消费他们的净收入。

(2) 它可以从国外**借款**。这种被称为投资组合的资本借贷将在一段时间内被偿还,其在工厂、矿山等地的生产性投资将归地方资本家所有。在 19 世纪 60 年代到 20 世纪 20 年代之间,英国是借贷资本的主要来源地,这些贷款已经还清。

(3) 它可以允许或邀请外国人用他们的资本来加拿大进行直接投资。这意味着外国人**拥有**在工厂、矿山等地的最初的和永久的投资。美国对在加拿大进行直接投资抱有浓厚兴趣,这种投资的数量远远多于美国的组合性投资。

把(1)和(2)组合在一起,没有(3),加拿大人就可以发展自己的经济。然而,1867 年后,国家党(National Party)通过设立分支工厂和收购加拿大人的所有投资,有意邀请美国人对加拿大工业进行直接投资。

除了关税保护的诱惑外,联邦、省和地方政府还利用各种各样的有诱惑力的条件来吸引美国的直接投资,包括免费的土地、免税等。加拿大的银行竞相向美国的分支工厂提供运营资金——实际上是零售英国资本家在加拿大进行的组合投资。因此,美国对加拿大工厂的普通股所有权"常常只代表……生产技术和美国人推广这个项目的兴趣"(Naylor,1972,p. 23,quoting Viner,1924,p. 285)。

无巧不成书。1878 年关税出台的时候,美国正在兴起一股"合并托拉斯"(merger-trust-building)的浪潮(见第 3 章)。在美国推动意识工业发展的高速成长的大公司适时地利用了加拿大的邀请。直接投资(把加拿大的产权永久性地转交美国所有)从 1867 年的 1500 万美元增加到 1900 年的 1.75 亿美元,1913 年更达到 5.2 亿美元的规模(Levitt,1970,p. 66)。

后来,贝尔电话公司(Bell Telephone)也加入了西部联合电报公司的行动,与其联手占领加拿大的电信市场。对此,迈克尔·布利斯(Michael Bliss,1970,p. 31)评论道:

> 到20世纪初期,众所周知,加拿大的保护性关税鼓励了一些美国大公司,比如胜家缝纫机公司、爱迪生电气公司、美国烟草公司(American Tobacco)、西屋电气公司、吉列公司和国际收割机公司等来加拿大开办分公司。到1913年,估计有450家美国公司的分公司在加拿大运营……

这一过程对加拿大和美国的意识形态、意识与经济制度的统一具有根本性的意义。加拿大在19世纪末期已经向世人证明,帝国通过直接投资和文化统治已经实现了持续经营——这是帝国主义的最高阶段。内勒(1972,p.25)指出:

> 永远身为革新者的美国公司通过大规模海外直接投资达到了它们的最高阶段。我们可以婉转地称其为"多国化"。直接投资的输出伴随着产业组织的输出、消费者品味模式的输出、社会哲学的输出,以及不可避免地通过子公司实现的宗主国法律的输出。

就这样,美国通过跨国公司在经济层面实现了对加拿大的同化。半个世纪之后,大约1950年,美国垄断资本主义才对拉丁美洲、非洲、亚洲的边缘国家和欧洲国家发动了大规模的、协调一致的文化攻势。这两次行动属于**同一种类型**。特殊的条件导致并促成了加拿大经济与美国垄断资本主义制度的早期融合。

与垄断资本主义打入非洲、亚洲这类传统社会,或拉丁美洲这类半拉丁化文化不同,加拿大占多数的说英语的人口和美国人拥有相同的意识形态和文化背景。在这两个国家,欧洲移民剥削、杀害土著居民,并将他们驱赶到边缘地带。19世纪,来自欧洲(和亚洲)的不同族裔的移民大量自由地流入加拿大和美国以及两国之间的地带。

在英国征服加拿大之后,共同的意识形态开始在美加国界两边同时发挥效力。这种意识形态在加拿大比在美国更具有阶级精英的特点,因为说英语的统治阶级的地位是由联合帝国的亲信(来自南方13个殖民地的难民,他们在1776年反对英国的政治安排的民主/共和革命中失败了)在加拿大建立的。占有性个人主义、对私有财产的强烈关注以及源于英国普通法的一套商业体系奠定了加拿大人和美国人共同的意识形态。创业人才和应用工程的共同市场为两国提供了支撑,所需具备的职业技能也符合双向流动的移民工人的实际情况。美国人在修建加拿大铁路方面功不可没,其中至少有一个美国铁路大亨,如詹姆斯·J. 希尔(James J. Hill)是加拿大人。度量衡、十进制货币,以及基本相同的职业和公司结构与惯例,都让加拿大与美国,而不是英国结盟。对于"国际工会",以及主日学校和兄弟会等国际组织来说,情况也是如此。生活在靠近美国边境的加拿大城市和城镇中的大多数加拿大人,与他们的南方邻居一样,享用着相同品牌的消费品。

正如我将在第6—8章中讨论的那样,加拿大的流行文化是由那些更关心短期利润而不是国家建设的商人生产和销售的。我这里所说的**国家建设**是指引导加拿大往此前从未被考虑的方向发展的可能性:(1) 基于加拿大自主投资的经济活动;(2) 在出版、电影和之后的广播电视领域,通过在欧洲较小的国家实施的有意识的国家保护与刺激措施,发展更多由加拿大市场而不是"国际市场"支持的行业;(3) 在教育方面采取类似(2)的措施,而不是让教育系统成为英国和美国的大学与价值观的"供给装置";(4) 认真地、有意识地早做努力,在讲法语的人和讲英语的人之间编织一条共同的文化纽带,哪怕只是作为抵抗美国的影响的一座必不可少的堡垒。

加拿大商人没有走建设国家的道路,而是充当了代理人,在文化上屈从于更强大的南方邻居。意识工业的发展对加拿大的影响与对美国的影响相似。在这里观察加拿大兴起的意识工业对阶级形成和斗争的影响是很重要的,因为这是我们后来思考阶级意识的基础。正如利奥·A. 约翰逊(Leo A. Johnson, 1972, pp. 145-146)所言,

> 在19世纪早期,加拿大的历史中充斥着两种力量的斗争:一方是农民和小商人;另一方是下加拿大的富裕家族和家族盟约。前者代表的传统的小资产阶级奋起反抗后者代表的贵族的统治。到了1848

年,因为有了责任政府的补贴并引入了选举产生的地方政府,这些团体的大部分理想都实现了。当然,无地的农业工人仍然被剥夺了公民权,更为贫穷的城市无产阶级分子也一样。然而,比较富裕的手艺人和熟练工匠——用当时的话说,那些"与社会有利害关系的人"——得到了照顾。

在"国家政策"执行时期,小商人和手工业工人被大型企业搞垮了。约翰逊(1972,p.146)再次指出:

> 然而,到了19世纪70年代……资本主义(垄断)生产和分销模式的发展摧毁了当地的小型制造和分销中心。同时,价格、关税、运费和利率日益被置于垄断控制之下。这种情况迫使独立的商品生产者开始寻求保护自身利益不被大资本家日益壮大的势力侵犯的方法。
>
> 与此同时,手工艺工人也受到了新的资本主义生产方式的冲击。到1872年,他们意识到了要保护自身的利益,第一次团结协作,通过创建组织,如多伦多行业贸易大会(Toronto Trades Assembly)、九小时同盟(Nine Hours League)以及加拿大第一家以劳工为受众的报社,以争取更好的工作条件。直到19世纪80年代,利用大量非熟练劳动力的(垄断)资本主义生产模式开始在熟练手工业工人的队伍中取得重大进展,而制鞋业(鞋匠自称圣克里斯平[St. Crispin]之子)等古老而受人尊敬的手工业严重衰落。

政治上,后来的民粹主义和社会民主改革运动(如平民合作联盟[CCF]、社会信用运动[Social Credit]等)的基础已经奠定。这些运动把好战的激进主义注入本质上具有小资产阶级性质的目标,即使垄断资本主义的运作更加"公平"(如设立消费者保护法、劳动标准法)。与此同时,正如第3章所指出的,世界产业工人组织和采掘业的激进工会主义受到了边境两边的粗暴镇压。

可以预期,考虑到加拿大对美国的依附关系的包容性和力量,加拿大统治阶级或许将采用理想化的和神秘的表述。德拉赫对皇家委员会和政府机构所发表的无数冠冕堂皇的声明进行了精辟的诠释：

> ……加拿大可以成为一个国家，一个独立的国家，并且可以作为一个非美国的主权国家在这片大陆上生存，因为它的愿望是合理的，不与美国的利益相冲突，而且加拿大作为一个国家的存在是被法律承认的……加拿大民族主义本质上是一种帝国民族主义。(Drache, 1970, p.8)

最近，沃特金斯(Watkins)、内勒、戈尼克(Gonick)、蒂普尔(Teeple)、拉姆斯登(Lumsden)等人的批判性著作陆续出版。在此之前，加拿大学者的论著都没有脱离唯心主义的框架。甚至哈罗德·英尼斯，这位为最近的批评性分析间接地做出了贡献的学者，也没有看透加拿大依附的程度和过程，即使他曾说过，"加拿大从殖民地走向国家再走向殖民地"。

从表面看，加拿大在第一次世界大战结束之时距离民族自治的目标最近。正如马西委员会(Massey Commission)(Canada. Royal Commission on National Development in the Arts, Letters and Sciences, 1951, p.13)和奥利里委员会(O'Leary Commission)(Canada. Royal Commission on Publications, 1961, p.4)所承认的那样，自治的两个先决条件是控制国家的军事和文化防御。1914 年至 1918 年，加拿大发展了强大的军事实力，接近于用英联邦的自治伙伴关系来取代其在大英帝国内的殖民地地位。据说，它可能会利用英美两国的压力来寻求一种温和但独立的外交政策角色。就印刷媒体和流行文化而言，加拿大和美国已经毫无二致了。但是，新兴的电子媒体或许，当然只是或许，能为民族发展创造可能性。当然，统治加拿大的权力结构对这两种原则性的选择都不感兴趣。电子媒体，同它们的印刷媒体先驱一样，成为美国的附庸。在军事防御方面，加拿大在第一次世界大战开始后不久非正式地将其军事控制权移交给美国，并于 1940 年正式将加拿大武装部队(Canadian Armed Forces)置于华盛顿哥伦比亚特区的常设联合防御委员会(Permanent Joint Board of Defense)的永久管辖之下。这一切借助《奥格登斯堡协议》(Ogdensburg Agreement)得以完成，该协议……把加拿大与美国在过去二十年中逐渐形成的默契转变为一个明确的联盟。①

加拿大的主权主张遭遇失败,重要的原因是,在1913年至1939年间,美国对加拿大的投资几乎翻了5倍(从8.35亿美元增加到41.51亿美元),远远超过英国明显缩水的投资(从28.18亿美元缩减到24.76亿美元)。20世纪20年代美国跨国公司巨头的发展不断侵蚀早期的东—西方贸易格局。当时,日常必需品、原油、天然气、铁矿石和有色金属开始源源不断地输入南方。加拿大的每个省都在欢迎美国企业前来开采国家资源,其中渥太华还因为与联邦政府之争(联邦政府的权威因此被不断削弱)而拒绝政府对其进行控制。到20世纪20年代末,目前在加拿大的大部分美国公司都已经建成,"……加拿大民族主义者要么已经被赶出加拿大雇主的行列,要么已经成为美国入侵者的顾客"(Gonick,1970,p.62)。从1939年至1946年,美国的投资增加了1/4(增至51.75亿美元),而英国的投资减少了三分之一(降至16.88亿美元)。

加拿大和美国的工业体系在第二次世界大战期间加速融合。《奥格登斯堡协议》的签署实现了两国的军事行动一体化。此后,在1941年4月,《海德公园协议》(Hyde Park Agreement)的签署实现了两国的军事采购一体化。在第二次世界大战期间,美国对加拿大的军事采购达12.5亿美元。为满足战时需求而暂时遭到压制的消费需求在战后猛烈迸发,促使经济一派繁荣。在金和C.D.豪(C.D. Howe)倡导的"大陆"政策的影响下,战后经济繁荣的肥水也慷慨地流入加拿大。如约翰·多伊奇(John Deutsch)所说:

> 20世纪50年代经济繁荣的激励因素完全来自美国,其结果是加拿大的东西经济结构几乎被大规模的南北一体化从根本上改变了。在这一阶段末期,加拿大的贸易数据显示了向美国出口的近乎全新的产品种类,其中包括铁矿石、铀、原油、有色金属等。它们可以与在海

---

① Sutherland,R.J.,"Canadian Defense Research Board,"转引自Warnock,1970b,p.104。

外市场销售的传统商品匹敌。在某些情况下,它们的销售规模甚至超过了这些传统商品。①

到1969年,美国军事工业联合体在加拿大拥有500多家公司。此外,加拿大还在"友好国家"发展了繁荣却是次生的帝国主义军火市场,这需要得到华盛顿国防部的批准。为了获取这块蛋糕的更大份额,加拿大马可尼公司(Canadian Marconi)(最早由英国控制)、加拿大德哈维兰公司(DeHavilland of Canada)、加拿大计算设备公司(Computing Devices of Canada)、霍克·西德利公司(Hawker Siddeley)(奥林达分部)等加拿大大公司都把控股权卖给了美国跨国公司(Warnock,1970b)。

1957年至1963年执政的迪芬贝克(Diefenbaker)政府是加美关系中一段令人不悦的插曲。该进步保守党政府在很多问题上敢于叫板美国政府,例如,反对美国政府在古巴导弹危机期间,可以不经过加拿大政府授权就命令加拿大军队直接进入最高戒备状态。在波马克导弹计划这一问题上,该政府也与美国的意见不一致。此后,肯尼迪(Kennedy)总统、美国国务院和美国驻渥太华大使馆为帮助莱斯特·皮尔逊(Lester Pearson)赢得1963年的选举,对加拿大的联邦政治活动进行了公开的干预(Warnock,1970b,pp. 156-197)。

1963年,皮尔逊成功当选加拿大总理。他的继任者是特鲁多(Trudeau)。美加两国恢复了友好关系。特鲁多曾直言:

> 加拿大作为世界上最大经济军事体的邻居,繁荣发展了一个多世纪。这一事实证明美国的外交政策是基本得体的。当加拿大继续与古巴开展非战略性物资贸易,或者提议与中华人民共和国建交……世界证实了你包容、宽容的基本品德。(Warnock,1970,p. 217)

如果加拿大的统治阶级不是现在这个样子,并且仍然在资本主义的范围内运作,那么加拿大的自治程度可能会更高。欧洲小国为保持自治所推

---

① Deutsch, John J., "Recent American Influence in Canada," in *The American Impact on Canada*, Durham, N.C., 1959, p. 45. 转引自 Resnick, 1970, p. 102。

行的一系列可行的政策本可以为加拿大所用。但是,加拿大的统治阶级并不想这样做。除非它不再能掌握有效决策的平衡,并且不得不立即面对无法避免的合法性危机,否则它所做的一切都是为了牟利。所幸,它化解了来自伦敦和纽约的压力。这就提供了一种杠杆作用,使它拥有了(在19世纪)支配权力和利润的手段。它如此忠于资本主义原始的意识形态教条,以致短期自我赢利的利益压倒了一切。在这方面,加拿大统治阶级扮演了19世纪典型的殖民地买办的角色。正如雷斯尼克(Resnick,1970,p.94)所说:"对于加拿大的精英来说,在国内,一个恭顺的等级社会在国外找到了合乎逻辑的对应物,即对帝国政策的顺从。"当资本主义核心地带的中心从伦敦转移到纽约,它的忠诚也随之转移。E. P. 泰勒(E. P. Taylor)最近直言不讳地指出:

> ……如果不是因为美国的种族问题和自身遇到的政治麻烦,我认为这两个国家可以走到一起……我反对这股主张削减美国对加拿大公司所有权的潮流。我认为应该顺其自然。(转引自 Newman,1975,p.184)

这就是加拿大的政治—经济背景,此处略去与传播相关的部分。第6章分析了印刷和电影媒体在使加拿大顺应其外国雇主的过程中发挥的作用。

第6章
加拿大媒体的文化附属地位Ⅰ：
印刷媒体和电影

> 美国传播业的迅速扩张使这个国家获得了世界上最具穿透力且最富效力的思想传播工具。然而,加拿大对此的防备力低于任何一个国家。我们的土地的每个角落无时无刻不笼罩在一张传播巨网中。美国的文字、图像和出版物——无论好的、坏的,还是冷漠无情的——都无情地敲打着我们的眼睛和耳朵。
>
> ——Canada. Royal Commission on Publication,1961,pp. 5-6.

经济和文化政策,而不是地理因素本身,解释了为什么加拿大一直是英国和美国的单向"信息自由流动"的接收方。如果不是这样,法属加拿大本该和英语区的加拿大一样在"大陆主义"文化中被同化。然而,事实并非如此。魁北克人保持了相当程度的文化自治。他们反对本地区的出版、电影制作和广播的独特结构和政策所体现的单向流动特征。[①] 然而,他们大量生产的文化产品与英语国家的文化产品(语言除外)相似或不同的程度超出了本研究的范围。

传播机构总是受到国家的严格控制,目的是维护和增强控制它的社会组织的权力。在17世纪和18世纪,现代资产阶级民族国家在经历了暴风骤雨般的革命(比如,自1640年起的英国革命,自1789年起的法国革命)

---

① Canada. Special Senate Committee on Mass Media, *The Uncertain Mirror*, 1970, pp. 95, 122。后文称之为"Davey Report"。

后,从封建的子宫中诞生。两种传播机构(邮政系统和印刷品的使用)被同时建立并置于相应的政策管理之下。在 18 世纪的英国,邮政系统负责传送、接收并制造情报等工作。相关官员遍及国内外。作为情报人员,他们负责报告经济情况、选举活动、犯罪活动、骚乱、可疑分子、船舶动向、海军部署等。这一系统还执行了若干次秘密行动[被称为保密办公室(Secret Office)、隐秘办公室(Private Office)或解密分部(Deciphering Branch)]。他们拆开、誊写、破译信息,然后重新将其密封起来。他们的客户非常有限(Ellis,1958,关于情报的那一章)。1635 年,英国邮局正式创建。在那之后的一个世纪里,它是主要的宣传(公告、布告、祈祷文、小册子和报纸)工具。

在英国,从 16 世纪到 19 世纪中期,印刷和出版业都被置于严格的国家管控之下。出版社的数量有限,它们只能为少数几家可靠的印刷出版商服务。这些印刷出版商的图书生产过程经过了人法官和教士的仔细审查,而其处于起步阶段的报纸和定期出版物也要接受审查。民众的识字率逐渐提升,拥有投票权的范围逐渐扩大,并且由两个或两个以上的政党派别(均致力于发展国家的宪政制度)组成的政治体系逐步发展,这一切使得控制舆论的过程更加微妙(Ellis,1958,pp. 47-59)。

最早的印刷出版商机构复合体并没有在组织层面上区分一系列产品。这些产品包括报纸、杂志、图书、传单和小册子、信笺和商业报表等。企业的零售机构不仅出售自己的图书和杂志,而且出售其寡头垄断竞争对手的图书和杂志。此外,它们还出售一些书写用具。① 与土地投机有关的政治赞助(通过政府广告和补贴),以及政党和政府为这些没有区别的企业的报纸出版提供资助。邮政系统以免费或近乎免费的方式邮递这些报纸和期刊。这一方面使得出版商得到了不少油水,另一方面保证了统治集团的宣传得以大范围传播。

西欧印刷媒体发展过程的模式在美国和加拿大被复制了一遍。从 18

---

① 印刷行业七家企业的合并起始于 1719 年,它们实现了对英语出版领域的垄断。这一情况与 1920 年至 1948 年好莱坞的情况类似:好莱坞兼并了电影制作—发行—放映公司,以控制电影票价、生产和利润(Innis,1951,p. 150;Huettig,1944)。

世纪开始,随着商业结构的分化,报纸出版业呈现出集中化的特征。写作、印刷和销售(同时面向广告商和读者)的功能被整合进一家出版商企业。它集生产、维系资本、管理成本并收取利润于一体。然而,杂志和图书出版主要是在"出版"或"国内"系统的模式下发展起来的,这种模式始于17世纪的英国。作家在图书出版领域是完全自由的个体经营者(自由职业者),在杂志出版领域通常也是如此。图书、杂志的印刷和装订通常由独立的企业完成。出版人是企业家,他们通过合同而不是在一体化的组织中把这些职能结合在一起。杂志和图书的营销也往往由独立的分销商、批发商和零售商负责。

在铁路出现之前,加拿大滨海诸省、安大略省和魁北克省相互之间只有水路相通。应想在加拿大做生意的英国人的要求,1765 年,英国第一次通过邮政公路将邮政服务从纽约扩展到蒙特利尔和魁北克。由此,加拿大形成了对其南部邻国的通信依赖。美国独立战争之后,邮件继续通过纽约被送到加拿大,而从英国经哈利法克斯(Halifax)进入加拿大的直接邮政服务始于 1783 年(Smith,1918,pp. 37-40)。美国很早就发展了铁路运输网,这使它与加拿大各地之间拥有比加拿大国内各地之间更为密切的经济和文化联系。举个例子,加拿大滨海诸省书店的供货都来自波士顿(和伦敦),而不是蒙特利尔或多伦多。①

报纸

加拿大的传播媒体在意识工业兴起(1890—1900 年间)之前基本上(和美国类似)是个人独资企业或者合伙企业。加拿大的报纸市场(和美国一样)面向地方,而不是整个区域或全国。18 世纪,伴随着以英语为母语的人在加拿大定居,周报在 1752 年于哈利法克斯出现了,这是由来自南部 13 个殖民地的移民创办的。每个小镇都会指定一家"钦定印刷商"(King's

---

① Gundy,H. P.,"Development of Trade Book Publishing in Canada," Royal Commission on Book Publishing,Background Papers,1972,p. 4. 后文称之为 Rohmer Report,Background Papers。

Printer)。这样既能保证这个机构的收入,又能使其处于王权的政策控制之下。不过,有时候也不止一个机构在地方享有垄断权力。

> 到1800年,(哈利法克斯)有三家新闻机构在友好地共享新闻垄断权。它们得意地分享来自哈利法克斯地方政府的印刷资金补助。(Kesterton,1967,p.4)

从1791年的《宪法法案》(Constitutional Act),到"家族盟约"、1837年的叛乱、加拿大联邦成立、1885年的里尔叛乱(Riel Rebellion),再到国家政策的实施,这些政治事件的发生都得到了与政治派别和政党结盟的报纸的助力。一直到19世纪90年代,报纸的收入都来自政治机构,外加订阅费用和少量广告。报纸的集体政治影响和权力显然是非常大的。1867年,当邮局成为加拿大联邦机构时,特快邮件的收费从5美分降到了3美分,这表明以前的报纸都是免费递送的。正如史密斯(Smith,1918,p.143)所说,1882年,

> 某项法案得以出台,它规定"在自治领内免费递送加拿大报纸"。议会没有针对这一法案进行讨论,也没有发布权威声明,说明为何会采取如此慷慨的政策。然而,在消息灵通人士看来,一般来说,对报纸采取如此宽松的政策并不是由于议员们采纳了有说服力的、可信的观点,而是由于他们惧怕自己所操纵的政治权力。或者这么说,他们承受着来自渥太华的报业大亨的直接压力,后者与政党首领或选民拉帮结派,从中渔利。

这绝非偶然。在加拿大出台慷慨的邮政补助政策的三年后,美国国会也在没有进行辩论或未经委员会提交议案的情况下通过了报纸和期刊构成二类邮件的议案。据此,邮政系统将负责发行这些邮件,费用低廉,市内邮件甚至不用花一分钱(Heiss,1946,p.4)。当一类邮件的邮费降低到两分钱且报纸的邮费享受优惠价时,《1882年加拿大法案》被推翻了。

> 反对这一改变的理由与1867年相同:报纸是人民真正的教育者,情报的传播,尤其是政治情报的传播是至关重要的。不应该有任何事

情阻碍报纸实现最大程度的自由发行。(Smith,1918,p. 145)

于是,在 1908 年,有利于报纸的差别性费率被再次实施。

从 19 世纪初一直到 90 年代,是加拿大报业唯一出现激烈竞争的时期。日报的数量从 1833 年的 1 份增加到 1864 年的 23 份,到 1900 年达 121 份(Kesterton,1967,pp. 25,39)。1900 年,加拿大 35 个最大的社区拥有两份或者更多的竞争性日报(其中 18 个社区拥有 3 份或 3 份以上的日报)。随后,在加拿大发生的变化几乎与美国同步,即带有 19 世纪的风格的竞争性报纸转变成大量的受众生产者,它们要把这些受众卖给广告商(参见第 4 章)。美国人塞缪尔·E. 莫菲特(Samuel E. Moffett,1906,pp. 99-100)说:

> 加拿大报纸出版业的美国化是最近几年受伟大的美国报业人的"辛迪加化"(尤其是他们的星期日增刊)的刺激而实现的。这些增刊的内容刊登在加拿大的报纸上,通常是在星期六,因为当地的星期日报纸还没有在自治领扎根。加拿大的青年是听着巴斯特·布朗(Buster Brown)、"狡猾的爷爷"(Foxy Grandpa)和"捣蛋鬼"(Katzenjammer Kids)的冒险经历长大的。他们知道有多少美国女继承人购买了欧洲头衔,以及在纽波特(Newport)的赛季中会发生什么样的离婚事件。加拿大也出版了彩色增刊,它们尽可能地模仿美国的黄色刊物。

作为加拿大广告业的领军人物,H. E. 斯蒂芬森(H. E. Stephenson)在谈及这场转型时说,它意味着:

> ……广告,而非政治赞助被视为收入的合理来源。(Stephenson and McNaught,1940,p. 14)

政治争端带来的痛苦正在消失。

> ……对发行量的需求,反过来吸引了广告商。这就为开销日益增加的报纸出版业务提供了资金。这种需求正在营造一种更温和、党派色彩更淡的氛围。(Stephenson and McNaught,1940,p. 14)

第6章 加拿大媒体的文化附属地位Ⅰ：印刷媒体和电影

加拿大第一家综合性广告公司 A. 麦金公司（A. McKim & Company）成立于1889年。它成立后开展的前期工作之一就是着手出版加拿大报纸的年度目录，其中包含报纸发行量、广告费率等信息。意识工业在报纸工业和消费品市场上所掀起的革命是相互促进的。斯蒂芬森说：

> 加拿大零售行业的发展紧随美国之后。早些年的老杂货店现在变成了专卖店，出售纺织品、五金、家具、药品、珠宝等。渐渐地，纺织品店又开始具有老杂货店的特点了，只不过这次是"分部门"管理。（Stephenson and McNaught, 1940, p. 38）

因此，在19世纪90年代，"百货商店"诞生了。很久之后，又出现了"购物中心"，它以百货商店提供的便利性和不同企业提供的专业化服务为特点。服务于美国大型企业的加拿大报纸广告于19世纪80年代出现，广告商品包括洗衣粉、发酵粉、咖啡、口香糖等。

报业的合并运动快速且彻底。到1970年，仅剩5个加拿大社区还有竞争性日报。不仅报纸行业的地方竞争销声匿迹，合并运动还在全国范围内制造了垄断现象。到1970年，加拿大116家日报中有2/3都被12家报团控制或部分拥有。当时，这些连锁报纸的日发行量占日报总发行量的77%。至1970年，三家最大的连锁报纸（汤普森[Thompson]、索瑟姆[Southam]和F. P.）控制着加拿大日报总发行量的45%，而在1958年，这一数字是25%。报纸合并运动也主导了主要"市场"中的私营电视台和广播电台。1970年，上述12家报团控制了97家私营电视台中49%的电视台，对广播电台的控制则达到48%。

从新闻纸的采购，到生产流程，再到向广告商推销受众及采购免费午餐，加拿大垄断报纸企业与美国的同行一样，开始转向对行业进行全方位的合理化改造。在对新印刷技术不断增加投资的同时，就业机会减少了。受众测量一直与美国的实践保持同步，报纸出版业内部通过行业协会形成的紧密联系，以及报纸与广告商及其代理人之间形成的密切联系是合理化过程的重要组成部分。至于免费午餐的生产，报业依赖的是一种能使成本最小化的方法：合作管理和分担加拿大电信服务的成本。1910年，加拿大通讯社作为一个非营利性合作机构由加拿大大型报纸出版商建立。它的功能主要是整合加拿大国内和国际新闻的生产，并将后者引入美联社。它不仅提供英语服务，而且提供法语服务（自 1951 年起）。它的国内报道的内容是从国内的报纸上搜集的，国外报道的内容主要来自美联社、路透社和法新社。加拿大通讯社在纽约的办公室进行新闻编辑，1970 年为其 103 家报业成员中的 79 家提供新闻服务。加拿大通讯社的新闻直接进入报纸排字间由电报排字机处理。纽约办公室的编辑决定了加拿大报纸中免费午餐里的海外内容，70% 以上的加拿大报纸在外埠新闻报道上完全依赖加拿大通讯社（Davey Report, p. 230）。

报纸有多赚钱？报社是否会把除了毛利润之外的资金用于再投资以提高免费午餐的质量？戴维委员会报告（Davey Commission Report）显示：在 1966 年，加拿大日报作为一个整体，在扣除所有费用（不包括所得税）后，每年的回报率相当于企业所有者权益的 27.5%，而所有制造业的回报率为 16.9%，零售业是 15.9%，服务业是 17.5%，公共事业是 13.4%。从固定资产净投资的角度来看，报纸当年的收益为 40%（Davey Report, Vol. Ⅱ, pp. 224-226, 234）。

我们将在第 8 章回到对广播和电视的分析，但现在有必要补充一点，即它们至少和加拿大的报纸一样赚钱。戴维委员会发现，报纸、广播和电视行业的赢利情况"令人震惊"，并补充说：

> ……**一般情况下**，媒体公司确实在做好事。如果酿酒行业的利润有上述行业的一半，而且人们了解了这一情况，我们甚至会怀疑啤酒店里会有静坐抗议。幸运的是，大部分媒体公司不需要披露这些收益。它们收获了巨额利润，因此能够用留存的收益来支付扩张和收购的费用，它们中的大多数继续以私营企业的形式存在。因此，我们看到一个有趣的具有讽刺意味的事实：一个本应厌恶秘密的行业，却坐拥加拿大整个行业领域中被保存得最完好、被讨论得最少、最热门的独家新闻之一——它们自己的资产负债表！

> 一般来说，日报和广播行业的利润是**非常**丰厚的……在少数情况

下，相关公司为了回馈它们所占据的有特权的经济地位，的确在努力制作高品质的编辑内容和高品质的节目内容。但是，我们要非常遗憾地说，总的来说，报纸和广播电台从它们所处的社区中索取得太多，回报得太少。用当今时髦的话说，就是所谓的"敲竹杠"。(Davey Report, p.63)

人们应该记得，加拿大的报纸和广播行业主要由加拿大统治阶级的利益集团所有，而不是美国人(这一事实的含义请见第5章)。

加拿大报纸(和私人广播电台)"令人震惊的"赢利情况是对提供最好的免费午餐以将人们变成受众商品的奖励吗？绝对不是。参议院特别委员会(Special Senate Committee)给出了唯一可能的答案：

> 以传统意义而论，当相关公司利用它们的特权地位向客户收取更多的流量费用时，这就是垄断。就媒体而言，我们认为，问题正好相反：不是公司收费太高，而是它们花钱太少。广播行业的利润率表明，作为一个整体，广播行业完全有能力向观众提供加拿大长期以来一直需要的内容，而加拿大广播电视委员会(Canadian Radio and Television Commission)现在也在要求提供这些内容。这个行业并不是自愿提供这些内容的，理由很充分：它可以依靠重播美国预先录制的节目来赚更多的钱。以同样的方式，许多加拿大日报可以很容易地培养自己的社论版编辑、自己的漫画家、自己的评论员。但是，购买联合供稿的美国专栏作家的作品和重印其他报纸的漫画要便宜得多。同时，这个行业还希望像其他通讯社那样减少本公司员工的新闻报道条数，以便进一步节省成本。(Davey Report, p.64)

加拿大的英语报纸遵循着陈腐、过时的新闻采编策略：

> 如果做新闻，就必须得有"故事"。如果是"故事"，就必须得有冲突、意外和戏剧性。要让传统新闻业承认确实出了事，就必须得有一个"戏剧性的、爆炸性的、不同寻常的事件"。这就是为什么新闻消费者总是发现自己被各种事件伏击。穷人突然上街游行？但没人告诉

我们他们有什么不满。细菌战研究所发生了游行示威?但没人告诉我们加拿大还有这样的机构!这些人在抗议污染?什么污染?报纸没有告诉我们……(Davey Report,p.9)

第4章中,我以美国为背景讨论了将广告包含进免费午餐的问题。凯斯特顿(Kesterton)充满歉意地在《加拿大新闻史》(*History of Journalism in Canada*)中揭露了加拿大的同一类现象。直到1950年,伪装成新闻报道的广告才从加拿大报纸中"大量消失"(Kesterton,1967,p.149)。官僚程序(如市政厅、治安法庭的工作效率)和出版商的冷漠无情应该为免费午餐的混乱格局承担部分责任,尤其是吝啬的雇佣惯例。相比之下,法语报纸中免费午餐的质量和其员工职业发展的活力似乎使其明显区别于英语报纸(Davey Report,pp.95,122)。加拿大通讯社认为它没有必要派驻更多海外记者。"我们询问的大多数出版社都认为我们从美联社等三家外国代理机构得到的新闻是一流的。"(Davey Report,p.233)然而,戴维委员会意识到,主要依赖美联社来进行世界报道不符合加拿大的利益:

> 每位记者都有自己的偏好。我们认为最重要的是,为我们描绘世界图景的新闻记者要具有加拿大人喜欢的那种偏好,而不是美国人或法国人或英国人喜欢的那种偏好。(Davey Report,pp.233-234)

这番对加拿大报纸进行的分析或许可以用1976年在雪城大学(University of Syracuse)举办的一场有关美加两国的研讨会上的某些研究成果加以总结。这一研讨会的主题是新闻流动。加拿大日报中的国外新闻有49%都是关于美国的。美国日报中的国外新闻只有2%是关于加拿大的。加拿大报纸中70%的美国新闻是由美国人在美国撰写的。美国报纸中有1/3以上的加拿大新闻是"博人眼球"类的(如爆炸、人质事件等);加拿大报纸中有1/3以上的美国新闻是"硬"新闻(政治、贸易谈判等)。总之,一方面是新闻如潮水般涌向北方,另一方面是新闻如涓涓细流般向南方流淌。①

---

① *Content*,November 1976,p.5.

杂志

加拿大杂志的寿命一般都很短暂,只有一个例外,即 1900 年之前创办、至今仍然出版的《星期六之夜》(Saturday Night)(Kesterton,1967,pp.26,62)。从 1880 年到 1890 年意识工业起步时起,"消费者杂志"就成了为广告商生产受众的主要媒体手段。早在 19 世纪与 20 世纪之交,文化统治的形式就已经确立。塞缪尔·E.莫菲特(1906,p.100)当时说过:

> 一份美国周刊在加拿大的发行量为 6 万份,这比加拿大所有一般杂志的发行量的总和还要多。在加拿大酒店的报刊柜上,美国的出版物占据了大部分空间。

他还引用加拿大报纸上的社论作为证据:

> 废除邮政公约,就等于把美国出版的所有杂志、报纸和期刊统统赶出加拿大。这样一来,我们还能读什么?我们加拿大自己的杂志在哪里?我们了不起的周刊在哪里?在加拿大,有什么能代替现在我们购买的那些美国出版物吗?这样的出版物在加拿大根本就不存在。(Winnipeg Tribune,Nov.24,1906)。

> 这个国家的美国化文学实在太多了。每天以报纸和杂志的形式出现的美国文学被整车整车地运到我们的市场上销售。正如昨天所指出的那样,我们用自己的铁路运输这些外国读物,在我们的邮局对其进行分类,用当地的邮袋运送它们,让邮递员将其送到城市中的千家万户。所有的费用都由加拿大邮政部门承担,而邮政部门不收取任何服务费用。(Toronto Mail and Empire,April 26,1905;Moffett,1906,p.101)

当时和现在一样,从美国进口的杂志支配着加拿大的受众市场。1961 年,奥利里皇家委员会报告指出,外国杂志(大部分是美国杂志)在加拿大的发行量与加拿大本土杂志的发行量之比为 3∶1。加拿大进口的杂志种类多达 500 种以上，而加拿大的本土杂志总共只有 40 种。①

报纸和杂志的行业结构存在着根本性的差异。在北美，报纸行业以特定社区的受众生产为基础，并覆盖整个同类市场。相反，杂志行业以细分受众（比如，体育杂志、新闻周刊、科幻杂志、"女性话题"等的受众）的生产为核心，但通常在全国发行，或者像美国杂志一样，在两个或更多的国家发行。因此，我们不妨将报纸受众视为"垂直"的地理单元，而把杂志受众视为"水平"的分段单元。将杂志分发给广泛分布的读者对杂志的生存至关重要，即使是区域性发行的杂志也是如此。

加拿大进一步推进了美国杂志所实行的几乎彻底的市场控制模式，因为两家美国公司是加拿大杂志仅有的经销商。难怪报刊亭最显眼的位置上摆着的都是美国杂志。1961 年，加拿大的主要杂志只有 10% 到 25% 的销售额来自报刊亭，而美国的主要杂志在加拿大的销售额有 49% 来自报刊亭（O'Leary Report，p. 34）。

1971 年，加拿大出版的杂志的销售额的 13%（按价值计算）来自安大略省的各个报刊亭，而从美国进口的杂志的销售额有 64% 来自报刊亭。② 这还不能充分体现加拿大对这些以加拿大受众为猎物的美国杂志出版商的款待的慷慨程度。1905 年，加拿大邮政系统为美国杂志提供完全免费的邮递服务。1961 年，奥利里委员会得出这样的结论：1960 年加拿大 2300 万邮政赤字中相当大的一部分是由免费邮递进口期刊造成的。

在这种情形之下，如果有任何一家加拿大杂志能存活下来，那就是奇迹。加拿大杂志出版业的失败比率一直居高不下。1970 年，参议院特别委员会发现，只有 4 家发行量大的消费者杂志的财务状况较为稳定，而其中两家是美国杂志的"加拿大版"：《时代》和《读者文摘》（Reader's Digest）（占加拿大所有杂志广告收入的 56%）。该委员会指出，"美国杂志的'加拿大版'是对二手编辑材料进行再使用和精加工，为一套新的广告信息提

---

① Canada. Royal Commission on Publications，Report(1961, p. 85). 后文称之为"O'Leary Report"。

② Canada. Royal Commission on Book Publishing，Report(1972, p. 358). 后文称之为"Rohmer Report"。

供了载体"(O'Leary Report, p. 39)。它建议出于收入所得税的考虑,不应扣除加拿大"版"外国杂志的广告开支。这一建议在 1964 年被政府采纳,但《时代》和《读者文摘》除外。又过了 10 年,这些例外情况才彻底消失。1976 年,《时代》的加拿大版停刊,而《读者文摘》通过成立由加拿大"所有"的加拿大分公司躲过了这一劫。显然,美国为实施和维持其对小国的文化渗透而采取了高压手段,参议院特别委员会这样描述经济报复的前景:

> 财政部前部长沃尔特·戈登(Walter Gordon)曾宣称,之所以有豁免的情况,是因为华盛顿施加了巨大的压力。据说,美国人曾向渥太华暗示,如果《时代》和《读者文摘》被踢出加拿大,美国和加拿大关于汽车零部件协议的谈判进程将间接受到影响。这一次我们没有理由不相信还会出现同样的施压手段,而且它们不必都处于准外交的层面。如麦凯克伦(McEachern)先生对委员会所说的:
>
> > 请记住,鉴于美国对加拿大的全面渗透,许多重大的广告决策不是在加拿大做出的,而是在美国总部做出的。如果加拿大政府继续对这两家被点名的出版物采取行动,这将引发批评的台风。我们将被扣上反美主义的帽子,被安上各种类似的罪名;所以,在一段时间内,我们肯定会受苦。(Davey Report, p. 162)

正如在"图书出版"部分将提及的,加拿大两个人口最多的省份——安大略省和魁北克省,几乎同时在 1970 年左右采取或考虑采取结构性的措施保护加拿大的图书出版业。安大略省提出一系列措施,以解决美国对大众市场期刊和平装书分销的垄断控制问题。这一点值得强调,因为它是加拿大在培养其文化身份方面可能已经(或仍然可能)做出的努力的一个例子。罗默皇家图书出版委员会(Rohmer Royal Commission on Book Publishing)承认,垄断存在于期刊和大众市场平装书的分销(被美国拥有和控制)和批发领域。它建议安大略省政府以法律的形式将"对安大略省文学期刊的地方性批发商的垄断控制权从身在国外的全国经销商那里转移到安大略省自己手中"(Rohmer Report, p. 309)。它还建议该省要求地方性批发商登记注册,确定他们可以服务的市场区域,并要求加拿大人拥有这些批发商的所有权(要求每个批发商的外国所有权占比不超过25%,单个外国所有者的股票所有权占比不超过10%)。此外,它还提出,这样的批发商应向零售报贩提供所有加拿大人编辑、在加拿大出版、每年出版四次或者四次以上的期刊(适当考虑安大略省法语人口地区的法语期刊),并适当结转库存。所有全国性期刊的经销商和大众市场平装书经销商都被要求"在任何时候,在同一条件下,在提供同等服务的基础上",向安大略省的批发商供货,违者不得再向安大略省任何批发商出售任何产品。安大略省的零售报贩将被逐一登记入册,并且和批发商一样需要满足公民所有权方面的要求。最后,任何地方性批发商不得获取安大略省任何零售报贩的所有权或管理权。安大略省政府采取了措施,以确保批发经销商在加拿大拥有公民权。①

  加拿大的消费者杂志一直处于难以为继的不稳定境地,但其"商业期刊"的状况却好很多。这些期刊为受众提供针对不同商业社区的细分领域(餐馆、化工厂等)的广告和免费午餐。1970年,它们获得的广告收入超过了"消费者"杂志。1970年有510家此类期刊,而且参议院特别委员会发现,它们中的大多数都在赢利。它们中很大一部分是**赠阅**期刊,这意味着不向读者收取订阅费,且发行范围局限于选定的商业部门。这样,面向广告商销售被生产出来的受众就是收益的唯一来源。它们同样面对来自美国的激烈竞争,美国1912年出版的一些商业出版物在加拿大流通(免邮费,邮费由加拿大人支付)。这些进口商业杂志在加拿大创造的受众是对在加拿大销售与美国同品牌商品的美国分公司的一大嘉奖。当然,在美国,广告成本就得由母公司承担了。1964年以前,一些从美国进口的期刊上刊载有专门针对加拿大消费者的广告,但是,政府当年采纳了奥利里委员会的建议,修改了海关法,禁止刊登此类广告的期刊入境。大部分加拿大本土的商业出版物都是由四家大公司出版的,麦克莱恩-亨特

---

① Rohmer Report, pp. 318-320. 1971年修订的 Paperback and Periodical Distributors Act of 1971 是解决这一问题的工具。

（MacLean-Hunter）出版社和索瑟姆商业（Southam Business）是其中最知名的两家。

加拿大杂志行业中一个不大显眼但十分重要的部分是"民族刊物"——大约有100种期刊，1970年至少以14种语言总共发行了200万至300万份。它们也不可避免地要向读者提供免费午餐，民族刊物的出版商在这一点上进退两难：要么保存这片古老土地上的文化和语言遗产，要么使之与加拿大商品文化同化。这种犹豫不决的态度令广告商十分不满：

> 大致浏览一下外文的加拿大报纸就会发现，上面很少有显眼的消费者广告。这种广告的比例与加拿大外语人口的实际购买力并没有真正的关系。许多潜在的广告商希望争取到这种购买力——并且顺带地，帮助这些民族类报纸继续经营下去。不过，他们感到难以承受这样的风险。**除非民族类出版物能够提供关于其读者群的有意义的事实，否则这种困境可能会继续存在。**（Davey Report，p. 180；黑体为作者所加）

换句话说，民族类出版商不能或者不愿提供有关其受众产品的必要的人口统计学数据或者消费心理统计资料。结果，一位行业发言人说：

> 许多广告代理机构发现，使用英语刊物比使用民族类刊物实用得多。它们的广告费更高，佣金也更丰厚。生产成本更少，不需要翻译。它们知道自己发表的是什么。我们经常不知道正确与否，但我觉得它们好像能找到正确的道路。（Davey Report，p. 180）

图书出版

对意识工业来说，对报纸这类行业进行合理化改造相对容易。即使在竞争年代，它们也是集中化的企业，拥有并运营自有印刷设备，签订了长期的纸张供给合同或拥有自己的纸浆厂,雇用了自己的记者,拥有并运营自己的零售经销设施,可以送货上门。通过合并把它们组织起来是很容易的。然而,图书行业高度结构化,对有效的寡头控制表现出强烈的抵制。直到1945年,它还保留着"家庭生产制度"或者"外包制度"的结构,这两种结构曾为它在17世纪和18世纪的发展提供了模式。

这种模式之所以抵制垂直整合的寡头收购企图,可用它的两个关键特征来解释。(1)它是去中心化的。典型的出版商是那些冒险将必要的产品和服务结合起来以生产和销售一本书的企业家。主要的产品是被印刷出来、装订好、加了护封并准备出售给读者的图书。为了出版这本书,出版商获得了出版作者所写的手稿的权利(根据版权法,作者拥有此项权利)。出版商控制并提供图书的编辑服务,还为图书做广告。出版商通常将物理制造过程承包给独立的图书制造商,支付所需的纸张、油墨和其他材料的费用。然后,出版商通过(通常情况下)独立的批发商和零售商销售已经出版的图书,除了教材和参考书,这些图书大多不经零售渠道出售。因此,出版商对整个过程的贡献是无形的:他为各种市场中涉及的谈判提供智力决策,为生产和经营活动提供充足的贷款和股本,并维持以前出版的"再版"图书的库存。(2)准入门槛极低。在19世纪早期,出版一本书之前,出版行业必须经过政府的批准。在此之后,一个出版商起步经营的唯一门槛与经济因素有关。这个门槛是很低的。要进入加拿大或美国的都市日报出版行业,你至少需要1500万美元用于对工厂和设备的固定资本投资,以及超出这一数额的流动资本(主要是为了承受经营起步阶段的亏损)。然而,如果想进入图书出版行业,据罗默皇家委员会1972年的测算,6000美元就绰绰有余了。极少量的资本,适于销售的书名,外加生产、储存和销售图书所需要的合同谈判能力,就是**起步**需要的全部条件。资本成本并不构成进入图书出版业的门槛,但如果出版商冒险制作不易获得市场认同的图书,并因此背负滞销图书的资本与存储成本的话,那么资本成本就与出版商的生存息息相关了。图书出版业的第二个特点催生了出版界高度倾斜的分布格局,即大量的小出版商与少量的大出版社并存。

每一本已经出版的图书（在法律上）都是独一无二的。同时，这个行业又是去中心化的，经济层面的进入门槛也很低。这些似乎都让图书出版行业成为资本主义意识形态的经久典范。似乎人人都有机会写作和出版有关高雅文化和科学等方面的图书。作者从图书出版中获得版税收入的诱惑不断完善着资本主义意识形态的范式。

实际上，图书出版与约翰·斯图尔特·密尔在《论自由》（*On Liberty*，1963）中倡导的观点的自由市场的理想主义目标极为相似，即每本书都要对其政治和社会后果负责。然而，即使我们假设图书行业处于完全竞争的状态，情况也似乎恰恰相反。C. N. 帕金森（C. N. Parkinson，1958，p. 9）指出：

> 这位政治家不仅全文通读了这位历史学家认为重要的一本书，还读了另外49本这位历史学家根本没听说过的、被人遗忘的书。如果这中间有一本书看上去是这位政治家最喜欢的，那是因为作者所主张的正是他作为统治者打算要做的事情或者已经做完的事情。从历史的角度看，这本书因此成为为其行为进行事后辩护的有力武器。当然，这并不是说所有的书都是在革命发生之后为了证明其正确性而**写作**的。书可能事先就写好了，但是在事件发生之后才获得广泛传播。相比之下，那些支持失败方的书则被人们遗忘、忽略并销毁了，或永远不能出版。因此，图书的世界中也存在一种自然选择——与时代精神相符的书就能得到青睐并存活下来，而那些稀奇古怪、与时代精神不符的书必将被人们遗忘……在英国或美国，由于预期销量不被看好，所有不合拍的图书都没有出版的机会。不是书在影响政治事件，而是政治事件在决定哪些书要被化为纸浆，哪些书要被列为学校的必读书。

帕金森夸大了他的例子。很显然，图书（无论是已经出版的还是没有出版的，是已经写完的还是因为无法出版而没有写完的）是社会进程中更大的辩证矛盾的一部分。它们是现实世界产生的后果，同时在现实世界中产生后果。它们对斗争中的双方都很友好（甚至伪装的"中立"或"客观性"也不是中立的)。

在现实世界(区别于理想世界)中,垄断资本的势力在1945年后侵入图书出版业,大大削弱了这一行业的竞争力。正如之前在每一个被寡头垄断的行业中所发生的那样,这个过程就是促进合并的过程。要理解科学管理是如何使图书行业的结构合理化的,就必须了解大型企业是如何开展需求管理工作的,就像它们在意识工业的分支领域所做的那样。最明显的一个例子就是"市场书"(虚构类作品或非虚构类作品)。通过(例如,在超市和购物中心)集中大规模销售平装书,制作电影和电视节目,适当开发基于图书的流行音乐唱片和磁带等衍生品,需求得到了有效的管理。具体的顺序可以从不同的方向展开:从书到电影到电视;或像《根》那样,从电视到书。这必然导致精装书、平装书的出版行业和电影、电视节目、音乐制作行业趋于整合。

这种垂直合并的情况出现在以下事件中(Chotas and Phelps,1978,pp. 9-12)。哥伦比亚广播公司于1967年接管(或者说整合)了霍尔特、莱因哈特和温斯顿(Holt, Rinehart and Winston)公司(精装书),1977年又接管了福西特(Fawcett)公司(平装书)。美国全国广播公司(National Broadcasting Company)的所有者美国无线电公司于1960年接管了阿尔弗雷德·A. 克诺夫(Alfred A. Knopf)出版公司(精装书),1966年接管了蓝登书屋(Random House)(精装书),1973年接管了巴兰坦图书出版集团(Ballantine Books)(平装书),1961年接管了万神殿图书公司(Pantheon)(平装书)。掌控派拉蒙影业(Paramount Pictures)的海湾与西方公司(Gulf & Western)1966年收购了口袋书出版公司(Pocket Books)(平装书),1975年收购了西蒙与舒斯特公司(Simon & Schuster)以及另外三家图书出版公司。掌控环球影业(Universal Pictures)的美国音乐公司(Music Corporation of America)1965年接管了伯克利出版公司(Berkley Publishing)(平装书),1975年接管了G. P. 帕特南与科沃德公司(G. P. Putnam and Coward)(精装书)和麦卡恩与盖根公司(McCann & Geoghegan)(精装书)。华纳通信公司(Warner Communications)1970年收购了平装

第6章 加拿大媒体的文化附属地位Ⅰ：印刷媒体和电影

书图书馆公司（Paperback Library）。这些都是怎么发生的？

西蒙与舒斯特公司的斯奈德（Snyder）先生承认，西蒙与舒斯特公司和海湾与西方公司的其他分公司——口袋书出版公司和派拉蒙影业——共享一个优势，那就是"信息流动"。也许还有更多的优势，比如去年口袋书出版公司18部被拍成电影的书中有7部是派拉蒙的，这是由一家公司创造的最高纪录。此外，《寻找古德巴先生》（Looking for Mr. Goodbar）、《门背后的华盛顿》（Washington Behind Closed Doors）（改编自约翰·埃利希曼[John Ehrlichman]的小说《公司》[The Company]），以及即将出版的多萝西·尤奈克（Dorothy Uhnak）的作品《调查》（The Investigation）都是纯粹的企业集团产品的例子，从西蒙与舒斯特的精装书到口袋书出版公司的平装书再到派拉蒙电影或派拉蒙电视制作。（Loercher，1978b）

不过，被管理的需求当然不限于上述模式。

从历史上看，出版行业内的合并可以上溯到20世纪40年代，但直到60年代**大型非出版企业集团**开始其殖民拓展时，人们才对此予以关注。**为了在传播和教育等大有前途的领域（这些领域属于成长型市场）增加投资门类**，利顿工业（Litton Industries）、施乐公司（the Xerox Corporation）、国际电话电报公司（ITT）、雷神公司（Raytheon）、全国总公司（the National General Corporation）以及美国无线电公司这样的大型联合企业开始接管出版社，尤其是那些具有强大的教材部门的出版社。（Loercher，1978a；黑体为作者所加）

施乐公司于1968年收购了吉恩公司（Ginn & Co.）（精装书），并在1963年至1974年间收购了10家教材出版公司。国际电话电报公司1961年收购了鲍勃斯-梅里尔公司（Bobbs-Merrill）（精装书）及其他12家教材出版公司。大型航空航天企业集团利顿工业1968年收购了迪·范·诺斯特兰出版社（D. Van Nostrand）（精装书），1967年收购了美国图书公司（American Book Co.）和另外5家出版公司。国际商用机器公司（IBM）1964年收购了科学研究协会（Science Research Associates）（出版教育考试材料和教材）。

与此同时，其他媒体企业集团也纷纷进军图书出版业，其中包括科林斯广播公司（Corinthian Broadcasting）、考尔斯传播公司（Cowles Communications）、考克斯通信公司（Cox Communications）、广告牌公司（*Billboard*）、菲尔姆威斯公司（*Filmways*）、纽约时报公司（*New York Times*）、雷神公司、时代公司（*Time*, *Inc.*）和时报-镜报公司（*Time-Mirror*）。

其他行业集团对出版行业的大举入侵，引发了后者防御式的合并浪潮。从1965年开始，哈考特·布雷斯·乔凡诺维奇公司（Harcourt Brace Jovanovich）接管了18家出版及相关行业的公司。哈珀与罗公司（Harper & Row）收购了8家公司。霍顿·米夫林公司（Houghton Mifflin）收购了市场数据检索公司（Market Data Retrieval）以及另外3家公司。麦格劳-希尔公司（McGraw-Hill）并购了11家教材出版公司。麦克米伦公司（Macmillan）接管了16家出版公司和市场研究公司（标准费率和数据服务公司［Standard Rate and Data Service］）。莱尔·斯图尔特公司（Lyle Stuart）并购了另外4家出版公司。斯科特·福尔斯曼（Scott Foresman）和约翰·威利父子出版公司（John Wiley & Sons）分别并购了6家公司。据《美国新闻与世界报道》（*U. S. News and World Report*）的一位编辑称，全部加起来，近年"在图书出版业有三百多起公司并购案"（转引自 Loercher, 1978a）。

很显然，由于跨国集团的侵略性兼并活动，图书行业的结构已经被改变——很多像国际电话电报公司、施乐公司、国际商用机器公司、美国无线电公司和哥伦比亚广播公司这样的大型企业已经位居意识工业统治全球文化的前沿。平装书—精装书—电影—电视，以及教材—教学机器—教育考试等细分市场的垂直整合会带来什么可预测的结果呢？最显著的就是，需求管理将通过市场的不断垂直整合来实现利润最大化的目标。为实现利润最大化，一个经过实践检验的策略就是瞄准并生产"大书"（"the big book"）——能长期垄断市场并能收获滚滚财源的"明星"选手。就像肉类加工业、制糖业、石油业和其他所有转变为垄断资本主义的巨型寡头垄断企业的行业,"合理化"催生的压力生产出竞争,而这种竞争其实破坏了竞争的可能性,并导致垄断。(被联邦德国出版帝国贝塔斯曼兼并的)班坦图书公司(Bantam Books)总裁奥斯卡·迪斯特尔(Oscar Dystel)1978年曾说:

> 我认为这对经济的影响还没有完全显现出来。竞争的力量几乎到了毁灭性的地步。当然,由于有资金支持,过去三四年里情况更为严峻——我们的态度是"让我们走出去,不论花多少钱都要得到它(这本书)"。(转引自 Loercher,1978a)

美国作家协会(Author's Guild)1978年宣称:

> ……在同一市场上对不同出版社(如出版市场书或者教材的出版社)的横向收购挤垮了独立公司,因为这些出版社拥有优质的财务和运营资源。精装书出版社对平装书出版社的垂直收购具有同样的效果,因为被收购的大众图书出版社有更好的推广和分销资源,并且能够在争夺重印权时比对手出价更高。(转引自 Loercher,1978a)

这么做的目的就是利用市场的力量建立对市场的控制。一旦这种控制得以建立,复杂的计算机应用程序就会允许企业集团所称的**协同效应**的产生。《罗默报告》(Rohmer Report)解释了美国的大众市场平装书经销商是如何决定加拿大的零售商所展示的图书组合的,这是协同效应的一个很好的例子。

> 决定一本大众市场平装书能在展架上放多久的是它的周转率,正如期刊的数量和销售点完全取决于它们的营利性一样。
>
> 整个分销系统通过许多不同的渠道以最快的速度和最低的费用监控赢利能力。因此,我们被告知计算机程序正在尽可能地取代人类的决策过程也就不足为奇了。(Rohmer Report,p.306)

少部分精装书实现了巨大的销售额;畅销书的销量越来越大,非仿制书越来越少;那些为跨国公司生产的,按照套路写出来的图书、电视剧本和电影剧本混乱地搅和在一起,并且创造了巨额利润,而这些跨国公司管理着对图书和媒体免费午餐的需求。这就是摆在我们眼前的短期前景。①

加拿大的图书出版业是怎样与资本主义核心地带的图书行业建立联系的呢?英国和后来的重商主义管制严厉地限制了加拿大图书出版业的发展。1911年以前,英国禁止加拿大通过自己的版权法,这意味着加拿大的作者必须在国外出版自己的作品(Gundy,1972,p.15)。1842年英帝国版权法(British Imperial Copyright Act of 1842)禁止加拿大出版商发行英国图书的廉价重印版。与此同时,19世纪的美国出版商根本无视版权问题,大量盗版英国图书,并把廉价的重印版源源不断地送入加拿大市场。美国的"单向"信息自由流动政策开始于1890年。那一年,美国版权法中的"制作条款"实际上关闭了美国市场,禁止加拿大出版的、在加拿大生产的图书进入美国市场;进入美国的英语图书在美国得不到版权保护;图书必须在美国生产。值得注意的是,加拿大出版的第一本市场书是《钟表匠》(The Clockmaker)。这本书出版于1836年,书中的主人公是美国的钟表小贩山姆·斯利克(Sam Slick)。

由于行业的组织结构和市场结构原因,加拿大的图书出版业一直保持着较小的规模。出版市场经营的书目众多,但大多产量较少。在1970年前后,加拿大每年出版的图书有2500种,英国达33500种,美国达37000种。但是,因为它与上述两国有着特殊的依附关系且语言相通,加拿大图书市场出售的美国图书比英国国内出售的美国图书的数量多,加拿大图书市场出售的英国图书也比美国国内出售的英国图书的数量多(结果是库存成本高昂,运输效率低下)(Gundy,1972,p.32)。

加拿大对外国图书市场依附的复杂性可以通过以下事实得以呈现,那就是"加拿大的"(Canadian)这个印在书上的标记可以应用于不同的场合。

---

① 可以预料到的行业保护措施将是,总是存在流行小说(或其他出版物类型,例如旅游类图书)得以流行的公式。这些公式让我们注意到伊恩·瓦特(Ian Watt)的《小说的兴起》(The Rise of the Novel,1963),以及理查森(Richardson)的《帕梅拉》(Pamela)这样的刻板个案。它们向我们展示了流行小说、肥皂剧以及禾林(Harlequin)(出版社)式的爱情故事得以流行的模式。对此,也有反驳意见。这种意见认为,这种俗不可耐的文化产品,并非控制着图书出版业主流、最有影响力的经济结构有意生产的产品。新的跨媒体跨国垄断企业证明了这一点。

第6章 加拿大媒体的文化附属地位Ⅰ：印刷媒体和电影

比如，在一本由美国人写作、在美国制作和出版、通过加拿大公司销售的图书上，"加拿大的"这个词可以放在书名页上出版商（如多伦多和纽约）名称后的加拿大城市名称中，也可以放在由加拿大人创作，并由加拿大出版商在加拿大制作（制作过程中使用的大部分是加拿大的材料）和出版的书上。1969年，加拿大图书销售总额达2.22亿美元，其中2/3（1.44亿美元）来自3种国外生产的图书：(1) 由图书馆之类的加拿大终端用户直接进口的图书（3300万美元）；(2) 由加拿大经销商（非出版商）进口的图书（3000万美元）；(3) 由作为外国出版商代理人的加拿大出版商进口并推销的图书（8400万美元）。剩下的1/3由"国产"图书组成，包括数目不明的初期排版在国外完成后被送至加拿大印刷厂印刷和装订的图书，以及完全由加拿大生产的图书。这部分图书由"加拿大出版商"进行市场营销（Rohmer Report，pp. 1-2；Ernst and Ernst，1970，pp. 21,26）。

加拿大人是怎样成为"加拿大出版商"的呢？1969年，在283家加拿大出版商中，162家使用英语出版图书，121家使用法语。英语出版商中绝大部分是外国出版商的分支机构。确实，除了大学出版社（出版10%—12%的加拿大图书）和像赖尔森（Ryerson's）这样的凤毛麟角的出版社，其他出版社最初都是分支机构（1896年至1913年间，十几家分支机构发展成加拿大重要的出版社）。法属加拿大的宗教机构从19世纪40年代起开始出版学校教材。在20世纪60年代晚期美国和法国出版商的渗透浪潮开始之前，魁北克的出版业完全由加拿大人所有。到今天，这里仍然主要由国内出版商统领。

在英语出版社中，大约1/3（57家）是543家（这个数字十分惊人）外国出版商的代理。一些出版商代理完全独立于它们所代表的外国出版商，由加拿大人所有；另一些则是它们外国母公司的子公司。[①] 1970年加拿大的英语出版社中有一半"主要由加拿大人所有"，但不少由加拿大人所有的

[①] 最后这两句话语焉不详，体现出《罗默报告》的特点，pp. 2,14-15；Québec Information：Laberge, Georges, and Vachon, Andre, "Book Publishing in Quebec," Rohmer Report, Background Papers, pp. 374-379。

"出版社"根本不出版加拿大人创作或在加拿大制作的图书,而从事大量进口业务(Rohmer Report,pp. 59,84)。

"加拿大人"创作的图书在加拿大的销售情况如何呢? 没有人知道。因为"制作条款"的限制,加拿大人博比·赫尔(Bobby Hull)写的关于加拿大冰球运动的一本书必须在美国制作完成,[①]而且大量加拿大人编写的大学教材也得在美国出版。罗默委员会发现,1970年加拿大53家出版商(不包括政府部门)宣称有50种以上已出版并准备出售的加拿大图书。在加拿大出版的15299种图书中,这53家出版商出版了其中的68%,而其余的那些书由其他几百家出版商出版,这一事实显示了出版行业的开放性(Rohmer Report,p. 1)。该委员会还发现,1970年,57家加拿大出版商出版了总共631种图书(完全由加拿大人创作或完全在加拿大制作)。其中半数多一点(345种)由加拿大人所有的出版商出版(依然不全是由加拿大人创作或在加拿大制作),而且其中的140种由两家公司出版。但委员会观察发现,加拿大作者创作的图书的数量被绝望地"埋葬"在现有数据中(Rohmer Report,pp. 1,59)。在法语出版方面,魁北克出版的图书在加拿大人创作且在加拿大出版的图书中占据较高的比例。

加拿大图书出版业面临的核心经济问题是图书市场规模小(相对于美国市场来说),这就使得加拿大出版商在这个边境几乎完全对进口图书开放的市场中处于边缘地位。在加拿大,制造和分销图书的材料和劳动力价格并不比美国低。美国出版商在一个大得多的市场中享有规模经济优势,可以自由进入加拿大市场,但"制作条款"阻止加拿大出版商在美国参与竞争(Rohmer Report,p. 102)。

由于受到国内市场相对较小的限制,加拿大出版商被迫将其图书的定价定在全州乃至国际市场的水平。在加拿大市场,图书的印数很少,因此单位成本很高——假设美加两国工资水平相当。到20世纪40年代,加拿

[①] Curry,W. E.,"The Impact of the U. S. Manufacturing Provisions," Rohmer Report, Background Papers, pp. 147-148.

大作者创作的市场书的印数如果能达到 2000 册就已经非同寻常了。① 加拿大的外国出版商的竞争优势包括：

（1）生产规模较大。因此单位成本一般较低，图书的售价甚至没有反映自付成本（间接成本已被冲销）。这是较为常见的做法。正如两位美国经济学家所说："……加拿大的不同寻常之处在于，它占美国图书出口额的三分之一以上；事实上，这个国家可以被视为一个（美国）国内市场。"②

（2）国外母公司的再版图书数量很大。1970 年，麦克莱兰与斯图尔特公司（McClelland and Stewart）拥有 702 种再版图书，加拿大的麦格劳-希尔公司可以利用的再版书数量达 10500 种，牛津大学出版社拥有 18000 种。

（3）经营资本更为低廉。美国出版商分公司通过其母公司的担保从加拿大银行借贷；而加拿大的竞争者直到最近才能够以存货作为担保从加拿大特许银行贷款。安大略省政府采纳了罗默委员会 1971 年提出的一项建议，逐步支持在该省批准这种用抵押品担保的贷款。

（4）美国出版商拥有规模巨大且功能复杂的销售组织。

（5）消费者对美国出版物的需求，往往是由批评家和在美国制作、在加拿大播放的电视访谈节目培养出来的。美国的图书俱乐部在加拿大自由运作，当然会直接抢占加拿大出版的图书的市场。

（6）更广阔的市场，与大众平装书出版商、电影及电视业的联系使美国出版商能提出比加拿大竞争者更慷慨的版税提案。

（7）与加拿大图书出版商和图书制造商相比，美国规模更大、技术更先进的图像艺术产业和图书制造业享有新技术的优势，而且成本更低。③

在这种竞争压力下，在加拿大仅能少量出版的图书在美国和英国却能大量出版，而在美国和英国少量出版的图书对加拿大出版商来说就太具有

---

① Eustace, C. J., "Developments in Canadian Book Production and Design," Rohmer Report, Background Papers, p. 46.
② Kapoor, A., Breisacher, E. H., *Business Quarterly*, University of Western Ontario, Summer 1971；转引自 Rohmer Report, p. 222.
③ Curry, W. E., 同前, p. 143; Rohmer Report, pp. 55-56.

投机性了。① 因此,在加拿大出版业有一条经验法则,即当行业不景气(如1930年至1939年的大萧条时期)时,加拿大本土出版业会严重受挫,出版商只好大力推动英美畅销图书在本土的销售。

我们需要对图书行业的这三个部分展开进一步的分析。加拿大的零售书商(除了在魁北克)和美国的一样少,而且缺乏库存、工人和书目辅助设备。1970年,他们拥有112家市场书书店和98家大学书店,在整个行业的销售额中所占份额不到三分之一。此外,大部分销售量来自大众市场平装书,而在这一领域,他们必须面对来自超市和书报亭的激烈竞争。

大众市场平装书(至今没有关于总量的统计数据)是图书行业中被意识工业开发得最充分的图书类型。在加拿大,这些平装书由位于美国的分销商以40%的折扣(精装书是20%)通过加拿大的特许批发商分销给零售书店。这些分销商还向零售商分销杂志。这些平装书通常在获得了原出版商授权的情况下,作为畅销的精装书的重印版被大批量出版,数量达到几十万册。平装书的成本较低,主要是由于批量生产的单位成本较低;即使换成布面装订,每本书价格的增加也不会超过75美分。经销商决定零售商销售的图书的品种并提供销售点的商业支持。"高质量"的平装书通常由原出版商(在加拿大和美国)发行,但由于销售速度较慢,而被排除在大众市场平装书的发行渠道之外。

通常由原出版社(或在加拿大或在美国)发行的"质量精良"的平装书因其较缓慢的产出而被排除在畅销平装书发行渠道之外。除了大众市场平装书的营销的侵蚀作用外,零售书商糟糕的销售结构还受到另一个结构性障碍的影响:加拿大借鉴美国的折扣结构。在这种折扣结构下,出版商给学校、教师和图书馆的折扣与给零售书商的折扣相同,通常为20%。这就难怪学校和图书馆会"买下"当地的书商。鉴于1970年学校和图书馆的开支占了加拿大图书行业总收入的58%,人们就可以明白零售书商的收入来源发生了多大程度的转移。

教育市场和图书馆市场给图书行业带来的问题甚至比折扣结构带来

---

① 要了解具体的论述和个案,可参见 Rohmer Report, pp.126-128。

的问题还要多。在美国的图书行业,综合性出版商通过向教育和图书馆机构出售教材和参考书而获得安全而可观的市场,这是不言而喻的。事实上,他们通常利用这些市场的利润来交叉补贴那些他们认为应该出版但市场前景不确定的市场书。在市场书的出版基础方面,加拿大的教材出版商从未在全国范围内享有安全的教育市场和图书馆市场。在19世纪,带有"少许加拿大色彩"的教材几乎全部是从美国、爱尔兰或苏格兰进口的,因此这些出版商的处境极为艰难。①

> 甚至到了1950年,大多数加拿大儿童在学习阅读技能的时候,所看的仍然是轻微加拿大化的美国读物……在小学或高中,大多数加拿大学生都在学习如何使用美国"英语"。②

在安大略,"14号通告"(在从省到学校董事会的范围内发放的一份获批的教材清单,使用这些教材可以得到"激励补助金")从1951年开始实施。小学和高中按要求使用由加拿大人编写、在加拿大制作的教材,这一举措成功地为加拿大的图书出版业提供了一个更加稳定的基础。1972年,这份清单上92%的书目完全由加拿大人编写并在加拿大生产。然而,除了西北地区外,其他省份在教材和出版商选择方面没有效仿安大略省实施的"加拿大优先"政策。一些省份根本没有关于加拿大优先的政策。在美国教材十分常见的加拿大西部地区,实行了与安大略省截然不同的政策。不过,1969年,教材的销售额占加拿大图书业总收入的50%,其中相当一部分是由加拿大人编写并且在加拿大出版的图书。

20世纪60年代晚期,美国掀起了一场"教育革命"。大约一年后,这场革命波及加拿大。这场革命削弱了安大略省的加拿大优先政策的效力。这意味着激励补助金停止发放、教材的选用权迅速下放到教师手中、标准化的省级课程体系迅速瓦解、清单上的教材被地方选择的教材所取代、课程体系碎片化以及对各种非教材教学资源(幻灯片、电影等)的仓促选择等

---

① Eustace,C.J.,同前,p.42。
② *Ibid.*,p.45。

各种后果。这些视听辅助设备实际上都是由美国视听硬件和软件生产商进口和销售的,这些生产商本身就是我们之前提到过的跨国公司集团的组成部分。《罗默报告》强调了学校在这方面作为议程设置者的角色的变化:

> 教室不再是向儿童提供信息的主要渠道。不管我们是否欢迎,在选择功能这方面,电视早已超过了学校。今天,教师必须帮助学生对大量信息进行整理和分类。这些信息可能在某一时期是强加给他们的,教师必须告诉学生如何开始确定他的优先事项。(Rohmer Report, pp. 188-189)

抵抗美国统治的斗争在小学和高中阶段基本上是不成功的。加拿大大学和学院协会的西蒙斯委员会(Symons Commission of the Association of Universities and College of Canada)报告说:

> 由于缺乏了解自己的政治制度的机会,加拿大的学生受到媒体中大量关于美国制度的信息的影响。当他们进入大学时,很多人几乎完全按照美国的政治理想、术语、制度和实践来思考。[1]

加拿大的大学教材市场一直被外国出版的图书所主导。1970 年,外国出版的图书占到教材销售额的 87%(Rohmer Report, p. 130)。的确,大多数加拿大人编写的大学教材是在美国出版的。

20 世纪 60 年代末发生的一连串事件挑战了这种被动依附型政策(也是加拿大图书业的特点)。一些刚刚成立的加拿大出版公司对面向加拿大市场出版加拿大作者创作的有关本国主题的图书颇感兴趣,组织了专门为加拿大图书业游说的本国出版商联合会。跨国公司对加拿大教材市场"教育技术"的视听入侵震动了一些较老的加拿大出版商,他们的项目部分基于这个市场。三家加拿大出版公司被跨国公司收购(不列颠百科全书出版公司[Encyclopedia Britannica]收购了教育心理学中心[Le Centre De

---

[1] *The Symons Report*, an Abridged Version of Volumes 1 and 2 of *To Know Ourselves*, the Report of the Commission on Canadian Studies, Toronto: McClelland and Stewart, Limited, 1978, p. 51.

Psychologie et de Pedagogie],芝加哥的斯科特·福尔斯曼收购了重要的教材出版商 W.J. 盖奇[W. J. Gage],麦格劳-希尔国际出版公司收购了瑞尔森出版社[Ryerson Press])。当这些事件与潜在的加拿大民族主义运动混合在一起时,要求政府出面保护加拿大图书出版系统的呼声便出现了。

联邦政府对这一体制的基本事实一无所知,于是委托一家私人会计师事务所(厄恩斯特与厄恩斯特[Ernst and Ernst])完成了一份调查报告。这份 1970 年提交的报告所涵盖的内容,当时就被证明是非常不充分的。安大略省政府成立了罗默委员会来研究加拿大图书出版业(主要在省内)的发展情况。此后不久,加拿大的麦克莱兰与斯图尔特公司宣布,由于无法筹集到必要的运营资金,它将被出售(根据法律规定,加拿大银行不得基于库存担保发放短期贷款[比如在这个再版书的案例中],而美国的加拿大分公司可以在需要流动资金时,通过美国总公司的担保不费吹灰之力地从加拿大银行取得贷款)。罗默委员会建议为麦克莱兰与斯图尔特公司提供低于市场利率的流动资金贷款,安大略省政府采纳了这项建议。于是,这家公司得以避免被出售的命运。所有驻安大略省的加拿大出版商都可以享受这一政策。

1971 年 2 月,联邦国务助理佩尔蒂埃(Pelletier)向内阁报告了加拿大出版行业现状并提出了一些行动建议。他的报告显示了外国所有权和外国内容的主导地位,并指出图书和杂志的分销是如何偏向外国产品的。报告将图书和期刊对加拿大文化生活发展的重要性,与政府注入大笔投资的广播和电影等其他大众媒体的重要性进行了比较。在广播领域,为了实质性地体现加拿大人的身份,政府对相关制度加以监管。报告认为相关行动对图书行业至关重要。具体的建议包括:

(1) 建立一个加拿大出版发展公司(Canadian Publishing Development Corporation),为出版商提供发展基金;

(2) 给加拿大艺术理事会(Canada Council)注入 30 万美元资金,为写作、出版和期刊工作提供双倍支持;

(3) 支持加拿大参与国际图书年(International Book Year)活动,划拨资金共计25万美元;

(4) 制定由国务助理发表的全面提案。

同样在1971年,魁北克通过了相关规定,要求书店中的图书包含更多与加拿大有关的内容,并要求公共机构通过书店购买图书,以强化书店的分销系统。不列颠百科全书出版公司被迫把它收购的一家魁北克公司出让给一家魁北克的出版商。1972年,国务助理宣布了一年前提出的援助计划的具体内容,其中包括一项100万美元的出版商补助金和翻译补助金计划、一个50万美元的联邦图书采购项目,以及一项100万美元的援助加拿大图书出口计划。他还承诺提供进一步的补救措施。

罗默委员会最后的报告提出了一些建议。这些建议如果得到落实,将会保护图书出版业的现状。它建议安大略省政府向出版商提供资金,用于出版市场书,类似联邦政府通过加拿大艺术理事会提供的资金。在安大略省,新的外国分公司的成立和外国公司对加拿大公司的收购将被禁止,但遣返外国分公司的计划还未提上日程。安大略省向加拿大出版商提供资助,以推动他们开发新的加拿大教材。一系列措施被提出来,以恢复遭到破坏的"14号通告",该通告要求在提供教材和图书馆图书方面实行加拿大优先的政策。它还提议建立一个安大略省图书出版理事会(Ontario Book Publishing Board),以落实其中的一些建议并监督图书出版业的发展。结果,在安大略省官僚政府对这些建议进行内部评估后,竟没有一项主要的建议得到落实。这一结果显示出外国出版社分公司强大的游说力量,这种威力还反映在安大略省政府随后决定补贴新教材的生产,并为学校购买新批准的教材上。这些补贴不仅针对加拿大出版商,而且惠及外国分公司。两起对现有加拿大公司的兼并案于1974年被批准通过。

在联邦层面,1972年计划已被实施,然而已经承诺的进一步的补救措施并没有落实。联邦政府发表了一系列声明,表示需要进一步采取更强有力的措施。然而,除了从1980年开始的连续三年里,将每年的资金补助略微增加到540万美元外,没有任何其他行动来实施这些计划。总之,民族

第6章 加拿大媒体的文化附属地位Ⅰ:印刷媒体和电影

主义修辞、大陆主义行动的政府政策进一步加强了依赖性。用加拿大出版商詹姆斯·洛里默(James Lorimer, pp. 20-21)的话说就是:

> 许多人认为图书行业是发展独立的加拿大意识和独立的加拿大文化的关键媒体。在这一领域,联邦政府和像安大略省这样的政府现在都实施了大陆主义政策,其结果是图书媒体被外国公司占领了。……这种情况在过去十年里逐渐恶化。在这段时期,加拿大作者的作品的销售额占总销售额的比重从1966年的38%降至1969年的24%,1973年甚至降至17%。
>
> 就联邦政府而言,它们当前的大陆主义政策缺乏关于图书出版商和发行机制的所有权立法,其中的版权法案没有针对通过推动加拿大的原创写作发展民族利益采取任何措施,对由美国跨国公司支配的能实现赢利的教育出版领域和接受国家补贴的加拿大市场书出版公司也没有进行明确的区分。
>
> 对安大略省这样的省级政府而言,它们当前关于图书业的大陆主义政策主要针对的是教育出版领域。各省允许外国公司出版图书(1973年加拿大出版商出版的加拿大作者写作的图书的销售额仅占教材总销售额的3%),尽管很明显的是,一家出版公司的所有权会影响其出版的图书的内容。各省允许学校越来越多地使用美国作者编写的教材和图书馆图书。这些书反映了美国人的态度、价值观和信息,原本是为美国儿童编写的。这种关于教育材料的政策必然导致人们的思想美国化……
>
> 在联邦和省政府官员的民族主义修辞的长期欺骗伎俩被暴露之前,在相关利益集团(在关于图书媒体的民族主义政策中能分得一杯羹)动用政治手段迫使政府出台相关措施之前,这一领域的公共政策都将维持大陆主义的取向。这其中的利益集团规模很大,影响力亦很大,他们包括作家、出版商、图书管理员、书商、教师和教授。这些团体中的很多人并不了解加拿大出版业的政治经济学和政治背景,而且他们已被政客对出版业的关心所误导。

129

电影

作为美国文化帝国主义的依附性市场（甚至不需要建立美国分公司），第一种在加拿大发展起来的非印刷流行艺术形式就是电影。这种没有分公司的分公司行业的持久模式在1912年至1922年之间建立起来。我之所以使用了这么笨拙的一个词，是为了说明加拿大在拥有所有劣势的同时，也没有从以分公司形式为产业特征的电影行业那里分到一杯羹（比如在就业方面）。

电影业从古老的、传统的戏剧模式中发展起来。最初，在19世纪90年代的许多西方资本主义国家，它始于戏院的综艺—杂耍—狂欢节目，主要吸引收入水平较低的工人阶级。随着技术（无声摄影机、单色原料、放映机、屏幕）的进步，人们在实践中掌握了关于这种媒体的制作、导演和表演技术并形成了一些理论。此后，电影行业的规模逐渐扩大。一开始是精心设计的窥视节目，现在已经从有可移动座位的临街剧院的舞台节目过渡到了传统的剧场节目。电影业的主要产品是在特定的地点和时间出售的、与特定电影相关的剧院座位。电影业由制作、发行和放映电影的机构构成。需要指出的是，这些活动是依次进行的，并且是相互依存的。其中的逻辑是：没有电影制作，没有发行，就没有放映，最后也就没有出售给顾客的最终产品——座位。

从1900年至1915年，在加拿大和美国所经历的实验电影短片时期，电影行业显示出巨大的市场潜力。曾有人试图以设备专利的方式垄断该行业的三个阶段，但均告失败。到1915年，相对具有竞争性的市场环境已经形成。供展示用的短片已经在加拿大、美国各地，当然还有许多其他国家被制作和销售。随着赞助和收益的增加以及电影制作艺术的发展，以下两种趋势日益明显。

（1）**经营规模扩大，复杂性增强**。随着电影变得越来越长，情节越来越复杂,编剧就必不可少了。"明星"因宣传活动和受众接受机制得以产生,而他们自身又成为成功管理行业生产终端的需求的基础。他们是制片人确保下一部电影,以及再下一部电影能够赢利的筹码。在过去和现在,明星都和广告品牌类似,都是在市场上制造不完全垄断的手段。电影在这些大明星的陪伴下也被制作得越来越长,越来越精致。"故事片"这一类型应运而生。第一次世界大战期间由 D. W. 格里菲斯(D. W. Griffith)导演、片长为 90 至 150 分钟的《一个国家的诞生》(Birth of a Nation)和《党同伐异》(Intolerance)两部影片,对各种制作费用的投入远远超过五年前拍摄一部电影的投入。另外,为了管理明星参演的较长故事片的制作、营销和宣传,制片公司需要相应的核心制作人员(行政人员、会计、律师、办事员等)。制片公司需要信得过的影院来推销它们的电影。在这个过程的另一端,为吸引中产阶级而进行装修的大型影院又切实增加了放映终端所需的成本。如果有足够有吸引力的影片上映,这些战略性地建在市中心的影院就代表着有规律可循的高上座率。如果它们能保证获得稳定的"首映"故事片片源,那么它们就可以潜在地实现对电影放映的不完全垄断。放映组织需要以可靠的方式获得理想的影片供应。

(2) 影片制作流程终端的企业家试图控制电影的发行,并通过对明星和片名的宣传达到控制放映商的目的。因此,他们寻求拥有"特许经营权"来放映他们的电影,这些电影将来可能会对影院有利。他们也倾向于与其他制片人合并,以整合他们的资源(明星、对放映商的影响等)。与此同时,在非竞争环境下(如在其他社区或其他城市),影院的企业家试图与其他影院所有者结成购买联盟,以从制片商那里获得更优惠的条件,用于放映他们的电影。然而,他们实际所做的已经超越了这些。他们联手建立了以自身利益为核心的电影制作公司。因此,从 1918 年到 1935 年,在好莱坞(北美的电影制作活动集中于此地)和电影放映端,竞争对手消除了竞争,取而代之的是寡头垄断结构。

在影片制作端,五大巨头(米高梅[MGM-Loews]、派拉蒙、福克斯[Fox]、雷电华[RKO]和华纳兄弟[Warner Brothers])不仅经营着工厂式的影片制作工作室,而且各自把控着美加市场不同地区的电影发行与放映。这些巨头借助一系列综合手段来实现对电影放映的控制。每个行业"巨鳄"在他们控制的美加市场都拥有并经营着位于城市繁华地段的"首映"影院。他们还对自己制作的影片的发行进行监管,通过安排在自己选择的市场区域内的首映影院和独立影院之间放映自己的电影的"空当"时间,来实现放映利润的最大化。"整批承包"和其他强制措施迫使独立影院销售主要制片商和发行商选择放映的影片。但是,这些制片商和发行商的生产能力不足以为影院提供全部所需的电影。另外三家大型制片公司也有自己的发行渠道,但自己没有影院。于是,另外三家拥有独立发行权但不拥有自己的影院的大型制片公司(哥伦比亚[Columbia]、环球影业、联美影业[United Artists])也加入了营销影片的市场。它们享有与五大巨头一样的优惠条件,而且它们的电影肯定会赢利。除了这八家大公司,还有一群独立制片人(比如共和国公司[Republic]、摩诺格拉姆公司[Monogram])和 B 级制片人,以低成本制作了西部片和动作片。这群外围的制片人的影片能否被发行和放映,完全取决于六大连锁产业链的恩惠程度,它们只能接受所有的刁难。

　　如果把那个时期的产业结构作为一个整体来看待,显然,在影片发行方面,有效的控制已经实施,影片的身份和放映条件也得以确定。在第二次世界大战期间,实现了垂直整合的巨头在其发展的巅峰时期有效地控制了美国 18413 家影院的市场,尽管它们拥有和经营的影院只有 3137 家处于战略位置。其余大约 83% 的影院是"独立影院",完全依赖行业巨头。这种结构显然把外国电影排除在常规影院放映活动之外。拥有院线的五家主要制片公司获得了美国所有影院在 1943—1944 年支付的电影**总租金**的 73%。其他的制片商—发行商(环球、哥伦比亚和联美影业)获得了 22% 的收益。八大寡头垄断公司获得了电影总租金的 94%,这成为体现它们的统治地位的最佳指标(Conant,1960,pp.44-49)。

　　这种垄断结构在 1948 年美国实施谢尔曼和克莱顿反托拉斯法(Sher-

第6章 加拿大媒体的文化附属地位 Ⅰ：印刷媒体和电影

man and Clayton Antitrust)后被打破了。[1] 按照法令要求，行业巨头被迫出售了它们的全部影院资产。它们所享有的对地方影院的垄断权也受到了打击，因为法令要求各大影院的所有权（原来主要集中在影业巨头手中）必须多样化，并禁止使用"轮放""空档""整批承包"等垄断手段。其结果是，美国的电影业遭遇了重组。当然，美国的反托拉斯行动对加拿大没有影响。影业巨头（派拉蒙公司碰巧在合并后的美加市场中占据了一部分加拿大市场）对加拿大的故事片制作、发行和放映的垂直控制从未受到加拿大政府的干预。

1922年以前，加拿大制作了一些本国题材的故事片——比如根据拉尔夫·康纳（Ralph Connor）的小说改编并由欧内斯特·希普曼（Ernest Shipman）导演的电影。在自由放任主义时期，这些影片都取得了商业成功。那个时候，哪里能获得最高的利润，电影就在哪里放映，可以是加拿大、美国，也可以是英国。但是，在那一时期，加拿大、美国和英国商人之间的商业利益共同体竭力控制加拿大电影业，催生了一个由派拉蒙垂直垄断控制的行业结构。加拿大电影业发展过程中最引人注目的斗争的结果便是派拉蒙集团对加拿大电影业的控制。这一斗争发生在艾伦（Allen）连锁影院（1906年由一个美国家庭在加拿大建立）和它的竞争对手之间。操纵这一切的是由阿道夫·朱克（Adolph Zukor）领导的派拉蒙集团，其后台是纽约的投资银行老板库恩·洛布公司（Kuhn Loeb and Company），还有一个加拿大人担任其驻加代表。在鼎盛时期，艾伦连锁经营着56家影院（大部分在加拿大，但也有一些在美国）。这些影院出于防御目的（确保"明星"产品的顺畅流通），均隶属于"第一国家"（First National）——一个美国独立剧院联合公司。派拉蒙的子公司，加拿大名演员有限公司（Famous Players Canadian Corporation Limited）于1920年在加拿大获得许可证，并在1923年收购了艾伦院线。后来，它与英国拥有的奥迪恩（Odeon）影院合作，有效地垄断了加拿大电影的发行和放映。这必然阻碍了加拿大电影产业的发展。加拿大政府曾对外国在加拿大电影业的垄断地位发起过一

---

[1] *United States v. Paramount Pictures*, 334 U.S. 131.

次严峻的挑战。1931 年,加拿大政府根据《联合调查法案》(Combines Investigation Act)向加拿大法院提起诉讼,但在 1932 年,这些指控被草率地驳回。

美国指出,102 个电影生产国都使用配额或其他歧视性手段来保证本国电影得以在本国院线放映(Crean,1976,p. 104)。加拿大却从来没这么做过。为什么不呢?因为美国电影业动用了政治权力。苏珊·克林(Susan Crean)的《谁在害怕加拿大文化?》(Who's Afraid of Canadian Culture?)一书呈现了政治统治的历史模式,这种模式阻碍了所有发展加拿大电影制作产业的有效行为。只有法属加拿大例外,那里的民众支持培养了重要的本土电影制作能力。即使以收入来衡量,风险也很大。1975 年,加拿大是好莱坞最具价值的客户,为美国的制片人带来了 5450 万美元的回报。然而,这还不是美国的全部利润。毕竟,在 5450 万美元与加拿大 1975 年 2 亿美元的票房收入之间还存在很大的差距。这个差距产生的根源是外国制片商的收入和其他方面的开支——或者说是用结存的盈余,重新投资加拿大有线电视、加拿大冰球队或微型企业集团阿格拉工业有限公司(Agra Industries,Ltd.)(这家公司经营着萨斯卡彻温省萨斯卡通市[Saskatoon,Saskatchewan]的植物油提炼厂、软饮料生产以及平装书与杂志发行)。[①]

在加拿大,垂直垄断控制的基础是对电影发行市场 80%—90% 的所有权。1972 年,名演员公司以及奥迪恩公司分别拥有 44% 和 19% 的影院所有权。据名演员公司总裁称:

> 这是一个历史事实,主要的电影发行商以这种或那种形式形成统一战线。派拉蒙、华纳兄弟和联美肯定会放映名演员的电影,而哥伦比亚、三分之二的环球院线和三分之一的福克斯院线会放映奥迪恩的电影……据我所知,在 40 年代早期当奥迪恩刚成立的时候,大家就已经同意了这个做法。(转引自 Crean,1976,pp. 84-85)

主要的电影发行商拥有多达 63% 的影院的所有权。这些影院位于最具战

---

① The Financial Post Corporation Service,CUSIP No. 135440,17 February,1978,especially p. 5.

略意义的位置,并享有"首映"特权。它们有效地控制了加拿大其余1400多家影院的放映内容。这种控制通过两种方式实施:通过"独立"影院放映的电影;由广告的宣传效应和影片的首轮放映带来的重要"口碑"。当垄断者,比如美国电影业控制着电影发行时,**整批承包**的做法是普遍的。①这意味着,为了得到特别受欢迎的影片,独立影院也必须连带购买不那么受欢迎的美国影片。

加拿大政府的政策一贯不明确,其实是接受了美国电影及其产业的主导地位。但是,如前所述,买办的地位是不稳定的。为了保住统治精英的面子,政府就需要安抚当地人,并为继续扮演这个卑躬屈膝的角色提供解释或假装采取措施。这些解释有时与19世纪70年代为了"直接投资"而出售加拿大自然资源的国家政策相呼应。1926年,加拿大电影局(Canadian Motion Picture Bureau)局长写道:

> 作为加拿大人,我们在任何时候都在试图吸引美国资本和制造业的兴趣,希望它们来加拿大建立分厂。我把美国电影看作影响加拿大的一个分支工厂。应该鼓励美国电影制片人这样做。我们应该鼓励美国电影制片人来加拿大建立制作分公司,并制作出专门为大英帝国的消费而设计的影片。我相信,如果能获得恰当的合作、支持和技术建议,真正值得重视的美国制片人会很乐意制作典型的加拿大电影。(Ray Peck,转引自 Crean,1976,p.75)

半个世纪之后,当安大略省工业与旅游局局长前往好莱坞时,又对美国资金唱起了诱惑之歌:

> 我的卖点是,安大略省有美丽的自然风景,还有激动人心的城市,足以吸引好莱坞的制片人。同时,我们鼓励合作制片,也就是美国的资金与加拿大的人才之间的合作。(Claude Bennett,1975,转引自 Crean,1976,p.93)

---

① 在美国,整个电影产业以垄断者的身份与外国谈生意是再合法不过的一件事。1918年的《韦布-波默林法案》(Webb-Pomerene Act)已将这一行为划在反托拉斯法案的规定范围之外。加拿大政府似乎毫无能力推进反合并法案的出台,以抵制这一行为。

在第二次世界大战开始之后的几年里,美国文化帝国主义力推电影作为"信息自由流动"的一部分。与英国和许多其他国家一样,加拿大也面临着国际收支问题,需要保存外汇储备。英国对所有进口电影征收 75% 的关税,并设定了美国电影公司每年从英国拿走的利润的上限是 1700 万美元(其收益是 6000 万),以此来解决和美国因这一问题而起的争端。1947年,加拿大政府对许多美国商品实施了进口限制。但是,电影不在限制清单上。当时,每年约有 2000 万美元的电影利润流入美国(Crean,1976, p. 77)。

1947—1948 年,加拿大电影委员会(CCF)提议对电影征收保护性关税,并将所得税收用于刺激加拿大电影业的发展。对此,C. D. 豪在好莱坞提出了一项反提案,即"加拿大合作计划"(Canadian Cooperation Project)。这项计划在 1958 年前一直是加拿大的政府政策。按照该计划,电影行业可以输出其利润,以交换一系列公共关系活动:好莱坞将拍摄一部关于加拿大的美元贸易问题的电影;在电影新闻片中会有更完整的加拿大新闻;国家电影局(National Film Board)的电影将在美国发行;好莱坞将制作一部关于加拿大的短片;赞扬加拿大的广播录音将由电影明星录制;送往加拿大的影片将经过更为仔细的挑选;关于加拿大的"镜头"将被引入好莱坞电影。为了进一步证明他们的观点,从 1948 年至少到 1975 年,自由党政府帮助美国公司进一步从加拿大获取利润,对其出口利润的 15% 的法定预扣税给予 5% 的特别"减免"(Crean,1976,pp. 78-80)。

加拿大对电影业做了什么具有积极意义的事情呢?国家电影局于 1939 年创建。那时,约翰·格里尔森(John Grierson)制作的现实主义纪录片给其留下了深刻的印象。起初,它只不过是一个有效的宣传生产工具,服务于第二次世界大战,并因此与美国(战时新闻处[Office of War Information])和英国的宣传机器紧密地联系在一起。1945 年以后,国家电影局的纪录片和抽象艺术电影赢得了无数国际大奖,并对外制造了加拿大有电影制作工业的假象。实际上,因为联邦资金的限制以及本土商业电影面临的相同障碍——不能借助必要的宣传实现发行与放映,国家电影局已经被挡在故事片制作领域之外。其结果是,在20世纪40年代和50年代,国家电影局作为电影制片人在国内几乎没有任何流行意义上的重要性。不过,它确实培养了几代电影制片人、导演、编剧、摄影师和编辑,他们中的大多数人加入了通往南方的演员"人才外流"的队伍。在这个队伍中,最引人注目的演员包括玛丽·碧克馥(Mary Pickford)、沃尔特·休斯顿(Walter Huston)、雷蒙德·马西(Raymond Massey)、沃尔特·皮金(Walter Pidgeon)、比阿特丽丝·利利(Beatrice Lillie)、珍妮特·麦克唐纳(Jeanette MacDonald)、洛恩·格林(Lorne Greene)、雷蒙德·伯尔(Raymond Burr)和格伦·福特(Glenn Ford)等。

1959年,在皮埃尔·朱诺(Pierre Juneau)的倡导下创建的国家电影局法语分部实际上是法裔加拿大人民族主义主张的一部分,他们以此为跳板,争取国内故事片制作权斗争的胜利。六个或者更多的魁北克制片人—导演制作了故事片。这些故事片的票房不仅收回了成本,而且让魁北克人看到了影片中反映的他们自己的文化,以及在"无声革命"(Quiet Revolution)期间和之后存在的文化问题。在法国和英国的制片人以及国家电影局的强大压力下,加拿大政府于1968年成立了加拿大电影发展公司(Canadian Film Development Corporation,CFDC),通过部分政府资金来刺激国内故事片的生产。最初设立了1000万美元的周转资金(一年后增加到2000万美元)。经申请,加拿大电影发展公司可提供最高50%的电影预算(对于低预算电影来说,最多可提供60%)。到1974年,法国和英国的故事片在国际电影节上获了奖。但那时,斗争已经陷入了僵局。加拿大的私人投资者不愿意再加入加拿大电影发展公司的企业,许多加拿大知名导演也开始在好莱坞谋职。苏珊·克林(1976,p.72)说:

> 加拿大电影无法通过电影院实现足量发行是麻烦即将来临的一个清晰的预兆。七年过后,在2000万美元的税收和150部电影的背后,加拿大影院的观众中只有6%的人真正看过加拿大电影发展公司赞助的影片……当电影制作人试图发行他们的影片时,他们发现加拿大的发行与放映体系是封闭的。即使市场价值达到每年两亿美元,加

拿大在1975年仍然无法支撑它自己的电影。原因在于,它的发行和放映结构与美国电影业的纠缠太过紧密,而这种关系严重束缚了它。

加拿大广播公司对美国电影所持的官僚偏见可以通过以下事实得到证明:到1974年,加拿大电影发展公司提供的112部电影中仅有2部在加拿大广播公司上映(Crean,1976,p.110)。

围绕本土故事片产业展开的斗争延伸出并澄清了一些问题。1973年,加拿大电影制作人委员会(Council of Canadian Film Makers,CCFM)由7个工会和代表约8000人的不列颠哥伦比亚省电影业组成。它借鉴了其他102个国家的做法,建议对进口电影实行配额和对票房销售征税,以支持加拿大电影的发行和放映。它开始游说议会电影委员会、国务助理和加拿大电影发展公司。作为回应,加拿大政府使用了一切可以想到的手段,以避免必要的步骤,为国内故事片产业的发展创造条件。在20世纪70年代,几位国务助理恳求美国电影业哪怕给予加拿大电影业象征性的发展和放映权。加拿大电影发展公司一直在寻求美国投资方成为加拿大电影的联合制作人——用苏珊·克林的话来说,这是"为电影工业的分公司开出的药方"。1975年,美国产业部门和国务卿提出了"自愿配额"的建议,但这一建议被美国控制的分销商忽视了。被确认为"加拿大人"的电影制作投资者可以办理资本投资的快速税务注销业务。1978年的宣传册介绍了电影制作分公司的相关实践。宣传册中介绍的电影是《汉克》(Hank)——关于一个年轻女孩(美国明星)赢得一场保护野马免于被宰杀喂狗(美国人近期关注的动物保护问题)的战斗。除了影片要在加拿大拍摄、制片人应是法律意义上的加拿大人、75%的制作预算要花在加拿大之外,这部电影还需要6"分"来获得"加拿大"的资格。这6分是这样获得的:导演、剪辑师、总摄影师和配乐作曲家均是加拿大人。然而,编剧和男女主角都是美国人。该项目的财务稳健程度取决于与美国全国广播公司电视网签订的发行协议,以及与《时代》/生活电影有限公司(Time/Life Films,Ltd.)签订的全球付费电视和电视联合转播权合同。纽约化学银行(Chemical Bank of New York)是这部影片的投资方之一。宣传册完全没有提及影片在加拿大的发行。

与此同时,公众对加拿大本土故事片抱有的强烈兴趣可以证明加拿大电影制作人委员会所获得的广泛支持:

> 加拿大电影节变得日益重要……1973 年 10 月,在多伦多圣劳伦斯中心(St. Lawrencce Centre),一场 6 小时的马拉松式加拿大电影放映让蜂拥而至的观众扫兴而归;然而,1973 年 1 月在伦敦西安大略大学(University of Western Ontario)举办的类似的非真实加拿大电影节(Festival of Non-existent Canadian Films)却吸引了大批观众。1975 年 1 月,在萨斯卡通市萨斯喀彻温大学(University of Saskatchewan),一万人赶赴电影节观看加拿大电影。同月,约 1200 人冒着暴风雪出现在多伦多市中心,观看国家电影局首映的纪录片——罗宾·斯普赖(Robin Spry)导演的《行动》(Action),讲的是 1970 年的十月危机。(Crean,1976,p.83)

政府在政策问题上采取折中的态度是不可能的——美国业界和加拿大电影制作人委员会都明白这一点。然而,加拿大政府继续其六十年来对这个问题的回避态度。之所以不可能采取折中的态度,可能的理由如下:(1)加拿大生产的故事片,其情节、地点可能带有独特的加拿大色彩,其演员、导演、摄像师和制作人也可能是加拿大人。大多数这类影片的制作预算可以从加拿大的电影放映中收回,虽然其中一些影片将在国外放映。加拿大必须保证这些影片的发行和放映。如果辅以进口电影配额制和票房征税制,这将是一个可行的政策。(2)另外,加拿大也可以制作明确针对外国(比如,美国)市场的电影。这些电影会模仿美国电影中常见的情节和价值观。它们的预算需要与典型的美国电影预算相当,即远高于(1)中的预算。此外,不能保证(2)中的加拿大电影会在美国的电影发行商手中获得合理的曝光率。(如果美国发行商在加拿大都不可能发行加拿大制作的影片,我们怎能期待它们到了美国就能得到更好的礼遇呢?)使用传播手段来强化加拿大的身份认同这一需求是一种理想主义的修辞。如果加拿大的统治精英严肃地想要给予这种修辞一个现实主义的基础,那么采取行动,从美国手中夺回对加拿大电影业的控制,从而创造出加拿大故事片的生产能力,将是合乎逻辑的做法。这就需要实施进口配额制和票房税收制,以补贴国内电影制作行业——这是世界各地普遍的做法。

本章分析了加拿大印刷和电影媒体的发展。除了日报能在加拿大垄断性的、专有的环境中繁荣发展外,我们发现印刷媒体和电影都被加拿大政府和统治阶级的一贯的政策所扼杀。这种政策宁愿先迁就英国,然后是美国的资本和商业组织,也不愿帮助这些产业实现任何有意义的本土发展。下一章将讨论加拿大电信业的发展。

第7章
加拿大媒体的文化附属地位Ⅱ：电信业

前一章已经说明，加拿大的报纸、期刊、图书和电影业虽然形式各异，但都是美国市场的附属物。报纸和期刊由美国媒体主导。美国媒体专门为广告商制造受众，以让受众购买和推销大规模生产的消费品。图书和电影业受支配的方式虽然在结构上有所不同，但最终效果完全一样。本章我们研究加拿大的电信业。

从一开始，加拿大的电信业就被组织起来，以便英国和美国的资本家能够榨取其资源，实现自己的利益。第一个目标是将蒙特利尔与哈利法克斯连接起来，再将哈利法克斯与纽约连接起来，以便将哈利法克斯的跨大西洋船只上的新闻发送到纽约和蒙特利尔的市场。1847年，电报线路从魁北克市向东延伸；从缅因州向北延伸并进入新不伦瑞克省，第二年将实现与魁北克市的线路的连接。同样在1847年，布法罗和多伦多之间建立了联系(Marshall et al.,1936,pp.123-124)。到1850年，向北至哈利法克斯的线路在纽约的美联社的资助下得以连通。在早期的跨国公司中，第一个主要的"托拉斯"是西联电报公司。19世纪50年代，它收购了蒙特利尔电报公司(Montreal Telegraph Company)，将其业务扩展到加拿大。在19世纪50年代，它还深入不列颠哥伦比亚省数百英里，并准备与俄罗斯帝国电报公司(Russian Imperial Telegraph)联手，连接阿拉斯加与西伯利亚两地。在1866年跨大西洋海底电缆成功铺设后，它保留了在不列颠哥伦比亚省的服务，但是放弃了连接阿拉斯加和西伯利亚的计划。1881年，它收购了美国联合电报公司(American Union Telegraph Company)，这家公司及其子公司自治领电报公司(Dominion Telegraph Company)在安大略省和魁北克省拥有广泛的业务基础。它进一步巩固了在大西北电报公司(Great Northwestern Telegraph Company)的加拿大股份,该公司的一部分业务是加拿大北方铁路(Canadian Northern Railways)的电报业务。

1923年,加拿大国家铁路公司(Canadian National Railways)创建时,加拿大北方(Canadian Northern)、大干线(Grand Trunk)和大西北等公司的电报线以及政府的某些电报线都合并到加拿大国家电报公司(Canadian National Telegraphs)。在1927年和1929年,西联将其在加拿大滨海诸省的剩余陆地线路卖给了加拿大国家电报公司,它自己保留的1185英里的线路连接了新斯科舍省、纽芬兰省的电缆终端和美国的陆地线路(Marshall, et al., 1936, pp. 125-126)。

至1856年,美国和英国的跨大西洋电缆的推动者,将电报服务的范围扩展到连接纽芬兰省的圣约翰斯与加拿大和美国,从而避免了铺设1500英里长的海底电缆。第一次尝试在1856年暂时获得成功。在接下来的20天里,女王和总统通过电缆互致贺电(没有提到加拿大)。① 1866年,第三次尝试也成功了,加拿大被永久地设立为海底电报的中转站。1869年,第二条电缆将法国与新斯科舍省连接起来。1900年之前,加拿大境内有12条跨大西洋海底电缆。1894年,"渥太华殖民地会议"("Colonial Conference at Ottawa")将帝国的传播政策纳入了考虑范围。所有现有的通往印度和澳大利亚的线路都要经过非英国领土,一旦发生战争,这些线路将变得非常脆弱。因此,加拿大自治领决定招标建设一条从不列颠哥伦比亚省到澳大利亚的电缆(Bright, 1898, p. 149)。1902年,一条被称为"红色电缆"(Red Cable)的电缆铺设成功。

加拿大人参与铺设海底电缆的活动,无论是为电缆终端提供登陆滨海诸省的服务,还是参与19世纪60年代的阿拉斯加项目,或参与铺设从加拿大到澳大利亚的英国电缆,都是大英帝国的被动代理人。地缘政治战略家认为电缆是帝国的一个决定性的因素,而海运、煤站、领事办公室和银行

---

① 讨论早期有线电缆的发展的较高水平的文献,可参见 Bright, 1898, p. 36。

分支机构均处于次要地位。① 西联穿越不列颠哥伦比亚省,经白令海,通过阿拉斯加与俄罗斯的电报系统实现连接。这个大胆的谋划其实是一个英美资本联手演练项目的组成部分。在英国这一方,横跨俄罗斯的电报线路已经由在英国拥有巨额投资和强大控制力的丹麦大北方电报有限公司(Great Northern Telegraph Company,Limited)建成。俄罗斯沙皇对"跨越俄罗斯大陆的电缆抱有强烈兴趣"(Tribolet,1929,p.72)。这家企业建造了横贯大陆的电缆线路,并与东方电缆公司(Eastern Cable Company)(英国)掌控的服务于印度、中国、日本和澳大利亚的英属亚洲电缆网络相连接。虽然从19世纪50年代起英美双方就暗中谋划要控制对方,但对这个亚洲网络的控制(尤其是对通往中国和中国境内的网络的控制)却是两国的共同战略目标。②

直到第二次世界大战之后,全球电子通信设施的战略之争才有了最终结果,此时矛盾的主要方面因美帝国压倒了英国而发生了转化。当时,加拿大的电信系统(及其印刷和电影媒体)已经被置于美国的控制之下。下面我们将把关注点移至加拿大国内的电信系统。

根据《不列颠北美法案》(British North American Act),加拿大联邦政府已经为两大电话公司颁发了许可证,即加拿大贝尔电话公司(Bell Telephone Company of Canada)和不列颠哥伦比亚省电话公司(British Columbia Telephone Company)。这两家公司都是美国跨国公司巨头的分公司。贝尔公司于1880年获得许可证。它的全资子公司北方电气公司(Northern Electric)自1892年以来一直为加拿大贝尔公司的电话运营公司生产设备和供应设备。这两家公司都与经营/控股母公司(美国电话电报公司)紧密关联。同时,母公司的美国国内搭档也与北方电气公司、西部电气公司(Western Electric Company)紧密关联。控制方法为股权和三角结构的合同,比如:(1)专利许可证(在母公司与经营公司之间),(2)制造(在母公

---

① Tribolet(1929)。关于航运、装煤港等的论述,基于伊莱休·鲁特(Elihu Root)的著作,请参见第43页。

② Tribolet(1929,chap.Ⅵ,"China")描绘了这一场景。

司与制造子公司之间），(3) 供货（在运营与制造子公司之间）(Daniellian, 1939, pp. 365-366)。

当19世纪电报和电话公司获得许可证时，这个国家本可以建立并经营自己的电报电话设施（也就是欧洲采取的模式）或者委托特许公司开展此项业务。当时，电报技术和电话技术是截然不同的，彼此隔绝。同时，它们与其他行业之间也存在着明显的隔阂。加拿大和美国都选择了私有化经营模式。起初，贝尔公司设想自己"……的目的是拥有整个加拿大的电话系统……"[1]在对某个草原省份的电话产业的研究中，我发现，在那些地域广袤、动荡不安的地区，比如现在阿尔伯塔省（Alberta）、萨斯喀彻温省和曼尼托巴省（Manitoba）所在的地区，发展情况是这样的：

> 在19世纪70年代和80年代，盎格鲁-撒克逊加拿大人是否能建立对草原地带的霸权，取决于他们能否把美国军队压制在官方边界之外，能否打压当地人和米提人（Metis）以强制实施领土控制，以及能否准备好运输设施和传播设施，以接纳即将大批来到此地的欧洲移民。(Smythe, 1974, p. 4)

满足前两个条件要靠皇家西北骑警队（Royal Northwest Mounted Police），第三个靠修建铁路，第四个靠电报和电话，尤其是电话。加拿大贝尔电话公司在19世纪80年代就已经把业务延伸至草原地区，但一直没有进入不列颠哥伦比亚省。此外，其业务仅限于该地区最大的城镇。即使是这样，与私营小型电话公司相比，贝尔电话公司的业务质量和收费标准都不尽如人意。加拿大贝尔电话公司采取的策略就是从大市场中"撇脂"，而对小城镇和农业地区的需求置之不理。该公司总裁告诉马洛克委员会（Mulock Committee, Vol. I, p. 622）：

> 如果要在一个较大的区域内建立交换关系，并提供1000个人需要的业务，我们当然会正确地做出安排，也就是优先满足大多数人的

---

[1] Canada. House of Commons, "Proceedings of the Select Committee on Telephones," 1905, p. 404. 后文称之为"Mulock Committee"。

需要，而不是在农村铺设线路。选择前者，我们能获得丰厚的回报；而选择后者，我们的回报就十分微薄。基于同样的原则，如果需要在多伦多和蒙特利尔之间铺设一条线路，以服务于商人以及两地的商业社区，或者需要花同样多的钱在农村铺设线路（回报极少或者根本没有回报），那么不管以何种商业原则考量，任何人都会说：修建那条长线，为最大多数的人提供服务，这些人具有最大的价值。

受贝尔公司的政策的影响，公共公司而不是贝尔公司正在经营草原三省的电话业务，同时该策略也挫败了通过议会征用该公司财产的计划。

1890年至1910年间美国发生的针对大型垄断公司的公有化的民粹主义运动（见第3章）在加拿大也出现了。它最早出现在1905年由英国邮政大臣威廉·马洛克（William Mulock）主持的议会委员会的听证会上。政府专家弗朗西斯·达格先生（Francis Dagger）（一位有英美工作经验的电话工程师）的证词显示，他发现贝尔公司提供的服务在四个方面不那么令人满意：

（1）在大城市收费过高。

（2）在拥有2.5万至6万人口的城市，收费过高，与人口规模不成比例。

（3）长途业务收费过高。

（4）缺乏农村通信业务。（Mulock Committee, Vol. I, pp. 7-8）

他就此得出结论：国家或市政当局可以用低得多的价格来提供这些服务并且获得令人满意的利润，因为它们的资本支出远低于贝尔公司，而贝尔公司不得不考虑回报的问题。这里的回报是指加拿大贝尔公司500万美元股价中的1/5都被用来和美国电话电报公司交换早已过期的专利权。他建议联邦政府接管贝尔的城际设施，并在邮政部门内运营。市政服务的经营应授权给省级或地方政府——公共事业机构要承担普通法规定的义务。他说，农村地区的服务应该由农村合作社提供。他认为，应针对城市和农村的电话设备制定联邦标准。此外，联邦标准还应规定电话系统之间的强制连接。

达格的提议得到了在场数十位证人的响应,尤其是加拿大市政联合会(Union of Canadian Municipalities)及农场和农村的用户代表。他们的证词打印了数百页,其要点是农民需要电话业务,但无力支付商业公司(主要是贝尔公司)收取的高昂费用。如果可以自己经营这项业务,他们支付的费用仅为贝尔要价的一半。然而,根据贝尔与加拿大太平洋铁路公司(Canadian Pacific Railroad)、大干线铁路公司(Grand Trunk Railroad)签订的合同,他们无法与城镇中的贝尔电话线路连接,也无法与火车站连接。

美国和加拿大利用来自电报和电话行业的既得利益对其垄断特权进行战略防御的模式在本质上是一致的,尽管战术细节有所不同。在1890—1914年间,两个国家的电报和电话行业均与垄断的资本主义公司联合起来,实现了对国家结构的主导性控制。在这两个国家,电报和电话行业都不得不面对被收归政府所有的威胁——这一威胁因欧洲一些发达国家已对此类服务实现政府所有与经营而加剧。然而,在整个资本主义世界,轻、重工业,资源开采与加工业,以及消费品生产业仍然毫无争议地维持私营状态。面对威胁,它们不仅借助自己在政府中的政治力量加以抵抗,还通过大众媒体生产的受众力和操纵免费午餐中的新闻内容(通过报社和通讯社的编辑政策)来制造舆论。不过,为了确保它们的工业霸权,美国和加拿大的电话和电报工业就需要吸收对它们的垄断费率和服务政策的批评。这些政策的实施让类似的批评不绝于耳。

1905年5月,当议会听证会还在进行的时候,威廉·马洛克中途退出了委员会的讨论,前往英国参加太平洋电缆会议(Pacific Cable Conference)。委员会并没有得出任何政策性的结论,也没有提出任何相关建议。5个月后,马洛克因健康原因离开政府,后被授予爵位并被任命为安大略省财政法院首席法官(Chief Justice of the Exchequer Court of Ontario)。其邮政大臣职位的接任者是议会委员会听证会上贝尔电话公司的法律顾问A. B. 艾尔斯沃思(A. B. Aylesworth)。反对党领袖罗伯特·博登(Robert Borden)先生和一些有影响力的报纸都认为,马洛克的离职以及

第 7 章　加拿大媒体的文化附属地位 Ⅱ：电信业

委员会未能提出立法建议是贝尔电话公司取得了胜利的明显证据（Britnell，1934，pp. 20-21）。

贝尔公司的利益集团击败并瓦解了在加拿大倡导电话国有化的民间力量。这股民间力量在美国取得了胜利（见第 4 章），而那已经是 15 年以后的事了。贝尔放弃了安大略省西部那些政治上棘手、经济上利润微薄的潜在市场，并进一步获得了垄断东部市场的优势。对于这一结果，贝尔公司十分满意。为了应对政府有可能接管利润丰厚的东部市场这一严重的威胁，贝尔的利益集团亲自在加拿大（就像他们在美国所做的那样）推行公共"监管"。在美国，联邦通信委员会对电话市场的调查报告称：

> 至 1910 年，竞争已被消除，因为它严重地威胁到贝尔公司的赢利。贝尔公司的管理层很有远见，认识到如果没有竞争作为防止敲诈勒索的保障，就不可能实现全国范围内的电话垄断，除非存在某种程度的公共监管。美国电话电报公司 1908 年、1911 年和 1912 年的年度报告表明，公共监管已被接受为有效竞争的替代品。其中隐含的希望是，州监管委员会能够采取司法态度，做出具有永久性的决议，这样就不会受到公众压力的影响。（U. S. Federal Communications Commission，1939，p. 475）

贝尔公司以州际商业委员会（Interstate Commerce Commission）的名义，出台了联邦监管制度，这一制度是对 1914 年州际商业委员会职能的修订。

在加拿大，联邦议会显然是不太容易"受到公众压力的影响"的"永久性"监管机构，它授予加拿大贝尔公司和不列颠哥伦比亚省电话公司许可证，并从 1880 年起定期更新。这种法定的"监管"必然是烦琐和不方便的。因此，效仿美国的做法，在 1903 年铁路专员委员会（Board of Railway Commissioners）成立之后，永久性的联邦监管委员会就只享有有限的权力了。加拿大运输委员会（Canadian Transport Commission）成立于 1967 年。1977 年，加拿大广播电视与电信委员会（Canadian Radio-television and Telecommunications Commission）被赋予某些监管职能。

在加拿大和美国，这类委员会的监管职能源于一个共同的理念，即英国普通法中的"受公共利益影响的业务",以及更狭义的"公共承运人"。这是一种源自中世纪的公平价格(justum pretium)的理念,授予普通法所称的"公众行业"中的企业垄断权。作为回报,企业有义务为所有消费者提供优质、安全、无歧视、价格合理的服务。在公共承运人行业中,公司通过法规、证书或者许可证获得垄断地位。费率监管的一般模式是,获得批准并收取的费用应该产生足够的收入,以支付所有谨慎的开支,并在一个较长的时间段内能获得足够的利润,用于吸引更换破损、陈旧的厂房需要的周期性资本投入。在加拿大和美国适用的公共承运人原则包括:

> 人们假定,监管的对象是一个企业,而不是一个市场或一系列市场……这是一个重要的假设,它在19世纪是恰当的,但在今天的电信业已经过时了。
>
> 人们假定,监管委员会的功能是被动的和消极的,同时,被监管的公司的管理活动享有规划行业发展、提供资金、决定对工厂的投资的模式和内容、采购设备、提供各种供应和服务、启动新服务并制定价格等方面的优先权。这里存在一个严重的悖论:如果要让公众认为监管是有效的,监管措施就必须侵犯管理活动的优先权;如果一个委员会强迫管理层不情愿地做出一个重要的决定,那它会不会在管理层遭到股东起诉时对之予以保护,宣称管理层对股东委托的责任进行了最佳处置?……
>
> 人们假定,就像在司法程序中一样,对立各方可以充分地陈诉证词。换句话说,在行业和公众代表之间的监管机制中存在着某种制衡的力量。事实是,当行业以消费者为代价全副武装,在监管委员会面前奋起保卫自身的利益时,消费者通常处于无组织、不知情、不具备充分的相关专业知识,或完全没有代言人的状态。许多改革者希望委员会的工作人员能够维护消费者的利益,但这一愿望未能实现,原因要么是委员会的工作人员与行业的观点一致,要么是他们受到雇主——委员会的长官——的约束,以一种准司法的方式行事。这些委员会作为政府巡查员的职能没有得到履行。

一个最基本的假设是,当面临监管时,垄断就会表现得好像一种竞争性行为(引自霍勒斯·M. 格雷[Horace M. Gray]教授):

> 社会可以通过废除竞争来享受它的好处,可以通过创造私人垄断并使其合法化而避免其弊端。这种综合性的说法很巧妙,虽然有些天真。简言之,一个人可以拥有垄断权,但同时又不能拥有它。这种表面上的矛盾,可以通过公共监管来化解,而公共监管的作用是作为催化剂,协调私人垄断与公共利益之间的关系。[①]

美国和加拿大实施的公共承运人监管机制有助于保护受监管的工业不受有效的补救措施的影响。这一结论和对改革的建议已经成为许多批判性图书和文章的主题(Gray,1940;Smythe,1971;Melody,1969;Trebing,1969a,b;Wilcox,1955;Lewis,1966;Johnson,1961;Averch and Johnson,1962;Westfield,1965;Posner,1969;Stigler and Friedland,1962)。

马洛克的倡议失败后,显然,满足三大草原省份的电话业务需求的联邦行动不会出现了。阿尔伯塔省和曼尼托巴省立即在1906年建立了对电话的政府所有权。两年后,萨斯喀彻温省也紧随其后。在这三个省,贝尔的利益集团自愿出售它们的财产。为了运营这三个省的电话系统而创建的皇家公司似乎比加拿大贝尔电话公司和不列颠哥伦比亚省电话公司更有效率(Babe,1978)。此外,由于公司的利润没有被美国和加拿大的私人股东掠走,这些利润就被用来交叉补贴那些无利可图的农村业务,或用来减轻地方人口的纳税负担。

就贝尔电话公司而言,它在人口更密集、利润更丰厚的市场上取得了巨大的成功。它强大的政治影响力推动议会出台了类似慈善之盾的政策(一方面通过定期复议和修改公司的特许政策,另一方面借力加拿大运输

[①] Smythe(1970,pp.62-65).格雷教授这段话引自他在众议院司法委员会反托拉斯小组委员会(Antitrust Subcommittee on the Committee of the Judiciary, House of Representatives)上的讲话。参见 *Monopoly Problems in Regulated Industries*, Part I, Vol.1, 1956, pp.76-88。

委员会),其中一项监管法规有效地将关注范围缩小到净收入是否为资本投资提供了合理回报这一问题。作为权力的集中体,贝尔公司更像一个庞大的私人政府。1973年,贝尔的总收入达21亿美元,相当于四个加拿大省(新不伦瑞克省、纽芬兰省、新斯科舍省和爱德华王子岛省[Prince Edward Island])的公共收入的总和。要想看齐其1973年的收入,还要加上加拿大皇家银行(Royal Bank of Canada)和蒙特利尔银行(Bank of Montreal)的收入总和。当年,它的总收入比所有加拿大太平洋运营分公司的总收入还要高70%,与帝国石油公司(Imperial Oil)相比也仅差20%。贝尔拥有加拿大电话行业70%的份额,确实是鹤立鸡群。它在跨加拿大电话系统(TransCanada Telephone System)(1932年成立的连接大西洋到太平洋的电话业务的一家非政府组织)拥有呼风唤雨的地位。

贝尔公司成功地坚守住一个过时的观念,即电信是一种"自然垄断"。在这种情况下,垄断公司可以在一个独特的、分立的市场结构中服务和接受监管。由于在第二次世界大战期间电话公司**之外**的研究和开发活动大为扩张,以及后人造卫星时代太空竞赛的出现,诸如晶体管、波导管、印刷电路、通信卫星和计算机等发明现在成为许多大型(航空航天)公司的共同资源。从技术层面讲,电话业中唯一剩下的"自然垄断"成分就是本地交换电话系统。城市间的传输在本质上是竞争性的。电话信息、电视节目、计算机数据和专线服务的传输已经成为不同实体利用卫星和微波中继站进行竞争的一个可行的领域。在需要与交换式公共电话网互联的专门用户网络安装方面,情况也是如此。贝尔电话公司拒绝或抵制这种互联,它利用其垄断市场(交换式公共电话网)创造的利润来交叉补贴那些旨在消灭专门用户网络市场上的竞争对手的业务。①

同样,在贝尔的领导下,加拿大电话行业击退了另一种运营这一行业的模式——有线电视。贝尔公司因受特许条约限制不得拥有有线电视或

---

① 威廉·梅洛迪(William Melody)博士在为联邦通信委员会所做的"七种成本研究"("Seven-Way Cost Study")中发现,当成本和投资被完全配置时,净营业收入在美国电话电报公司跨州服务的净投资中所占比例为:长途通话,10%;广播电话服务,10.1%;电话专用线路服务,4.7%;电传打字机交换服务,2.9%;电报专用线路服务,1.4%;宽频带通信通道,0.3%。引自Smythe,1970,p.124。

广播经营许可证。在享有对街道电话设施使用权的合法垄断的基础上,各个电话公司都利用其经济的和政治的影响力强加给有线电视公司巨额成本。有线电视公司不能拥有电缆,它们必须付钱才能使用这些连接在电线杆上的电缆(Babe,1975)。

在另一个案例中,一家私人控制的垄断公司拥有和运营通信卫星的方法也借鉴了美国在20世纪70年代初加拿大通信卫星公司(TELESAT CANADA)成立时对美国通信卫星公司(COMSAT)的做法。"阿尼克"(ANIK)卫星被制造出来,本质上是为了扩大电信设备市场以让设备制造商(尤其是航空航天业的巨头休斯航空公司[Hughes Aircraft Corporation]和美国无线电公司)获利。现在,它的地位进一步提升。一些似是而非的论点指出,"阿尼克"卫星将要服务于加拿大北部地区的当地人的"发展"需求。然而,人们根本没有看到它出台任何计划或实施任何行动。电话和电报公共运营商根本就没有使用这些卫星。它们在加拿大通信卫星公司拥有有效的制股权,宁愿从建造和运营微波传输系统中获得利润(参见 Melody,1979)。

电话垄断企业在应对数据处理方面的问题时就不那么春风得意了。计算机技术的先驱国际商用机器公司已经成长为一个大型跨国公司,其收入可与美国电话电报公司媲美,其业务遍及几十个国家。从电话公司的角度来看,更糟糕的是计算机业务的竞争性质,许多公司纷纷提供"在线"和"存储转发"等服务,种类之多令人眼花缭乱。此外,更强大、更复杂的行业革新会使计算机服务的相关设备每五到七年就面临淘汰,相比之下电话的更新换代至少要二十年。计算机数据处理技术和电话技术密不可分。电话公司为公共交换网安装的每个电子交换系统都是一台计算机。另外,除了少数独立的计算机外,计算机的使用都需要借助电话信道来连接。信息的远程处理成为数据处理行业的发展趋势。电话公司正在转换模拟系统,以适应数字数据传输、交换以及与计算机的连接等发展趋势。

在所有涉足计算机行业的国家,在各种场景之下,基本的隐私问题都不容忽视。在隐私(不管是个人的、机构的,还是国家的)和计算机数据库的使用权之间存在一个矛盾。没有现成的电子通道,计算机的效率就会受到损害;然而,为了保护隐私而限制访问通道的定义和执行方式,是一个很难做出的决定。在另一个层面上,计算机挑战了电信市场中公共承运人的既得利益。计算机、有线电视系统和通信卫星可以提供电话和广播服务,作为传统电话以及空中广播电台和网络的替代系统。加拿大80%的计算机市场由美国的跨国公司控制,对国家领导权的考虑必然与对竞争性而非垄断性企业的意识形态偏好相冲突。① 通信部(Department of Communications)对政策问题进行了开拓性的研究,但到目前为止尚未解决基本的政策问题。与此同时,隐私问题越来越严重。早在1970年,加拿大银行(Bank of Canada)的会计记录就存储在美国的数据库中,加拿大人的保险和信用卡记录也保存在美国的数据库中。匈牙利航空公司和保加利亚航空公司的**本地**机票预订记录也被"存入"美国佐治亚州亚特兰大市的一台计算机。

电话运营公司和电话设备制造子公司之间的"垂直"所有权关系是19世纪遗留下来的另一种垄断遗产。它浪费资源,增加了公众使用电话服务的成本,助长了该行业的低效率。加拿大电信设备市场75%的供货来自北方电气公司(1969年,电信设备净销售额为4.23亿美元)。在对加拿大贝尔北方电气公司(Bell Canada of Northern Electric)的垂直控制的反竞争问题进行了详尽的研究之后,调查研究部总监结合调查方案,得出结论:在20世纪60年代,

……加拿大贝尔公司对其不受监管的子公司施加了广泛的影响,这种影响极可能导致北方电气公司不能有效且高效地运营。同时,加拿大贝尔为确保子公司在电信市场中的统治地位,把除了北方电气公司之外的其他供货商排除在大部分电信设备市场之外……此外,北方电气公司的改革成效因为美国电话电报公司对产品革新的早期控制

---

① 加拿大通信部出品的《即时世界》(*Instant World*,1971b,chap.5,15)尽管在一定程度上有些过时,但是对计算机的分析很全面,总体上其分析现在看来仍然有效。80%的数据取自这份报告的第166页。

和加拿大贝尔对发展独立研发设施的抵制而被大大削弱。(Canada. Director of Investigation and Research,1976,pp. 8-9)

这篇报告的结论是:1973年,当时的北方电气公司的总裁指出,北方电气公司已经给美国电话电报公司充当了太久的经济"殖民地"。这次调查的成果也显示,北方电气公司也给加拿大贝尔充当了太久的经济"殖民地"……(p.11)

北方电气公司某次内部会议上总监所做的报告(1976,p.120)中的几句话可以显示出在这种依附关系中延续下来的典型的"殖民地心态":

> 贝尔与美国电话电报公司的关系……它抑制了北方电气公司的技术人员的创造力,因为他们跟不上外界技术发展的步伐。这也意味着北方电气公司不能进行符合加拿大人需求的设计。贝尔对美国电话电报公司的依赖暗示北方电气公司的管理者,贝尔对北方电气公司的研发部门还没有足够的信心。"贝尔的工程师经常带着装有原型机的公文包跑到美国电话电报公司去,就是为了找那边的高手看看这个产品是否可行。"

一种有害的情况显而易见——即使是名义上(如果不是偶然的)对电话运营公司进行监管也会让人灰心丧气,因为运营公司往往通过向子公司支付钱款而虚报开销、在资本账户上做假账,而子公司通常在**毫无监管**的情况下代表运营公司生产设备和采购。威廉·H.梅洛迪博士在限制性贸易惯例委员会(Restrictive Trade Practices Commission)上证实:

> 在电信设备市场上,没有任何证据可以证明垂直整合比竞争更有效。垂直整合的一个主要代价是失去判断内部关系的效率(从公开的市场测试或公众监督的角度来看是封闭的)的独立测试方法(市场的或非市场的)。如果垂直整合关系是有效的,它将在面对开放的信息和积极的竞争投标时占上风。如果市场是开放的,内部制造商仍然会赢得所有业务……
>
> 当然,事实上,没有哪个电信行业的制造商会是所有产品的最高

效的供应商。在竞争激烈的市场中,各制造商将根据各自的效率和对不同类型的设备和不同产品线的专业化分工来进行销售。该报告为朝着这一方向实施公共政策提供了充分的依据。(Melody and Smythe,1977,pp.9-10)

151 　　这里讨论的美国电话电报公司与加拿大贝尔公司和北方电气公司的关系,或许在原则上呼应了不列颠哥伦比亚省电话公司与掌握其所有权的外国公司之间的关系,以及不列颠哥伦比亚省电话公司的几乎所有设备都从子公司购入这一做法。与加拿大贝尔电话公司一样,不列颠哥伦比亚省电话公司于1916年被纳入自治领宪章管辖范围。在1966年完成了对奥肯那根电话公司(Okanagan Telephone Company)的收购后,它现在在不列颠哥伦比亚省的电话业务中占据主导地位。1926年,不列颠哥伦比亚省电话公司被英国—加拿大电话公司(Anglo-Canadian Telephone Company)通过大量购买股票的方式收购。这家公司的名字是一个控股公司的名字,但它实际上并不经营电话业务。收入只有不列颠哥伦比亚省电话公司六分之一的魁北克电话公司(Quebec-Telephones),是英国—加拿大电话公司在加拿大的另一个电话运营商。随后,英国—加拿大电话公司又被西奥多·加里公司(Theodore Gary and Company)和通用电话与电子公司(General Telephone and Electronics)并购。通用电话与电子公司是一家总部设在纽约的跨国公司,下辖170多家子公司,包括服务于多米尼加共和国(Dominican Republic)的电话公司。作为这桩并购交易的组成部分,不列颠哥伦比亚省电话公司成为一系列附属电话设备制造公司(自动电气[Automatic Electric]、林克特电气[Lenkurt Electric]、菲利普斯电缆[Phillips Cables])的一员。1969年,通用电话与电子公司下属制造商的电信设备销售总额达到9500万美元——差不多是北方电气公司的四分之一。

　　关于不列颠哥伦比亚省电话公司,我们关心两个问题。一是它从其姊妹公司购买设备的范围,以及这些购买对电话服务的价格和质量的影响。从1970年到1974年,不列颠哥伦比亚省电话公司从自动电气和林克特电气公司采购了其82%的电信硬件设备。鉴于加拿大电信市场缺乏竞争

(贝尔电话公司和不列颠哥伦比亚省电话公司都被迫从它们的生产分公司采购),且缺乏关于生产成本的信息,电话公司被额外索要了多少钱根本无从确定。然而,关于服务质量的问题,很显然,不列颠哥伦比亚省电话公司的客户使用的交换机设备在从自动电气公司买来时就已经过时了(Canada. Dept. of Communications,1975)。第二个问题是,不列颠哥伦比亚省电话公司与其生产和供应分公司之间的关系是否否定了公共监管的目的,即为电话服务制定合理的收费标准。必须指出的是,到目前为止,只有公共运营商受到这样的监管。通用电话与电子公司只拥有不列颠哥伦比亚省电话公司大约一半的股票,但它拥有不受监管的制造和供应子公司的全部股份。不列颠哥伦比亚省电话公司正是从这些子公司采购硬件和电话号码簿的。通信部发现(1975,p.5):

> 不受监管的子公司的所有者权益回报率远远高于加拿大通信设备制造业的总体投资回报率,也高于加拿大所有行业的平均水平。

通信部(1975,p.34)发现,关于通用电话与电子公司下属的为不列颠哥伦比亚省电话公司制作电话号码簿的公司,也就是自治领电话簿公司(Dominion Directories),"所有者在该公司的投资资本的年回报率非常高,1969年至1974年间平均为83%,1973年超过100%"。在通用电话与电子公司的操控下,不列颠哥伦比亚省电话公司对消费者采取各种敲诈欺骗行为。这违反了麦洛迪博士向限制性贸易惯例委员会陈述的原则。

如上所述,加拿大通信制造行业由两家一体化的大公司所主导,即贝尔加拿大—北方电气公司和通用电话与电子公司联合体。除了电话运营公司使用的产品,还有其他公司和其他的电信产品。较大的非一体化公司包括美国无线电公司、柯林斯电台(Collins Radio, Ltd.)、加拿大通用电气公司(Canadian General Electric)、加拿大西屋电气公司(Canadian Westinghouse)(都是美国跨国公司的附属公司),还有加拿大马可尼公司、飞利浦电子工业公司(Philips Electronics Industries)和加拿大电线电缆公司(Canada Wire and Cable)。这些外资公司往往进口产品设计,并执行在国外确定的生产和销售政策。就像通信部一篇报告所指出的:

电信制造业中的小企业多属加拿大所有并各具特色。比如,中央动力公司(Central Dynamics)和麦柯迪无线电工业有限公司(McCurdy Radio Industries Ltd.)生产音视频演播设备,斯皮尔斯伯里和廷德尔销售有限公司(Spilsbury and Tindall Sales Ltd.)生产某种类型的无线电通信设备。这些公司一般自己进行创意设计。(Canada. Dept. of Communications,1971,p. 8)

自无线电通信被发明以后,对电信业来说最根本的就是对电磁波频谱的管理。① 无线电频谱最初是作为辅助开发海洋导航和船舶间信息传递的工具而发展起来的。对其使用加以控制在全球和国家范围内都是绝对必要的。这里有两个方面的原因:如果使用无线电频谱的条款和条件允许很多用户使用,那么这种控制就是必要的;这种控制对于政府发挥职能,特别是军事职能是必要的(见第 4 章和附录)。

加拿大似乎是最早将无线电分配纳入国家政策管理范畴的国家之一。它在 1905 年通过了无线电报法案(Wireless Telegraph Act)——原因可能和马可尼公司有关。该公司在英国资本的支持下,依靠和加拿大的合作关系,以及率先跨大西洋从英国到纽芬兰省传输无线电报信号而获得的 8 万美元补贴发展起来。1909 年到 1930 年,北美最东边的无线电台开普雷斯(Cape Race)向北大西洋的船舶提供无线电报业务(Canada. Dept. of Communications,1971b)。第一次世界大战期间,加拿大的无线电业务被海军接管(和美国一样)。战争结束后,美国海军立即采取行动,在无线电使用方面建立了美国人的垄断(参见第 4 章)。

加拿大很慷慨地允许美国无线电报站在域外覆盖其领土。1921 年 12 月,美国各大报社(纽约《时报》、费城《公众记录报》[*Public Ledger*]、《芝加哥论坛报》[*Chicago Tribune*])在哈利法克斯建立了一个无线电报站,通过电路与英格兰的英国邮政局(British Post Office)相连,交换新闻。1924 年,它们把线路从哈利法克斯延伸到意大利。那时,这些报纸是专业

---

① 有关全球范围内这种管理的历史分析,请参见 Codding (1952)的著作。

新闻公共运营商无线电报公司(Press Wireless)的核心。几年后,它们在美国已经没有电台,使用的是从哈利法克斯至美国城市的西联电报的陆上通信线路。对此,议会释放出相当的善意:

> 1927年,委员会根据加拿大自治领宪章成立了一个公司,名为新闻交通董事会有限公司(News Traffic Board, Ltd.),它拥有并经营哈利法克斯地区的无线电产业。(Herring and Gross, 1936, p.89)

在第一次世界大战后,对加拿大无线电频谱的监管日益在美国的"大陆管理"体系中处于较低的地位。无线电的军事应用在每个国家都有最高优先权,一战后加拿大对美国军方的实际屈从(见第5章)不可避免地影响了加拿大无线电频谱的分配过程(必须要与美国的政策相协调)。同时,随着使用无线电频谱的知识的增加和设备的完善,美加频谱分配政策的有组织整合开始变得日益复杂。直到1920年,加拿大的无线电民用还主要限于三类:广播、业余及其他(包括船舶、越洋、航空)。根据当时的技术水平,频谱的可用部分在3兆赫以下。为了对全国的频谱分配进行管理,加拿大起初将此责任委托给公共工程部(Department of Public Works)(1900年),后又委托给海事及渔业部(Department of Marine and Fisheries)(1909年)、海军服务部(Department of Naval Service)(1914年),然后又回到海事及渔业部(1922年),再往后是交通部(Department of Transport),最后,在1969年委托给通信部。

显然,无线电频谱管理的政府监管部门与电信制造和运营部门之间存在着密切而偶然的关系,因此公共部门和私营部门之间将在组织层面上建立密切的联系。在美国,战后霸权计划就是在无线电频谱领域开始实施的。当时,根据反托拉斯法,在获得了部分免税权的情况下,无线电技术发展规划委员会(Radio Technical Planning Board)在1943年成立。该委员会就无线电频率分配提出建议(标准、特殊业务适用的波段,以及根据工程标准在地理上确定无线电频率分配的方案)。在早期的一项研究中,我分析过,鉴于无线电频谱资源的服务种类不断增加、覆盖范围不断扩大,私营部门和公共部门被整合在一起;因此,在1943年至1947年间,不论在设备方面,还是在知识方面,无线电频谱在美国都能得到应用。于是,无线电频谱的服务范围广泛扩展,私有部门和公共部门实现了整合。当时,无线电技术发展规划委员会代表不少于 19 个电信制造商及用户的行业协会。它的工作在 13 个专门小组展开(Smythe,1977)。1948 年,无线电技术发展规划委员会被联合技术咨询委员会(Joint Technical Advisory Board)的一个相似的组织所取代。

同样十分明显的是,加拿大电信业的基础设施几乎全部由美国公司拥有或控制的企业组成。因此,加拿大发现,接受一系列由美国公司的分公司把持的行业咨询组织是合乎逻辑的,那些分公司就是位于美国的公司的写照。这就是 20 世纪 40 年代和 50 年代发生的事情。

在第一次世界大战和第二次世界大战中,无线电的军事用途产生的巨大开支为探索无线电频谱和使用它的设备提供了动力。民用无线电一直是军方资助的研发活动的副产品。因此,发现为军方进行研究和开发的公司在和平时期出现,并有能力决定它们实际上要革新的民用无线电服务的种类,也就不足为奇了。我们发现,历史上,两次世界大战之后,无线电频谱的新区段都被分配给民用服务。在 1945 年后,新区段被特别分配给了电视、调频广播和移动无线电话。在 20 世纪 20 年代,2 兆赫到 30 兆赫的区间被开放;30 年代,是 30 兆赫到 200 兆赫;40 年代后期,是 200 兆赫到 1 万兆赫。1957 年人造卫星发射引发的太空竞赛的结果是,军方投入大量资金用于无线电波的研发,使之成为导弹、卫星和太空飞行器的一部分。必须记住,**每一个**受控的航天器和每一枚导弹都装备有通信设备,在某种意义上就是一颗通信卫星。其副产品就是卫星在通信、遥感、导航等方面的民间应用。因此,国际电信联盟、世界各地区以及各国的无线电频率分配的历史,都是以"拥塞"为标志的。这种拥塞与频谱相关服务的创新的周期性激增所造成的干扰有关。每隔几十年,这些"拥塞"压力就会导致一些重大变化,这些变化发生在国际电信联盟把频段分成不同的服务区的过程中。其结果是,频谱使用带来的副产品日益增多,形成新的浪潮。

国际电信联盟的大西洋城市全权代表大会(Atlantic City Plenipotentiary Conference,1947)就涉及这类重大的频率规划改组。早在20世纪20年代,美国就认为,在无线电通信领域的主导地位与在石油和航运领域的领导地位一样,是帝国扩张的基础。[1] 到1945年,美国在世界无线电频率分配格局中占有主要份额。在最适合远距离通信的频谱部分,即4兆赫到20兆赫这一部分,世界上一半以上的"标准信道"供应开放给美国使用,其中911个(全世界共1200个)在4兆赫到10兆赫这一区间。[2] 这促使国务卿约翰·福斯特·杜勒斯(第1章)给予信息控制优先地位。显然,"信息自由流动"原则是第二次世界大战后美国外交政策的基础,而美国在无线电通信领域的世界霸权的延续为这一原则提供了支持。国际电信联盟一直处于发达国家的全权控制之下,直到1947年的会议,苏联及其东部联盟拒绝向美国的统治屈服(Smythe,1957,pp.81-101)。但是,由于美国掌握了绝大多数的选票,它继续主导着国际电信联盟的决定,直到1963年的日内瓦特别无线电会议(Geneva Extraordinary Radio Conference),一些第三世界国家和苏联集团表示反对(Schiller,1969,p.132)。那次会议很好地满足了美国的频率分配要求,以适应美国商业通信卫星的发展。在接下来的十年里,一股反对"信息自由流动"原则的浪潮在国际电信联盟的第三世界国家中出现(特别是在1977年以直播卫星为主题的世界无线电行政大会[World Administrative Radio Conference on Direct Broadcast Satellites]上)。教科文组织的一份宣言,通过认定信息单向流动过程中的接收国的文化自治,修改了旧的教科文组织—联合国关于"自由流动"的政策。这一宣言在1978年获得通过(关于无线电频谱的政治经济学的进一步分析,请见附录)。

  加拿大的频率分配步调一直与美国保持严格一致。在国际电信联盟和教科文组织的会议上,加拿大始终支持美国在无线电事务方面的文化帝国主义政策。在1979年的世界无线电行政会议(国际电信联盟)上,加拿

---

  [1] United States Senate, Committee on Interstate Commerce, *Hearings* on Section 6, 71st Congress, 1st Session, pp. 319,1089. Testimony of Owen D. Young and Captain S. C. Hooper.
  [2] United States Senate, Subcommittee of the Committee on Interstate Commerce, *Hearings* pursuant to S. Res. 187, 78th Congress, Extended by S. Res. 24, 79th Congress,1st Session, Part I, pp. 110-114. 海军上将约瑟夫·R.雷德曼(Joseph R. Redman)的证词。

大又提出一个"详尽的多边协调进程……"作为利用地球静止轨道的规划的备案。这个规划是不结盟国家的一个目标。这是一个由美国支持的探测气球，目的是给不结盟集团制造阻碍（Rutkowski，1979，p.12）。

无线电广播已成为生产受众并让受众向自己推销产品与观念的新型补充性手段，而正如我们已经讲过的（见第 4、5、6 章），与美国相比毫不逊色的加拿大垄断资本主义在大众媒体领域的发展为无线电广播的革新提供了一个舞台。

因为电信覆盖了传播的所有电子手段并逐步涉及计算机数据，所以它的范围包括信息生产与传输的主要部分，其中"信息"一词使用了它的广义概念，也就是诺伯特·维纳（Norbert Wiener）的定义（1950，p.17）：在人们之间以及人们与他们所处的环境之间传递的事物。我们应该还记得（第 1 章），狭义的信息生产和加工中的"信息"，即广告、各种大众媒体的内容、包装设计和各种会计记录等，在 1967 年美国的国民生产总值中占有的份额已经上升至 46.2%。我们将用 M. 沃格（M. Voge）所谓的**信息/生存替代法（law of information/subsistence substitution）**来结束此章。他在一篇题为《经济学、信息与传播》（"Economics, Information and Communications"）的令人惊叹的文章中总结道：

> 马克卢普（Machlup）和波拉特（Porat）（主要）从美国收集到的数据显示，信息活动的增长速度远胜过整体经济的增长速度。以 1958 年的美元币值计算，美国当今的人均国民生产总值约为 1 万美元，其中约一半被用于信息活动；上世纪末，这个数字大概是 2500 美元，其中仅 12.5%（300 美元多一点儿）被用于信息活动。
>
> 我们不应对此趋势大惊小怪。信息领域的工人（制造商和分销商）数量的增长与国民生产总值成正比。他们的实际生产力保持不变。**信息量的增长与说话者人数的平方成正比，这是正常的。**C. N. 帕金森将这个规律应用于官僚机构，从而使它为人所知，但它适用于所有与信息相关的活动。
>
> 就经济增长而言，在理论上讲，当信息活动占国民生产总值（我称之为信息量）的 50% 时，最大限度的"成熟"才会实现。这一点即将在

美国实现,当然再过几年也将在其他主要工业化国家实现。**在当前阶段,要把美国的人均国民生产总值从现有的 1 万美元增加到 1.2 万至 1.6 万美元,就必须把信息量从 50% 增加至大约 70%。这样一来,国民生产总值中由实物生产构成的部分将从 5000 美元降至大约 4000 美元。一个社会不大可能愿意放弃这样的物质财富以交换某种东西——信息,因为人们认为这种东西过于丰富了。**①

在发达的资本主义国家,他预测的这种现象已经可以观察得到。在这些国家,食品、能源、纺织品、建筑材料变得越来越稀缺和昂贵,而广告、包装和所有领域的创造纪录的信息活动继续增加。在某种程度上,人们必须做出选择,不仅是在导弹和黄油之间,而且是在信息和黄油之间。然而,推动信息生产加速前进的不可思议的惯性动力来自那些追逐利润的机构。依靠这些机构,我们就可以推讯采取补救措施。这样一来,我们回答"生产什么"这个问题的过程就会处于平衡状态。可以说,M. 沃格(M. Voge)为信息生态学研究做出了巨大的贡献。

通信领域的电子大众媒体对于电信业来说就如同冰山的水上部分之于水下部分。在本章所奠定的基础之上,我们将进入第 8 章,讨论广播和电视。

---

① 引自沃格向 1978 年国际通信协会(International Institute of Communications)年会(杜布罗夫尼克)提交的论文。沃格是巴黎邮政与电信部秘书处国际关系部主任,电信局局长(黑体为作者所加)。

第8章
加拿大媒体的文化附属地位Ⅲ：广播电视业

与报纸、期刊、图书、电影和电信工业相仿，加拿大的广播电视业同样附属于美国。同加拿大本国人民**自主地生活**（最常见的，应该是宣扬所谓加拿大身份的国民口号）这一持续不断的诉求和利益相悖，管理加拿大英语地区媒体的资产阶级与政府的工作原则倒一直很现实："假如存在独特的加拿大国民性，也不见得是件好事，除非你在国际（美国）市场上售卖。"

广播业

我在第1章强调过，资本主义大众媒体的出现与更新换代，目的在于合理化现有的资本主义社会制度，并为其指明正确的发展方向。就这一点而言，大众媒体成为一种可与教育系统相提并论的主要机制。不过，与教育系统只能在部分时段直接影响大部分儿童和年轻人不同，大众媒体一年365天，每天都在影响所有年龄段的人。电子媒体必然占用广播频谱资源，也因此不可避免地依赖民族国家，这一点使它区别于平面媒体和电影。当广播被发明出来，它就被除了美加两国外的几乎所有国家视为国家控制和管理的对象，这一点与教育系统相似。尽管可能存在运行模式上的些许差别，但英国广播公司的广播模式是占主导地位的广播模式：国有媒体，一定程度上规避政治的操控，收入主要来自听众付费，没有广告，节目编排方针与本国中上阶层的趣味一致。英国广播公司这样的模式旨在培养既定的受众——他们能更好地向主流社会的资产阶级文化靠拢。第一次世界大战前就已存在的理想类型的受众与社会一再被生产出来。这体现了广播政策的有效性：建构一个具有阶级意识、存在可辨识的阶级斗争的阶级社会。

这场塑造了美加两国新的广播电视体系的阶级斗争，在两种力量之间展开：一方是垄断资本主义权力精英，另一方是由来自教堂、工会（加拿大的工会力量强于美国）、自愿社区小组（例如家长—教师、家庭和学校群体等）、各级教育机构的负责教师以及专职艺术批评家（例如吉尔伯特·塞尔迪斯[Gilbert Seldes]）等领域的自由主义者或保守主义者心照不宣地组成的统一战线。因此，广播电视业的内部矛盾就转化成究竟是采用英国广播公司的模式还是商业电视模式的问题。它与加拿大民族主义的主要矛盾同时存在并有所交叉，表现为加拿大人民的真实需要与垄断资本主义所体现的力量和关系之间的矛盾。这一无所不包的矛盾涉及加拿大地方、省与国家层面的文化领导权议题（什么利益应当受到控制）。从属于**广电业的主要矛盾**的，是无数的次要矛盾：例如，地方广播电台与大功率广播电台之间的斗争、广播电视业和报业之间围绕媒体政策（特别是广告政策）而产生的矛盾、无线电视同有线电视之间的斗争，以及有线电视与电话公司之间的矛盾等。①

在美加两国美式广播电视体系发展的六十年间，广播电视业的主要矛盾中代表"公共"一方的力量，充其量只是零散地赢得了一些策略性的胜利（例如，在抵制广告的低俗化行动的过程中，短暂地树立了"公共服务"的广电标准）。在美国，这样的斗争曾逼迫联邦通信委员会出台"蓝皮书"(*Public Service Responsibilities of Broadcast Licensees*，1944）。类似的斗争催生了加拿大广播公司。然而，这些策略性的胜利，只是拖延性的行

---

① 加拿大的广播电视史就是一部斗争史，斗争存在于以下方面：两大铁路系统之间，铁路与电话传输集团之间，省级管辖权与联邦政府管辖权之间，争夺有限的财政收入的小型社区和地方大型私营电视台之间，商贩和知识分子之间，要求获得足够报酬的艺术家同勉强维持收支相抵、尚未完全准备好充分利用艺术家的才干的电视台之间，有抱负的业余人士同训练有素的专业人士之间，寻找更好的境遇与可支配的报酬的各种节目元素、地区和语言群体之间，官僚主义同创造性之间，以及包括所有这些在内的公营广播和私营广播之间（Weir，1965，p.449）。

动而已。垄断资本主义的革命性力量,两边都不得罪(既宣传商品"契约",又宣传广告和免费午餐);每次策略上的突进,都是为了在上一次被禁止的地方重新获得更大的商业优势。格雷欣法则(Gresham's Law)(劣币驱逐良币)保障了旨在优化营销体系效率的大规模生产的产品,得以驱逐公共服务产品。

1945年,垄断资本主义在里奥格兰德河(the Rio Grande)以北地区,基本上确立了自身的文化领导权后,便依据在世界范围内已获得的战略优势进行力量部署。从20世纪50年代早期开始,它把在美国、加拿大、英国、澳大利亚以及其他英联邦或非英联邦国家里已经得到充分发展的电视业当作破城槌(battering ram),对既有的商业广电模式进行改革。这样,它才能利用资本主义意识形态植入资产阶级社会的意识的体制盲点。发布新闻**看上去**是19世纪的报纸的主要任务和目的(与此同时,报纸总会生产出接受一定意识形态的受众)。正因为此,广播电视业的重要维度之一在于生产节目内容,以提供约翰·斯图尔特·密尔所说的"观点的自由市场"。所以,占有性个人主义和多元主义(意识形态)遮蔽了如下事实:当前广电业生产出来的,是受众的集体行为,以服务于公司资本主义意识形态。资产阶级是这一盲点的受害者。这一点让垄断资本主义的任务变得无比简单,因为它的反对者——左翼以及左翼自由主义"进步主义者",被剿除了意识形态层面的进攻性。那些严肃地宣称广告代表公司法人的声音、应当受到盎格鲁-撒克逊法律(例如,美国宪法第一修正案)中言论自由权利保护的广告商,充分体现了多元主义意识形态的弹性。

美加两国的广播业在第一个十年中跌跌撞撞地向前发展,它们的目标是确立可行的运作机制。在第一次世界大战结束之际,大型垄断企业的专利协议让它们得以相继升级广播技术;然而,在广播应当采取的形式这一问题上,这些大公司始终没有达成一致意见。① 美国电话电报公司有意垄断广播业,它采取的方式是:建立和运营广播电台,并允许社区项目小组有

---

① 具体可参见本书第4章,它阐述了为化解这些专利困境而达成的协议。

偿使用它们——基于公用投币电话亭的运营模式。① 然而，美国无线电公司宁愿选择授权给大量厂商生产无线电广播发射机和接收机，以尽可能地榨取其专利权的商业价值。美国电话电报公司建立并运营了第一家纽约广播电台，并建立了北美地区第一个广播网。美国无线电公司奉行的政策大行其道的1925年，也正是美国电话电报公司将广播业红利悉数转售之时。对于被授权的生产商（以及美国无线电公司自身）而言，这一发展之路清晰可见：修建电台，生产音乐或其他娱乐节目，诱惑听众购买收音机。报纸出版商预见到，生产受众并将其售卖给广告商的竞争对手会陆续出现，因而它们比其他拥有广播电台的工业部门建造了更多的广播电台，并迅速组成联盟，以阻止新闻从报纸流向广播媒体。美式广播体制的经济基础，就是广告。

然而，在围绕广播业的性质而展开的斗争中，教育者坚定地代表了公共利益的一方。至1922年6月，382家广播电台中有79家由教育机构运营，69家由报社管理，其余的则由市政部门、劳务企业或商业公司运作。1927年，当联邦无线电委员会（Federal Radio Commission）成立时，732家广播电台并不售卖时段，并且90%的广播电台是由教育机构运营的。不到100家广播电台归属于广播网（Barnouw, 1966, p.98, 209）。

但是，这些彼此竞争的企业，如何才能接受这样一个事实，即广播电台的频率分配可能受限于频谱资源的公共性质？柯立芝任美国总统时期，商务部部长赫伯特·胡佛（Herbert Hoover）在1922年至1925年间每年的年会上主持"思想会"（think session）。参加思想会的主要成员是那些全力应付和处理这一矛盾的美国商人。胡佛颁布《1912年广播法案》（The Radio Act of 1912）时并未预见到无线电广播的出现，因此并未制定相关规定。至1925年，美国已有大约600家广播电台，加拿大只有34家。既有的国际条例规定，美加共享95个广播频道资源。在加拿大的不断敦促下，美国同意在共享11家频道资源之外，额外增加6个广播频道供加拿大独家使用。顺着这一思路，顶点广播公司（Zenith Radio Corporation）总裁直

---

① 最迟可追溯至1923年，参见Daniellian, 1939, pp.123-124。

接"跳过"自己的芝加哥电台,与加拿大共享其旗下某一频道的资源,美国法院也支持顶点广播公司的这个做法。胡佛因此不再坚持为任何申请开办广播电台者发放执照的做法,转而将这一问题交给国会处理。《1927年广播法案》的出台,在解决了频谱分配和资源公共性之间的难题的同时,也埋下了新的矛盾:公共服务同商业赢利之间的矛盾。私营商业广播电台需要从相关管理机构(联邦无线电委员会,1934年被联邦通信委员会取代)那里获得执照方能运营,且至多5年后需要重新审批。广播电台的申请人通过承诺提供优质的服务获得执照,而优质的服务又能保证他们的执照得到续期;围绕执照申请而展开的申请人之间的竞争,将保证执照被发放给那些最能胜任的申请人,以服务于"公共利益"(《1927年广播法案》没有定义什么是"公共利益")。从法理层面上看,持照人不需要拥有什么头衔才能获得频谱资源,而且就算他出售了广播电台,执照也根本毫无价值。实际上,执照的价值在售卖的过程中早已被资本化了。委员会不会对节目进行审查;倘若广播电台将时段卖给某政治候选人,它也必须把时段卖给这位候选人的竞争者。随后,加拿大各广播公司在本国成功地确立了这一运营模式。

然而,在这一模式在美国确立之前,教育广播电台不得不大规模关闭。意识工业借助联邦无线电委员会达到了这一目的。E. 彭德尔顿·赫林(E. Pendleton Herring)曾指出:

> 当讨论"公共利益、便利性和必要性"原则时,委员会实际上深化了商业广播公司的利益。它们构成了联邦无线电委员会所解释的公共利益的实质性内容。(Herring, p. 173)

在1927年至1932年间获得执照的95家教育广播电台中,只有33家在1933年后继续运营。关闭教育广播电台的策略包括:强制性地减少供电、强制要求其与商业广播电台共享时段,以及不断改变广播频率。卡内基公司(Carnegie Corporation)与小约翰·洛克菲勒(John D. Rockefeller, Jr.)甚至组建了全国委员会,在当地发起游说行动,要求商业广播公司提供免费的教育节目(Barnouw, 1966, pp. 261-262)。

第 8 章 加拿大媒体的文化附属地位 Ⅲ：广播电视业

加拿大参与了马可尼第一次横跨大西洋的无线电传送实验。然而，在确立无线电广播的运营机制问题上，加拿大迟迟拿不定主意。1920 年，马可尼创建了加拿大第一家广播电台。英国物理学家 A. S. 伊夫（A. S. Eve）向加拿大皇家协会（Royal Society of Canada）演示无线电广播的首次播送情况时，声称广播是"伟大的战争发明"之一（Peers，1969，p.5）。除了设备制造商，加拿大的无线电广播技术的革新者大多为大城市的报社、教堂和加拿大国家铁路公司。根据加拿大海事部（发放广播执照的机构之一）的规定，1922 年每天下午 6∶30 至 11∶00 间禁止播送"直接广告"。实际上，要想在广播电台播送直接广告需要获得明确的许可；直到 1929 年，"只有在某些特殊的情况下，播送直接广告才获得了这样的许可"（Weir，1965，p.25）。一年后，海事部鼓励非直接（例如，公益的或公共的）广告的播送，而不施加任何限制，这明显是模仿美国的做法。此时，就如同在美国那样，加拿大的业界充斥着对广告（或冒犯性广告）的拒斥（例如，加拿大国家铁路公司的亨利·桑顿[Henry Thornton]爵士断然拒绝"有感染力的广告宣传"）。① 1922 年，加拿大海事部规定加拿大广播的收听费用为每年一美元。

20 世纪 20 年代，加拿大的无线广播电台数量相对较少，设备的功率通常较低，并且播送时间不稳定。加拿大广袤的农村地区很少享受到无线电广播服务，而那里聚集着 40% 的收听者（Peers，1969，p.21）。在现有的条件下，"相比于自己国家的节目，加拿大人从一开始就更愿意收听美国广播公司的节目"（特别是 1926 年创立的美国全国广播公司，以及翌年创办的哥伦比亚广播公司的节目）（Peers，1969，p.20），这一点并不让人惊讶。加拿大广播的频谱资源稀缺，以至于长时间内国内几乎都是**幽灵**电台在播送节目。（广播公司并不拥有它们所运营的电台。）幽灵电台有它们自己的呼号，承包某一电台的所有设备，并对外播送广播节目；这一做法有些类似美国电话电报公司试图在美国确立的"收费台"（pay station）模式。这些电台的节目编排结构并不遵循既有的标准：准点报时和细分时段不会成为

---

① Barnouw（1966）的论著中还记载了赫伯特·胡佛、戴维·萨尔诺夫（David Sarnoff）等人夺人耳目的类似言论。

节目制作和播出的原则。一般情况下,广播电台大多播出音乐类节目。自1926年加拿大报业集团不在广播电台播出新闻节目以来,新闻节目实际上被排除在电台节目之外已有十年之久。

一家主营铁路事务的皇家公司(加拿大国家铁路公司)在20世纪20年代中期涉足无线电广播领域,为后来的加拿大广播公司树立了典范。1923年12月,加拿大国家铁路公司在加拿大本土第一次播送广播网节目。次年,它开始筹建横贯大陆的广播网,中心位于蒙特利尔、蒙克顿和温哥华。直至1931年7月,加拿大横贯大陆的广播网才不再借助美国底特律和西雅图的电话网络渠道传输节目,这足以说明加拿大(在传播层面)对美国的依附关系。加拿大国家铁路公司的广播节目在1929年12月才实现常规播出,节目主打宏大的文化类内容。它抢在哥伦比亚广播公司转播纽约交响乐团(New York Symphony Orchestra)演出的前一年,转播了多伦多交响乐团(Toronto Symphony Orchestra)的演出。虽然加拿大国家铁路公司的广播节目的主要目的是刺激旅游业,但它整合文化的意图也是不言而喻的。私营广播电台并未受其威胁或规制,反而发现这是节目的来源和广告收入的增长点。

在应当制定什么样的广播政策这个问题上,加拿大政府一直举棋不定,这种状况一直持续到20世纪20年代末。英国从1923年和1925年提交的两份皇家报告中受益匪浅。美国出台的《1927年广播法案》,确立了本国的广播政策。1928年,加拿大艾尔德皇家委员会(Aird Royal Commission)最终成立。对于一个保守的资本主义国家来说,宗教因素推动了这个委员会的创建,是再合适不过的事。这里的宗教因素是指宗教激进主义教派运营的广播电台对中产阶级新教徒和罗马天主教徒控制的教派发起攻击引发的争议。美国广播网对加拿大本土的日渐渗透(到1932年,蒙特利尔和多伦多两地各有两家电台附属于美国广播网,美国全国广播公司此时正打算将其广播网覆盖范围拓展至加拿大),是艾尔德皇家委员会要着力解决的问题。因此,它的报告强调了无线电广播的公共(例如教育)功能的重要性;报告建议,加拿大**所有**无线广播电台应当由皇家公司所有并运营,省级机构可以管制节目内容的生产。就这一点而言,它与英国广播公司的模式是一致的。

然而,与对这份报告的广为流传的误读相反,艾尔德委员会并**没有**主张无线电系统的运营应当完全依靠收听费支撑,也没有主张排斥广告收入。它建议广播电台从三个方面获得收入:收听费、间接广告,以及(若有必要)政府资助。广告收入在规划中应占总收入的四分之一。只接收间接广告的想法,显得既无知又伪善,不过是某种虔诚的愿望而已。自此,加拿大的广播政策跟美国一样,体现了两种力量,即普遍而公共的价值观和意识工业政策之间的对立。在这个意义上,艾尔德报告从根本上迥异于英国广播公司的模式,后者拒绝了所有的广告,仅靠收听费实现财政自主。报告建议成立一家皇家公司,以处理公共服务与利润诉求之间的内在矛盾。艾尔德委员会的一位委员奥古斯丁·弗里根(Augustin Frigon)1932年曾对外表示,"你不能把想通过生产设备捞一笔的人的利益和想改善国家服务的人的想法混为一谈"(Weir,1965,p.111)。不过,自此,这一矛盾成为加拿大传媒政策着手加以处理的核心议题。

1930年至1936年期间,追求广播领域的公共服务的加拿大民众同牟取私利的势力之间的斗争日臻白热化。这场斗争催生了加拿大广电政策的基本模式,因此我们有必要更为细致地考察它。加拿大民众围绕加拿大无线电联盟(Canadian Radio League)组织起来,该联盟由两位体制内的加拿大自由主义民族主义者格雷厄姆·斯普赖(Graham Spry)和艾伦·普劳恩特(Alan Plaunt)领导。他们获得了如下组织的热烈支持:工会(全加拿大劳工联合会[the All-Canadian Congress of Labour]和贸易与劳工联合会[Trade and Labour Congress])、教会(联合教会、罗马天主教和英国国教)、农会组织(阿尔伯塔省和萨斯喀彻温省联合农会[the United Farmers of Alberta and Saskatchewan])、加拿大军团(Canadian Legion)、主要的妇女组织(全国妇女委员会[National Council of Women]、天主教妇女联盟[Catholic Women's League]、皇家天主教女修道会[Imperial Order of the Daughters of the Empire,IODE]、加拿大妇女联合会[Federation of

Canadian Women]和加拿大犹太妇女组织哈达萨[Hadassah of Canada])、教育界的领导者(大学会议和加拿大皇家协会)、银行高级职员(来自皇家银行、商业银行、新斯科舍银行[Bank of Nova Scotia]和加拿大帝国银行[Imperial Bank of Canada]),以及保险公司的管理层。在政府部门,两位前总理(博登[Borden]和米恩[Meighen])、一位未来的总理路易斯·圣劳伦特(Louis St. Laurent)、约翰·艾尔德(John Aird)爵士、文森特·马西(Vincent Massey)以及乔治·朗(George Wrong)是他们坚定的支持者。好像是为了印证某种庸俗的决定论,许多并未拥有广播电台的报社此时也支持加拿大无线电联盟,其中就包括索瑟姆家族所有的两家报社。

反对将艾尔德报告的建议付诸实施的,是由大公司、大私营广播电台、四家主要的报社以及加拿大制造商协会(Canadian Manufacturers Association)与加拿大太平洋铁路公司组成的势力。这些大公司大部分都是美国跨国企业在加拿大的分支机构,例如快速加拿大人(Swift Canadian)、桂格燕麦(Quaker Oats)、博登公司(Borden Company)、白速得公司(Pepsodent Company)、箭牌公司(Wm. Wrigley)、罗伯特·辛普森公司(Robert Simpson Company)、帝国烟草(Imperial Tobacco)、道美能商店(Dominion Stores)以及罗杰斯·美琪公司(Rogers Majestic)等。加拿大太平洋铁路公司十分积极地组织了反对艾尔德报告的行动。1931年3月,格雷厄姆·斯普赖指出:

> 有三支力量反对加拿大无线电广播公司(Canadian Radio Broadcasting Company)的成立:其一,多伦多电报站的经理R. W. 阿什克罗夫特(R. W. Ashcroft)与其他私营广播电台所有者,他们公开表示反对。其二,美国广播集团采用安静的方式,派访问者前往多伦多和蒙特利尔,宣扬美国的广播模式而贬低英国的广播模式。其三,加拿大太平洋铁路公司借助报纸和在其影响下在国内流通的无线电纸开展反对活动,通过加拿大广播业主协会(Canadian Broadcasters Association)用安静的方式施压。这种在他们看来安静的方式在我们眼里却是招摇的。此外,加拿大太平洋铁路公司总裁E. W. 贝蒂(E. W. Be-

atty)还进行了个人层面的干预,例如向公众发表谈话或者写信。(转引自 Peers,1969,p.72)

第一场斗争的焦点是 1932 年议会委员会关于广播立法的讨论。

具体地说,这两种力量之间究竟存在什么差别?彼时,加拿大无线电联盟放弃了艾尔德委员会的立场,转而支持**所有**广播电台的公有制,并提议由公有的大功率电台运营一个网络,向地方商业电台提供免费节目。虽然艾尔德委员会将取消了间接广告外的所有广告,但加拿大无线电联盟将为公共和私人电台留出至多 5% 的广告时间。加拿大太平洋铁路公司提议成立一家加拿大广播公司,铁路集团和其他集团一样,可成为公司股东。该公司将收购重要的电台,以形成一个广播网络。它将刊登广告,但加拿大太平洋铁路公司希望它至少在开始阶段能收取一部分收听许可费。这个"加拿大广播公司"和私营电台将由一个无线电委员会管理,对有争议的电台的广播、广告和政策实行全面控制。这完全是模仿美国的模式而提出的广播业发展计划书。当时,加拿大国家铁路公司正在削减其无线电业务,并期待着向任何可能出现广播网的地区出售有线服务。

1932 年议会委员会的听证会,以及数量惊人的院外游说活动,引发了公众关注和讨论的热潮。格雷厄姆·斯普赖的证词显然是听证会的高潮。格雷厄姆全面、细致地分析了现状和立法的可能性,皮尔斯总结了他的证词:

>……斯普赖援引了联邦无线电委员会前主席贾奇·鲁宾逊(Judge Robinson)关于美国广播垄断发展的言论,以及三位国会议员有关"广播托拉斯"的观点。他建议北美建立一个组织(一个与美国无线电公司有联系的组织),"控制最大的公共娱乐机构、大众教育和通信机构,这些机构的设备制造,以及相关的艺术和工业"。随后,他指出,在委员会面前反对艾尔德报告的证人,实际上受到了美国力量的操控:广播电台 CKGW 和 CFRB,以及"代表加拿大无线电工厂"的无线电制造商协会(Radio Manufacturers Association)("根据统计局提供的数据,6 成左右的工厂资本都来自美国")。"CKNC 电台所属的

加拿大全国碳公司(Canadian National Carbon Company),其实是美国全国碳公司(National Carbon Company of the United States)的分支机构。"斯普赖提到,"若没有外力干预,原本已有人向委员会提交了一份成立国家广播公司的计划书,而委员会只向美国全国广播公司总裁艾尔斯沃思(Aylesworth)汇报工作"。

"为何美国利益集团对加拿大广播业的发展现状如此感兴趣?原因不言而喻。首先,美国连锁集团早已把加拿大视为其势力范围的一部分,认为加拿大缺少人才、资源或能力在北美大陆上创造出第三种连锁集团模式,因而其广播业就该处于被托管的状态……其次,假若加拿大果真出现了非商业连锁集团,它必将严重削弱美国广播业赖以生存的整个广告市场。因此,对于加拿大议会委员会而言,问题在于,是创立一个由加拿大人民所有与运营的连锁集团,还是由与美国利益集团有千丝万缕的关系或直接受其掌控的商业组织所有与运营的连锁集团。问题是,是国家还是合众国?"(Peers,1969,pp. 90-91)

这或许是加拿大国民意识的高光时刻。议会委员会出台的报告,在很多方面符合加拿大无线电联盟所代表的民众的利益。报告的诸多条款在1932年都成为法律;这些条款推动了加拿大无线电广播委员会(Canadian Radio Broadcasting Commission)的创建,它受命筹建加拿大国家广播网。一系列大功率电台构成这张网的主干部分:大约5家50千瓦的电台、1家10千瓦的电台、2家5千瓦的电台,以及6家低功率电台和大量100瓦的电台。公共广播网制作节目,提供给地方私营广播电台,供社区使用。公共广播网的收入基本自主,主要来自收听许可费和广告,广告不超过每个节目时长的5%;不过,不同于艾尔德报告的建议,公共广播网的资金不受加拿大无线电广播委员会的管控,而由政府分派。一个由三人组成的无党派委员会负责整个公共广播网的管理。它的监管是全面的。它监管所有的广播节目;可以租赁、购买或征用任何或所有现有的私营电台,控制许可证的发放和取消,对私营广播网发出禁令,并经议会批准,接管加拿大所有的无线电广播。表面上看,《1932年法案》符合艾尔德委员会报告的准则;

全国广播网,以公有制为主。然而,它的三个弱点使其有别于英国广播公司的模式。第一,它将不可调和的矛盾力量,即公共服务和为广告商制造受众之间的矛盾压缩在一起。第二,它没有直接下令没收私人电台。《1932年法案》采取了拖延战术,把自由裁量权交给监管机构;它也因此向私人和商业游说团体敞开了大门,后者可以向立法或行政机构施压,从而反转该法案的原初目的。第三,加拿大无线电广播委员会没有预算自主权,依赖主导加拿大政府的压力集团的资金资助。

由此可见,加拿大无线电广播委员会与英国广播公司之间存在根本差别。不过,美国支持公共广播的社会力量要想获得加拿大支持公共广播的社会力量所取得的成就,几乎是天方夜谭。社会民主党、社会福音派、自由主义者以及改革主义者等加拿大民众力量,拥有美国民众所缺乏的东西:民族主义议题,以及可被加拿大老百姓潜在地加以利用的国家机构(不管它存在多少弊端)。加拿大无线电联盟若没有统治阶级(其中包括报业集团,它的自身利益得到统治阶级的保障)的公开支持,便无法获得胜利,即便如此,它的胜利,同样离不开作为欧洲后裔的加拿大工人阶级的广泛支持。不过,加拿大当地人民的利益基本上不在考虑范围内。加拿大无线电联盟,及其敬业能干的领导者(斯普赖和普劳恩特)取得了压倒性胜利。然而,在美国资本主义巩固其对加拿大资源的掌控的关键时刻,以教育和资产阶级文化的上层建筑为基础的加拿大民族主义运动却获得了成功,这是一个不祥之兆(参见第5章)。

紧接着发生的事情,显得有些虎头蛇尾。政府对《1932年法案》抱持一种负面且踟蹰不前的态度。弗兰克·皮尔斯(Frank Peers)仔细地研究了这段时期的情况,精辟地指出,"加拿大公共机构极不情愿干预私营广播公司的事务,或核查其产权价值"(Peers,1969,p.116)。即使保守派政府表示支持,法案要成功地实施,也难上加难。从本质上说,新成立的加拿大无线电广播委员会,只是另一个政府部门而已。加拿大无线电广播委员会被要求通过公务员选拔程序,招募特定类型的工作人员。(来自收听许可费和广告的)收入,应通过政府的合并收入基金会(Consolidated Revenue

Fund)进入委员会的财务部门,并遵循财政委员会和政府的程序发放。它没有权力借款。除此之外,针对委员会委员利用负责日常运营的高级官员的情况,尚未出台相关法定条款;这些情况有可能导致委员会委员,同海事部部长、内阁成员或议会之间私相授受。并且,政府首次选择的三位委员,明显缺少行政管理方面的工作经验。于是,1932年至1936年间的政策形势是,加拿大无线电广播委员会的公共服务部门被边缘化,工作受限,与此同时,私营机构从未停止的院外游说行动却获得了支持。

全国广播网的组建、节目生产组织或机构的成立、工程标准和频谱资源分配政策的确立、针对广告和有争议的广播问题出台的规制,以及同电信运营商就有线网络问题而展开的协商,所有这些构成了一项需要大量资金的艰巨任务。艾尔德委员会估算,每年大约需要250万美元的预算;考虑到经济衰退导致的价值下跌等因素,加拿大无线电联盟预测1933年至1934年的预算将达到150万美元。然而,尽管政府在1932年至1933年收取了129万美元的许可证费用,却只拨给加拿大无线电广播委员会15万美元,在1933年到1934年拨付了100万美元。因此确立的针对公共服务的财政缩减政策,属于两党联立的政策,至今依然存在。

结果,加拿大无线电广播公司在建造属于自己的广播站的过程中,畏缩不前。除了收购加拿大国家铁路公司旗下的广播电台外,它只在魁北克和温莎(Windsor)两地,分别建立了一家1千瓦的广播电台;花了4年时间才在温哥华建成一家5千瓦的广播电台;打造出拥有8家广播电台的连锁集团,其中几家广播电台都是租赁的;但同时它旗下的私营广播电台的数量增加到72家。加拿大无线电广播委员会向位于多伦多和蒙特利尔的高功率私营广播电台(隶属于美国广播网)支付费用,借此通过后者播送广播网制作的节目;1934年至1935年,委员会向有雄厚政治背景的电台支付的费用,在委员会年度总开支中占比18%(Peers,1969,p.134)。这些事实表明,《1932年法案》的精神从根本上被颠覆了。

尽管困难重重,但至1933年秋,加拿大无线电广播委员会还是能确保每晚(外加星期日下午)至少播出两个半小时的全国广播网和地区节目。

到了1936年,委员会已经制作出一大批质量远高于私营广播电台的节目。广播网新闻节目让加拿大老百姓在地方报社提供的"免费午餐"之外,第一次有了新的选择。像纪念雅克·卡蒂埃(Jacques Cartier)登陆加拿大、乔治五世登基25周年或总督就职等特定事件,推动了加拿大全国意识的形成。戏剧性地讲述历史事件的节目、周播谈话节目,以及面向北方定期播出的服务类节目《北方信使》("Northern Messenger")产生了同样的传播效果。它的节目政策,不可避免地使双语播出成为日益严峻的问题。节目中,甚至节目开头的法语介绍词都会激怒那些政治强势人物,后者为私营机构奔走游说,毫不犹豫地将加拿大文化等同于美国文化。与此同时,加拿大无线电广播委员会的节目网中英语节目的主导地位激怒了说法语的加拿大人,他们正确地认识到,自己的文化正遭受盎格鲁-撒克逊文化的侵蚀。尽管内部矛盾重重,但加拿大无线电广播委员会还是在节目实现全国覆盖的目标上,取得了重大进步。1936年,60%左右的加拿大人白天可以收听广播网节目,晚上则有49%的老百姓可以享受这一服务(这是因为受到了电台的天空电波的干扰,主要是美国和墨西哥的电台)。

在这一时期,没有什么比政府的言行更能体现出广播业的主要矛盾之间的斗争。本内特(Bennett)总理的发言,充分认可(看起来好像是这样,但实际上只是口头承诺而已)了支持法案的立法目的的公共服务的力量。但在1934年,他说服议会里私营机构的支持者多给加拿大无线电广播委员会一年时间,让它能"调整其事务"(Peers,1969,p.146)。1935年,27位保守派议员趁总理不在国内时,批准了三家加拿大私营电台的功率提高至50千瓦,并要求加拿大无线电广播委员会在两个月内解散。面对这种情况,代理总理毫无招架之力;当总理回国并得知此事后,斥其为"邪恶的阴谋",并动员其政党保证加拿大无线电广播委员会继续存在6个月,"由另一届议会决定它是应当解散还是改变其职权范围"(Peers,1969,pp.153-154)。在这场争论中,负责加拿大无线电广播委员会事务的部长盛赞委员会,原因是私营广播电台可以"占用15%的时段"播放广告,尽管法律规定不得超过5%(Peers,1969,p.155)。对此,皮尔斯(Peers,1969,p.161)评论道:

1932年当委员会试图推动广告播放时,广播业者自己要求限制广告播放。然而,这也没有阻止他们在1934年向委员会投诉这些限制致使他们破产;随后,他们的投诉导致管制迅速放松。

私营广播业主认为,在加拿大无线电广播委员会管制时期,他们取得了重大的进步。他们继续存活,完好无损,或电台功率比以前大为提高。随着公众更加容忍冒犯性广告,播放广告的标准也变得灵活起来。加拿大无线电广播委员会正面推动广告的播出,也是一件有趣的事。1933年至1935年间,符合委员会技术标准的私营广播电台的数量从12家猛增至52家,这离不开"委员会的全力推进",或者说"委员会称职的工程技术人员的明确建议或帮助"(Weir, 1965, p. 185)。1934年,加拿大报纸广播协会(Canadian Newspaper Radio Association)(报纸拥有的广播电台)成立。在此期间,私营广播电台在结构上发展壮大。该协会吸纳了那些归索瑟姆和西夫顿(Sifton)报业家族所有的私营广播电台;这两大报业家族曾在1932年支持过加拿大无线电联盟。自此,加拿大绝大部分报纸都开始支持商业广播,而非公共服务性广播。

我们应当如何评价公共广播发展的关键的前四年呢?私营广播电台、广告代理机构、广告商和报社之间同气连枝的关系,让它们得到了加拿大统治阶级内部越来越多的人的支持;它们掌握了主动权,抓住各种机会上位。加拿大的民族主义话语依然是公共广播进行社会动员的强大武器,但主要矛盾里双方斗争的优势已经逐渐偏向意识工业一方。皮尔斯观察到,即便加拿大无线电广播委员会以某种方法拿到了预算,并获得批准,为全体国民制作广播节目并向其播送广播节目(如艾尔德报告所设想的那般):

> ……它也不会赢得大多数加拿大广播节目的听众的支持。美国广告商不仅迎合了大众的趣味,而且能在北美大陆范围内制造出流行文化。(Peers, 1969, p. 157)

就这一点而言,皮尔斯无疑是正确的。被美国主导的英裔加拿大人同说法语的加拿大人社群之间,不可避免地出现明显的分裂,令人痛心。看起来,统治阶级和机构有能力在意识形态的层面上大打民族主义情感牌,但实际上它们是在按照美国意识工业确立的模式行事。

基于1932年至1936年的背景,我们现在来分析一下1936年至1953年之间加拿大广播公司及其无线电广播政策的情况。这段时期可被视作加拿大广播公司的**黄金时代**。1936年,新一届自由派政府通过议会委员会向全国各利益集团敞开大门,让后者能够伸张自身的利益诉求。广告代理机构、广告商和私营广播业者积极游说,试图发起一场为期30年的活动:由政府机构(这里指的是海事部)实施监管,把公共广播电台窄化为仅负责节目制作与流通的组织。加拿大无线电联盟的主席之一普劳恩特颇为熟练地再次确定了联盟1932年出台的发展方案的有效性。在经历了一场比较低调的斗争后,委员会报告以及随即通过的法案,**的确**重申了艾尔德委员会最初制定的政策的有效性。

加拿大广播公司这个新的组织成立了,它的管理层由九名董事会成员、一名经理和一名副经理构成;相较于加拿大无线电广播委员会,它拥有更多的组织自主权。许可证费和其他收入自动归加拿大广播公司所有。它可以借款,也可以不按照公务员程序直接招募工作人员。这是对"加拿大无线电广播的彻底国有化原则"的再次确认。加拿大广播公司拥有绝对的监管权,因而它同私营广播电台之间一直保持全面的合作,直到彻底国有化原则被再次确认。加拿大广播公司建立新的广播电台,或把私营电台纳入广播网,这两种方法都能提高广播的覆盖率。技术管制权归海事部门(按照艾尔德报告的建议),但海事部部长在向广播电台发放执照之前,应当听取加拿大广播公司的建议。政治广播应该向党派公平开放,接受公开资助,在选举日和选举日的前两天不得制作戏剧化或政治性的节目。政府任命了一个能力很强的董事会和一位有才华的董事会主席;加拿大广播公司自己任命了称职的经理和副经理各一位。历经四年多的磕磕碰碰,公共服务政策终于有机会出台。或者说,这只是表象,在某种程度上看起来是这样而已。但是,早期就已采取的策略,或出现的压力,依然存在。

两党联立的局面,紧紧钳制了加拿大广播公司的广播电台建设计划;

海事部部长豪相信,美国愿意对加拿大进行大手笔的投资是经济增长的最佳证明(Newman,1975,p.327),所以他继续限制加拿大广播公司的建台项目。董事会提交了一份建设方案,计划分阶段实施,历时三年。该项目计划在不列颠哥伦比亚省、北安大略湖和魁北克省北部地区建立13家加拿大广播公司广播电台以及大量转播站,为84%的加拿大人口提供广播服务。这些项目预计耗资220万美元。董事会与豪多次会面,进行了对抗性的艰难谈判。其中,第一次会面的情形很有代表性。豪认为,尽管存在法定指令,但是:(1)加拿大广播公司只需成为节目制作机构;(2)广播设备的更新,应交由私营资本负责;(3)舆论并不支持广播设备公有制;(4)因为地理和经济原因,萨斯喀彻温省和滨海诸省的老百姓能够收听加拿大广播公司所有的节目,所以这些地区的投诉可以不予理会(Peers,1969,pp.2020-203)。董事会坚持自己的看法,并在第一轮谈判中占据上风。1936年至1938年间,加拿大广播公司旗下的广播电台的总功率从14.2千瓦增至112.2千瓦,而私营广播电台的总功率从64千瓦增至69千瓦(Weir,1965,p.216)。至1938年,广播网覆盖率已达78%;在萨斯喀彻温省和滨海诸省的新广播电台运营后,广播网的覆盖率会达到84%。豪否定了这份计划书,董事会以辞职相要挟,甚至扬言要通过广播节目公开要求豪给出拒绝的理由。随后,豪批准向萨斯喀彻温省广播电台拨款。韦尔(Weir,1965,pp.217-218)就这一反复出现的问题,提出如下看法:

> 部长的反对,尽管有理有据,但仍离不开那些希望关闭加拿大广播公司的利益集团所施加的压力。彼时,自由党内部有一股强大的力量,为加拿大境内的另一家广播电台寻求权力的庇荫。

有时,加拿大广播公司董事会甚至会采取攻势。例如1939年,董事会主席布罗金顿(Brockington)向议会委员会表明:

> 谁占领了公共领域,谁就能享有某种具有公共事业性质的特许权。公共事业所有权原则是指,机构应当受到严格管制,盈利来源应受到限制,超额利润应当用于提高公共服务的质量……当前,加拿大

> 广播公司不希望,而且我相信没有其他哪个人希望禁止私营广播电台赚取合理的利润。但我认为,为了社会的根本利益,私营广播电台不应牟取暴利。我希望委员会能够考虑立法,减少而不是增加占据一部分公共领域的特权所有者(私营电台)的利润。(Weir,1965,p.220)

如果事无巨细地记录下每一次围绕是否应当资助资本扩张而展开的斗争,的确挺枯燥的。公共广播的反对方赢得了胜利,以至于直到20世纪60年代中期,加拿大广播公司下属广播电台的覆盖率,才达到艾尔德报告所建议的标准,而这已是报告出台35年以后的事情了。彼时,随着美国和加拿大大多数私营电台的发展,以及电动工具和家庭小家电的兴起,覆盖率已经大为缩水。公有制高功率广播电台是另一个被扼杀的加拿大梦想。

加拿大广播公司长期的亏损状态,使它必然成为意识工业无价的盟友。它们在全国范围内共同制造受众,否则拿什么售卖给广告商呢?加拿大广播公司通过广播网吸引全国听众收听,并且每天向他们播送尽可能多的节目。1936年,加拿大广播公司每天制作6小时的广播网节目;1938年,时长增至16小时或者更长;随后,每天的节目时长继续增加。但是,如果加拿大广播公司制作的节目质量很高,要与私营广播电台制作的节目分庭抗礼,那么相对吃紧的运营预算只能让它选择别的渠道或电台播出制作好的节目。韦尔指出(1965,pp.224-225):

> 美国公司的加拿大分支机构,只需要付出极少的额外成本,就可以覆盖加拿大人口最集中或最富裕的地区。只要额外成本相对合理,大部分美国赞助商愿意将广播节目的覆盖范围扩展至加拿大人口稀少的地区。加拿大广播公司面对的任务是,吸引广告商将其节目扩展到全国,并分享广播网的节目,而不是将节目的播出范围仅仅限制在一两个地区。

广告在广播网的节目安排中是很重要的,不单是因为它们能带来收入,或许更重要的是它们用广受欢迎的、能实现受众生产的节目所填充的时间。在大部分情况下,由于加拿大广播公司预算有限,其制作出来的节目必然是平庸的。广告大大缓解了加拿大广播公司要用这种质量低下的节目填充大量时段的工作压力。

加拿大无线电广播委员会对它所赞助的广播节目的播出施加限制，这些节目只能在它所有或运营的**广播电台**播出，而加拿大广播公司出台政策，批准播出它所赞助的**广播网**节目。加拿大广播公司引入了地区折扣制。这一制度规定，赞助商离利润丰厚的市场中心越远，它得到的时段售卖价格就越低。美国广播网从未实施这一政策。除了地区折扣制，加拿大广播公司通过谈判，大幅降低了商业赞助的广播节目通过网络传输的有线服务费用。对广播业而言，这意味着当私营电台都在吸引全国听众并将其售卖给广告商，加拿大广播公司只是在寻求收支平衡；当全国网并没有完全投入使用时，加拿大广播公司仅能从节目中赚取到小部分利润。不管哪种情况，广告商的广告所覆盖的受众，远比私营广播网覆盖的受众更为广泛。随后，加拿大广播公司出台的电视政策，也采用了相同的地区折扣制，但公司（和纳税人）向那些幸运的广告商支付优厚的补助金。在广播业内，私营电台可以获得其所属的广播网的收益分成的比例，高达50%，而加拿大广播公司**承担**所有的折扣成本和15%的代理佣金。此外，私营电台可以免费享有加拿大广播公司的所有服务，也因此不得不在其电台播出一些比较重要的公共服务节目。相比美国广播网，加拿大广播公司对私营电台慷慨得多。美国广播网下属的电台，每个月必须先替广播网无偿播出16个小时的节目，才能在接下来播出25个小时的广播网节目后，获得25%的广播网收益分成。用美元换算，加拿大广播公司支付给私营电台的收益分成，比美国广播网多54%（Weir，1965，pp. 227-228）。

加拿大广播公司、广告商和私营电台之间的关系，让加拿大的报纸和杂志出版商颇感苦恼，后者对广告营收从报刊流向广播的现状，心怀怨尤。对此，加拿大广播公司的回应是：若帮助我们提高收听费，从原来的2美元升至3美元，我们一定不需要或不寻求任何广告收入。1937年，豪接受了加拿大广播公司总经理的建议，加拿大报业集团打算支持加拿大广播公司的3美元涨价政策。《营销》（Marketing）杂志上的一篇文章深刻地揭示了报业的唯利是图：

> 我们提出一项建设性建议,即假若加拿大广播公司愿意提高收听费以保障所需的额外收入,那么报业愿意后退一步,并帮助公众认识到这样的涨价是公正且必需的;否则报业将不得不向外界揭露加拿大广播公司是如何让美国的广播节目如洪水一般涌入加拿大的。(转引自 Peers,1969,pp.214-215)

实际上,报纸纷纷抨击广播收听费的涨价和所谓的美国节目充斥市场,特别是《环球邮报》(Globe and Mail)、《蒙特利尔公报》(Montreal Gazette),以及《蒙特利尔星报》(Montreal Star)。

多亏了加拿大广播公司的董事会和管理层的精明,以及公司职员的尽心尽力,加拿大广播公司的节目制播战略,**的确**凝聚了加拿大人的民族意识。1938年,加拿大广播公司成立了戏剧部(Drama Department)。在接下来的四年内,它计划每年制作一千部广播剧,实际上每年只有350部投拍制作后在广播网播出,且没有一部受到商业资助。然而,加拿大广播公司的节目制播战略最重要的特点在于,它面向农夫和渔夫制作节目:

> 第一批面向农夫的广播节目于1938年4月11日在魁北克地区开始播出。从那时起,《觉醒的乡村》("Reveil Rural")栏目持续播出。1939年,英语农业部(English Farm Department)成立……节目里很快就增加了最新的市场行情和信息等内容,还有每天15分钟的关于农夫生活和问题的连续小短剧。不久,它增设了"农夫论坛"("Farm Forum")栏目,不仅面向本国受众,而且在世界上许多国家同步播出。农业部一直鼓励合作运动,同时招募大量有才干的年轻人加盟……它以每天甚至每小时的频率,实时更新农业世界的重要动向。(Weir,1965,p.268)

在第二次世界大战期间,加拿大广播公司成立了全国新闻部(National News Service);广播在战争的各个方面都发挥了创造性的作用。高级资产阶级文化在音乐、歌剧、文学、诗歌与戏剧领域得到了充分的展现。加拿大广播公司保留了它的交响乐团和歌剧团,并鼓励加拿大的歌手、乐器演奏家、喜剧演员等文艺界人才通过广播竞技节目,增进才能。于是,加拿大在戏剧领域培养了大量人才。

> 1948年至1949年间,共播出300部广播剧,其中有92%出自加拿大人之手。在这些加拿大作者中,有60位来自温哥华,47位来自温尼伯,65位来自蒙特利尔,25位来自哈利法克斯,103位来自多伦多。这个数字不包括《加拿大广播公司周日夜》("CBC Sunday Night")中的众多作品,或商业节目中的任何作品。(Weir,1965,p.274)

自1947年起,对于知识分子精英而言,周三晚的节目完全没有任何商业内容,目的是"为有鉴赏力的听众提供不受打扰的丰盛晚餐":广播剧、诗歌和音乐。公共服务节目的制播战略,也包括大量面向学校播出的节目,以及对举国关注的特定事件的报道。从1936年至20世纪50年代中期,整体上看,加拿大广播公司的公共服务节目的制播战略大致可与英国广播公司或欧洲国营广播电台的节目制播战略媲美。公司的节目战略与美国的商业广播模式毫无相似之处。如果向私营电台看齐,以上这一切都不会在加拿大发生。补充一点,加拿大广播公司当然也会播出一些源自美国、颇受关注的商业广播节目,例如喜剧、综艺节目、音乐节目和广播剧等。加拿大广播公司法语广播网的发展,甚至比英语广播网更加成功。总而言之,1936年至20世纪50年代中期的加拿大广播公司,如同战场一般;身处其中的加拿大老百姓赢得了自己的文化领导权,但最终发现,他们从未获得的经济领导权极大地限制了他们的文化攻势的波及范围和持续时间。

从1930年艾尔德报告出台,到1946年保守党出台全面、彻底地支持私营电台的政策,私营电台不论通过自由党还是保守党,对广播业的影响都非常显著。在这长达16年的时间里,自由党在1936年促成了艾尔德委员会的问世,批准了加拿大广播公司的成立。1932年,保守党创立了加拿大无线电广播委员会,并在1936年默许加拿大广播公司开展公共服务广播。对两党而言,游说建立更多的高功率私营电台的院外集团,死死地掐住了加拿大广播公司的财政命脉;这是1932年至20世纪50年代中期这段时间的时代特色。加拿大统治阶级因此遵循了两党联立政策,在加拿大无线电广播委员会和加拿大广播公司同时存在的并不稳定的环境中,鼓励公共广播和商业广播的并行发展。然而,在第二次世界大战期间,私营电台的赢利水平远高于报社。败下阵来的报纸出版商心有不甘,加入了非报社所有的私营电台阵营,极力鼓吹"新闻自由",以免受它的"竞争对手",即加拿大广播公司"监管"。实际上,加拿大广播公司对于私营电台的发展,睁一只眼闭一只眼;如前所述,它向私营电台同时提供有赞助和无赞助的节目,并让后者的收入大幅增长。

电视业

电视机的问世,打破了公共服务与私人盈利之间令人不安的妥协局面,而这已经成为加拿大广播公司独特的节目编排的基础。倘若加拿大果真有意保护其文化不受美国意识工业的全面支配,那么它必须采取严厉的措施。加拿大本该采用一种与美国不同甚至比它更高级的电视技术标准(比如,法国、英国或德国的标准),而不是与美国亦步亦趋。在多伦多、蒙特利尔或温哥华等加拿大门户点,精选出来的美国电视节目按照美国标准转码后向加拿大人播出。欧洲国家站在各自国家利益的角度进口电视节目,它们通过欧洲电视网进行节目转码。加拿大境内所有的电视台强制性地归加拿大广播公司所有。加拿大广播公司的财政资金来自 5 年或 10 年内的联邦财政预算。加拿大禁止进口或生产按照美国技术标准设计的电视机,这样就可以防止直接收看美国电视台播出的电视节目。当有线电视技术在美国发展起来的时候,加拿大本应限制有线电视的运营,即不超出加拿大广播公司的管辖范围,从而改善大城市的接收状况。一些欧洲国家采取了上述所有措施。加拿大反而没有落实其中任何一项,或认为这值得讨论。第二次世界大战临近结束时,加拿大文化精英和统治阶级与美国深度对接,以至于加拿大要实施保护性措施显得荒唐可笑。从 1948 年起,由美国主导的意识工业在加拿大悄悄地复制了它在英国、澳大利亚与新西兰等国的所作所为,以及20世纪50年代它在其他地方的做法:逐渐渗透,最终接管(主要由英国广播公司所践行的)广播电视公共服务模式。美国在加拿大以外的地方的做法更有争议性。

最初,电子工业,尤其是美国在加拿大的分支机构,积极推动加拿大电视技术的革新,希望借此开拓电视机与电视台设备的市场。迄今为止,加拿大仍然沿用20世纪20年代广播的发展模式。显然,在运营推广初期,电视需要数倍于广播的投资和运营成本。只有这样,它才能发展成为一种高效的生产性媒体,让广告商收回启动成本甚至获得预期收益。在战后的岁月里,

> 很快,电视设备生产商开始提供电视节目服务,以此确保全国人民都会购买电视机,并在这种情况下敦促渥太华开放电视市场。(Weir,1965,p.256)

美国的电视工业必须投入资金以建造电视网,并从一开始就提供免费的节目服务,才能吸引普通人去购买电视机。然而,在加拿大,纳税人承担了建造电视网和制作节目所需的费用。对此,豪当然乐见其成。

套在加拿大广播公司头上的金融紧箍咒,现在变成了风火轮。突然间,1949年3月,政府直接要求加拿大广播公司在蒙特利尔和多伦多两地尽快建立电视节目中心,并把私营电视台的数量限制为一地(市场)一台。政府向加拿大广播公司发放了400万美元的贷款。1953年,收听收视费被取消。于是,加拿大广播公司的收入直接依靠政府年度拨款,以及广告。1952年,公司首批建成的两家电视台投入运营。同年,政府要求加拿大广播公司旗下的6家电视台的覆盖范围拓展至全国,其中3家电视台(例如哈利法克斯、温尼伯和渥太华)的市场相对较小。私营电视台的信号覆盖了全国的其他地区(包括10个省份中5个省份的省会地区)。1952年至1961年,加拿大广播公司没有新建电视台;只有私营电视台不断成立、运营。加拿大广播公司的建台预算受到严格限制,相关预算几乎全部拨给私营电视台。多伦多政府禁止加拿大广播公司支付足够的费用在最佳位置

搭建天线。这导致加拿大广播公司的电视台的覆盖范围严重受限;这样一来,私营电视台就可以顺理成章地在附近得以建立(Weir,1965,p.258)。政府再次督促加拿大广播公司加快建设速度:

> 极度紧迫感又来了。加拿大广播公司的员工和设备都在极限状态下工作。他们建造电视台和演播室、维修设备、招募与训练更多的技术和制作人员,并且制作节目单,帮助私营台启动营业。(Weir,1965,p.260)

加拿大广播公司的行动迅速且高效。按照加拿大电子工业协会(Electronics Industry of Canada)主席的说法,在5年之内,加拿大的电视机市场就会饱和,其市场扩张的速度是美国的两倍(Weir,1965,p.261)。就节目制作而言,加拿大和美国一样,电视业兴起的头几年是它的"黄金时代"。为什么这么说,原因很多。广播电视网和电视台在电视节目开发上不惜花费重金增强"免费午餐"的吸引力。广告赞助商通过严苛的审查把持大多数节目的生产制作,但在审查之前,美国和加拿大两国的电视人才还是有机会进行各种尝试,在较大程度上发挥自身的创造力。

从电视技术的革新之日起,加拿大广播电视体制的公共服务品质就逐渐恶化。著名的马西皇家委员会(Massey Royal Commission,1949-1951)(Canada. Royal Commission on National Development,1951,p.46)完全没有从广播发展史中吸取教训。委员会把"影响欧洲电视业发展的条条框框的棘手问题"简化为不值一提的技术议题,并温和地称,技术标准"在欧陆不构成问题,我们不妨设想,欧洲所有国家都应当采用美国已确立的电视体制"。林恩·特雷纳(Lynn Trainor)不久后发表的关于彩色电视的技术标准的观点,也适用于黑白电视:

> 显然,彩色电视技术,如同影响加拿大的其他技术一样,是作为一种与美国的电视体制兼容的低端技术,被引进加拿大的。这一点是毫无疑问的。顺序存储彩电制式三代(SECAM Ⅲ)技术已经成功地拦截了美国电视节目的大举入侵,并鼓励与法国展开经济和文化层面的

交流。因此,加拿大的这个例子显得尤为令人不安……即使技术和经济的发展都在推动加拿大的文化实现独立,加拿大的美国化趋势也一直存在。①

按照加拿大广播公司总工程师 J. A. 维梅特(J. A. Ouimet)的说法(1950,p.173),采用美国技术标准:

> ……是交通部在与加拿大广播公司、无线电制造商协会以及加拿大私营广播业主协会(Association of Private Canadian Broadcasters,ACB)和其他利益集团协商后,大概在一年前决定的……这个决定,让那些居住在美加边境附近、能够接收到美国电视信号的加拿大人,都可以收看到美国电视台的节目……其他任何技术标准,原本应当在美加两国间树立起电视屏障;而且,尽管加拿大人总是要求看到更多本国的电视节目,但我相信,他们并不欢迎自动排除了其他任何电视节目的技术标准。

当然,无线电制造商协会受制于美国电子跨国企业的分支机构(可参见第7章)。采用美国技术标准的决定是一个官僚主义的产物,没有经过议会讨论,也没有考虑到公共服务问题。

马西委员会出台的多数派报告,呼应了艾尔德委员会和一长串议会委员会的观点,陈述了一个显而易见的事实:加拿大应当建立一个全国广播服务机构,以满足加拿大人的民族与文化认同需求。然而,到了1951年,这些观点早已成为虚情假意的陈词滥调;大众选民对加拿大无线电联盟等组织的施压行动,早已失去了连贯性和最初的热忱。

加拿大的意识工业主要由私营电视台构成,并且很明显地处于后者的管控之中。加拿大的意识工业为所欲为,篡改或利用唯一的全国广播系统,以服务于自身发展电视业的目的。无线电广播电视是它着力发展的对象。1957年,进步保守党政府掌权,迪芬贝克出任总理。这是自1936年

---

① Trainor,1970,pp.246-247.议会提出的问题,证实了加拿大彩色电视技术依附美国。参见 House of Commons, *Debates*, June 7, 1961, pp. 1250-1251.

以来进步保守党首次执政,而三十多年来为摆脱加拿大广播公司的"监管"而发起的运动终于迎来转机。用迪芬贝克的话说,他新创建的广播主管人员委员会(Board of Broadcast Governors)的职责在于监管"公共和私营体制",而不仅仅是监管全国网。广播主管人员委员会的模式,仿效了美国联邦通信委员会;它解除了加拿大广播公司的监管责任,而致力于保障私营部门的利益。1961年,委员会主席告诉加拿大广告商协会(Canadian Association of Advertisers),研究在哪些方面能发挥作用:

第一,有证据表明,有相当一部分观众在广告时间暂时不看电视而去做其他事。这种离开电视机的有意行为是否必要?为减少这种离开电视机或者躲避广告的现象,我们应把多少精力用于关注商业信息的传播方式?

第二,有一点很清楚,那就是有很多观众可能一直坐在屏幕前,但没有对广告留下任何印象。半个小时,或者更短的时间之后,他们根本无法告诉你他们看到了什么或者听到了什么。这种遗忘是怎么发生的?我们应该做些什么来改变这种状况?

第三,在多大程度上,观众是在忍受广告,而不是依赖广告?如果广告商能努力提高广告信息的可信度,情况会有所改变吗?

第四,我们有充分的理由相信,一部分观众认为广告中的某些内容是令人反感的。这与人们对广告的普遍态度有什么关系?有必要冒犯这部分观众吗?如果没有必要,那么还有哪些更可被接受的选择?①

这些阐述,体现了广播主管人员委员会的政策。1962年,围绕加拿大广播公司还是商业电视网可以直播职业橄榄球联赛"格雷杯"(Grey Cup)冠军赛而展开的争论,实际上展现出广播电视业的结构性变革的意义。广告商青睐职业橄榄球联赛,因为它是加拿大人喜欢的免费午餐节目,还是

---

① 费尔斯通在其著作(Firestone,1967, p.71)里援引了这些内容。引用部分参见"How the Media can be Made More Effective Advertising Vehicles," address by Dr. Andrew Stewart to the Association of Canadian Advertisers, Toronto, May 2, 1961, pp.11-12。

一场由大部分美国外援参与的比赛。所以,冠军赛对任何一方而言都是不可错失的良机。广播主管人员委员会试图威逼利诱加拿大广播公司,让它服从于私营电视网,直播冠军赛。加拿大广播公司则坚称自己当之无愧地拥有这一场能凝聚民族认同的奇观事件的直播权。相持之下,加拿大广播公司和私营电视网不分伯仲,同意双方共同拥有"格雷杯"的永久直播权。因此,加拿大电视业的发展模式从形式上说舍弃了"单一国网"制,转变成双轨制。

直接借助公共广播服务赢利的形式有多种,我专门讨论其中的两种:广告和商业电视网。自由党政府的皇家委员会(福勒委员会[Fowler Commission])1956 年建议,加拿大广播公司应当在与私营电视台的竞争中积极谋求广告收入。这一建议随后成为加拿大广播公司的政策;随后,(进步保守党政府的)议会委员会在 1959 年和 1961 年,(福勒)议会委员会在 1965 年,也相继鼓励加拿大广播公司增加广告收入。1965 年,福勒委员会给加拿大广播公司确立了一个目标,即广告收入必须占总收入的25%。这些做法对节目政策产生的影响,完全在意料之中。

如前文所述,加拿大广播公司意识到在广播行业实施地区价格刺激策略,以吸引广告商承担一部分广播网节目传输成本的必要性。我还认为,哪怕制作出得到全国网赞助的电视节目,加拿大广播公司也只能勉强做到财政收支平衡。电视的制作成本远高于广播,因而,假若加拿大商业电视网要播出节目(并获得广告收入),那么加拿大广播公司将不得不补贴这些商业节目的成本。1959 年,加拿大广播公司不得不担负加拿大所有**商业电视节目制作成本的 57%**;此后,这一比例还在不断上升(Weir,1965,p.388)。尽管最终还是纳税人出钱资助商业广告的播出,但加拿大广播公司的预算依然受限。加拿大广播公司背负的经济压力如此之大,以至于它只能进口美国的电视节目。这导致加拿大广播公司的节目编排战略完全受制于商业政策和商业价值。加拿大广播公司在 1965 年提交给福勒委员会的报告中说:

除了国家冰球联盟(NHL Hockey)主办的比赛,哪怕再吸引人的或再热销的加拿大电视节目,都难以卖给全国广告商,除非它是美加协议的一部分。英语电视网的这一局面,甚至排除了对节目平衡进行微小调整的可能性,因为稍有动作就会危及我们大部分(如果不是全部的话)晚间销售的机会,从而减少重要的广告收入。只要晚间编排的大部分节目可以卖出,那么就能整体打包卖出。如果只是部分取消晚间节目编排,不予售卖,或许会导致大批广告商远离其他的节目,因为这些节目缺少民众的收视支持,而且没有廉价的美国节目能让广告商在较低的千人成本的基础上进行多元化购买。**加拿大广告公司下属的电视台现有的商业和公共节目,在很大程度上决定了公司节目编排的特点、质量和收入,这一点怎么强调也不过分**。这一局面若没有出现重大的变化,要大规模变革现有晚间时段的节目编排,就几乎是天方夜谭。①

韦尔说得没错,商业压力"……一直都在,且无法抵抗;那些从未在这个行业待过的人,根本无法体会财政吃紧会带来多么强烈的压迫感,并在暗中造成多少危害"(Weir,1965,p.312)。福勒委员会1957年所提出的加拿大广播公司以5年为一个周期制定预算的建议,旨在让公司免受私营电视台持续不断的质疑(议会从未认真对待)。然而,福勒委员会的另一项建议,即公司预算应当同"日用消费品和服务的个人开销"的比例相关联,倒比较理性地表达出委员会对加拿大广播公司在意识工业中应当扮演的角色的期待。

我们仍需考察广播主管人员委员会及其继任者加拿大广播电视委员会,对广告和加拿大的电视节目的监管。广播主管人员委员会对广告时间的限制,比加拿大广播公司更加宽松。对于"加拿大本土节目内容"的监管进一步放松,甚至可以说就是做做样子。不过,加拿大广播公司制作的节目经常逾越这些限制。私营电视台的节目倒规行矩步,把美国商业电视政

---

① 引自 Weir E. Austin,"Some Observations on Canadian Broadcasting and the White Paper, 1966," Appendix 15, Canadian House of Commons Standing Committee on Broadcasting, Films, Assistance to the Arts, *Minutes and Proceedings*, Ottawa: Queen's Printer, January, 31, 1967, p. 1790。黑体为作者所加。

策照搬到加拿大。我再次引用韦尔的话(1965,p.379)：

> 私营电视台正沿着广播的发展模式前行——新闻、体育、天气、地方宗教和其他类似的内容；商家赞助的小测验和有奖竞答节目；个人访谈；少部分广播网节目。不过，极少有节目具有创意，或明显需要付出心力策划或制作。

意识工业在加拿大广电业的第二次蓬勃发展，体现在对有线电视产业的影响上。有线电视起源于美国，最初的目的是借助有线电视网保障那些无法接收到信号的观众（例如，居住在山区、偏远地区或信号受干扰的市区的观众）也能收看到电视节目，而加拿大具备了大规模推广有线电视的潜力。大部分居住在 200 英里美加边境线上的加拿大人，成为有线电视的目标客户群；他们也迫切地表示，除了通过天线收看节目外，希望看到更多的（美国）电视节目。

为什么加拿大人希望看到更多的美国电视节目？这和他们希望收听更多的美国广播节目，观看更多的美国电影，阅读更多的美国杂志或流行图书、连环画册，基本上是一个道理。我在前面已经分析过，随着说英语的加拿大人对英国的依附逐渐减弱，他们大体上被各种美国文化价值观所同化。数个世纪以来对英国以及美国形成的依附感，让大部分加拿大人感到，自己的国家在很多方面只是帝国主义生活方式的附属品。加拿大人对美式生活的态度，是一种被殖民心态。尤其是，规模经济的发展，让美国意识工业里媒体产品的生产，必然呈现出某种技术的精细感、光亮和魅力；而加拿大本土的文化产品的生产，只能东施效颦。电视尤其如此，而且需要考虑一个特定的因素。加拿大只有一个广播电视网（加拿大广播公司）生产加拿大本土的娱乐节目，还不包括体育和竞赛节目。假若加拿大人可以通过无线或有线网收看到美国的电视节目，他们也能享受到美国三大电视网提供的服务。在任何固定的时间，四选一对观众而言都挺有吸引力的。我们可以推断，因为加拿大人已经习惯于一套更加威权主义的宪政体制，并且相较于美国人，生活在一个更有等级感的阶级社会里，所以，深植于美国文化产品的平等主义意味更强的价值观（例如美国宪法第一修正案和第五修正案),或许对他们而言更有魅力。整个问题并没有得到应有的关注和研究。不过,值得注意的是,魁北克地区的大部分观众比起说英语的加拿大人,对本土电视和广播节目的忠诚度更高;并且,魁北克人的民族意识的增强,同加拿大广播公司的节目之间呈现出较为紧密的关联。

至1977年,74.1%的加拿大电视家庭用户可以订购有线电视服务,实际上有50.1%的家庭用户订购了此项服务。没有一个国家的有线电视渗透率能比肩加拿大。彼时的美国,也只有20%的电视家庭用户订购了有线电视服务。

有线电视对加拿大广播电视政策的颠覆,顺理成章地延续了20世纪50年代商业化政策在加拿大广播电视政策中的统摄地位。政府或皇家委员会都不加阻拦的市场力量,就这么一往无前。加拿大广播公司或广播主管人员委员会都没有在有线电视的发展初期实施准入执照制度,或进行管制。相反,交通部因想发展移动广播而定期发放执照。它没有针对给定的地区发放专属执照。当私营无线电视台因收入减少而抗议对有线电视台的准入限制时,政府才不得不于1964年"冻结"了新发执照。与此同时,政府也在思考如何处理这一问题。彼时,既得利益集团纷纷出现,大部分都附属于美国。当广播主管人员委员会着手制定有线电视的政策时,市场上已经存在314家有线网络运营者;1967年,它们的收入总计2210万美元,向全加拿大8%的家庭用户提供服务。这些网络公司的市值总计1.5亿美元,都归美国公司所有。

1968年,有线电视出现大约20年后,新的广播电视法案(Broadcasting Act)面世了。加拿大广播电视委员会依据这一法案成立。它负责管理有线电视公司,并视其为加拿大广电体制的必要组成部分。于是,有线电视从无线电视台那里,分流了一大批电视受众,并褫夺了可观的广告收入。如今,这种分流还在继续。

加拿大广播电视委员会将美国对有线和无线电视台的所有权比例降低到20%左右。除此之外,委员会自1968年后主要聚焦于如下议题:减轻有线电视台对加拿大无线电视台的侵蚀程度、保障它所赋予市场垄断地位的有线电视台的利益、调解用户对有线电视公司的投诉,以及鼓励非商用的"社区频道"(community channel)的发展等。1969年至1972年间,委员会强制降低了国外所有权的比例。它采取了一系列措施,限制有线电视系统传输过来的美国电视频道信号的数量(以保护加拿大无线电视台生产出来的受众):

1. 确立有线电视网络可能传输的不同电视节目类型的优先顺序。为特定地区服务的加拿大广播公司的电视台和私营电视台的节目(包括省级政府所需的教育节目)享有优先权。如果这些倾斜政策真的得到实施,那么电视"输入端"可接收的美国电视台的数量就是没有限制的,只要不使用微波系统来接收这些信号。如果需要微波设备来接收美国的信号,那么数量不能超过三种。

2. 假若在同一时段,两家有线电视频道播出同样内容的节目,委员会就必须自动进行节目删减和替代,以保证两家频道播出的电视节目具有同样的优先权。这样做的目的在于保护高优先级的加拿大电视台的广告收入不受影响。

3. 与第二项措施密切相关的是,根据电视台和有线电视网达成的协议,并经加拿大广播电视委员会批准,电视台有权删除美国电视台传输过来的商业广告,并替换成加拿大本土广告。此举旨在保障加拿大电视台可以向本土广告商售卖广告插播时段;不过,有线电视网被禁止售卖广告插播时段。

市场力量进入有线电视市场后,不出所料,有线电视产业被几家大型公司所掌控。1973年,在运营有线电视的274家公司里,仅6家就垄断了一半的有线用户市场,17家的订阅户数占总订阅户数的72%。1974年,有线电视业的总收入高达1.33亿美元,税前毛利润达3000万美元。按照加拿大的标准,有线电视产业已初具规模:它的收入约等于私营无线电视台总收入的1/3,税前毛利润接近无线电视台的1/2。

我们分析加拿大广播电视委员会有关有线电视业的监管政策时可以发现,1958年创建的联邦监管机构将监管对象(产业)的福祉放在首位,这与有关无线电视台的政策是一样的。就这一点而言,(罗斯福政府的内政部部长)哈罗德·伊克斯(Harold Ickes)眼里的官僚主义者,正是那些在是否将私人利益置于公共利益之前的问题上慎之又慎的政府官员。第二次世界大战结束后,支持公共广播服务的可靠的政治力量在加拿大日渐式微。按照伊克斯的定义,加拿大的广电管制算不上**官僚**。

关于加拿大的有线电视业,仍有两个发展问题显得含混不明。其中之一是"连线城市"(wired city)型交互式服务的未来发展,这还包括刚刚起步的"地方频道"(local channel)电视服务。另一个是有线电视自身的未来制度形式:是受到监管的公用**垄断**事业,还是竞争激烈的自由企业?这两个问题相互关联,因为它们所依赖的带宽,以及数字和卫星传播技术的发展具有不确定性。假若在20世纪60年代早期,加拿大(美国当然也是)重新开始宽带数字技术的研发,它原本可以有意识地利用有线和卫星技术,重新建设公共交换电话网。电话行业里日渐壮大的政治和经济力量,联合扼杀了这种可能性。这种力量对有线电视充满敌意:利用其垄断权禁止有线电视使用导管和电话线路,除非附加惩罚性条款——有线电视公司只能接受这些条款,因为这些业务能带来丰厚的利润。(典型的例子是,有线电视公司若要借助电话线路搭建有线电视网,必须向电话公司付费。费用一般一年一交,名头是电话线路租借费;短期[一般是十年]合同到期后,有线网络即归电话公司所有。)

有线电视的互动服务在技术上是可行的,但它含混不清的发展前景主要是由"未来究竟会实行什么样的电视制度"这个问题带来的不确定性导致的。例如,有线电视购物和信用卡支付,必然涉及制度安排,而后者将深刻地影响零售业的发展。有线电视提供的银行服务,需要银行和有线电视公司就制度安排达成协议,同样它也将重新调整银行业的布局和运营方式。上述这些还有其他,都是"连线城市"数不胜数的**可能的**特征,尽管"连线城市"未来可能出现,也可能不会出现。

有线电视业最终会确立哪种或哪几种制度形式,取决于这些专业服务是否得以发展,以及如何发展。我们可以设想如下情形:有线电视的硬件供给属于公共事业,它的企业客户致力于向连线城市的不同市场提供不同类型的服务。加拿大广播电视委员会通过评论屡次否定有线电视体制的公共事业属性。这表明,委员会无法理解这些可能性,也无法想象,假如管制机构实施严格的监察和全成本定价方案,公共事业制度完全有可能避免不受欢迎的交叉补贴情形的发生。

与连线城市的专门化服务需要新的制度安排一样,社群频道的发展,也必然需要新的制度支持。不过,在社群频道的狂热支持者实现他们的乌托邦目标之前,亟待安排的(制度)"界面"主要处于地方层面的社会、教育、甚至政治制度环境中。在意识工业领域里扮演普通工人角色的个体,应当如何重新调整占有性个人主义意识形态及其实践方式,才能建立可行的地方制度,以充分利用社群频道的各种可能性呢?他们不能对有线电视公司发挥主动性抱有任何期待,因为这些公司在意识工业里仅仅为利润目标而生存。有线电视公司所展现的姿态(一家小型工作室,或特定的摄像设备)仅仅是它们提供的符号,目的是遵从加拿大广播电视委员会出台的监管规定字面上的(而不是精神上的)要求。

自1953年以来,加拿大广播电视业所发生的一切,与早几年美国的情况基本一致。广播业不再大批量制造全国受众,而电视台展示出自身仅凭借千人成本就能进行商品和服务营销的高效。广播成为播放地方台插播广告的平台。同时,广播仍具有的独特优势,例如为广告商生产小汽车司机受众、可以(在做饭或吃饭、做家务的同时)进行伴随性收听(incidental listening)等,统统被资本化。加拿大广播公司下属的广播网由于失去了全国广告商,其功能渐渐缩水,并很快被边缘化。20世纪70年代中期,加拿大广播公司不再在广播节目中播放广告。从那时起,加拿大的广播"双轨"制由两部分组成:一部分是加拿大广播公司总裁约翰逊(1977, p.58)1977年对公司节目编排战略的总结——"以别具一格和异质性为目标"而制作的内容,一部分是不断增加的私营商业调幅或调频广播电台制作的插播广告、新闻速递和流行音乐节目。最近这些年,一般人很难分辨加拿大广播节目同美国私营广播节目的区别。但是,如果要说加拿大私营广播电台赚得盆满钵满,超过了美国私营电台,似乎又言过其实。加拿大广播电视委员会近期所做的一项调查揭示出加拿大广播业与美国广播业的基本差别:

(1) 加拿大的广播业(在整体上)比美国的广播业盈利水平更高。

(2) 加拿大每一家电台的平均收入高于美国。

(3) 作为国民生产总值的一部分,加拿大广播业的收入是美国的两倍。

(4) 加拿大广播业收取的广告费低于美国。

(5) 调频广播的收入在美加两国均日益重要,不管在相对意义上还是绝对意义上。

(6) 1965 年至 1976 年间,加拿大广播业的收入增长、净利润增长与平均盈利指数都高于美国。

(7) 相比加拿大,美国广播业的发展环境竞争更加激烈,其利润率也更受制于整体经济增长率。

(8) 调幅广播在美加两国都已经是成熟的行业,其在国民生产总值中的份额要么稳定,要么下降。

(9) 调频广播在美加两国的增长速度都超过了调幅广播。然而,相较于加拿大,美国调频广播的发展更具独立性,并且因其市场份额较大也更为重要。(Watson et al, 1978)

然而,并非所有的加拿大电台都在赢利:地方电台一般不赚钱,但是高功率电台非常赚钱。加拿大的私营电台丝毫不逊色于电视台。有了正当的理由,它在始于 20 世纪 20 年代的以美国模式发展广播业的斗争中,赢得了胜利,并且获利颇丰。

若以受众的生产规模衡量,加拿大广播公司在面向说英语的加拿大人的广播电视市场中的影响力,渐渐式微。1971 年,它的英语电视节目的收视人数,仅占晚间黄金时段(英语电视节目)收视总人数的 29.3%;到 1975 年,这一比例下降至 22.9%。(加拿大私营电视台和国境之南的美国电视台播出的电视节目,则瓜分了剩下的收视市场。)1971 年,它的英语广播节目的收听人数,仅占晚间收听总人数的7%;1975年,这一比例为7.8%。值得注意的是,1971年,加拿大广播公司的法语电视节目的收视人数,占(法语电视节目)收视总人数的45.7%;1975年,这一比例升至46.8%。公司的法语广播节目的受众市场份额由1971年的10.6%上升至1975年的12.5%。加拿大广播公司的法语广播节目和电视节目的受众市场份额,均大大高于公司出品的英语广播和电视节目;不仅如此,法语节目的市场份额不断上涨,而英语节目的市场份额要么下跌,要么原地踏步。①这似乎表明,法语受众和节目制作人员建立文化霸权的政治意识,远强于英语受众和节目制作人员,而且这种政治意识还在不断增强。即便如此,电视受众市场的份额也折射出如下事实:数据体现的是晚间节目的影响力,因此也包含加拿大广播公司大力引进的美国(尤其是英语)电视节目在加拿大的受众人数。就观众规模而言,加拿大广播公司的英语本地节目,无疑正在成为美国电视网与公共广播公司的摹本(counterpart)。

尽管如戴维(Davey)参议员所说,加拿大的广播电视与报纸一样赢利能力惊人,可加拿大持续不断地融入美国的意识工业(自20世纪20年代起它就在努力争取)的过程,也不是一个没有自我限制的过程。来自国境以南的电视信号借由有线电视网,不断渗透进加拿大,不但分化了受众,而且从加拿大本土无线电视台和电视网那里抢夺利润。加拿大广播电视委员会试图维持私营电视台的利润率。它允许有线电视台删减美国无线电视节目中的广告,并替换为加拿大本土的广告。实际上,加拿大每个省或地区都建立了"电子网关"(electronic gateways)。值得注意的是,这保障了加拿大广告商和电视台的利益,却无法必然保证文化领导权的确立,因为加拿大自20世纪40年代以来采取了多种彼此不兼容的电视技术标准。然而,保障加拿大电视台的利润,从来就不是一个简单的问题。美国的跨国公司把持着美国电视台,它们可以直接越过边境投放广告。因此,据加

---

① 这里所说的电视受众市场,是包括无线电视与有线电视在内的整体电视行业的受众市场。受众市场包括加拿大广播公司出品的其下属私营电视台制作的节目所吸引的受众(数据来源于加拿大广播公司研究部)。

拿大广播电视委员会 1971 年的估算,加拿大广电系统年收入的损失在 2400 万至 3000 万美元之间。而且,加拿大公司也花费了 1200 万至 1500 万美元,在美国电视台投放广告(再借由美国电视台跨境播出传回加拿大)。这么算下来,总体损失大约在 3600 万至 4500 万美元之间。①最近出台的政策因为所得税而驳回了这些广告花销;这项政策仅仅影响到为数不多的独立于跨国公司的加拿大广告商。依赖跨国公司的广告商可以通过其母公司在其他国家的办事处来处理此类跨境广告,以避免处罚。

大部分加拿大人收看的都是美国制作的电视节目,这些节目通过加拿大无线或有线电视台,由美国的地面电视台直接向加拿大观众播出。加拿大广播电视委员会保护本土电视台和有线电视台的种种努力,其实很成问题。最近,美国使用通信卫星,通过有线电视和地面广播系统向国内传输节目,这严重威胁到加拿大电视台和有线电视系统的发展。能够直接从美国卫星接收信号的地面站首先被应用于加拿大最北地区的远程采矿和石油开采区。美国的家庭影院频道(Box Office TV)的节目因而能通过有线电视网传输至普通家庭。建造和运营这些地面卫星接收站的费用并不算太高。按照加拿大当前的法律,它们都是非法设施。地面卫星接收站的使用,在靠近美加边境的人口稠密地区慢慢普及;这也成为一支新的分化受众的技术力量。我在写下这些文字之时,估计有 1 万家地面站已投入使用。它的单位成本也已降至 1000 美元至 3000 美元这一区间。1980 年,不列颠哥伦比亚省政府公然对抗联邦政府,试图阻止地面站的扩展。

面对如潮水一般持续涌入加拿大的美国电视节目,以保障加拿大节目内容生产,甚至保护本土私营广播电视业主的利益等为主要内容的一系列政策,总让人联想到克努特王(King Canute)命令海水掉头的无力感。无论从哪一方面看,这些潮水般的节目都受到占有性个人主义意识形态的驱动。除了一些无关紧要的例外情况,面向加拿大公众的公共电视节目如今只是装样子的点缀。

---

① CRTC,"The Integration of Cable Television in the Canadian Broadcasting System," Public Announcement, 26 February, 1971.

加拿大所有的大众媒体都倾力为美国意识工业生产受众。与这一单向传播相反,树立加拿大文化领导权的唯一可行的希望只能寄托在形式上是自治领的代议制政府下属的各种机构身上了。加拿大的法语区正在为文化领导权而奋斗。我们越来越难找出加拿大同美国(例如)太平洋海岸各州之间在政治、经济和文化上的差异了;至少,太平洋海岸各州虽属于美国,却拥有自己独特的历史和身份。

第9章
艺术与科学中的现实主义

第1章强调了垄断资本主义制度下大众媒体的传播具有关键的议程设置功能,它们能够让受众注意到那些对于资本主义制度而言具有重要意义的优先议题。第2章发展了受众这一概念,认为受众是位于资本主义核心地带的大众媒体与意识工业的主要产物。在第3章和第4章,我追溯了资本主义制度创造大众媒体的动态过程,这一过程对于大公司的成功至关重要。这些公司在垄断资本主义的核心地带早已获得领导权,它们不遗余力地向大众媒体所生产的受众推销消费品与服务、政治候选人和公共政策。第5章简要地分析了加拿大对英国随后是美国的依附背后的政治经济基础。加拿大报纸、杂志、图书出版、电影、电信、广播与电视的依附性发展构成了本书第6、7和8章的主题。在此,有必要检视这一依附性发展过程中的艺术成分(artistic component)。第10章将进一步分析依附性发展过程中的科学成分,本章只做简要论述。

在我(包括文化人类学者)看来,**文化**是人们在日常生活中所使用并珍视的所有东西。并且,它通常存在于社会关系的情境之中。T. W. 阿多诺曾经指出,"不管谁说文化,无论他愿不愿意,他说的一定是行政管理(administration)"(1972,p. 123,引自 Kellner,1978,p. 54)。我们必须将文化与"官方文化"(Official Culture)相区别。官方文化就是某种"闲暇时光",上流社会武断地将这些行为定义为文化。在我看来,**艺术**是人们的实践与思想的面向,这些实践与思想赋予人们爱、恨、彷徨、幽默、洞见、热情、愤慨、暴怒以及恶意等情绪。艺术的媒介多种多样:文字、声音,以及包括工具在内的实物。艺术或想法均非源自外太空,而是生发于我们的物质生活与非物质意识所存在的真实世界。与科学一样,艺术产生于生活以及对生活的评价的辩证过程:既有嘲讽的、微妙的轻描淡写,又存在刻不容缓(manifestly urgent)的叙述。同样,艺术生发于人们生活于其中的社会形态,并被其滋养和拓展;反过来,艺术也会改变社会形态。在不同形态的社会里,艺术与科学都能创造身份认同与凝聚力。二者皆早于现代资本主义制度而存在,并将比资本主义存活更长的时间。艺术,如同科学与我们的日常生活,早已被垄断资本主义制度为了自身的利益而彻底资本化了。艺术与科学完全按照文化统治的需求设定人们生活的议程,使他们服膺于建立在等级特权、经济实力与军事霸权基础上的社会制度。

仅仅用一章的篇幅难以处理美国和加拿大的艺术与科学理论和实践的所有问题,更不用说其他更为古老的文化。然而,本章将主要分析艺术发展的制度性背景,这对于分析加拿大的艺术而言,尤为关键。

20世纪建立的社会主义社会,不仅覆盖了全世界30%的人口,而且向我们提出如下问题:在资本主义制度下,什么才是艺术与科学的核心特征?1917年十月革命之后的十年间,在苏联,围绕艺术的"社会主义现实主义"问题而展开的争论,拉开了可能会持续数世纪的政策争论。这是因为,从历史的层面看,资本主义制度培育了艺术与科学的典型特征。正如这些特征同中世纪的欧洲、中华帝国的文化有着本质性区别,它们也必然与未来社会主义社会的艺术和科学大相径庭。关键之处在于,古希腊、古代中国、中世纪的欧洲以及现代民族主义的艺术中,有哪些因素是超越时间而具有共同特征的,哪些因素是孕育出艺术的阶级文化所独有的?在哪些方面,社会主义艺术体现出独特性?

详述这些问题为时尚早。但是,我们在理解西方世界发展起来的艺术和科学的制度体系对自文艺复兴以来的现代资本主义制度的发展所做的必要贡献方面,已经晚了一个多世纪,比如资本主义现实主义的原则。本章稍花笔墨,谨慎地辨识与分析加拿大以及资本主义核心地带的艺术所具有的独特性及其功能。

第9章 艺术与科学中的现实主义

任何一种社会制度下的文化现实主义思潮,都是该制度下艺术和科学发展的背景。**文化现实主义**意味着社会制度的核心价值体现在各种人工制品、实践行为与机构制度上。这些核心价值可以被视为合理化的一部分,后者揭示出并潜藏于社会制度的不同组成部分之间的各种关系中。

向艺术家与科学家提出文化现实主义问题的紧迫性,来自当今世界的两大主要"阵线"。首要的也是史无前例的"阵线"应是苏联、中国、朝鲜、古巴等一系列社会主义国家的成立。第二大"阵线"则是发达资本主义国家对所谓的不发达地区的日益加剧的文化渗透。第一大"阵线"面临的核心问题是,如何确定社会主义人文建设需要哪些新的文化元素,资本主义文化中的哪些元素需要被摒弃,又有哪些元素需要被转化和接受,以实现向社会主义的文化现实主义的转型?对于第二大"阵线"而言,核心问题在于,如何承认或丢弃(不发达地区的)异质性和通常是破坏性的文化产品、服务与价值,以维系和转变传统生活方式以及与之相伴的物质产品?实际上,这两大"阵线"面临共同的问题。社会主义国家面临文化甄别(screening)的问题(第二种情况),而如何使文化**直接**向社会主义转型(第一种情况)并同时将重心放置在甄别问题上,则是某些不发达或非社会主义国家所要处理的关键问题(第10章将着重讲述文化甄别的问题)。

引领科学家与艺术家发挥他们的聪明才智以解决上述问题的最大障碍在于,他们尚未完全理解他们身处的社会制度如何有助于资本主义现实主义的发展。在艺术家和科学家成功锻造社会主义现实主义文化之前,他们必须清楚资本主义现实主义如何训练他们以服务于资本主义制度的发展。

关于资本主义现实主义的制度性根源,我们知晓多少?

科学与艺术必然起源于人类生活,无论是社会性的还是个体性的。科学与艺术都具有策略和战略两个层面。在策略层面上,艺术与科学共享人类解决问题的普遍做法:定义问题(或工作),研究它,尝试去解决它,然后对结果进行评价或评估。在策略层面上,艺术与科学所采取的方法虽有不同,但很大程度上存在重叠之处。在战略或体制的层面上,科学与艺术体系在结构上拥有某些共同点。它们既是累积性的,又具备自我更新的能力。它们都通过具备体制惯性的组织得以体现；就像任何机构一样，它们本身也是政治有机体。它们的存在都依赖既存的社会权力结构，因此不可避免地以混杂了适应与抵抗的形式，对这一后勤保障（logistical support）做出回应。同时，在战略和策略的层面上，科学与艺术在本质上都不可避免地是政治性的。无论是科学，还是艺术，不仅需要选择用于加工或处理的问题或概念，还需要选择相应的方法。这些选择源自现存的权力关系的社会结构，并由后者决定，且具有某种政治意义。随着科学任务或艺术作品的完成，上述选择也将影响社会权力结构。除了对问题和方法的选择可引发政治偏好外，科学家与艺术家"做自己的事情"的有效机会所带来的诱惑也能导致更多的政治偏好。资助科学研究的资金的可获得性、资助人或艺术家市场的资金支持，以及认可、荣誉等的可获得性，这些因素结合在一起，催生了对这种支持和认可机制的情感偏好。所有这些过程无论在资本主义体制还是在社会主义体制内，**确定都会出现**。

1. 过去 700 年间，对资本主义现实主义在艺术和科学领域的发展来说，最根本的核心价值观是什么？艺术和科学与现代资本主义的意识形态有何联系？资本主义现实主义有三类核心价值观。

（1）**人类与世界是自然体系**。它们被设想为永动机。它们容易受到理性思维的影响。这是近代关于人与世界的基本观点。在整个 15 世纪的欧洲，科学与艺术世界也笃信这一观点。在 16 世纪及之后，艺术才从科学与知识中独立出来，自主发展（Hauser,1957,Vol.2,p.75）。

作为自然体系，倘若人与世界的运转机制为人所熟知，那么它们就有可能被操控。根据豪泽（Hauser,1957,Vol.2,p.183）的看法，哥白尼的世界机械模型清楚地体现在 16 世纪的巴洛克艺术风格之中：

> 整个巴洛克艺术充满了这种战栗，充满了无限空间的回响以及所有存在的相互联系。艺术世界就其整体而言，成为宇宙的象征，并化身为活生生的、统一的有机体。艺术世界的每一部分，如同天体一般，指向一个无限的连续体；每一部分都涵盖了统摄整体的法则；在每一部分里，同样的力量、同样的精神在起作用。

如果人与自然在本质上是机器，那么技术则是理解人与自然的关键。自文艺复兴以降，很明显，技术成为资本主义现实主义艺术的核心议题。艺术的所有传统（例如透视）都被合理化了（Hauser，1957，Vol.2，p.16，64）。中世纪艺术建立在客观的"内容"（What）基础之上；与此相对，文艺复兴时期以及之后的艺术则建立在主观的"方法"（How）基础之上（Hauser，1957，Vol.2，p.70）。工艺技能因素的相互作用，体现了个人可被无限操控的观点。只要操控得当，个人就能成为具有无限可塑性的个体。美国广告业信奉的这一愤世嫉俗的理念，早在17世纪法国的巴洛克艺术沙龙中就已出现（如果那时可以使用"个人主义"一词）。"他被剥夺了所有卓越的品质，而成为一个平庸的、触手可及的、易于管理的人。"（Hauser，1957，Vol.2，p.204）

在科学领域，人与世界的机械论观点似乎站得住脚——至少物理学的发展引人入胜地展示了这一点。科学作为"征服"自然的手段，承认了对自然资源的掠夺以服膺于商业利益与利润的目的；这一理念对接下来的所有"技术"发展而言，至关重要（Leiss，1972）。它必然以一种"科学主义"的形式作用于作为社会存在（social beings）的人。它是一种机械的男女观，含蓄地否定了他们的意识的现实性，否定了他们表面上无序的政治行为。与艺术的发展趋势相呼应，人类的科学同样倾向于认为人可以被操纵，并寻求各种技术以控制人的行为。实证主义是资本主义现实主义的一个必然的特征，霍布斯（Hobbes）的认识论在否定形而上学和坚持语义的精确性方面预见了这一特征。他的心理学预见了行为主义的机械论形态。他的政治哲学使一个以机械的方式构想的社会合理化。在这个社会里，威权主义确保了对普通人的成功操纵。斯宾诺莎（Spinoza）对人的行为和欲望的看法"与我对线条、平面和立方体的看法完全一致"。

18世纪，亚当·斯密、约瑟夫·汤森（Joseph Townsend）以及其他重农主义者发展了以原子个人主义为人类基本假设的经济思想体系。19世纪，杰里米·边沁（Jeremy Bentham）与詹姆斯·密尔（James Mill）的功利主义体系，进一步完善了享乐主义机制与消费主义的意识形态基础（这正是美国广告业的基础)。圣西门(Saint Simon)与奥古斯特·孔德(August Comte)的实证主义则把社会想象为控制欲强的、机械的和理性的技术官僚政治,由像他们这样的知识分子来管理。赫伯特·斯宾塞(Herbert Spencer)、威廉·格雷厄姆·萨默(William Graham Summer)与路德维兹·贡普洛维奇(Ludwiz Gumplowicz)愉快地把达尔文主义整合进相似的方法与理论的科学体系。

早在 J. B. 华生(J. B. Watson)、C. L. 赫尔(C. L. Hull)和 B. F. 斯金纳(B. F. Skinner)创立"刺激—反应"学说(该学说视人类为机器)之前,休谟(Hume)与哈特利(Hartley)所提出的联想心理学,已经使心理学具有实证主义色彩。行为科学成为跨学科领域;不少学者(包括拉斯韦尔[Lasswell])倾向于把社会科学简化为各种手段和工具;因此,人被视作受到制约的、被操控的动物。

大部分传播理论与研究(或许适用于艺术)跌入科学的行为主义范畴;它们对生命采取一种牛顿主义的机械观。伯纳德·贝雷尔森(Bernard Berelson,1956,pp.304-305)对 25 年来舆论研究的成果予以肯定,他指出:

> ……舆论研究领域已经日益技术化与定量化、反理论化、碎片化与具体化、特殊化与体制化、"现代化"以及"集团化"(groupized)。简言之,该领域作为一门典型的行为科学,已经美国化了。25 年前甚至更早,那些关注社会本质与功能的著名作家,不是"就舆论"而研究舆论,而是将其放入广阔的历史、理论与哲学情境,撰文著述。当今,技术专家团队围绕特定主题展开研究,并发布研究成果。20 年前,舆论研究属于学术的一部分;当前,它已然成为科学的一部分。

以上就是资本主义现实主义制度有关艺术和科学把人看作自然的一部分的系统观点。

(2) **科学与艺术是纯净的**,例如价值无涉或非政治性的。因此,它们是普遍的、永恒的、良性的。只有资本主义现实主义才宣称这一形而上学的概念。

在科学领域,上述理念在 19 世纪才得以确立;彼时,科学在学术界、社会与大学被建制化,进入科学家行列的大门向来自各社会阶层的年轻人敞开,而他们处于控制一切的资产阶级权力结构之下。在文艺复兴与启蒙运动早期,科学家更多地依附统治集团,而且清醒地认识到自身的科学研究所具有的政治本质。对此,弗朗西斯·培根(Francis Bacon)曾直言不讳:

> 通往人类权力与通往人类知识之路,彼此靠近,如出一辙。然而,考虑到人类抽象思考的习惯的破坏性与根深蒂固,由基金会发起并资助科学研究更为可靠。这些基金会投身于实践,并让活跃的科学家成为科学家的代表,由他们影响和指引那些喜好沉思的同侪。(转引自Bernal,1939,p.6)

19世纪之前,科学家认为,柏拉图关于科学仅仅是纯思维的理想主义观点,自相矛盾。伯纳尔(Bernal,1939,pp.5-6)曾指出:

> 倘若宇宙自身的沉思属于科学之职能,如我们所知,如今它本不应该继续存在。哪怕是最初级的科学史知识都向我们展示,推动科学发明的动力与发明得以产生的方式,是物质需要与物质工具。

就科学的政治后果而言,我们只需要指出,如果科学没有解决交通运输与武器的问题(伽利略、哥白尼与牛顿在天文学上的贡献,对现代航海技术的发展至关重要),如果没有18世纪与19世纪西欧纺织工业的发展(离不开化学家的贡献),如果没有我们记忆犹新的原子能技术的发展,15世纪到20世纪间帝国主义对海外采取的一系列征服行动,根本难以实现。

然而,社会科学深植于19世纪以来所确立的科学"去政治化"的天真想法。人类学家弗洛伊德·马特森(Floyd Matson,1964,p.70)曾指出,每当资本主义行为科学家面对政治生活时,他们通常会面对三种所谓价值无涉的、去政治化的选择:

> 首先,他可能会选择政治过程中那些机械与外部的细节,并且这些细节较易受到诸如取样、图表绘制、检测与内容分析(例如选举统计或大众媒体调查等,"谁通过什么渠道对谁说了什么")等量化研究方法的操控。其次,行为主义者有可能使用他们的测量杆,冲入政治的核心领域,却对这些领域的不确定性视而不见,并对领域的具体内容

嗤之以鼻；套用汉斯·摩根索（Hans Morgenthau）的话，"他试图把那些从政治科学的角度看不容易量化的现象量化，由此模糊甚至曲解了政治科学的原本意图"。最后，行为科学家可能抛弃整体的政治现实，退回到纯粹方法的高度；他们怀揣暧昧不明的意图，希冀有一天当公式计算机化以及对数据重要性的检测成为主流时，他们能重返这个世界。

我之所以说"所谓价值无涉的、去政治化的"，是因为任何资源（无论是物质资源还是人力资源）获取的行为，总是发生在真实世界的情境里，因此必然产生辩证的政治后果：要么以某种方式支持或改变现有的社会体制，要么澄清或模糊政治议题，或两者兼有。行为主义与逻辑实证主义为科学家的保守主义、墨守成规与逃避现实，提供了理论基础。通过把知识限制在感知上可验证的范围内，科学家使知识分子在轻松地找到能消磨时间的工作、舒舒服服地进行职业规划并因为"懂得"越多却知道得越少而获得报酬的同时，备受社会尊重。科学家将个体视为孤立的原子。他们向学术界输送的认知模式，在意识形态层面与自由资本主义所奉行的模式出奇地一致。20世纪20年代至60年代期间，随着基金会资助科学研究、军方与跨国企业资助"智库"的潮流的出现，科学的市场结构逐步向垄断资本主义贴近。

说这些并非表明我们应当反对科学，或反对数学或统计工具的使用，又或因小失大。我从不排斥数学或统计工具。然而，我希望它们被用于解决那些被正确表述（stated correctly）的问题，例如，它们应当去解决那些被置于现实主义政策框架中的问题。当前大多数被视为社会科学的研究，在它们被应用于现实世界时，绝非价值无涉与去政治化，而是受制于文化，并在影响本国和其他国家的过程中，被高度地政治化。

艺术和艺术家同人类的集体关注点之间的疏离，是资本主义现实主义发展的必然结果，也是悲剧性的结果。文艺复兴时期，艺术家"不考虑艺术形式同额外的艺术目的之间的关联，这在中世纪时期被理所当然地视为一个简单且毫无任何问题的事实"（Hauser, 1957, Vol. 2, p. 84）。文艺复兴

第9章 艺术与科学中的现实主义

时期对统治阶级的屈从使艺术家和人文学者直面或放浪不羁或奴颜婢膝的双重危险，而他们往往选择屈服于这两者。倘若艺术家没有公开地扮演奴性的角色：

> 那么他会避开一切政治活动，只为了不受到任何牵连，然而他的被动消极，只是巩固了掌权者的地位。这才是真正的"知识分子的背叛"，即知识界对知识价值的背叛，而非当前备受批评的精神的政治化。人文主义者失去了与现实的联系，他们化身为浪漫主义者：他们把自身与世界的疏离称为"超然"，把自身对社会的漠然称为"智识自由"，把思维的放浪不羁称为"道德主权"。（Hauser, 1957, Vol. 2, p. 83）

那么，所谓的非政治性艺术，就是政治逃避主义的最佳托词，即"为艺术而艺术"。同时，它也成为反对资本主义的畸形的抵抗形式。因为技术在政治上最安全，也是当代资本主义最迷人的特征，因此"为艺术而艺术"逐渐聚焦于技术。早在15世纪，在意大利自治城邦就已出现这一现象（Hauser, 1957, Vol. 2, p. 42）。18世纪洛可可时期所奉行的"为艺术而艺术"的理念，据说比19世纪的理念显得更加自然、真实（Hauser, 1957, Vol. 3, p. 34）。在这一社会情境下，我们重新来看待杜博思（Dubos）早在1719年所说的"艺术不在于教授，而旨在感动"以及"接受艺术的唯一恰当的态度不是理性而是感性"，就显得水到渠成了。因此，杜博思奠定了大众文化的基础，尤其是当代耀眼夺目的广告的基础。

考虑到从信仰到煽情的转变已成为艺术之基础（由15世纪意大利城邦的艺术发展所奠定）这一事实，上述逃避主义的趋势，无法避免。针对个人的"纯粹快感""感性""直接煽情"已成为（艺术的）认识论基础。劳罗·马丁内斯（Lauro Martines）在其著作《权力与想象：文艺复兴时期的意大利城邦》（*Power and Imagination: City States in Renaissance Italy*, 1979, pp. 248-265）中写道：

> 艺术变革的前沿、先锋视角就是对日常现实的模仿……15世纪，

绘画旨在准确地捕捉当下现实的面貌；必须以实用主义的态度忍受（事物的）实际面目和外表。然而，这有赖于一种对事物的想象，而这种想象不是孤立的。这种想象与新近出现的盛气凌人的现实观直接相关。这一想象也与财富和权力的不断集中相关，后者径直增强了上层阶级的自信……由此产生了一种静止的、乐观的且专断的关于现实的理念（例如军事人文主义）……自然，作为每天都被看到的东西，被上层阶级认为是仁慈的。（Martines，1979，p.258）

如今，一系列虚幻的想法可以更有效地解释艺术和艺术家对政治活动的疏离。其一，文艺复兴时期人们都欣赏艺术且艺术普遍具有很高的质量。其二，文艺复兴盛期的艺术至少是一种永远正当的（valid）、永远充满人文气息的艺术。我将在下文指出，五大艺术门类（five Fine Arts）就是建立在这种绝对的、永恒的与无限的论断的基础之上。艺术市场经济学的兴起，加固了这些虚幻的想法。因为"早期绘画大师的作品"供给有限，所以与商人打交道所承担的风险，要远低于与在世的艺术家进行交易时所承担的风险，毕竟后者的生产潜力尚不确定，因此艺术市场更倾向于与前者进行交易。正如马丁内斯（1979，Chapters 11 and 13）在分析人文主义及其艺术时所指出的，我们回顾的文艺复兴时期的艺术都是为新兴的资产阶级生产的，而生产它们的艺术家依附这些资产阶级的成员。那是他们的艺术，而不是底层人民的大众艺术。社会所认同的艺术是"有高雅趣味的拉丁化的精英小心庇护的财产"（Hauser，1957，Vol.2，p.51）。实际上，文艺复兴时期的艺术并非永远正当：

> 文艺复兴时期的艺术和其他任何时期的艺术一样是受时间限制的，是有限的和短暂的，有自己的价值标准和审美标准。（Hauser，1957，Vol.2，p.93）

（3）**个人主义、私有财产与市场组织是艺术与科学的系统性的必需品。**个人尊严的概念一旦与意识形态、私有财产产生关联，便成为文艺复兴、现代资本主义乃至新教的基础。马尔西利奥·费奇诺（Marsilio Ficino)在其著作《柏拉图关于灵魂不灭的神学论述》(Platonic Theology on the Immortality of Souls, 1482)中清晰地指出文艺复兴时期的人文主义所具有的阶级特性：

> 这一类型的艺术，虽然它们形塑宇宙、支配动物，甚至模仿造物主上帝，但相对另一种模仿天国、承担人类政府之责任的艺术而言，属于劣等。同一种类的动物难以照顾自身以及后代。**然而，人类能近乎完美地管理自我（动物无法做到这一点）、支配家庭、治理国家、统治人民以及统摄整个世界。**人类不能接受被奴役的状态，仿若他天生就是统治者。(Martines, 1979, p.217；黑体为作者所加)

在总结对文艺复兴时期的城邦国家的人文主义的分析时，马丁内斯(1979, p.217)如是说：

> 无论关于人类尊严的英雄主义观点有多么常见，无论它如何有赖于人类的潜能这一概念的发展，无人能像那些拥有学习、文化、赞助等资源，以及受过训练懂得欣赏世界的美好的个体一样，完美地实现这一理想。历史学家如同人文学者一般，经常假定英雄史诗般的观点适用于所有人。这一事实显而易见，因此似乎显得无足轻重。完全不是这样的！它只替精英发声。对这一点的忽视不仅表明我们错误地理解了文艺复兴，而且表明我们无法透视在自身价值观背后隐藏着的各种力量与社会利益。

占有欲、竞争以及对市场机制的依赖，成为资本主义现实主义的运作模式。科学与艺术都欢迎这些体制变革(institutional innovations)，尽管它们各自的表现与结果各有不同。

资本主义制度下艺术最明显的特征应该是对占有性个人主义观念的系统性培养。被商品化的艺术品像其他所有商品一样，被恰如其分地嵌入阶级结构。艺术商品的生产与建制化的市场"消费"相互分离；艺术品消费市场中充斥着各种能够鉴别艺术品(并为之大肆宣传)的批评家、中间人与捐客。随着时间的推移，一大批专业化的行业杂志冒了出来。

正如个人主义成为工商企业的生产的意识形态标签,个人主义教条以天才的典型形象出现在艺术领域。资本主义制度将部分艺术家塑造成"天才"(或"明星"),而大部分艺术家成为"穷困潦倒"的群体的一分子。资本主义使艺术转变成符合资产阶级身份的商品("高级艺术")。于是,美学作为一种知识,为资产阶级群体中那些有见识的业余爱好者与哲学家在艺术市场上的行为提供了理论依据,无论他们是在音乐厅、歌剧院还是美术馆。

艺术家是天才的观念有助于帮助普通人将艺术"去政治化",因为这一观念创造了一种神话,即疏离的天才有能力生产出"高雅艺术",而"有教养的"资产阶级消费者具备鉴赏艺术的独特能力。然而,希腊人从未有过这种神话。

对于资本主义制度而言,艺术家是天才的观念具有实用性,因为它证明了"明星"体制的合理性。这种观念建立在艺术家个性(或性格)的多重面向之上,似乎证明艺术家应当获得非比寻常的高报酬。我们发现,在文艺复兴早期(15世纪),像米开朗基罗(Michelangelo)这样的明星艺术家就获得了极高的收入。这与实物资本财物形成了有趣的类比,即天才艺术家生产那些备受赞誉的作品的能力成为其收入的基础。例如,在**未完成的**素描或版画或雕塑中创造新的市场(可与中世纪做比较)。15世纪出现的明星艺术家,在音乐、文学、诗歌、建筑以及电影、广播、电视和报刊等领域被效仿。

当艺术成为商品,由于市场具有依赖性,它的主要受众市场是上层社会的精英,因为只有他们有业余爱好者的专业知识(在美学领域被合理化),能够在这样的市场上正确地鉴别(同时具有支付能力)。其结果是,典型的艺术品市场产品将具备高级艺术的品质,即最好的品质。凡勃伦认为,"公开竞争和稀缺性"政策是资本主义的制度性原则,它构成意识工业针对平民所展开的销售活动的基础(第3章)。早在几个世纪前,这一政策就已经出现在资产阶级艺术领域——即使手工业生产只是为了满足上层阶级的小众市场的需求。

这样一来,上层阶级的艺术享受就能得到保证,而关于"生产高级艺术的资本主义制度"的宣传也能产生最好的效应。在文艺复兴之前,享乐原则从未成为庞大的文化体系(例如现代资本主义)的基础。文艺复兴之后,享乐原则被整合进现代美学并成为现代美学的基础,这就使得这一原则能被合理地应用到整个体系(大众文化、个人态度、家庭关系等)之中。由于这个原因,资本主义制度在分析艺术的时候,把注意力集中在发展感觉、敏感性和美学的理论上,其结果是美化了对个人和享乐的崇拜。在这个过程中出现了典型的资本主义艺术市场的现象,例如商品的知识产权的概念。总而言之,资本主义现实主义艺术的合理化论据结合了马基雅维利式的、愤世嫉俗的、贪得无厌的非道德性,以及个人创造力的表达,并受制于市场的接受程度。

倘若美学是"买家指南"的艺术,而非生产者关注的理论学说,那么诚如艺术家所言,资本主义艺术品的买家相比美国那些耐用消费品的买家,更少受到资本主义制度的保护:至少生产者还有那么一丝丝在意消费者联盟(Consumer's Union)对他们的产品的评分。美学的特定阶级性应当受到更多的关注,超过当前的批判学者(例如马克思主义者)所给予的关注。对于卢卡奇(Lukacs)以及其他欧洲马克思主义者来说,美学似乎是超越政治的,而不是有一个明确的资产阶级起源(可参见 Sanches Vasquez, 1973);他们的关注点在于,区分"真实的"艺术(永恒的、在任何地方都被承认的艺术)与短暂的艺术(Lukacs,1964)。

资本主义现实主义关于科学的合理化论据依赖个人主义与私有产权,对于艺术也是这样。然而,市场在科学领域的作用不如在艺术领域那么重要。如果不考虑图书或期刊的商业市场,那么科学家主要依赖工业、政府与大学提供的工作机会。他们作为统治阶级的一部分,不得不处理经济依附性与智识自由之间的张力,而无须面对由市场现象引入艺术领域的主要混乱。

2. 资本主义现实主义艺术的建制化过程的实质是什么?它是现代资本主义和现代民族国家摆脱西欧中世纪/封建制度的历史进程的一部分。资本主义现实主义艺术,和科学政策一样,紧靠权力之席。我们在分析其过程性特征时所关注的是,城邦和后来的民族国家相当公开地利用它们的权力和资源来发展艺术的风格和结构,以便更加实际地为资本主义制度服务。

艺术院校由国家建立,旨在发展艺术的标准、风格和技巧。集教学、生产和辩论等功能于一体的艺术院校,16 世纪时首先出现在佛罗伦萨和热那亚,随后出现在法国、英国和其他低地国家。美术的(学科)**本体性**是争论了三个多世纪的话题。从 16 世纪至 18 世纪,这些在全国范围内展开的辩论涉及如下议题:对古代与中世纪的文化形式和传统的评价,为了资本主义现实主义的利益而对它们进行的改造。这些辩论有助于发展现代资本主义意识形态,不过回过头来看,它们的目的在于使"五大艺术门类"的地位合理化,这五大艺术门类明显地从手工业、科学和其他人类活动的共同特征中分离了出来。从 16 世纪持续至 18 世纪并跨越国界的一场辩论的主题,正是关于绘画与诗歌之间的比较,其次是绘画与雕塑之间的对比。如果从另一角度来看,几个世纪以来,人们一直在辩论什么可以称得上业余传统(amateur tradition)。这场辩论关注的是如何以最令个人感到愉悦的标准选择艺术活动。卡斯蒂格朗(Castiglione)在其著作《朝臣》(*Courtier*,1561)中如是写道:

> 音乐与绘画训练,如同对诗歌的鉴赏一样,被置于一处,成为朝臣、绅士或王子的得体追求……此类艺术修养的养成,并未与剑术,马术,古典文学,钱币、勋章和自然奇珍的收藏以及其他同样有价值的活动区别开来。(Kristeller,1970,p.127)

对此,其他人表示了不同意见。例如,康拉德·格斯纳(Conrad Gesner,1548)把

> 诗歌置于修辞学与算术之间;把音乐置于几何学与天文学之间;把建筑学、雕塑与绘画零散地置于交通运输、制衣、炼金术、贸易、农业以及其他机械艺术中。(Kristeller,1970,p.128)

在法国的学术规训体制下,这一辩论逐渐演变成 1675—1700 年间的

古典与现代之争。于是,人们开始在一切人类活动与所有知识和文化领域中,系统地比较古典与现代的成就。这为百科全书编纂者提供了充足的资料,并促进了 18 世纪末法国的文化繁荣,推动了《大百科全书》的诞生;实际上,《大百科全书》使用现代资产阶级的术语,定义了现存的所有知识。

关于哪种艺术应当享有优先权的争论依然继续,最后终结于《大百科全书》的出版:《大百科全书》将绘画、雕塑、建筑、音乐与诗歌定义为"美术"。[①] 几乎在同一时间,在相同的环境下,伊曼纽尔·康德(Immanuel Kant,1764)在《判断力批判》(*Critique of Judgement*)一书中正式提出关于美与艺术的哲学理论。可以这么认为,到了康德这里,资本主义现实主义的美术体系算是完整地建立起来了。

这一创立过程与 20 世纪创建社会主义现实主义的过程之间,存在不可忽视的相似性。新生的社会主义国家内残存的资本主义艺术体系及其同情者,竭力诋毁社会主义国家与统治阶级在为社会主义艺术制定政策与规定实践活动时所扮演的角色。然而,社会主义国家的保守派,又极力赞扬艺术天才为艺术市场生产的"自由",就好像这是艺术的一种普遍与永恒的特性。

我们必须牢记,对于资本主义现实主义而言:(1) 高雅艺术的创立是国家为了保护统治阶级的利益而进行干预的直接结果;(2) 国家设立相关机构,以更好地管理高雅艺术的发展;(3) 这一过程耗时较长,至少三个世纪。可以想见,社会主义现实主义的创立过程,也会花费如此长的时间。

如果仔细地分析美加两国的艺术与科学的发展过程,我们将遇到一系列重大矛盾。在本章开篇我已指出,倘若对文化的唯一的科学的定义包含所有的人造物与价值观,那么最严重的矛盾在于文化的这一概念与阶级社会赋予我们的文化概念之间的冲突。上层阶级将文化等同于美术(将之扩展到歌剧、舞蹈、戏剧等表演艺术),等同于自身的"感知力"(sensibilities)。即便是苏珊·克林如此杰出的著作《谁在害怕加拿大文化?》也以我所采用的这一文化定义开篇,并把分析局限于体现在媒体、教育、美术和表演艺术

[①] Kristeller(1970)详细地追溯了这些辩论。

中的艺术上。图 9-1 可以帮助我们更好地理解分析过程中暴露出的这些矛盾：

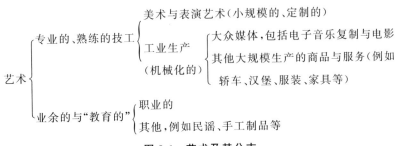

图 9-1　艺术及其分支

有关艺术研究的传统文献聚焦于职业化的美术与表演艺术,一定程度上表现出一种屈尊俯就的态度,承认大众传播媒体位于真空地带(nether region),有可能起到"扩大"官方艺术的"受众基础"的作用。于是,鲍莫尔与鲍恩(Baumol and Bowen,1966,p.247)在细致地分析 20 世纪基金会(20th Century Fund)的表演艺术时指出:

> 从美学的角度看,在美国,现场表演的活力无疑是令人满意的,并且如果不为别的,只为向贪得无厌的大众媒体提供新的素材和受过训练的人员,这一表演绝对必不可少。

当然,我们无须区分现场表演与非现场表演,而应当区分小规模生产与大规模生产,因为表演与其他艺术形式(例如绘画、雕塑)都属于小规模定制生产,而非大规模生产。

加拿大出台的关于美术的政策,最初表达了将政府视为管理国家的精英阶级的代言人这一意愿。在资产阶级艺术家与私人社区组织的支持下,加拿大国家美术馆(Canadian National Gallery)创立于 1880 年,1913 年通过立法正式成立。在美国,美术界长期抵制国家对艺术的干预(这一点可以追溯至 1776 年的《独立宣言》以及 1789 年《宪法》中有关反贵族统治的条文),因而一直实行私人资助的模式;直至 1937 年,国会创立了国家美术馆(National Gallery)(尽管也是私人资助的)。尽管 1917 年的个人所得税条款规定,个人对艺术的捐赠可以不缴税,但是直到冷战开始,联邦政府才对艺术表示了直接的支持。彼时,国家相关部门启动了把表演艺术团体与其他艺术送出国门的行动,并视之为"意识形态战争的武器",这一做法延续至今(Baumol and Bowen,1966,p.357)。倘若这一行动在海外能取得成效,那么在国内也会行之有效,这个想法似乎符合逻辑。于是,1965年,第一个直接支持艺术的联邦预算方案得以通过。被批准享受资助的活动证实了图9-1对艺术进行的广义解释,即艺术涉及如下方面:音乐(器乐和声乐)、舞蹈、戏剧、民间艺术、创意写作、建筑及其相关领域、绘画、雕塑、摄影、版画与工艺美术、工业设计、服装与时尚、电影、电视、广播、磁带与录音等领域(Baumol and Bowen,1966,p.359)。为了让精英们提前做好思想准备应对这一决策,洛克菲勒兄弟基金会的报告(Rockefeller Brothers Fund,1965,p.11)援引了第二次世界大战后英国艺术委员会(British Arts Council)以及大概十年前加拿大艺术理事会的成立作为先例。

官方文化中出现的尖锐矛盾之一是,艺术市场无论在数量还是人口统计学特征上都不可避免地属于小众市场(即便它对于资本主义制度至关重要)。加拿大的受众调查不如美国发达,我们必须认同苏珊·克林(1976,p.122)的判断,即歌剧与芭蕾(官方文化的最高点)的受众只占全部人口的1%至2%。在美国,鲍莫尔与鲍恩通过复杂的实证分析得出结论:1963年至1964年间,观赏戏剧、交响乐、歌剧与舞蹈演出的非重叠受众只占全部人口的2%。这批受众明显代表了精英阶级。鲍莫尔与鲍恩(1966,pp.96-97)指出,他们的首要特征在于:

> 从一种艺术形式到另一种艺术形式,从一个城市到另一个城市,从一种表演到另一种表演,受众的构成体现出显著的一致性。其次,受众只占美国人口中极少的一部分。总体而言,他们主要由一群受过极好的教育、收入优渥、职业地位高、处于青年后期或中年早期的精英所组成……当专业表演免费或收取精心设置的较低费用时,就会吸引来自更广泛的社会背景的受众。然而即便如此,也不存在轻松的或压倒一切的胜利局面,因为在这些受众当中,蓝领工人所占比例时常低于10%,而职业精英所占比例超过50%,超过50%的男性完成了大学学业……

他们两位关于英国受众的研究显示出大致相同的特征。

1978年,迪马乔与尤西姆(Dimaggio and Useem)发布了一项分析报告。该报告对268份美国美术和表演艺术的受众材料进行了二次分析,其中80%的工作是在1971年之后完成的。他们的总结如下:"……受众的社会构成更多地体现出精英特征,而非普罗大众的特征。核心区域的受众比外围区域的受众更加精英化。首先是教育,其次是收入,它们不仅能预示谁会消费艺术,而且能预示他们的消费强度。"1965年至1975年间,这种精英活动的规模明显扩大:主要的专业舞蹈公司从10家增加至51家;专业歌剧公司从23家增加至45家;职业交响乐团从58家增加至105家;本地非营利专业剧院则从25家猛增至101家。政府资助也急速增加:联邦政府年度资助金额从250万美元升至1.49亿美元;州政府年度资助金额从170万美元涨至5500万美元。然而,两位作者发现,1960年至1977年间,受众的"人口统计学特征"没有发生明显的变化。蓝领和白领工人以及少数族裔在艺术市场的受众构成中占比较小,影响力不大。"没有迹象表明,艺术资助的民主化正带来一场艺术消费的民主化浪潮。"(Dimaggio and Useem,1978,pp.180,192,195)

同样,鲍莫尔与鲍恩(1966,p.276)关于需求弹性的分析显示,对表演艺术的票房需求明显不具有弹性。随着价格上涨,需求的即时下跌也不复存在。关于上演"经典剧目"还是上演革新性现代节目内容的政策问题包含着一个明显的矛盾。受众对表演艺术的趣味使得他们更倾向于仪式性地重复欣赏他们所熟悉的经典作品,而精英阶级对工业成果的兴趣使得他们更希望看到革新性节目素材的不断输入(Baumol and Bowen,1966,pp.254-257)。

为何这些美术作品无论在形式还是内容上都如此保守?它们依赖"明星"体系(例如作曲家、编舞者、画家等,他们的作品也具有明星特质);如上所述,作为垄断商品的明星,自文艺复兴以来,对资本主义的官方文化而言至关重要。作为国际资本主义体系的成员徽章,每个国家的官方文化都与国际明星艺术市场联系在一起。洛克菲勒兄弟基金会的报告(1965,p.29)

指出,死守传统的大型歌剧作品的主要原因在于,"……任何一个音乐发达的国家,都必须在国家层面保护好自己的经典保留剧目,以维持演出标准并让年轻的艺术家看重自身的抱负"。

苏珊·克林说得很明白:自加拿大艺术理事会创建以来,官方文化中美术领域的政策便是旨在培育那些能够禁得起纽约、伦敦与巴黎等艺术市场的考验的标准与产品。然而,有一点较少被提及:在许多重要的方面,美国的美术与欧洲的标准和产品密不可分。因此,在芭蕾这个或许是艺术领域里最受珍视的行业,1954 年至 1964 年间,"美国芭蕾舞团"的演出比例从未超过一半,年百分比中位数为 30(Baumol and Bowen,1966,p.435)。鲍莫尔与鲍恩(1966,p.95)向我们展示,芭蕾舞只能吸引一小撮观众,一年内观看一场或者更多场次的芭蕾舞表演的观众总人数只有 32.6 万人。这一数字是观看大型歌剧人数的一半,或者观看 25 支主要管弦乐团演出的人数的 1/4。

从结构上看,20 世纪 50 年代中期美术与表演艺术在美加两国的"井喷",与科层化以及专营艺术生产和展览的组织一定程度上的专业化有关。加拿大政府从艺术家创建的地方组织手中夺取领导权,这与美国走的是同一条路。因此,洛克菲勒兄弟基金会的报告(1965,pp.152-153)注意到了艺术家频繁地在本国内创建各种组织这一事实,却对这些艺术家在新一代社区和州艺术委员会中所产生的主导性影响视而不见。实际上,这份报告建议,如果消除了创始艺术家的影响力,那么新的委员会就能实现"平稳过渡"。全国艺术、文学与科学发展马西皇家委员会(The Massey Royal Commission on National Development in the Arts, Letters and Sciences, 1951, p.375)敏锐、详尽地调查了加拿大人文、艺术与科学的发展情况后,在 1951 年遵循英国艺术委员会(1945)以及数世纪前的黎塞留(Richelieu)模式,建议由国家资助并创建全国性艺术委员会,"增加人们接触艺术的机会……提高执行标准"。加拿大艺术理事会结构复杂,一系列地方与省级的艺术机构可以自愿加入。委员会主要由地方精英管理,少部分富有创造力的艺术家也适当地参与管理。然而,正如苏珊·克林(1976,p.151)所评论的:

> 在我们的一生中,艺术机构把艺术家推至一旁,独自承担起拣选、呈现、诠释与定义艺术的责任;在它们如此行事之时,艺术家不必在场,甚至无须存活于世。有据可查,那些主导政治、商业与工业发展的人,也利用业余时间在芭蕾舞公司、博物馆和加拿大广播公司的董事会中身居要职。他们组成了永久自洽的小集团,像主导经济发展方向一样,操纵文化,即官方文化。

在落实马西委员会关于创设加拿大艺术理事会的建议的过程中,发生了一个关键且微妙的变化。马西委员会(Canada. Royal Commission on National Development,1951,p.381)建议,要提升加拿大艺术、文学、人文与社会科学的发展水平,需要

> 激励**加拿大人**参与音乐、戏剧与芭蕾领域的活动(借助某些合适的志愿组织,以及与加拿大广播公司和国家电影局的合作),例如资助巡演,为全国性重大事件制作音乐,为那些已经在全国性音乐、戏剧或芭蕾节上崭露头角的年轻人设置奖项。(黑体为作者所加)

然而,当加拿大艺术理事会创建时,一项授权法删除了限定艺术作品资格的"加拿大人"这个词,强调只要"身在加拿大",就有资格角逐艺术、人文和社会科学领域的奖项。考虑到加拿大本土精英阶层的意识形态,我们就不会对引导加拿大艺术发展的相关政策实际上指向美国和其他资本主义国家的明星国际市场感到大惊小怪了。苏珊·克林(1976,p.4)对绘画行业的评价同样适用于其他艺术领域:

> 除了某些例外(比如蒙特利尔的当代艺术博物馆以及温哥华美术馆),加拿大绝大多数美术馆与国际"主流"亦步亦趋,而置"省级"国家舞台("provincial" national scene)于不顾。

"专业主义"在加拿大官方文化中的垄断地位,以及将这种专业主义定义为在纽约(或许还有伦敦、巴黎)"获得了成功"的艺术家的作品,对于加拿大原住民而言,是最乏味单调的。加拿大艺术机构将原住民视为印第安艺术家,并刻板地认为,他们的作品应当与印第安战斧一起被陈列在博物馆里。

倘若印第安艺术家选择与白人艺术家竞争，那么他们将直面国际资产阶级艺术市场中的个人主义价值观同加拿大原住民传统艺术中的集体主义价值观之间的矛盾。只有少数原住民艺术家在国际艺术市场上获得了认可；绝大多数被淘汰出局，因为他们是印第安人。①

就像在艺术的其他分支市场（可参见图9-1）一样，企业家主要关注的是生产**受众**。第2章着重论述的这一普遍原则，既适用于大规模生产，又适用于美术与表演艺术领域的小规模定制化生产。洛克菲勒兄弟基金会的报告（1965，p.5）指出，"或许最重要的是，创意艺术家与表演艺术家都需要一批聪慧且能理解他们的受众"。同时，受众教育"……对于加强受众对所有艺术机构的支持力度，以及提供另一种稳定性因素而言，至关重要"（p.100）。鲍莫尔与鲍恩（1966，p.257）表示，"……所有那些笃信艺术对社会具有重要意义的人都希望不断增加的观众具有让人满意的素质，这被视为一种信条"。两人的研究佐证了将科学应用于艺术市场的受众建构过程的合理性。这些方法包括：在大众媒体上投放有关美术与表演艺术活动的广告、基于人口统计学特征定向投放直邮广告、组织儿童专场演出、提供面向学生的打折票、提供打折套票（例如团体票）、进行包含免费旅游项目的有奖售票、开展筹款活动（与妇女辅助机构合作）、销售烘焙食品、开展有组织的义演活动等。

上述筹款活动通过招募妇女，造就了一批忠实的受众。弹性票价制也被应用于促销活动：周间的票价低于周五、周六晚的票价，日场与晚场票价的差距也在不断拉大。鲍莫尔与鲍恩（1966，pp.249-257，279-282）有关需求的统计数据表明，低票价能吸引更为年轻的受众、更多的学生与教师，以及低收入阶层。在加拿大，20世纪六七十年代的"硬推销"（hard sell）技巧完全复制了美国的做法。"发展受众项目"成为公共预算合法化的基础；借此，国际明星艺术家成为商品，被推销给"无教养的"中产或蓝领阶层，而与此同时，国际上流社会的艺术价值观得以维系。

---

① 对加拿大原住民艺术家的采访，请参见"Native Art,"in *The Native Perspective*，1978，pp.31-90。

调动私营和国营企业的关注与资源的关键当然是专业的"创意艺术家"。然而,资本主义现实主义机制总是希望其专业艺术家依靠兼职所得的微薄收入过活。作曲家、剧作家以及舞蹈指导很难凭借其职业维持生存,不得不依靠私下辅导(作曲家)、自由撰稿、表演和公共关系(剧作家)等工作赚取额外收入。在这三者之中,数舞蹈指导的境况最差。男女演员、作者与艺术家的生活,若只依靠表演所得的收入,基本难以为继,何况他们还饱受失业与收入不稳定的困扰。大多数人靠其他工作和配偶的收入来弥补较低水平的年收入。然而,令人吃惊的是,极少数人(明星艺术家)能够获得极高的收入。因此,鲍莫尔与鲍恩(1966,p.106)在报告中指出,20世纪60年代中期,10%的男演员、8%的男性作家以及6%的男性艺术家和艺术教师,其收入堪比美国**所有**男性专业技术人士中收入最高的9%的人的收入(15000美元或更多)。一方面,在所有专业技术行业里,女性的收入通常不会超过15000美元;另一方面,9%的女演员、6%的女作家和1%的女艺术家和艺术教师的收入却能达到这一水平。尽管缺乏加拿大美术领域里创意天才的收入的相关数据,但加拿大高收入人群的比例一定远低于美国,因为几乎所有的加拿大明星都是在美国出名的。克林(1976,pp.158-159)援引了杰克·钱伯斯(Jack Chambers)的话:

> 流行的神话一方面大肆宣扬艺术家的才能,一方面强调其难以与艺术家同侪共事、不会为自己打算、不关心他人、粗枝大叶等特质。它们对艺术家造成了最大的伤害。这些在本质上纯属虚构的神话向那些不动脑筋的公众与艺术家,展现了一幅现成的图景。这幅图景在奉承艺术家的同时将其置于随时被攻击的境地。上述神话的出现与流传,完全符合中间人、非艺术家、经销商和机构管理者的利益。对他们而言,艺术家只是他们的饭票而已。

体制孕育出一批失业的创意艺术家(经常被冠以"波希米亚人"的名号),这毫不稀奇。这一现象已成为过去四个多世纪以来资本主义高雅文化的特征。然而,自20世纪下半叶以来,创意者作为一个阶层,开始通过工会或其他职业机构,奋力争取更好的工资待遇、更好的工作环境,并试图自主地

第 9 章　艺术与科学中的现实主义

决定其工作的性质。我们从加拿大国家艺术中心（National Arts Centre）主任 G. 汉密尔顿·索瑟姆（G. Hamilton Southam）的一段话中，可以清楚地了解他们遭遇了何种压迫：

> 我相信艺术家与政治毫无瓜葛；那些卷入政治的艺术家通常是二流艺术家……伟大的艺术家从不屑与政治为伍、与工会沆瀣一气，或投身于运动的洪流。(Crean, 1976, pp. 171-172)

在艺术行业里，创意艺术家的薪酬较低，可艺术机构也逐渐步入运营亏损的境地：美国 25 支主要的交响乐团的财政赤字占运营费用的 46%；除了大都会歌剧院，10 家歌剧院的财政赤字占运营费用的 45%；纽约城市芭蕾舞团（New York City Ballet）的占比是 24%；14 家地区剧院是 15%。在加拿大，表演艺术行业的平均赤字占比是 45%，博物馆业则在 75% 至 92% 之间徘徊。如鲍莫尔与鲍恩所说，这并非短期现象。自工业革命以来，这已成为艺术领域的重要特质，原因在于小规模、非机械化生产的艺术行业是"劳动密集型"产业。这就是说，通过减少对机械设备的资本投资而降低成本的可能性几乎为零，而由于对机械设备的资本投资增加了，实物产品（和一些服务行业）的生产能力得到提高。与此同时，美术行业的工人必须通过增加收入来分享其他行业的生产力提高带来的红利，尽管收入增加的幅度可能很有限。这一切的后果正是不断增长的财政赤字。

意识工业采用的培养受众的所有技巧，正被应用于美术领域，以缓解财政压力。科学管理试图将创意艺术家排除在政策制定过程之外。同时，美加两国的统治阶级无情地抛弃了（艺术和表演艺术领域的）消费者主权原则，公开寻求私企与国家最高限度的捐助，以解决当前的财政赤字，以及艺术生产规模的被迫扩大可能导致的更大的财政赤字等问题。鲍莫尔与鲍恩（1966，p.382）在总结关于 20 世纪基金会的研究时罗列了这一政策带来的四大好处：

1. 援引乔治·伦敦（George London）的话，"表演艺术赋予一个国家声望"，正如艺术"在冷战中"成为"强有力的宣传武器"。

2. 旅游业、餐饮业丰厚收入的刺激,社区环境的营造,能吸引跨国企业的专业技术官僚进驻其中,并能减少员工流失。

3. 对当前的艺术作品的保护,将造福后代。这些益处可以预见,但难以具体说明。

4. 对当下的年轻一代具有教育作用。

在图 9-1 中,专业的、熟练的技工还包括另一部分人,即参与商品与服务的工业化大规模生产的人。此处,我们应区分:(1) 包括电子音乐复制在内的大众媒体;(2) 商品与服务,尤其是消费品与服务的大规模生产。

在过去四十余年间,北美社会学界关于"大众文化"的研究主要集中于大众媒体的内容。这些研究大多是去历史化的,甚少考虑大众媒体的内容得以产生的政治经济背景(Rosenberg and White,1964,1971;Larrabee and Meyersohn,1958;Gans,1974)。在一定程度上,大众媒体取代了剧院、杂耍剧场、马戏团与嘉年华会的角色,大众文学所提供的"娱乐"功能,以及彼此竞争的地方报纸所扮演的"新闻"供给者的角色。当然,娱乐与新闻生产的机械化,极大地提高了大众媒体的到达率。在电视上播出的交响乐团演出,能够触达 2000 万名观众,而不是音乐厅里的 2500 人——生产力提高了约 8000 倍。一场大型体育赛事的电视观众可能多达 6000 万,而一场当地的"大型比赛"可能只会吸引露天看台上的 1000 名观众——生产力大约提升了 6 万倍。然而,如果像有些人那样认为大众媒体事件"符合比此前的媒体更高的批评标准"(Baumol and Bowen,1966,p.246),就完全忽略了当前与更早时期之间的关键区别。

从艺术的角度看,垄断资本主义制度下所有文化产品的工业化生产(大众媒体产品以及消费品和服务)的共同点是,国家和艺术创作受到一系列因素的制约,并以巨头企业的利润最大化(包括资本收益)为目的。这些企业不对其行为所导致的其他后果负责。例如,某跨国公司的主厨决定加工成汉堡的原肉的质量与数量,机床操作员切割并制作用于加工汉堡的炉子模型,撰稿者为宣传汉堡的 30 秒电视广告准备分镜头剧本,女演员在广告中扮演角色,音乐家负责为广告宣传片制作原声单曲,小丑在靠近小学的地方卖力推销汉堡,以上这些与其他数不清的辅助性的艺术活动,完全受到意识工业清晰无误的政策的操控。这一跨国公司的广告主管在选择特定的节目材料(免费午餐)以契合特定插播广告的目的时,也受到同样的操控。

这些决定反过来促使节目制作企业(电视台和节目制作公司)的管理层加强了对"天才"的约束,这些"天才"负责制作、编剧、选角、表演、作曲、剪辑电影或录像带,并将电影、音乐和音轨合成在一个免费午餐的最终产品中,以帮助销售汉堡。在上述所有活动中,与工业美术打交道的艺术家都受到科学上确定的最有效的政策的制约。

在这里,我们无法公正地评价艺术家的历史,也无法公正地评价他们工作于其中的机构,正是在这些机构里,艺术家感受到了统治阶级与被统治阶级之间的争斗。这段历史,起始于阶级社会的首次出现。主持首个神权社区的宗教仪式的人维系着既存的阶级关系。所有的人类集会,无论是被贴上"娱乐"、宗教、体育、工业还是战争的标签,都会不可避免地采取维系或颠覆既定的阶级关系的行动。投身于绘画、素描、雕塑、诗歌、文学、广播、电影与电视等具象派艺术的个体或机构,也是如此。

资本主义现实主义在控制所有艺术的意识形态方面取得了成功的最明显的例子是,职业艺术家对他们所继承的阶级斗争的悠久传统缺乏认识。我发现没有人综合地考察这段历史;人们似乎只分析了这个过程中碎片化的、断裂的部分(Boswell,1932;Carlson,1966;Harbage,1941;Leith,1965;Lough,1957;McKechnie,1969;Mander and Mitchenson,1965;Mayer,1969;Rosenfeld,1960)。此处,我必须满足于指出这样一个事实:生活在垄断资本主义核心地带的人们的艺术潜能,遭遇了系统性的制约。美国报纸广告局(Newspaper Advertising Bureau)执行副局长与总经理利奥·博加特(Leo Bogart,1976,p.109)认为:

> 媒体的变革及其对信息的流动和公众品味的特点所产生的巨大影响并不是大众所要求的。这些变革没有反映出"市场的民主"。实

际上,广告购买者(购买受众)或预测广告商需求的媒体管理层所直接做出的决策,导致了媒体的变革;这些变革都是由数字决定的。

这场处于前沿的斗争正好发生在意识工业和具有索尔斯坦·凡勃伦(1899)所说的"工作本能"("instinct of workmanship")的人之间。

垄断资本主义制度持续不断地生产出新的市场(受众),以消化新产品,尤其是服务类商品。毫不夸张地说,1948年以来,它创造出一系列市场,以服务于那些急需经过特别培训的职业艺术家的领域:体育市场。按照时间顺序大致排列,特定的体育市场先后为如下体育项目创造出来:棒球(美国大联盟赛事中参赛队伍的数量增加了不止一倍)、拳击与摔跤、保龄球、橄榄球、篮球、冰球、网球、滑雪以及当前在美加两国方兴未艾的足球。在电视发展的早期阶段,拳击、摔跤、保龄球与棒球项目既帮助自己也帮助电视获得了发展、实现了赢利,这一点仍有待商榷。如果从职业的角度审视,每一项运动对其劳动力的要求包括:除了具备运动员素质,他们还必须是"演员",要拥有吸引受众的表演技巧(例如好人与坏人的角色设定),能够展示蓄意的、被允许的即兴式虚假暴力等。此外,资本主义体系以一种近乎乱伦的方式试图在旧式运动的基础上建立新式运动。它创造出一些让各种"旧式"运动的明星参加的竞赛,而这些明星在比赛过程中所使用的技能与他们曾经获得的明星头衔**毫无关系**。

图9-2向我们展示了与体育相关的服务产业所形成的交错纵横、极端复杂的市场结构。大众媒体是最重要的,因为它能在人群中制造受众。大众媒体凭借其公认的专业知识,以及与广告商的密切联系而成为重大市场创新的催化剂和组织者。在创造新的市场商品方面,广告商紧随其后。就体育免费午餐而言,吸引体育场上的受众或者媒体受众的能力,离不开职业表演者和专职管理天才运动员的商人。在历史上看,这些企业家似乎都参与过赌博。[①] 围绕体育赛事而形成的赌博业本身就是一个主要的产业。在体育产业复合体中,可容纳大量观众的公共体育场馆一直是必不可少的

---

① 1876年,美国职业棒球联盟起源于一群赌博业者合理化季度赛事的诉求,可参见 Kampf(1977)和 Hoch(1972)的论述。

组成部分,其双重目的是将资本成本转嫁给纳税人,并争取"市民"对当地"球队"的支持。军事—民族主义势力的影响,一直支持体育产业的不断革新;它起始于19世纪最后20年,以呼应提高身体素质,以及在主要资本主义国家植入规训理念等诉求。体育产业复合体中最后一块重叠的领域是业余体育(或者更准确地说是职前体育)。它对职业体育运动员和受众的未来发展至关重要。可以作为受众被生产出来的个体是上述所有重叠的机构活动的共同基础。

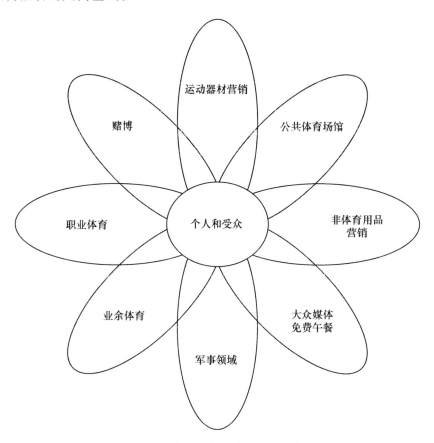

图 9-2　与体育相关的市场与机构

我们对垄断资本主义制度下艺术的政治经济结构进行的概略式分析,以艺术的业余阶段和教育阶段收尾。在这里我把它分成两种发展趋势:职前准备;我就是想这样做。当我们转而思考美术的业余性时,一个惊人的事实出现了。职业美术,至少在表演艺术领域,相对于那些美术或表演艺术领域里的业余活动,犹如冰山一角。在 1965 年的美国,4 万个剧团中有99.5% 是业余的;754 家歌剧团中有 99% 是业余的;1401 家交响乐团中有96.2% 是业余的;200 支舞蹈队中有 97% 是业余的(Rockefeller Brothers Fund, 1965, pp.13-14)。合唱团属于表演艺术;据估计,数以百万计的美国人通过不计其数的组织参与其中。绘画、雕塑与诗歌等领域的统计数据尚未到手;然而,在这些领域,业余阶层所占比例有可能远超职业阶层。在美术和表演艺术领域,业余爱好者和职业人士可以被区分开来,然而,还有大量的艺术活动**无法**获得职业声望,而只能被屈尊地称为"爱好"。在这里,我们可以提供一份开放清单:狩猎、钓鱼、烹饪、酿酒、木工、金属加工、编织、针织、园艺、陶瓷等。意识工业(主要是专业类杂志)鼓吹"自己来",大力发展原材料、工具与技术等市场,由此刺激和组织了上述艺术行业的发展。在一定程度上,上述覆盖面很广的艺术活动被卷入受众生产过程,于是矛盾开始产生。这些业余的艺术活动对意识工业的政策持有批判性态度。例如,烹饪爱好者通常会排斥意识工业所提供的标准化快餐。

资本主义现实主义体系涵盖文化、艺术与传播等领域,那么它导致了什么样的后果?

1. 资本主义现实主义漫长的发展史给生活在其中的人们留下了永恒与广泛适用的印象。对于浸淫在资本主义现实主义之中的人们而言,制度内出现的小争议(例如自然主义与印象派、电影艺术的新方向等)就好像加拿大北部大平原次冰期的冰川出现的些许移动。但我们要记住,资本主义现实主义的建造者所面临的任务,与这一任务的时间跨度一样宏大:如何修复罗马帝国解体后一千年间的知识和思维方式。

2. 美术为资本主义制度以及能够分享体制红利的中产阶级的生活提供了文化合法性。

3. 美术属于资本主义的装饰品,而有效的广告成为世界范围内意识形态战争的工具。如果社会主义现实主义能够吸引世界范围内的艺术家和其他知识分子的关注与尊重,后果的冲击力将会减轻。

4. 普遍意义上的艺术(不仅包括美术行业,而且包括社会地位相对较低的其他艺术行业)提供了创意的火花,这些火花在资本主义制度下通过设计、包装与广告等方式,被整合进所有消费品和服务的规划、生产与营销环节。由此导致的是计划性报废现象,并保证了消费体系的正常运转。

5. 对加拿大的美术行业进行管理,是为了使加拿大继续依附美国,其做法包括将职业艺术家输送到都市核心艺术市场,并打击其他艺术家的士气。然而,对于那些其存在价值不受国际市场的价值观约束的业余艺术家而言,他们总有机会表达抵抗的决心。对于那些从事大众媒体内容生产的艺术家或工匠,以及不得不永久顺从工业艺术领域的去技能化趋势的大部分人而言,要保护他们的创造性的完整性,有赖于他们掌握共同的武器,联合抵制服务于买办阶级及其跨国公司利益的加拿大人的统治。加拿大艺术的角色是辩证的。一方面,如盖尔·德克斯特(Gail Dexter)所言,"美术"是美式资本主义的宣传工具。它们的价值

> ……只面向某一阶层的人,他们从生活经验的神话化中获益;他们把边缘性的艺术创造等同于人类自由;他们认为真实生活中的斗争既与自己不相关又不危险。因此,帝国主义资产阶级的艺术呈现出某种同一性,其中,真实生活反映了阶级斗争……

另一方面,当加拿大艺术家与工匠组织起来,为本土价值而奋斗时,他们也在为大多数加拿大人民的事业而奋斗。

本章的目标之一在于去除艺术与艺术家的阶级概念的神性。我们可以在资本主义现实主义的艺术作品中发现流行的神话化。需要指出,这一资本主义现实主义也神话化了科学,不过本章主要论述艺术的神话化过程。在第10章,我将揭示宣传式概念"技术"中所蕴含的科学神话的意义,并继续讨论**文化甄别**问题。国家正是借助文化甄别来保护并培育本国文化。

第 10 章
论作为宣传用语的"技术"与商品；
需求与文化甄别

> 资产阶级除非对生产工具，从而对生产关系，从而对全部社会关系不断地进行革命，否则就不能生存下去。*
> ——Marx, Karl, and Engels, Frederick, *The Communist Manifesto*.

20 世纪，对垄断资本主义而言，"技术"一词堪比"信息的自由流动"，是弥足珍贵的宣传用语。技术向我们承诺，它将提供一切或"好"或"坏"的事物。当坏的事物产生后，更多的技术将会修正它，前提是我们使用技术行善，而非作恶。若要追究加拿大在文化上依附美国这一问题，我国的传播**技术**难辞其咎。技术的发展可能导致人类的生态危机。发展中国家需要中等技术，而非尖端技术。倘若毁灭性的世界大战爆发，也是我们使用技术所致。像赫德森研究所（Hudson Institute）这样的智库机构，通过预测未来技术的发展而在业界立足，这些技术在某种程度上反映出人们想象中的当下状况的优点和缺点。当年曾支持对中国进行为期 20 年的抵制的个人与机构，如今热忱地欢迎中国进入美国的技术轨道（orbit of American technology）；与此同时，中国对可口可乐与其他西方技术来者不拒的做法，也让其一众左翼盟友大为震惊。

---

* 此处译文参见《马克思恩格斯选集》第 1 卷，北京：人民出版社 2012 年版，第 403 页。——译者

第 10 章 论作为宣传用语的"技术"与商品:需求与文化甄别

当我们在谈论**技术**,我们在说什么?我们不妨先从如下命题开始讨论*:私人轿车技术是北美空气污染的主因。科学通常与关于技术的表述相互关联。所以,我们就以此为出发点。以某种实用主义的方式应用科学知识(例如,由内燃机引擎驱动的交通工具的生产),可一窥科学与技术的关联。诚如第 9 章所言,科学知识与对这些知识的使用,产生于某一阶级社会的具体社会现实。但是,与科学相关联的"技术",却是抽象之物。抽象之物无法导致都市空气污染。很明显,科学并不等同于技术所指涉的对象。

或许,"技术"等于科学加上研发过程。广而言之,研发过程包括两类方向完全相反的实验工作:(1) 通过实验,得到新的科学知识成果,然后回答:倘若我们把这类新知识应用于实践,将产生什么样的实际效果?(2) 通过实验,寻求已知实际问题的新的解决方案,然后回答:既然我们可以应用新的科学成果,那么是否可以为特定的实际问题寻找到解决方案?这正是数年研发电动汽车的过程。**技术**的这一层意义,应被理解为寻求做某事的最佳**工艺手法**(technique)。当技术被普遍使用时,新的东西就会从一个社会的统治阶级的利益中产生并反过来强化统治阶级的利益。近一个世纪以来,资本主义的术语体系掩盖了如下事实:知识的研发应用属于某种艺术形式(forms of art)——古希腊人对此深有体会。直到 19 世纪末,人们通常使用**工业艺术**(industrial art)一词来指涉我们所说的**工艺手法**。资本主义制度下的专利法依然保留了这一术语,尤其当它将专利权与艺术水平(the state of the art)的提升相关联时。实际上,我们用**发明**(invention)一词取代了"研发成果"。迄今为止,我们应该普遍认识到,不是所有的研发成果都会成为被普遍使用的发明。20 世纪早期,蒸汽引擎与电动引擎的发明,主要用于轿车,就能深刻地说明这一点。然而,汽车的研发工作并没有导致大气污染。

218

---

* 本章接下来有关技术的讨论,与斯迈思的文章《自行车之后是什么?》有重合。具体可参见达拉斯·斯迈思:《自行车之后是什么?——技术的政治与意识形态属性》,王洪喆译,《开放时代》2014 年第 4 期。本章部分内容在这篇译文的基础上调整。——译者

在西方资本主义制度下，**技术**的最普遍意义是指对研发阶段的发明成果的**全面应用**。关于**全面应用**，我以内燃机引擎驱动的私人轿车为例。它涉及私人轿车及其各零部件的生产，供轿车行驶的高速公路的建设，销售、服务与维修私人轿车的机构的建立，销售燃料、汽油、备件以及汽车配件的机构的建立，停车位等一系列配套设施的修建等；依赖私人轿车的拖车行业亦是如此。负责哈佛大学技术项目（Harvard University's Program on Technology）的 E. G. 梅斯特内（E. G. Mesthene，转引自 McDermott，1972，p.152）将**技术**定义为，"出于实际目的对知识进行的组织……"华莱士·加涅（Wallace Gagne，1976，p.9）在加拿大最新出版的一本学术著作中指出，技术"既包括生产的物理方式，又包括组织与管理生产系统的各类规范与价值"。雅克·艾吕尔（Jacques Ellul，1963，p.10）用工艺代替技术一词，认为工艺是指"一种可以让人类生存下去的新的、特定的环境，它取代了原有的环境，即自然环境"。

关于技术的第一个要点是，专家定义的**技术**，等同于**现代文明**，或**现代资本主义**，或描述当代社会秩序整体性的术语。容我稍后再回到这一点。首先，我要指出一个惊人的事实，即绝大多数以技术为写作对象的作家从未给它下过定义。在过去的一个世纪里，以技术为主题的著作有数千种。我查阅了其中的几十种，以了解它们如何定义技术。结果我发现，几乎所有作者都未曾花费笔墨定义技术一词。是因为技术的含义非常明显以至于无须定义吗？既然如此，**为何要使用这个词，而不使用诸如"现代社会"、现代资本主义这些定义更为明确的同义词呢**？毕竟，不是社会主义发展了工厂制度并带来了雾霾和私人轿车的问题，而是资本主义。是否存在这种可能，即大多数知识分子在无意识中希望鱼与熊掌兼得？倘若**技术**被视为现代社会秩序之恶的始作俑者，我们便放过了真正的肇事者。技术，完全可以被轻易地视为替罪羊，被标示，或大加鞭笞。然而，社会依然前行，一定程度上受到关于技术的争论的烟幕的保护，避开了严厉的批评。美国无线电公司总裁戴维·萨尔诺夫（David Sarnoff）面对针对广播节目的批评，曾如是回应："你难道会因为管道中流淌的东西而责怪管道工？"当某些人审视"技术"之恶时,似乎唯一的疗愈之道在于,弃当下的社会秩序于不顾,重回自然。然而,所有的社会机构都会对这一荒谬的建议严正拒绝。

视技术与现代社会同义的分析路径必然会引发根本性的问题,如同社会组织一般古老的问题。因为科学不可避免地被置于这套分析框架中,所以有关技术的分析,必然涉及生命起源的知识。于是,我们调转枪头,反而围绕宇宙论争论不休。同样,在公开的辩论中或者字里行间,技术或经济决定论的幽灵,始终挥之不去。假若有人去搜索与技术相关的浩如烟海的文献,便会发现,"技术"问题早已与宿命论、原罪或各种神学议题密不可分,否则它怎会始终占据社会辩论的中心位置?

简言之,技术只有涵盖史前时期与人类历史长河中人文精神发展的方方面面,方能被冠以"自动"之名号;仅仅在关乎宇宙起源的形而上学的讨论里,它才岌岌可危。技术,是既无出口也无入口的讨论死题,它声东击西,顾左右而言他,我们不妨使用"工业艺术"一词,取而代之。于是,**技术**的政治本质,昭然若揭。戴维·诺布尔(1977,pp.33-35)曾指出:

> 现代技术,作为高级工业资本主义的特定生产方式,既是资本主义发展的产物,也是其中介。同样,那些赋予现代技术以人性的工程师,亦如此。他的工作,既受到发展经济的目的的驱使,也受制于科学规律和逻辑。为了求得生存,资本家不得不以超出或等同于竞争对手的速度积累资本。由于他的资本最终来自人类劳动的剩余产品,他被迫完全控制生产过程,以便最大限度地提高生产率,并有效地从为他工作的人那里榨取产品。出于这一原因,车间才引入了机械设备与科学方法……倘若某个经济学家想要区分技术与资本主义,便会发现,工程师及其工作工程学之间的界限,已然难以辨别。
>
> 甚至在工程师高度精密的技术工作中,他也把资本家的精神带入其任务。聊举一例。工程师设计机械装备,不仅受制于资本家尽可能削弱技术工人的自主性与降低劳动成本的需要,也受自身欲望的驱使,即最有效地驾驭物质与能量的潜能。工程师的工作的技术与资本维度,是一块硬币(现代技术)的正反两面。以此而论,它们之间难以

区分：技术的需求对资本主义可能性的定义仅仅局限于资本主义的需求对技术的可能性的定义这一范围。工程师的技术工作仅仅属于资本主义企业的科学延伸部分；通过他的努力，科学转变成资本。美国工程师亨利·汤（Henry Towne）1886年在其著作中写道："美元，作为我们的货币单位的象征，与英尺、分钟、磅或加仑等基本度量衡单位一样，与工程师的计算数字紧密结合。"他后来告诉普渡大学（Purdue University）工程系的学生，"美元，是每一个工程方程式的最后一项"……当然，内在于技术工作的经济灵感，无法排除对技术优先性的诉求与市场私利之间发生冲突的可能性。然而，当这一冲突确实发生了，对于它会导致什么后果，大家心知肚明。针对这一点，史蒂文斯学院校友会（Stevens Institute Alumni Association）主席向来毫不含糊。在1896年对学生的一次演讲中，他直言不讳地表示，"工程的财务方面是最为重要的；存在这样一种错误的观念，即因为你是一位专业人士，所以你就享有至高无上的社会地位。年轻的工程师越早摆脱这一错误想法，对他越有利。通常情况下，工程师必须对那些投资人或资本家卑躬屈膝"[1]。

技术并非一种独立、自主的力量。

诚如第3章与第4章所显示的那般，19世纪80年代至20世纪50年代，人们按照合理性原则，建立意识工业，制定相关政策，旨在合理化日常消费品的大规模生产方式。在这段时期内，垄断资本主义制度"发明"了各类大众媒体，以便在受众中生产出大量会向自身推销大规模生产的商品的受众。本书第5章至第8章分析了加拿大人与美国人如何在时间长河中改变了原有的生活方式、消费习惯与价值观，而这些正是意识工业的核心内容。这一改变的过程，也是意识工业与物质力量之间的互动过程。

要了解垄断资本主义如何提升技术效能以生产出大量会向自身推销大规模生产的商品的受众，传真广播的发展史（详见第4章），算得上百里

---

[1] 我对诺布尔的批评是：他从未定义过何为**技术**；他从不给技术加引号，也不承认技术对资本主义所具有的宣传价值。

挑一的个案。联邦通信委员会在19世纪80年代至20世纪50年代间批准了电视与传真广播的运营标准与条例,可谓意味深长。一方面,这种批准是技术创新所需要的;另一方面,这种批准并没有直接推动电视或传真广播在技术层面上的创新。电视或传真广播,作为广播模式,在技术或规制上同样可行。它们暗示了别样的、原本应当建立起来的制度模式。对于这两种广播模式中的任何一种来说,都有这种可能性。但是,在那段时期,它们的内在意义并不是彼此排斥的。①

因此,电视技术的发展,以及随后的技术附加产品(录像带、便携式录像机、有线电视、付费电视等),都可被视为意识工业的政策的结果。它可**不**是由机器、科学,或者神秘地源自人类生物体或原罪的自发性力量所决定的。

任何社会都必须满足其人口的各项需求。传统社会(如前资本主义社会)主要满足民众非商业(商品要么被边缘化,要么不在场)行为的需求,例如性行为、抚养孩子、组建社区、治疗与治愈、学习、艺术或宗教等方面的需求。能够满足这些需求的机构被传统社会的议程放在了重要的位置。(1979年,因宗教和种族需求而组织起来的群体推翻了伊朗国王。中央情报局和垄断资本主义没有预见这一强大的力量。)数千年间,为满足家庭、家族和宗教机构的此类需求而开展的各类活动或组织起来的各个机构,如今正遭遇意识工业的侵蚀,或经由商品的路径而被资本化。

为满足民众对商品的需求,任何社会都必须回答有关它所需要的商品的三个基本问题:(1)以有限的人力与自然资源能生产**什么**产品?这个问题又可以分解为两个子问题:(a)为了满足公共需求(如学校、铁路、轮船、传播设施等),应该生产**什么**产品?(b)为了满足私人需求(如服装、私人轿车等),应该生产**什么**产品?(2)**为谁**生产(例如,主要为统治阶级或精英阶层生产,还是主要为普通人生产),以及在何种条件下,生产其所选择的产品?(3)**如何**生产该社会所选择的产品,以及在何种条件下面向这些产

---

① 参见 Lessing Lawrence, *Man of High Fidelity*(1956),该书分析了推动电视技术的发展同时压制调频广播和传真技术的革新的公司政治。

品的目标人群进行分配(比如,通过什么组织,或采用什么工业艺术,在生产与分配商品的过程中如何进行权力分配)?

上述问题属于政治还是经济范畴?在所有社会里,这些问题都在国家层面上得到解决。它们被包裹在各种符号里,由统治阶级负责处理;社会的大众传播机构则被征用,以合法化统治阶级解决问题的方式。神权社会,与近代大多数传统社会一样,习惯于以宗教或伦理的方式解决上述问题。伴随着现代资本主义在三四百年间的发展,占统治地位的资产阶级及其麾下的经济学家坚持认为,资本主义所选择的工具,如市场和资本主义机构(最近的例子是大公司,特别是跨国公司)应当为这些问题提供答案。在市场与公司实践所设立的边界内,已被神话化或正在经历神话化的术语——**技术**,早就成为挡箭牌,去保障那些已成既定事实、既粗糙又明显的实践行为,使其免受批评之苦。资产阶级将国家机器牢牢地掌控在资本主义制度之下,国家政策又不可避免地带有政治性,所以,资本主义市场与机构的解决问题之道具有政治合法性。这就是说,它们是政治实体内部权力斗争(争夺财富与荣誉)的结果。资本主义的经济理论,旨在提供一种合理化方案,并为此背书;这一方案被用于解释资本主义市场与机构如何运作。由于合理化是资本主义制度下经济运行的根本原则,于是所有对问题的解决方式的批评,都会被系统性地从资产阶级的政治修辞中移除。最终,所有质疑这些问题和所有资本主义经济术语的**所谓**去政治化的分析,都显得十分另类。

于是,政治挂帅成为常态;社会中的每一个人,都自觉或不自觉地在既定的统治阶级,抑或另类的、更为平等的政治模式中,做出选择。

诚如我在第 1 章和第 9 章中所指出的,世界上约三分之一的种族,如今生活在新的国度中。这些国家尝尽各种方法,试图实现更为平等的社会主义的目标。这一事实,让我们在思考如何将自身从垄断资本主义制度中解放出来的过程中,第一次理解我们所面对的困难。谁来决定当前被统治的人民所追寻的发展之路?谁将从中获益**最多**?三大深植于政治环境的问题,将成为本章关注的焦点:生产**什么**?**为谁**生产?**如何**生产?

生产什么？

第一个问题，生产什么？有两种消费品（制成品）：**公用**（例如学校）或**私用**（例如小轿车）消费品。资本主义制度下的生产力与生产单位，如若私有，可被视为**私营**部门；如若公有，则可被视为**公共**部门。垄断资本主义将资源主要集中于私营部门，以至于我们基本上只关注它将"生产什么"。所有的消费品都集中于私营部门。消费品的设计、包装与售卖，极富吸引力，尤其对那些暂时还不具备购买力的消费者而言。消费品的清单冗长却充满诱惑。大众媒体则进一步拓展了消费品的种类：私人轿车、单向电视、家用冰箱、洗衣机、吸尘器、空调、厨房电器、化妆品、肥皂、药品、软性或酒精饮料、品牌"早餐"、"垃圾食品"、时尚衣物与鞋品、个人清洁用品（除味剂、洗发水与牙膏等），以及唱片、磁带与运动器材等媒体产品。上述所有消费品具有如下共性：

1. 它们迎合并教化消费者个人自利的倾向，因为对所有消费品进行设计、包装与销售的基础，均为消费者的不安全感，以及进攻或剥削的潜能（例如不同个体、性别与种族间"我很好，而你不好"的关系）。它们都是教化机器。

2. 它们的目标受众群包括中产阶级、工人阶级和上层阶级；穷苦大众被排除在外（除非向他们出售二手商品，或者富裕阶层以做慈善的形式向他们馈赠）。整体上，它们模糊了一项基本事实：垄断资本主义从不为穷苦的老百姓服务。这些老百姓占美国、加拿大与英国这类资本主义核心地带国家的总人口的 1/3 甚至 40%，他们的消费能力仅能维持"最低限度的健康和体面的生活"。

3. 它们让跨国企业赚取了大量利润。

4. 整体上，它们应当为环境污染负责；然而，这个责任被垄断资本主义甩给了技术，因此也就被撇得干干净净。

5. 在资本主义制度下，消费品的使用价值远低于交换价值（性价比低）。缺斤短两的包装、粗糙的做工、计划性报废与较短的使用寿命，这些构成了私营部门生产的商品的共同特征。在意识工业的规划下，它们作为具象性的（embodying）形象被构想和生产出来；可被消费的、用于售卖的形象。大多数消费品是使用价值与非实体形象的神秘混杂物。然而，这里存在一种微妙的区分。当然，大部分消费品具有一定的客观的使用价值。资本主义私营部门用类固醇和抗生素养肥动物，包装的时候还要添加人工色素。虽然私营部门在这一过程中添加某些元素并不是为了提升消费者的健康水平，但是这些肉类食品依然具备一定的营养价值。照相机虽然容易损坏且很容易过时，但它确实具有拍摄的功能。尤其是那些奢侈品，用料牢固，做工考究，而且通常样式低调，为我们提供了使用价值的范例。但是，体制偏见还是在大多数大规模生产的消费品中利用了幻觉创造利润的潜力。同时，这些商品（及其包装）的款式，对于中心和边缘国家里那些吃不起、穿不起也因此无法消费意识工业的商品的人们而言，具有强烈的吸引力。它们是宣传资本主义制度的强有力的工具；当它们被进口到那些处于社会主义过渡时期的国家或地区或者在这些地方被仿造时，一定会施加一种再造资本主义制度的强大的意识形态压力。以工农之名获得生产消费品的生产资料的所有权（不同于生产资料私有制），必须得到法律的保障；它是建立社会主义的一个必要但不充分的基础。要找到建立社会主义的充分基础，就必须找出能回答以下问题的不同的答案：生产什么消费品、为谁生产消费品以及如何生产消费品。至今，按照社会主义原则解决上述问题的过程，还未在较大的范围内启动。

6. 私有产品的生产的扩张，似乎毫无止境。这必然导致大量的浪费。这些私有产品占用了大量的自然与人力资源，而这些资源也正是资本主义核心国家所竭力榨取与利用的。它们让私营部门暴饮暴食，让公共部门忍饥挨饿。

所有商品，无论是生产资料还是消费品，**本质上永远是**资本主义意识形态的携带者。这是我的观点吗？当然不是。相反，我开宗明义地指出，所有商品,都在一定程度上体现出两种截然不同的意识形态属性之间的矛盾:一种是主要为个人利益而使用商品的倾向,另一种是为个人(和集体)福祉而使用商品的倾向。我们需要再次一分为二地看待这一问题。生产资料,原本着眼于加固权力的运作,却因为将劳动者从危险而单调的工作中解放出来,反而有助于实现整体的福祉,或个人的福祉。另一部分生产资料,被用于生产核武器或常规武器,必将损害人类的福祉(虽然能获得很高的利润)。它们即使被用于制造非军用机器也会对生态环境造成破坏,因为这些机器的运行会产生副作用。此外,就消费品而言,我认为它们也包含了类似的内部矛盾。以个人消费品为例,或多或少,它们都遭遇了破坏。诚如整本书所示,垄断资本主义生产的新商品,即受众,就是一种受损的商品/个体。

根据前述观点可以得出如下结论:直至20世纪,过去三百年间,技术的创造力的大爆发必然导致工业艺术和消费品的出现,其中内在的资本主义意识形态成分打败了社会福祉的成分,占据了上风。"私营部门"对商品生产的片面强调,也排除了将这种创造力投入公共产品而非私人产品的生产的可能性。因此,由于忽视了资本主义世界经济整体的福利成分,可能的商品生产**总量**受到了损害。在1917年俄国十月革命以来的短暂时期内,社会主义国家还没有时间生产出以公共福利为主导标准的工业美术品和消费品。社会主义国家不加批判地从资本主义国家借用生产资料和消费品的生产技术,并因此推迟了工业艺术和消费品的发展,而后者本来比前者更适合社会主义的发展。当然,借用意识工业的"科学管理"技术来生产实物商品和受众,是一个特别贴切的例子。

1971年至1972年间,我研究了中国与匈牙利两国的意识形态同传播、文化之间的关系。匈牙利的一位高级政府官员告诉我:5年内,匈牙利的私人轿车数量有望翻番。对此,我指出:即便在当时,布达佩斯的空气污染也已经十分严重了,从布达佩斯到巴拉顿湖区(Lake Balaton)的超级高速公路已经建成,并且跨国公司旗下的各个加油站在提供服务。在这种情况下,匈牙利的社会主义公路计划是否仍会象征性地将每位工人或农民拥有一辆凯迪拉克轿车作为发展目标?他对我怒目而视。之后,采访不欢而散。在中国,由于过去二十年来所实施的政策,中国人民衣不蔽体、食不果腹、居无定所、慢性病缠身的状况得到了改善;能满足人民基本生活需求的商品和服务,供应充足,价格低廉。我曾问过有关负责人员,一旦每个人的衣食住行和医疗卫生条件都得到了保障,那么,什么将被置于优先生产的地位,私人消费品还是公共消费品?简言之,"自行车之后,会是什么呢?"彼时的中国,政治挂帅,坚持走社会主义道路;与此同时,中国强调自己落后于西方,必须"超英赶美"。我指出,这一思路中存在着一个矛盾:走社会主义道路的中国,它的工业艺术水平,是否应当按照资本主义的工业艺术标准进行衡量?在生产资料的产能方面,中国和西方可以进行对比;然而,在消费品的产能方面,这一比较则不可行。原因在于,资本主义道路专注于私人消费品的生产,而社会主义道路专注于公共消费品的生产。于是,社会主义道路的试金石是:某一特定商品是服务于人民群众集体,还是服务于个人。

我以双向电视为例来阐述这一点。与电视台的革命委员会成员进行交谈后,我被告知:当时中国仅有数百万台电视机,电视台的数量也很少;但是,他们正在筹备建立一个真正的全国电视网络。我问他们:中国是否会采用单向电视系统,即资本主义国家用于生产向自己推销商品的受众的系统。我进而指出,单向电视系统内在地具有一种威权主义性质,因为影响力由上至下地传导,且不存在任何电子反馈的可能。当资本主义"发明"出单向电视时,它本来也可以设计出一个双向电视系统:每一台电视接收机都具有视频反馈的能力,而且,这些反馈可以反向传播。我指出:中国现有的电视机不是存在于家里而是存在于公共空间(例如公社大会、职工之家等)。在这些公共空间,带有视频反馈功能的大屏幕电视,在经济上也是合算的。

负责接待我的人问我:为何您认为在中国采用双向电视系统是合适的?我答道:中国人习惯于用大字报自由地表达观点,在"文化大革命"期间尤甚。双向电视系统就是电子版的大字报,有助于在社区的层面上讨论公共事务。当前,中国尚未采用西方的单向电视系统,更有希望树立新的电视工业艺术标准,以服务于本国的意识形态,而非毫无批判地引进体现资本主义意识形态的资产阶级电视工业艺术。随后,在上海、南京、北京、武汉和广州等地,我都提出了类似的建议。每一次,大家都对我的建议表现出兴趣,并表示会加以考虑。然而,北京大学的经济学家和哲学家认为,"技术"在本质上是广泛适用的,在政治上是中立的;他们相信,因为技术设备属于社会所有,所以社会主义能够利用单向电视系统,而不会招致意识形态上的危险。中国人已经着手对单向电视系统进行改革。

第二个例子是"移动人行道";作为一种社会商品,它将在很大程度上解决城市中心地段的公共交通问题。"移动人行道"的设计理念,源自科幻小说,以及大型机场的实践经验。它设想行人若要从人行道去往商业街,可以使用多个高速移动的水平自动扶梯。"移动人行道"由电力驱动,不仅速度很快(在个人层面上,而不是与火车、公交车或有轨电车相比),也避免了污染或私人轿车停车困难的问题。

社区和住宅区的规划与设计,是我举的第三个例子,用以说明资本主义如何必然地将社区和住宅区转变成商品。美国加州的拉荷亚(La Jolla)是作为商品的社区的一个例子。白天,闹市区街道上的高档商店,与衣着光鲜的人们,以及停在街边、首尾相连的豪车,交相辉映,呈现出一派繁荣景象。到了夜晚,街道上人烟稀少,只有少数几家餐厅与剧院还在营业。即使你举起机关枪朝着街道一顿乱射,都难以射中任何人。然而,如若你驾车经过海边峭壁旁的精英住宅区,则会瞧见一排排高贵、典雅的城堡式建筑。每一套房屋外,高墙矗立,装有防盗警报器,并有警卫犬守护;房子的估值在 50 万美元上下。业主的生活极为私密。电视机屏幕上的闪烁蓝光,经常从高墙反射至街道上。这样一种精英主义的生活范式,正如英国建筑师马丁·波利(Martin Pawley,1974,p.16)所形容的那般:

> 20 世纪以住房为代表的常见的耐用消费品的发展,渐次终止了家庭成员以及家庭之间在原本巨大且必要的社会空间内的交往。

也正如 W. 拉塞尔·埃利斯(W. Russel Ellis,1976,p.109)所言:

波利追溯的过程，正是消费品通过广告，开始代表社区、家庭、邻里以及类似空间的过程。建立在产品基础上的社会关系，经过广告的渲染后，转变成现实，最终导致家庭内部与家庭间的社会交往的终止；对消费形象的消费，成为人们乐于接受的社会行为。

垄断资本主义也生产出一套完整的社区商品，其中住宅小区的一揽子开发计划包括修建购物中心、娱乐设施（游泳池、网球场等）。类似的"退休"综合设施为有较强支付能力的老年顾客提供一揽子社区服务；而对于那些不具备较强支付能力的老人来说，敬老院、廉价公寓或城市中心的酒店，则成为"停留之地"（parking places），被核心家庭嫌弃并驱赶出来的老人也将在此度过余生。

上面罗列的例子从反面说明了倘若住宅区和社区被视为社会商品而非私人商品可能**不具备**的功能。直到住宅区和社区的发展成为社会主义国家或地区的优先计划，我们才有可能知晓这样的公共品的可能性与局限性在哪里。只有在这样的条件下，最无聊的专业，即建筑学才有机会实现复兴；在垄断资本主义制度下，建筑师沦为无足轻重的角色，因为他们的艺术中心虽然坐落于社区，可他们只能受命设计出最具市场价值的社区商品。

关于生产**什么**商品的公共政策的意义，大体可归结为，将要被生产出来的商品的类型与对商品的选择，以及商品的特质，将体现出做出选择的社会的意识形态愿望，同时这些愿望将会被传授给年轻人与他们的父辈。每件消费品自身就是一种物质刺激，无论对于个人主义还是集体福祉而言，皆是如此。在某种意义上说，每件商品都是一台"教学机器"。

为谁生产？如何生产？

如果把回答"生产什么"这个问题的过程有意识地放到一个社会中来讨论的话，那么它还会牵扯出这个过程中固有的回答"为谁生产"和"如何生产"这两个问题的过程。这三个过程实际上是相互影响的。当前,在每个社会中,这三个过程都是统治者与被统治者之间的斗争的核心。并且,在当下所有社会里,等级制度是回答三个问题的主要原则。从老板到工人的由上至下的权威结构,是民间经济组织和军事机构的典型运行模式。在资本主义制度下,最终的权威源自私有财产所有者这一被广泛接受的阶级结构。在社会主义国家里,最终的权威来自代表工人和农民的共产党,这是另一种阶级结构。在资本主义国家,代议制政府的形式掩盖了阶级统治的事实。资本主义国家的专业技术工人与精英阶层,都有意无意地具有某种威权主义倾向。北美地区威权主义的等级权力结构被斯坦利·米尔格拉姆(Stanley Milgram,1974)惊人而又准确无误地揭示出来。他的研究发现,大多数美国人在一个声称对后果负责任的科学家的指引下,会同意进行一项实验,直到用电刑处死一个人。

　　社会主义国家与资本主义国家的阶级统治的差异在于,前者充分信仰马克思主义理论,并坚信阶级斗争是历史进程的一部分,而且工农阶级民主地参与决定"**生产**什么、**为谁**生产以及**如何**生产"的答案的过程,正是它为之奋斗的目标。马克思曾预测,社会主义首先会在高度工业化的西欧资本主义国家出现。实际情况是,第一次社会主义革命首先发生在落后的、半封建的、工业不发达的俄国。第二次伟大的社会主义革命发生在中国,情况类似。这些国家在改变生产关系、从资本主义国家转变成社会主义国家(例如彻底消灭少数统治者对广大人民的剥削)**之前**,是否必须经历与英国或法国同样的生产力发展过程?"自主的"马克思主义者给出了肯定的回答,但是毛泽东认为这是走资本主义道路,是对马克思主义的背叛。在他看来,在真正的社会主义革命启动社会主义政策**之前**,原有的政策使群众在很长一段时间里处于准资本主义的统治、管制与剥削之中,以服务于技术官僚精英的利益;与此同时,这些走"资本主义道路"的社会主义国家在与第三世界国家打交道的过程中将表现出社会帝国主义的特征,与垄断的资本主义帝国主义展开竞争。

苏联对内对外大力宣传"科技革命",似乎佐证了毛泽东的解读。相关文献中充斥着"科技"的目的决定论。例如,苏联科学院(U.S.S.R. Academy of Sciences)副院长米林斯奇科夫(Millionshchikov)谈及"科技革命"时,曾指出(1972,p.26):

> 它的作用源于社会物质生活变化的辩证本质。事实上,一方面,科技革命的成果太有吸引力了,必然吸引人们去探索;另一方面,参与科学和技术进程不可避免地会导致世界上普遍存在的科学观念与建立在剥削基础上的不合理、过时和不公正的社会制度之间的冲突。

本质上,苏联在科学和技术上所奉行的苏联路线,与资本主义国家无异:科学与技术在其范围内,具有自主性,能扩展至全世界。生产资料公有制的法律依据,让它们与资本主义分道扬镳。然而,苏联的科技路线在实践过程中还包括:将知识视为私人财富、只将知识用于捍卫专家与官僚的特权等。这些都是显而易见的。①

对于中国这样的社会主义国家而言,难道不可能发展出一套自主的社会主义制度,而无须重走发达资本主义国家的老路(例如剥削、异化、环境污染等)?非洲、西印度、拉丁美洲、南亚等地区难道也不可能绕开资本主义的"技术陷阱"?

我们现在把此前的分析稍做整理。我认为,在**技术**的伪装下,存在这样一种现实,即阶级占主导地位的社会在科学研究中发展了它们的政治性响应利益,并基于对自身利益的考量,通过具体的工业艺术形式将这种研究的结果应用于获得它们自己的物质利益的过程。技术所谓的"自主性",无非是古代寻求神性的行为的现代版本。当我们检视技术的内在意涵,即它通常与现代社会或现代工业文明,或者更天真地说,与"现代性"相伴相生时,我们会发现,我们正在讨论资本主义回答上文所述的三个问题(生产什么、为谁生产,以及如何生产)的真正的过程。因此,当前有关技术的大

---

① 具体可参见《人、科学与技术》(*Man, Science, Technology*,1973)。这本书用了很大的篇幅讨论技术。本章也试图指出,技术在本质上是宣传资本主义科技观的手段。

量专著、文章,以及学术会议,都有意无意地试图将现代垄断资本主义应承担的责任,转移到技术这一毫无意义的替罪羊身上。技术所谓的自主性,把过分透支生产私营消费品的私营部门的生产能力的资本主义制度,同正在经历两条路线之争的社会主义国家之间的真正的差异遮蔽或掩盖起来。

有些人指出,技术应当为我们的社会症候负责;这一论断具有高度的政治性。与此同时,"技术"也被认为促进了意识工业的发展及其消费品的极大丰饶。简言之,资本主义不仅应当为其技术之症负责,也应接受其推动消费品与消费文化的勃兴的荣誉。技术,是治疗资本主义所有病症的良方。实际上,技术犹如蜃景。麦克德莫特(McDermott,1972,p.151)曾指出:

> 如果宗教是大众的精神鸦片,那么技术一定是当下受过良好教育的公众,或至少是技术的支持者的精神鸦片。没有其他任何主体,如技术一样,被寄予增加全人类(尤其是美国)福祉的厚望。这些具有千禧年色彩的希望,尽管彼此之间高度重合,但还是会在一定程度上因作者不同而有所不同。有关技术的承诺以及作者关于技术的预言,我们可以列出一份虽然不完整但具有代表性的清单,其中包括:结束贫困与开启永久的繁荣(利昂·凯泽林[Leon Keyserling])、共同拥有的机会平等(兹比格涅夫·布热津斯基[Zbigniew Brzezinski])、大规模提升个体自由水平(爱德华·希尔斯[Edward Shils])、用休闲娱乐取代大多数人的劳作(罗伯特·西奥博尔德[Robert Theobald])、沙漠居民得以享用淡水(林登·贝恩斯·约翰逊[Lyndon Baines Johnson])、永久却无害的社会革命(沃尔特·罗斯托[Walt Rostow])、知识战胜权力(约翰·肯尼思·加尔布雷斯),以及我们最不应忘记的,意识形态的终结(丹尼尔·贝尔[Daniel Bell])。

文化甄别

第9章已经指出,国家与意识形态体系,无论是资本主义还是社会主义,都会出台被称为文化现实主义的政策。这意味着体系的核心价值会通过人工制品、实践和制度政策体现出来。整体而言,它们都属于合理化机制,凝聚了一个国家或意识形态体系内的人、事物和制度政策。现在,我提出**文化甄别**这个问题。它涉及保护文化现实主义不遭受破坏性入侵的国家文化或意识形态系统的某些方面。它已经和我们共存了千年之久。文化甄别由什么构成?语言、宗教、神话信仰、习俗,以及对人与物的流动的边界进行控制,都是文化甄别的组成部分。自人类形成社群以来,文化甄别就已出现并开始发挥作用。如果文化甄别及其必要性在当前依然属于新颖或奇特的概念,这只能说明现代资本主义在其无止境的逐利过程中对文化甄别的破坏程度。

自大约16世纪以来,资本主义制度的全球性扩张,必然包含了对非洲、北美和南美大陆、印度、东亚、澳大利亚、中华帝国与日本、中南半岛与大洋洲诸岛等传统社会的文化甄别制度进行系统性入侵与清算。这种入侵的机制十分简单:它起始于贸易与军事征服。一旦传统社会的机制被纳入资本主义商品市场(也包括奴隶市场)的网络,帝国的征服与收编,紧随其后,无可避免。因此,在现代,葡萄牙、西班牙、荷兰、英国、法国、德国与美国,相继以各自的国家之名,凭借经济入侵与军事威慑,征服传统社会。就它们所强调的自由贸易、信息自由流动、相对自由的移民、旅游自由流动、资本自由流动等这些自19世纪中叶以来就支配着帝国政策的议题而言,当前我们有必要重新回顾每一个日渐崛起的帝国在过去三到四个世纪间所确立的文化甄别制度是如何具体而微地在贸易、信息的自由流动、旅游以及资本运动等方面施加控制以保护自己的。**重商主义**可用于形容英国的文化甄别制度,但每一正在扩张的资本主义帝国,都有属于自身的文化甄别制度。与其费工夫细致描述重商主义制度,还不如直接关注重商主义制度在资本主义帝国的形成阶段,如何产生了对文化甄别的需求。宗主国的文化甄别制度,通过"炮舰外交"的方式(若有必要),被强加给上述被帝国征服的殖民地。

至19世纪中叶,文化甄别制度趋于稳定,老牌帝国(例如大英帝国)率先放松了控制。这些控制不再能带来超出成本的利益,因为帝国似乎可以从自由贸易、人民与资本的自由流动等政策中获益。帝国体系将其自身的文化现实主义强加给各种传统社会。于是,市场的全球体系,以及帝国对资本的控制,就能够通过国际劳动分工、专门化与职业化等途径,调动殖民地的人民与当地资源,而无须施加特定的控制。

随着帝国之间爆发第一次世界大战,以及其后发生的俄国革命,资本主义帝国之间的世界体系开始瓦解。第二次世界大战及其后发生的中国革命,标志着资本主义帝国的终结。与此同时,美国的资本主义力量因参加了两次世界大战而不断增强;第二次世界大战后,它直接接管了世界范围内资本主义帝国的组织工作。美帝国从不单纯依靠炮舰外交,尽管它一定会动用其军事力量。然而,美帝国日渐依靠"信息的自由流动"、资本,以及世界范围内数百家跨国企业的行动,施展霸权。因此,1977年一家跨国企业的主席如是说:

> 跨国公司趋向于把这个世界看作服务于单一市场的单一供给源。它的惯用手法是尽可能高效地合理化全球需求和全球供给——就像不存在任何国家界限或不存在任何非经济的国家理念。跨国公司就是这样经营的,就好像世界已经接受了彼此真正依赖的概念,而且没有任何力量能够阻挠最经济地满足世界不断增长的需求的全球资源的高效发展。①

另一家跨国公司的主席则揭露了技术的意识形态功能:

> 当我们进入一个民族主义情绪明显高涨的时代,美国政府的官方角色在许多国家将不再那么有效,甚至在一些国家完全遭到排斥。我认为,企业这种平静的、非官方的经营就是为应对这一境况而出现的。事实上,这种经营的非官方色彩最富有效力。当**专业技术在工作中口耳相传**,起源于知识传授的草根阶层的人与人之间的关系是比最佳的

---

① 福特汽车公司主席与董事长罗伯特·H.马洛特(Robert H. Malott),在芝加哥商业出版联合会(Chicago Business Publication Association)所做的报告,芝加哥,伊利诺伊州,1977年2月7日。

外交手段更为高明的国家间黏合剂……请允许我们通过这些企业向经济欠发达国家传授我们的技术，以便它们能分享而不仅仅是嫉妒我们的富裕。(Gerstacker,1972;黑体为作者所加)

第三家大公司的主席在谈及跨国公司与苏联的关系时指出：

> 潜在的市场不可限量。目前苏联还需要在一定时期内进口大量资本和消费品以及农业商品来满足生产需要。从长远来看，为刺激工业现代化的发展进程，整套的工厂、化肥厂、汽油和天然气设施、发电系统、运输和配送系统、非军事领域的高科技硬件软件以及管理技能都需要大量进口……我相信，苏联经济在调整并使自身不断现代化以适应全球更大范围内的影响时，其他建设性的效应还会产生。东西方之间的人际交往范围将在两个社会的各个层面扩大，包括劳动、行政、管理和官僚机构等方面。把整个苏联社会孤立起来的因素必须被清除。**苏联经济将开始与西方正在进行的充满活力的技术革命相互作用，并与之融合。苏联将承担按照西方模式将自身"消费主义化"的压力。**
> (Kendall,1978;黑体为作者所加)

作为意识工业的领头羊，美国在1945年之后，借助自身及其盟友在联合国、联合国教科文组织、国际电信联盟等组织中所拥有的霸权，调动其所有的经济、外交、情报机构资源，以推动和保护其境外市场的利润。在这个由美国主导的体系里，加拿大扮演了亚帝国中心的角色。赫伯特·席勒的《大众传播和美利坚帝国》(*Mass Communications and American Empire*,1969)、《思想管理者》(*The Mind Manager*,1973)以及《传播与文化统治》(*Communication and Cultural Domination*,1976)，均详细地描述与分析了1945年后出现的文化支配体系。

当前，倘若我们要考察被支配国家所采取的保护措施，就有必要处理西方政府与知识分子破坏这些保护措施时所惯用的唬人伎俩。**审查**是个肮脏的词，信息自由流动的倡导者利用这个词达到了自己的目的。它是

第10章 论作为宣传用语的"技术"与商品:需求与文化甄别

17—19世纪西欧新兴的资产阶级的阶级斗争的遗产,这场斗争的目的是把自己从封建王权的压迫中解放出来。它深植于资本主义意识形态,因为彼时的封建王权武断地干涉资产阶级利用印刷媒体表达观点的各种政治行为。当前,审查主要指政府(无论是否代议制民主政府)借助权力,出台一系列针对大众媒体、美术与大众文化的政策——举个极端的例子,政府对色情的干预。

现代审查行为的实质在于,它能决定什么能够在文化领域内被大规模生产。只要当前的文化生产掌握在大型私营企业手中,它们就必须决定在文化领域内什么能够以及什么不能够被大规模地生产。因为在垄断资本主义制度下,大型私营企业被视为法人,所以我们习惯于赋予它们与自然人同样的特权。那么,将企业在文化领域的决策称为审查,与我们用这一带有贬义的术语形容政府决策是同样准确的。必须在公共政府与私人政府的决策之间做出选择。在现代企业占据主导位置的国家里,**政府**通常是指那些能够做出决策的组织,而普通公民无法通过这些决策进行有效的申诉或获得救济。问题在于决策的价值,而不在于由公共政府还是私人政府进行决策。在真正的意义上,垄断资本主义公司审查了传真广播的可能性。赞助了以纳粹集中营为主题的电视节目的煤气公司,在最终的节目脚本里删除了"毒气"一词。

此外,文化甄别的倡导者也被指责助长了仇外情绪、文化停滞以及"独裁者"或者国家寡头借助迷信思想进行的专制统治。席勒(1976,p.84ff)详细地阐述了这些问题。他指出,为文化自由与文化甄别而斗争的组织,应当反对压制性威权与统治,不管它们来自国内还是国外。新的殖民地国家的阶级斗争的动态发展鲜明地展示了如下过程:当外部的帝国主义势力在名义上被消灭后,由旧式买办构成的新阶层夺取了权力,并试图继续对大部分农民和城市居民采取镇压措施,直到他们被斗争消灭。

因此,**文化甄别**成为围绕国家发展而展开的辩证性斗争的代名词——它应该服务于哪个阶级的利益。同时,文化甄别也涉及另一个问题,即科学、美术、商品以及生产它们的技术是否不管被应用于何处都有益且值得各国自由拥有。资本主义在世界范围内的市场结构中扩张了几个世纪,其基础是国际范围内的劳动分工。在可预见的未来,人类致力于在国际范围内进行**某种**分工,因此需要进行原材料、半成品、资本设备(硬件和软件)以及消费品的国际贸易。但是,由前被殖民国家或地区的人民的文化解放所引发的争议,不仅同此前所争论的什么商品、设备和消费品应当被进口的问题有关,也与一个国家进行规划生产从而将产品出口到其他国家的条件密不可分。这一原则似乎很明确:如果要实现文化解放与文化自主,就必须对这种对外贸易的影响和可能的后果,以及在允许这种贸易发生之前采取的适当行动进行批判性分析。不存在任何简单且教条的规则可资借鉴,因为文化甄别的过程犹如一个十字路口,在其中,各种议题、物质与非物质价值、各种计划通过阶级斗争的方式多渠道地交汇在一起。

自20世纪60年代末以来,民族解放运动,不断增强的要求保护濒临灭绝的民族价值的民众意识与决心,不断增加的建立新的国际经济新秩序与国际信息新秩序的诉求,合力拉开了日益增加的不结盟国家为夺回文化、政治与经济领导权而展开的行动的序幕。赫伯特·席勒(1978)曾指出:

> 最初,在20世纪60年代末及其后各年联合国教科文组织会议上发表的一些温和且具有试探性的声明中值得注意的是,在1973年9月的不结盟国家和政府首脑阿尔及尔会议上第一次正式发表了抵制文化殖民化的声明。在那里,大约75个成员国的首脑宣布:
>
>> 帝国主义的活动不仅限于政治和经济领域,而且包括文化和社会领域,从而对发展中世界的人民施加外来的意识形态控制,这是一个既定的事实。
>>
>> 有鉴于此,不结盟国家元首或政府呼吁有必要重申民族文化认同,扫除殖民时代遗害,以维护自身民族文化和传统不被侵犯。
>>
>> 他们认为,对帝国主义和殖民主义强加于人的文化异化和外来文明,应当通过重新人格化和不断地、坚定地诉诸人民自己的社会和文化价值观来抵制,因为这些价值观将人民界定为一个拥

有主权的民族以及自己的资源的主人。这样,每个国家的人民才能在确保主权和在和平的、真正的国际合作得到尊重的前提下,对自己国家的财富实施有效控制并奋力实现经济发展。①

试图摆脱意识工业统治、寻求自由的国家已经在联合国、联合国教科文组织、国际电信联盟等组织或机构里,取得了显著成就:在这些组织或机构中,每一个国家都拥有同等的投票权,而且不结盟国家、第三世界国家和社会主义国家在其中明显占据大多数。通信卫星是工业艺术的具体应用,源于太空军备竞赛;1959年,当联合国大会专门成立委员会研究通信卫星的意义时,社会主义国家与不结盟国家首次进入了通信卫星计划覆盖的范围。至1972年,联合国教科文组织通过了一项决议:在直播卫星向国家传送节目之前,相关国家之间必须**事先**达成协议。联合国大会最终以102票赞成、1票反对(美国投了反对票,加拿大弃权)批准了这项决议。第二项动议,名为"信息的自由流动"。联合国教科文组织成立之初,美国成功地将这一理念植入其宪章;因此,联合国教科文组织向第三世界国家或地区推广设备和软件的所有行为,最终只是有效地强化了意识工业的支配性角色。20世纪60年代末,"自由流动"遭遇正面对抗。1972年,苏联在联合国教科文组织大会上提出一项动议,要求各个国家对其大众媒体的行为负责,从根本上痛击了"自由流动"理念。

1974年,联合国教科文组织发布了卡尔·诺顿斯登和塔皮欧·瓦瑞斯(Tapio Varis)联合署名的统计报告《电视交通——单行道?》(*Television Traffic—A One-way Street?*)。这份报告证实了如下观点:工业资本主义国家向第三世界国家或社会主义国家出口的节目数量,远多于它们从后者进口的节目数量。芬兰总统吉科宁(Kekkonen,1973)在联合国教科文组织的一次研讨会上,点评了这一观点;他准确无误地将"自由流动"理念追溯到放任主义资本主义意识形态,并指出,联合国教科文组织与联合国当前应顺应正确的历史潮流,倡导"平衡流动"理念。三年后,在于内罗毕

---

① 这段引文来自阿尔及尔会议上的发言,参见 Singham and Tran van Dinh(1976)。

举行的联合国教科文组织大会上,围绕苏联四年前所提交的方案,支持与反对自由流动理念的双方展开了激烈的论争,但论争无果而终。然而,就下一个五年计划而言,

> 各方达成共识,当务之急应该是缩小存在于发达国家和发展中国家之间的沟通距离,并致力于推动形成一种更加自由、更加平衡的国际信息流。(转引自 International Commission for the Study of Communication Problems,1978,p. 12)

不结盟国家所召开的各种会议,成为重新建构文化甄别制度的重要形式。具体而言,在联合国教科文组织的帮助下,不结盟国家大约从1974年起,开始组建全国性和地区性的新闻通讯社以及不结盟国家的新闻通讯社。有无线电电报系统的技术支持,也有南斯拉夫通讯社经验丰富的工作人员的人力支持,不结盟国家的新闻通讯社发展势头迅猛。1977年1月,不结盟通讯社联盟已扩展至包含逾40家通讯社;这一时期,不结盟国家新成立的全国性通讯社已有16家。不结盟国家先后在利马(1975年)、突尼斯(1976年),以及新德里和科伦坡(1976年)召开会议,为不结盟新闻通讯社大家庭制定了组织章程,并组建了:

> ……一个信息协调委员会,它将负责:推动有关信息问题的合作;对有关信息问题的统计资料进行汇编;在电视、电影、广播、摄影、图书等方面进一步推动联合经营;促进信息领域中研究与培训机构的联系;促进文化交流;形成共同的办法,以拟定一项关于卫星通信功能和使用的国际守则。(转引自 Schiller,1978)

围绕着这些官方会议的是一系列持续不断地召开的研讨会、论坛以及陆续问世的图书和文章。

1978年,联合国大会终于审议了有关自由流动的"宣言"。结果是,资本主义核心国家同不结盟国家以及苏联集团的国家之间达成了一项模棱两可的协议。它确认了第三世界国家或地区主张"自由流动以及(建立)**更广泛、更良性、更平衡的信息传播秩序**"的诉求。对它们而言,第九条意味

着巨大的胜利：

> 本宣言的精神是,国际社会应创造条件,使信息实现自由流通和更广泛、更平衡的传播,并确保记者和其他大众传媒机构的工作人员在行使职能时受到保护。教科文组织完全有能力在这方面做出宝贵的贡献。①

这份宣言强调国家或"国际社区"应对大众媒体的运作负全责；对此,瑞典表示反对,也算是代表资本主义核心国家公开表达了不满情绪。该宣言达到了西方强国在绝大多数情况下的宣传目的（例如,强调观点、表达与信息自由在加强国际理解与维系现有和平局面中的作用）；出于平衡性的考虑,宣言也从第三世界国家或地区的立场出发,出台了具有前瞻性与实质性的条款。

这份宣言在于内罗毕举行的联合国教科文组织大会上引发了极大的争议；随后,绝大多数与会者达成协议,要求"从整体上对现代社会的传播问题进行评估"。联合国教科文组织总干事把这一任务交由传播问题研究国际委员会（International Commission for the Study of Communication Problems）完成。该委员会由肖恩·麦克布莱德（Sean MacBride）领导,其成员来自全球不同的经济与社会体制。该委员会在两年后提交了报告,其结论涵盖了起草内罗毕宣言时曾讨论过的相同的问题,而且针对这些问题采取了与当时相同的立场（International Commission for the Study of Communication Problems,1980）。然而,委员会的报告的影响,不能被这一肤浅的批评性论断一笔带过。委员会委托来自世界各地的专家撰写了逾百篇报告,并出版了这些报告,将其作为工作计划的一部分。上述报告体现了专家致力于研究当前人类所面临的极端复杂的问题,而这些问题又与不同社会制度下的传播实践和理论息息相关。在报告撰写的过程中,观点的碰撞时常发生,这也必然导致撰写者之间相互学习和促进。

在该委员会得出的所有结论中,与文化甄别直接相关的建议包括（同

---

① *Intermedia*,Vol.7,No.1,January 1979,p.10.

前,pp.259-260):

  国家文化政策的制定应致力于培养文化认同和创造力,并使媒体参与这些任务。这些政策还应包括保护国家文化发展的指导方针,同时促进对其他文化的了解。每一种文化均通过与其他文化的联系来增强自身的特性。

  传播和文化政策应确保富有创造力的艺术家和各种各样的草根群体能够通过媒体发出自己的声音。来自不同文化背景的人对电影、电视或广播的创新性应用应该得到关注和研究。这种试验是文化对话得以持续展开的基础,而各国之间的协议和国际支持可以促进这种对话。

  对广告内容及其所鼓励的价值观和态度的指导方针应符合本国标准和具体实践。这些指导方针也应与国家发展政策及其保护文化个性的努力相协调。对广告给儿童和青少年造成的影响应给予特殊的关注。就此而论,为了让公众有机会对他们感到不恰当的广告提出反对意见,应多建立像申诉委员会或消费者评价委员会这样的机构。

美国缓慢地且不情愿地放弃了话语战场上的阵地。然而,它在这次斗争中的地位,让第三世界国家或地区能够更容易享有传播"技术"近用权,特别是在利用通信卫星与记者的专业技能培训方面。这些不但没有削弱第三世界国家对资本主义核心国家的依附,反而加强了这种依附关系。

正如美国及其盟友对联合国大会与联合国教科文组织的掌控力开始瓦解,它们在国际电信联盟的影响力也日渐消弭。直到20世纪70年代,该组织的频谱资源分配政策都由资本主义核心国家主导,其基础是务实的先到先得原则。这样,在国际电信联盟的主导下,频谱资源的分配有可能向特定的阶级倾斜,而不同国家都会"告知"国际电信联盟的频谱注册委员会(Frequency Registration Board)它们打算使用的特定频谱资源。1977年,在国际电信联盟的153个成员国中,有85个成员国是不结盟国家或发展中国家。在1977年就通信卫星问题召开的世界无线电行政大会上,国际电信联盟根据特定的轨道位置,制定出特定频谱资源的分配方案,以覆盖一区和三区的地面指定服务区(即使在不久的将来,它们也不会被完全占用)。二区为美洲区。因为美国、加拿大与巴西的反对,原来的先到先得政策在二区未能被废除。1979年9月举行的世界无线电行政大会讨论了所有无线电频谱资源的分配方案。在此次会议上,不结盟国家极力倡导"积极规划"模式。相对贫困的国家借此要求无线电频谱资源这一人类共同财产的平等使用权(Probst,1977;Gould and Reinhart,1977;Rutkowski,A. M.,1979)。

已经取得的进展表明了第三世界国家和社会主义国家争取自主发展权的能力,但必须承认的是,它们只是在国际外交、舆论以及国际法等层面上取得了重大成就。然而,在国家层面上,它们取得了什么进展?在国家政策层面,许多国家已经建立了文化甄别制度,以保护大众媒体机构的民族独立。在过去一个多世纪以来,印刷媒体受到了各种规定和支持手段的保护,以实现民族独立。

> 被广泛采纳的规定包括:(1)禁止广告泛滥;(2)国家对发行活动进行控制,优先发行民族出版物;(3)通过关税、外汇调控、特别税收、进口配额和价格差别等手段对国外出版物进行区别对待;(4)要求所有出版公司,包括报纸,由国有企业所有并管理。人们普遍感到这些防御性手段本身还不足以确保民族新闻业和出版业繁荣发展。像卢斯出版社(Luce Publications)这样的大公司仍然能够发挥主导作用。因此,国家已经通过以下规划对民族出版物施以积极援助:(1)杂志和报纸享有特殊邮政费率;(2)加强反联合立法;(3)对陷入困境的出版商予以特殊税收优惠;(4)对广告进行管理,甚至达到对税收和发行实行控制的程度;(5)实施其他间接性补贴,比如免费的运输、电话和电报服务;(6)对文化出版物进行直接公共补贴。在私营企业经济紧缩的压力下,这些规划将大大有助于发展加拿大的出版业。(Warnock,1970a,p.129)

然而,对于加拿大的印刷媒体来说,却没有这样的甄别制度保护它们。

大多数国家通过进口配额制度保护本国影院的观众不受进口电影无

休止的"侵蚀";进口配额通常与票房税收挂钩,其收入用于支持本国电影制作。美国对其文化影响的自由流动受到干涉颇为不满;实际上,已有102个国家采取了这样的做法。然而,如第6章所示,加拿大并没有。

第8章表明,大多数国家创建公共实体,提供无广告的无线电广播服务(主要以英国广播公司为模板),从而保护无线电广播的自主发展。然而,从电视出现伊始,它便与第二次世界大战后资本主义意识工业的消费品与服务的广告密不可分。这一结合,迅速地将大部分"自由世界"的广播电视的生产与传播模式转变成美国模式,并在保护民族独立的甄别制度上凿出了大洞。如前所述,在话语层面,美国将它所提倡的广播与电视的影响的单向流动理念写入联合国以及联合国教科文组织宪章的能力,大为弱化。但是,在实际操作层面,联合国在限制文化工业借助电视—广播与广告而发挥支配性影响上,进展甚微。加拿大在重夺电视—广播节目的控制权上,"失道寡助"。收看**加拿大**电视节目与收听**加拿大**广播节目的加拿大人的数量,堪比收听教育电台与收看教育电视台的节目的美国人:只占人口总数的8%到10%。这一数字可谓无足轻重,相当于看加拿大电影的加拿大观众的数量(6%)。

就进口消费品而言,这样的民族文化甄别制度在大多数情况下,以进口关税、配额以及禁运的形式呈现;这些措施旨在保护国内生产者不受外在竞争的冲击,在本质上具有重商主义政策的传统特征。这些海关规定缺乏事先的批判性分析,但它们对文化甄别制度来说是必不可少的。尽管进口关税、配额以及禁运等措施,或许偶尔能够甄别出蕴含在商品中的某些政治异质性,但这种情况并不多见。当前,在民族文化甄别制度背后,缺少致力于自力更生的本土化发展的阶级的支撑;在大多数情况下,被输入国对跨国企业(不管位于资本主义国家还是社会主义国家)的政策采取屈从的态度,对于国家机构与政策的扭曲与变形也是睁一只眼闭一只眼(Barnet and Mueller,1974;Magdoff,1978)。

中国的情况可以帮助我们分析"技术"与消费品的政治问题;中国这一个案,意义重大,因为全球近三分之一的人口居住于此。新中国成立以来

第10章 论作为宣传用语的"技术"与商品;需求与文化甄别

遭受了美国及其盟国长达二十余年的封锁,中苏关系破裂也有十余年的时间,因此中国被迫采取自力更生的国家发展战略。对于大多数观察者而言,新中国的建设是一次正在行进中的、朝着这一方向前进的过程(Robinson,1969;Bettelheim,1974;Wheelwright and McFarlane,1970)。

1971年,当中国在联合国教科文组织恢复合法席位时,中国大使黄镇表示:

> 我们主张各国人民之间文化、科学和教育交流与合作的正常发展,以增强他们相互之间的了解与友谊。我们坚信,不论自身发展历史的长短,每个民族不断进步的文化都各有其特色、优势,都应该是其他民族的人民的文化养分,并可成为其文化发展的范例。通过学习别人的长处可以达到促进彼此同化并克服自身不足的目的。**当然,这种同化绝不是不加批评的折中主义。我们应该对外国文化进行分析。甚至,外国文化中的进步成分也应该根据本国人民的需求做适当的调整以适应特定的国内环境,并且在它们能够满足服务国内人民的要求之前通过国家的正常渠道传输。在发展民族文化的过程中盲目崇拜外来事物并将之全盘植入本国文化是不可取的。**[①][*]

黄镇发言稿里的黑体字清楚地表明,在把外国文化材料与实践引入中国之前,必须对其进行批判性甄别。生产**什么**这一问题的答案,是否应该是史无前例的公共物品创新,而非资本主义制度过度发展的私有物品?就消费品而言,在资本主义生产经验中找不到"社会主义道路",除非社会主义道路就是尾随资本主义,为每个人制造出一个拥有福特或凯迪拉克轿车的幻想。在20世纪70年代早期,中国人是否已经建立起一种审慎的、批判性的文化甄别制度?

1971年之后中国发生的事情,让那些认为中国坚定地走在社会主义自主发展道路上的人感到惊讶。起初,中国的进口量不大(譬如,进口波音

[①] 中华人民共和国代表团团长黄镇在1972年10月25日联合国教科文组织第十七届成员国大会上的发言(黑体为作者所加)。

[*] 此段文字为译文。——译者

飞机、通信卫星地面站、化工设施等)。然而,随着中国向西方资本主义技术全面开放,进口的涓涓细流变成了汹涌的潮水。

毛泽东逝世、"四人帮"被粉碎后,现代化成为国家的主导性政策。政治挂帅的年代一去不复返;当前,资本主义生产方式、效率与利润至上的观念,受到重视。1978年年末,邓小平(1978, p.6)在中国工会第九次全国代表大会上的致词中指出,"加快"现代化的"步伐"十分必要:

> 为了提高经济发展速度,就必须大大加强企业的专业化,大大提高全体职工的技术水平并且认真实行培训和考核,大大加强企业的经济核算,大大提高劳动生产率和资金利润率。因此,各个经济战线不仅需要进行技术上的重大改革,而且需要进行制度上、组织上的重大改革。*

经济上的激励措施得到强调:生产奖金、用现金奖励个人发明,以及贯彻执行以"劳动模范"带动全体职工发奋进取的做法(让人联想到苏联的斯达汉诺夫运动[Stakhanovite movement])。

> 先进的同志和负责党与政治工作的同志必须具备一种民主作风,诚恳地听取科学家和技术专家的意见,积极支持他们的合理化建议和发明,鼓励他们勇敢探索,提出并解决问题。在学术领域,"百花齐放,百家争鸣"的方针必须得以切实贯彻,且必须允许不同观点和不同学派开展自由辩论。("On Policy Toward Intellectuals," 1979, p.15)**

这一时期,人们积极地追求资本主义的科学知识、工业艺术与技能。这一情况使得我们此处关注的问题,即科学与"技术"所具有的政治或意识形态特征的问题凸显出来。日本、联邦德国、法国、美国、瑞士、瑞典、丹麦、芬兰、荷兰、奥地利、加拿大、西班牙和英国的技术专家受邀前来中国参观。

---

* 此段文字参见《邓小平文选》第2卷,北京:人民出版社1994年版,第136页。——译者
** 此段文字为译文。——译者

被派遣出国的观察团的主要任务是调查"世界先进科学与技术";规模不断扩大的中国展销会促成了大量出口合同与协议的签订,这使得中国得以利用国外技术(Wang,1979,p.24)。1978年,中国外贸总量创历史新高。中国迅速地扩大了引进资本主义技术的规模。对此,中国的解释是重申毛泽东和周恩来的建议:取其精华,去其糟粕。我们未看到对西方资本主义技术进行系统性的批判和甄别的过程。同时,文化隔离主义思想备受指摘,而国际主义跃升至显著位置。

越来越多的证据表明,中国最渴望进口并采用的,是技术中的软件部分。中国共产党第十一届中央委员会第三次全体会议发表的公报宣称,中国正在采取一系列新经济措施,首要的是,"对经济管理体制和经营管理方法着手认真的改革"①。这里只引用一个例子,即在引进 13 套大型化肥装置的过程中:

> 通过潜心钻研国外先进管理技术和方法,七家工厂生产部门的干部、技术人员和工人已经在相对较短的时间里掌握了必要的技术和管理知识。("Why China Imports Technology and Equipment," 1978, p. 11)

倘若中国要赶超资本主义国家,就必须学习国外技术,类似的论断以不同形式在国内被不断重复。例如,人们援引列宁的观点以支持如下论断,"科学与技术没有阶级之分"("Why China Imports Technology and Equipment," 1978, p. 11)。并且,再一次:

> 列宁曾经在为撰写《苏维埃政权的当前任务》一文构思提纲时发现了一个非常有趣的公式。这个公式就是:
>
> > 乐于吸取外国的好东西:苏维埃政权＋普鲁士的铁路秩序＋美国的技术和托拉斯组织＋美国的国民教育等等等等＋＋＝总和＝社会主义。*

---

① *Beijing Review*,No. 52,December 29,1978,p. 11.
* 此处译文参见《列宁全集》第 34 卷,北京:人民出版社 1985 年版,第 520 页。——译者

中国是否已经不加区别地吸收了意识工业的多种方针与政策？不管针对生产资料（例如化肥厂）进行过哪些未公开的文化甄别，中国出台的关于产品设计、包装、商标与广告的新政策，似乎并未进行文化甄别。1979年1月，中国的一位发言人指出：

> 现在我们的外贸公司可以根据买方的设计方案，使用买方的材料、零件、机器和商标进行出口商品的生产。（Wang, 1979, p.25）

通过这种做法，中国只能：(1) 学会怎样经营意识工业（垄断资本主义模式）；(2) 出口中国劳动力的剩余价值，这与其他受跨国公司压榨的地区或国家出口它们的劳动力剩余价值的做法，如出一辙。中国向外国旅游者敞开大门提供服务的做法，也是一样。1978年，来中国旅游的游客超过十万人次（海外华人除外），这个数字是1977年的3倍，相当于前14年的总和。旅游业所取得的"成就"似乎没有考虑意识形态方面的保护性甄别：

> 从1978年年初开始，中国采取了各种措施来推动尚在起步阶段的旅游产业。例如，大约一百个城市和地区，包括拥有历史名胜的地方，都已经对外国游客敞开大门，为此海关手续被不断简化且在三十多个城市建造起或规划建造了大量崭新的酒店。交通服务的情况大大改善，比如：在首都北京和长城之间开通了特别列车，另外专门为游客服务的巴士和汽车数量也大为增加。中国还与一些国家签署了旅游合作的相关协议。
>
> 目前，与外商就利用外资兴建酒店的谈判正在进行当中。狩猎、滑雪、登山以及其他户外运动将被囊括进1979年的旅游活动项目。在草原旅游地区，外国游客还可以获得住进牧民的毛毡帐篷的新式体验。
>
> 这一年轻的产业正在不断发展，它吸引了来自世界各地的游客，但是也有很多问题和不足之处亟待应对，比如旅游设施、管理、交通服务的欠缺和落后，以及合格翻译人员的短缺。不过，我们正通过各种

方式加速克服这些困难。("China's Tourist Service," 1979, p. 38)

有关中国加入意识工业国际活动的论断,1979 年 2 月 16 日《北京周报》(Beijing Review)封底的一则广告可被视为最有力的证据:

您想扩大生意规模吗?

与我们联系。我们可以帮助您。推动您事业的发展就是我们的事业。

我们专营外国制造商、贸易商以及中国出口组织的商业广告。

我们可以为您设计和印制商标、价目、宣传册等。

我们将为您安排在上海举办的展销活动,并提供模特、展台及其他配套设施。

我们将为能在中国和海外助您一臂之力而倍感荣幸。

欢迎您来信了解更多信息。

上海广告公司。

地址:中国上海圆明园路 97 号。

电报挂号:上海广告公司。

本书的证据建立在第 1 章到第 4 章的分析的基础上;前四章主要阐述垄断资本主义通过在工作场所应用"科学管理"原则,在消费场所应用"科学营销"原则(在消费场所,人们工作的目的在于向自己推销意识工业的产品)的方式而逐渐成形的过程。布尔什维克革命三年后,列宁所撰写的著作反映出苏联当时所面临的困境:一方面,经济为内战所困,还要驱逐外国侵略,它被迫采取权宜之计拯救自身。苏联所采取的措施无论如何都不能代表马克思主义理论的基本原则。出于可以理解的原因,列宁从未分析过垄断资本主义制度的需求管理,对工作场合的科学管理原则的政治性,也甚少涉及。他没有这么做,并不代表它们不是垄断资本主义制度真实的与动态的力量。

若要与西方意识工业的市场调查、产品与包装设计、大众媒体广告技艺展开竞争,社会主义尚未提供可资借鉴的经验。对中国近期出台的关于外贸与技术的政策的最佳解释应当是,它有利于中国实现贸易顺差。正如我所认为的,毛泽东正确地预测了中国走社会主义道路的艰难曲折。一切似乎都很明显,动力正在积聚。

第11章
论传播的传统与批判理论

前面几章讨论了与意识工业及其受众有关的大众传播的结构和政策问题。现在,有必要检视传播的传统与批判理论,以便为研究意识问题奠定基础。

传播理论的创立

垄断资本主义条件下意识生产的关键步骤,应当是大众媒体与受众个体之间形成的界面(interface)。因此,考察与这一界面有关的理论,显得十分必要。关于这一界面的传统理论具有线性、分阶段发展的特点:信息通过某种渠道被传递给受众。整体上,传播的传统理论,同"信息传递、娱乐和'教育'是大众媒体的主要产品"的思想大体一致。因此,广告相对于主要产品而言,属于衍生物;大众媒体传播广告,以贴补主要产品的生产:节目内容(免费午餐)。正如第2章所示,信息、娱乐和教育,是主观性的精神实体,皆负责解决表面问题(superficial appearances)。马歇尔·麦克卢汉(Marshall McLuhan)的那句名言,"媒介即讯息",将这些实体同技术相结合,是同样的道理。历史上,在大众媒体出现之前,报刊的主要产品就是新闻、娱乐以及其中包含的信息。资本主义核心地带曾经信奉这一有关大众媒体的超现实的、理想主义的理念长达一个世纪。工业生产的永久化,隐瞒了"大众媒体的主要产品是受众"这一重要事实,以服务于媒体和广告商的利益。那么,社会科学该如何解释这一问题呢?

第2章向我们展示了经济学家如何回避承认和处理受众商品这一问题。新古典主义经济学家对大众媒体的存在、广告、意识工业的需求管理,尤其是受众商品等现象,视而不见。制度经济学家,如加尔布雷思、博尔丁(Boulding)、巴兰与斯威奇,承认大众媒体的存在,以及需求管理的事实,却不承认受众商品这个核心问题。

然而,在社会学和心理学领域,出现了浩如烟海的有关**传播研究**的文献。它们确实承认受众的存在,但程度远远不够。在西方世界,传播研究产生于第一次世界大战期间美国政府的宣传活动,以及广告商和大众媒体对得到税收政策支持的大学进行研究的需求。这些都为传播研究提供了市场调查手段。第二次世界大战期间,美国政府再次资助了该领域的深度研究项目(Hovland et al., 1949, Vol. 3)。两次世界大战期间,20世纪30年代末,洛克菲勒基金会组织的学术研讨会,推动了政府的资助活动。

这些传播研究具有如下四个特点:

1. 它们只关注**免费午餐**的内容与效果。所谓免费午餐,是指大众媒体上广告与广告之间的**编辑内容**。它们假定,"大众媒体的效果如何?"这一问题在形式上等同于另一个问题:"在广告与广告之间播出的新闻、娱乐和资讯节目的效果如何?"广告被研究者忽略。于是,研究的注意力从大众媒体的主要目标对象,转移至如何为广告商生产并向其推介能够完整兜售全部消费品和服务的营销方式。在这个意义上说,它们很自然地避开了对盲点的研究,这个盲点就是受众及其工作。

2. 它们将免费午餐中的"信息"视为效果研究的对象。拉斯韦尔(1948)确立了研究范式,即"谁通过什么途径向谁说了什么,产生了什么效果?"这是典型的**信息单向流动**模式,从意识工业向受众个体的单向流动。根据**发送给受众的信息的类型**(例如肥皂剧、节目中的暴力内容等)确定受众,是此类研究的起点;这类研究不把作为商品的受众当作研究的起点,也不认为受众是在从事某种特定的工作。

3. 在很大程度上,这类传播研究依赖刺激—反应行为理论。这一心理学理论与华生(1924)、赫尔(1943)和斯金纳(1949,1957)的研究有关联。华生(1924,p.40)曾直白地表述过这一理论的偏向：

> 行为主义者的兴趣不仅仅是旁观者的兴趣；他试图控制人类的反应，犹如物理学家希冀掌控和操纵其他自然现象一般。

传播研究领域也曾引入其他理论工具，这可被视为重大的例外情况。不过，这些理论工具的作用是通过对比来强调"制造共识"这一动机的主导地位。例如，伯奈斯(1947)在他的公共关系研究中曾公开倡导"操纵"这一理念。

4. 所有这些研究都假定，大众传播发生在一个**稳定的**社会系统中，例如第二次世界大战结束后的 25 年间由垄断资本主义所主导的社会系统。这一社会系统内的矛盾日益显示出这种稳定性的衰落(例如，古巴、越南、刚果、智利、巴拿马、伊朗等国家发生的民族解放运动，或者国内的公民权利斗争)，传播的传统理论所预设的背景显得愈发不真实。既有的大众传播理论，因为没有认识到人们为改变现有的社会制度而进行的活动，而日渐变得无关紧要，只能提供体制内的某些策略(例如，为边缘国家或使用美国的硬件和软件提供技术援助)。上述所有特征，以传播研究之名，歪曲和颠倒了"传播学研究"对人与意识产业的界面的研究。

对传统的传播研究进行审视，具有多重意义。它向我们展示了这种不具任何批判意义的社会性研究的范围、内容和局限。它为关于大众传播机构如何运作的一些具有批判色彩的、现实主义的理论的发展提供了一个对比的基础。传统的传播研究，具有行为主义的性质，其研究成果激增且日益精耕细作，并反对大一统式的一般化理论。约瑟夫·克拉珀(1960)出版了专著，十分细致地重新检视了一千多项类似的研究，对此我们深表感激。他的分析无疑是谨慎且严格的，同时具有批判性。倘若我们能牢牢记住克拉珀总结的是免费午餐的效果研究，而不是包括广告在内的所有内容的效果研究，以及这些研究的立身之本，即行为主义理论的偏向，那么，他的结论就十分有用：

1. **通常情况下**，大众传播不是受众效果得以产生的充要条件，它往往借助一系列中介因素和影响对受众起作用。

2. 在强化现状的过程中，这些中介因素通常使大众传播成为一种助推剂，但不是唯一的原因。（不管是受众的投票意愿，还是他们采取或远离不良行为的倾向，或者他们对生活及其问题的总体态度，不管是社会层面的效果还是个人层面的效果，大众媒体都更有可能强化而不是改变现状。）

3. 倘若大众媒体要发挥改变的功能，如下两个条件必须具备其一：

（1）中介因素不起作用，大众媒体发挥直接的影响功能；

（2）通常起到强化现状功能的中介因素，自己开始发挥推动变革的作用。

4. 还存在某些特定的剩余状态（residual situation），在这时，大众传播能够产生直接效果，或直接发挥某种精神物理学的功能。

5. 大众传播，无论作为一种助推剂还是能产生直接效果的因素，它的功效都受到媒体和传播自身多方面的影响，或受到传播情境多方面的影响（例如，对文本的组织、信息源与中介的性质、现有的舆论氛围等）。(Klapper, 1960, pp.7-8)

在此基础上重复克拉珀关于"中介因素"所发挥的主要作用的总结性研究结果，并简要说明研究中所涉及的议题或问题的种类，可能有助于发展**不以信息为基础的大众媒体效果理论**。

说服性的大众传播更多的是作为一种强化而不是转化的因素在发挥作用。这一事实的出现似乎是由于，或者至少部分是由于，大众传播的影响力是由特定的非传播因素和条件所中介的。这些非传播因素和条件包括：

（1）**倾向以及选择性接触、选择性理解和选择性记忆的衍生过程**。人们倾向于有选择地接触那些与自己现有的观点一致的传播内容，而避免去接触那些与自己现有的观点相抵触的传播内容。如果真的接触到了后者,人们通常会歪曲(选择性理解)其含义,以使其适应自己的现有观点。人们也会有选择地记忆那些与自己现有的观点一致(而非抵触)的传播内容。虽然这些现象是非常普遍的,但很少有人在任何传播场合都有过这样的经历。①

（2）**受众所属的群体及其规范。**倾向反映了受众个体所属的群体的规范,它似乎特别抗拒(由大众媒体发起的)改变。如若群体规范十分明确,或者个体十分珍视他的群体资格,那么个体对改变的抵制就会尤其强烈。不过关于这两点,相关研究尚未给出定论。群体自身会通过其他各种方式强化现状。它们经常会增加选择性接触。它们也为在人和人之间传播立场相似的内容、发挥舆论引领作用和开展讨论提供了场所。上述情况可能使群体规范更加突出或者引人注目。②

（3）**传播内容的人际传播。**这样的传播似乎更有可能发生在那些对所讨论的话题有相关看法的人中间。因此,它似乎有可能增强传播强化现状的固有潜力,而没有类似地增加其改变现状的潜力。③

（4）**意见领袖。事实证明,在很多事情上,**人们更容易受到(当地的)意见领袖而非大众媒体的影响。这些意见领袖通常是与其追随者属于同一群体的规范的超级执行者(super-normative),但他们更容易接触到大众传播,因此扮演了信息传递者与诠释者的角色。尽管到目前为止,大多数关于意见领袖的研究都集中在他们在改变现状的过程中所起的作用,但我们有充分的理由假设,他们的影响更多地表现在维持和强化现状上。④

（5）**自由企业社会里商业大众媒体的本质。**人们认为,为了避免冒犯它们广泛且多样化的受众群体中的任何一个重要部分,大众媒体

---

① 相关研究涉及总统选举、购买战争债券、献血、对联合国的态度、反吸烟行动、接受"其他"的民族文化、谣言的变形,以及有关偏见、反苏宣传的刻板印象等。
② 相关研究涉及总统选举宣传、对童子军和罗马天主教的规范的刺激、青少年同辈群体对电影明星和流行音乐的反应等。
③ 相关研究包括费斯汀格(Festinger)及其他研究者关于小群体行为的研究,以及总统竞选活动的研究等。
④ 相关研究涉及人际影响、总统竞选活动、公共议题、食物购买习惯、着装习惯、对电影的选择、农民如何采用新的耕作方式、医生如何采用新的药品等。

不得不只传播既有的普适性观点。对20世纪40年代和50年代初流行的娱乐节目的内容分析证实了这一说法。随之而来的对现状的神圣化(sanctification)——一种社会的和个人的强化效应——被广泛认可,但没有得到科学证明。当前的一些媒体材料好像不再那么正统,而更多地显示出挑战传统的特性。对这种媒体材料的效果还没有相关研究,但无论如何,很明显的是,它仍然是一种例外,而非普遍规则。大众媒体可能仍然主要(即使不是一贯如此)是作为社会强化剂在发挥作用,而媒体和这个社会的经济特性使这种情况不可避免地出现。(Klapper,1960,pp.49-51;黑体为原文所有)

个体,以及正式或非正式的联合机构,在意识的生产及其对支配的潜在抵抗方面所具有的显著性是不言自明的。

市场调查如何同可通过信息识别的受众权力的行为研究相联系?克拉珀如何处理"免费午餐"效果研究与市场调查之间的双向关系?在此,我们与心理学家和社会学家面对同样的盲点。

克拉珀试图回避讨论免费午餐受众研究与市场调查这一双向关系。在前言里,他如是写道:

> 对于媒体作为消费者广告工具的效果,目前还无人涉及。这不仅因为相关的大量研究需要获得授权,而且因为大部分研究结果只在特定的研究环境下才会被视为有效。一般来说,对这些研究结果的"应用"过于精确,而这些研究结果对于这本比较基础的书来说,并不特别有用。出于相同的原因,本书引用的研究结果不能被假定为可以概括消费者广告的效果。这些广告的目标以及所涉及的决策对受众的心理意义,往往与这里的说服性传播所涉及的目标和决策大相径庭。(Klapper,1960,pp. x-xi)

我认为得出这一结论的理由不具有说服力。市场研究具有特殊性和应用性,因此与克拉珀重新分析的大量非市场研究处于同一位置。的确,大部分市场调查的结果都不会公之于众。然而,克拉珀对这一情况相当了解,他直截了当地区分了市场调查同他正在进行的免费午餐调查的目标。如他所言,免费午餐调查所发现的结果,不应该被机械地运用到市场调查领域,这是有争议的。但是,我们都清楚,这两个研究领域之间也存在相互渗透和相互影响的情况。来自学术机构的市场调查者,会充分利用自身所掌握的免费午餐的知识优势,也会借助学术研究的力量。同时,尽管他声称不应当跨越两大研究领域的界限,但实际上,他在某些地方确实跨越了这个界限。从其他许多方面来看,克拉珀的发现明显可以在这两个研究领域中转换。因此,我们有必要推翻克拉珀的观点并宣称:原则上,克拉珀的所有发现在一定程度上都适用于市场研究。

批判理论家在借助批判的进路分析意识工业与人民之间形成的界面之前,应当对大众媒体所具有的操纵功能了然于心,这一点可以从建制派理论家的视角看得一清二楚。下面的内容对这些工具进行了细致的总结,认为广告和免费午餐的内容是不可分割地交织在一起的"讯息"类型。这些工具都是什么呢?

1. **首发优势**。就大众媒体呈现**新**议题这个问题而言,它们拥有巨大的权力,能够创造它们想要在这些问题上创造的观点。在这里,克拉珀支持大众媒体的议程设置功能的重要性(第1章强调了这一点)。在回顾了大量实验性研究和小群体研究后,他认为,媒体

> 在那些受众**不太可能**形成预先观点的议题上,能够非常有效地创造出观点。关于这些议题的传播对于受众来说发挥了"接种"的作用,即使得他们对于后续的传播或者相反的观点更有抵抗力……一个议题越新,越不容易遭遇受传者既存立场、群体规范和意见领袖的干扰或者抵抗。(Klapper,1960,pp.60-61;黑体为原文所有)

在身处资本主义核心地带的民众的意识里,"倘若事实不是如此,媒体就不会刊登"这句话等同于"倘若事实不是如此,媒体就不应当刊登"。在大众看来,媒体应当为社会担负起议程设置的**职责**。克拉珀同意拉扎斯菲尔德与默顿的如下观点:

大众媒体为公共事件、人物、组织和社会运动赋予地位……大众媒体通过**合法化个人的地位**赋予其声望，增强其权威……这种地位赋予功能特别生动地体现在广告中——尤其是"重要人士"推荐产品的时候……这些推荐不仅能够提升产品的知名度，而且可以反映推荐者的名望。(Klapper，1960，pp. 104-105；黑体为原文所有)

2. **改变**。克拉珀发现，传播研究表明，大众媒体确实能够实现"改变"（在一个问题上改变立场）的效果，尽管这一效果远不如"强化"的效果明显。当中介因素不起作用（大众媒体成为导致变化的唯一因素），或者自身朝着改变的方向推进时，大众媒体的改变效果才较为明显。他关于这一结论的两处阐述，与我们所关注的大众媒体的全部讯息的效果，颇有关联。他总结道：

处于交叉压力下的人特别容易转变自己的既有观点。他们的观点很不稳定，因而易于再次转变。有时，他们甚至会对整个事件失去兴趣。(Klapper，1960，p. 96)

"花车效应"也会改变受众的既有立场。实验室与田野研究的相关成果显示，虽然面对失败的少数族裔有可能更加坚定自己的立场，但为了与公认的获胜方的立场保持一致而转换立场是各种运动中十分普遍的现象。(Klapper，1960，pp. 125-127)

在新议题上**创造**舆论的能力，以及**改变**人们原有立场的能力，这两种媒体效果，似乎会以倍增而非添加的方式，相互增强。受诱导哼唱广告歌曲的效果，其道理与下述发现是一致的，即以鹦鹉学舌的方式重复你反对的观点会导致态度的改变。

3. **引导**。大众媒体能否有效地调动受众既有的需求？新的需求呢？

社会学家、公共关系专家和其他学者普遍认为，比起开发全新的需求，人们更愿意让现有的需求得到满足。传播学研究大体上证实了这一观点，并有力地表明，当说服能将其所支持的观点和行为作为满足受众当前需求的一种模式呈现给他们时，就会更有效力……

然而,广告的功效并不是此处的主要关注对象。一些观察者认为,广告的功效大部分基于它们独有的引导新观念的能力。动机研究实际上识别出了半意识或无意识的消费者需求,并提出了部分满足这些需求的模式。在正规的动机研究出现之前,拉扎斯菲尔德和默顿就观察到:

> 广告是一种典型的用来引导已存在的行为模式或态度的传播手段。它很少向消费者灌输新的态度或使消费者创造新的行为模式。(Klapper,1960,pp. 120-121)

创造新的需求需要操纵人们现有的目标。库尔特·勒温(Kurt Lewin)称之为诉诸受众的"生活空间"。

对于资产阶级理论家而言,广告商为了销售商品而培养受众的需要。用克拉珀的话说,这种需要是"无穷无尽的"。引导这些需要,意味着向受众提供强化这些需要的手段。

4. **单面信息还是双面信息。**倘若提供双面信息,而**受众的受教育程度又相对较高**,大众媒体的说服效果会更好;然而,如果受众的受教育程度不高,只呈现单面信息更有效。使用这种方法明显是很棘手的,因为真正的、平衡的"双面信息"的呈现根本不会产生任何效果,而明显虚假的"双面信息"的呈现只会产生适得其反的效果。一般来说,广告商似乎应当避免使用这一方法,但近期的广告实际上使用了这个方法,比较了一个品牌与另一个品牌在规格和价格方面的差异。

5. **提供明确的结论还是隐晦的结论。**按照克拉珀的观点,

> 研究证据有力地表明,如果传播活动给出了明确的结论,而不是让受众自己得出结论,说服会更有效……传播活动给出的建议越明确,受众采取所建议的行动的可能性就越大。

他援引了拥有丰富的市场调查经验的学者 G. 维贝(G. Wiebe)的观点,并认为,"电视更容易销售商品,却不容易销售公民意识,这主要是因为具体的行动建议更容易提出来,采取具体行动的方法也更容易提出来"(Klapper,1960,pp.116-117)。

6. **威胁**。广告中经常使用威胁的策略。克拉珀在回顾了大量研究文献后,提出了如下重要观点:

> 能唤起极端恐惧的传播活动**不太可能**说服受众采取预防措施,而不那么强烈地强调这种威胁的传播活动的说服效果会好一些。(Klapper,1960,p.131;黑体为原文所有)

7. **重复**。

有一种观点认为,重复本身有助于说服的成功,比如说如今的广告策略就是一个很好的例证。这种观点得到了舆论专家的支持,并且在某种程度上在传播研究中得到了证实。例如,一次旨在改变公众对石油行业的态度的宣传活动(1954)确实极大地改变了人们对某些观点的态度,而这些观点正是那些被反复重申的观点。(Klapper,1960,p.119)

但是,**有变化的**重复比直接的重复更有效,因为它把受众的怒气减到最少。

8. **意见领袖、群体规范与传播的人际层面**。我们之前检视了这些中介因素的作用。它们限制了大众媒体按照其意愿(主张或反对改变)生产态度的效果。硬币的另一面是,当媒体和意见领袖、群体规范以及人际传播同声一气,传播的效果会成倍地增加。众所周知,这样的宣传战确实会发生。冷战的基础是1945年欧洲"胜利日"至1952年期间大众对苏联态度的转变。这是资本主义制度在核心地带发起的宣传战。原本在大众的认知图景里,苏联是战时盟友(这里也存在一次转变;战前,媒体有意操控新闻,从而营造了敌视苏联的舆论);冷战期间,这一认知被一种歇斯底里的情绪所取代。这一转变,是如下因素合力作用的结果:大众媒体的宣传,与美国政府领导层,外加丘吉尔和总理金等人的通力合作,对恐惧间谍的心理的利用,原子弹秘闻,对罗森伯格夫妇(Rosenbergs)与希斯(Hiss)的审判,以及反共"调查"(理查德·尼克松和参议员约瑟夫·麦卡锡[Joseph

McCarthy]借此声名大噪)。I. F. 斯通(I. F. Stone, 1952)详细地记载了针对朝鲜战争的媒体宣传战。有学者分析了公共关系宣传如何打造出约翰·埃德加·胡佛与美国联邦调查局的传奇故事(Lowenthal, 1950)。还有不少学者考察了军事—工业复合体如何借助媒体宣传战维系军备竞赛(例如,Cook, 1962; Schiller and Phillips, 1976)。当然,阻止中华人民共和国加入联合国,并从1950年至1972年间主张对其进行经济与文化封锁的媒体宣传战,也基于核心地带资本主义制度系统性地生产出来的各种错误信息;费利克斯·格林(Felix Greene, 1964)称之为"无知之幕"(Curtain of Ignorance)。在私营部门,具有这一特征的许多宣传战已经被曝光。比如,詹姆斯·W. 普罗思罗(James W. Prothro, 1954)指出,美国商会与美国全国制造商协会共同建立了美国国内的垄断资本主义霸权;N. R. 丹尼利恩(N. R. Daniellian, 1939)指出,美国电话电报公司借助宣传战消解了电话公有制的合法性,并捍卫了其所支持的国家管制机制。读者还可以找出更多的例子。

9. **讯息的顺序、重点与组织;技术因素。**基于现有的大众认知,我在这里讨论的一系列尚未经过评估的技术因素类似于"黑匣子",它们有可能代表了媒体所具有的尚未被确定的操控性潜力。克拉珀(1960, pp. 122-123)提及了几百项研究。这些研究需要耗费大量人力和数年时间来重新分析,而他无力进行这样的整合。他说:

> ……与内容组织和展示技巧相关的变量几乎是无穷无尽的。这些变量包括:讨论主题的数量,主题出现的位置(开头、结尾还是中间),论证的顺序(由强至弱还是由弱至强),表达形式(独白还是对话;视觉材料与文字结合还是简单的展示),清晰的组织结构还是混乱的组织结构,以及一系列技术问题,比如字体大小、图片位置、是否使用广播蒙太奇、电视镜头角度、拍摄时长等。

克拉珀详细分析了用来生产推销商品的受众的这些工具的效率,但他的视角囿于刺激—反应理论。这一理论在1960年前后遭到质疑,但在罗杰斯（Rogers）等人的**"创新扩散理论"**的名义下得到了实质性的延续。[①]同时，"使用与满足"这一功能理论得到发展，主要研究个人对大众媒体内容的使用。

针对媒体内容的使用与满足理论的功能主义研究对于我们理解意识同媒体的关系至关重要。这一研究始于保罗·拉扎斯菲尔德、罗伯特·默顿、赫塔·赫佐格（Herta Herzog）及其他学者在20世纪40年代和50年代对广播肥皂剧和政治竞选活动的研究。这些研究摒弃了刺激—反应的理论范式，转而重点分析内容与广播听众，以探究听众利用内容的多种方式。这些早期的研究显示，肥皂剧在听众身上发挥了如下功能：

1. 激发想象力；
2. 提供替代性社会互动——用想象的社会关系取代真实的社会关系；
3. 为社会交往提供一个浅层次的平台——为谈话和群体利益提供材料，这样的群体包括影迷俱乐部、流行音乐同辈群体等；
4. 提供释放情绪的机会——哭泣的机会、以虚拟的方式参与幸福的婚姻、麻烦得到化解，以及对成功的英雄的认同等；
5. 提供放松的机会；
6. 提供具备生活功能的学校——提供信息源，以及如何面对现实问题的建议。（Klapper，1960，pp.173-177）

人们使用媒体内容以满足不同类型的需求。但是，这些媒体内容的使用模式意味着什么？

逃避？ 教育家、媒体批评家、宗教组织等经常反过来谴责每一种大众媒体生产出"逃避性"的内容。他们认为人们以反社会的方式使用这些"逃避性"的内容，而工业界和媒体则辩称它们仅是纯粹的"娱乐"。[②]克拉珀（1960，p.196）总结了七项研究成果，并表明：

[①] 罗杰斯（1962）主要从人类学家的著作，尤其是克罗伯（A. L. Kroeber）那里借用了这个概念，并加以修正，使其具有行政理论的形式。

[②] 尽管这一批评早已出现，参见 Siepmann（1948）和 Seldes（1950）的著作。

简言之，这些研究成果所要传递的信息是，逃避性的媒体内容并不能**导致**受众形成某种心理和性格特征。相反，受众之所以接触这类媒体内容，是因为他们本身已经具有这样的特征。

他迫不及待地补充道，这么说并非为媒体脱罪。他用吗啡进行类比：你不能责怪吗啡让人成为瘾君子，但是如果没有吗啡的话，人们或许能找到一种更好的问题解决方式。

逃避是一个难以琢磨的概念。它被不加区别地应用于对媒体内容、提高受众接触率的动力机制、受众接触的社会背景、"消费"大众媒体的心理过程的分析。卡茨与福克斯（Katz and Foulkes, 1962, p. 381）在回顾了诸多关于逃避的功能主义研究的文献的基础上，如是总结：

令人印象深刻的证据表明，异化或者剥夺感与对特定媒体或特定种类的媒体内容的日益增加的接触有关。然而……倘若受众接触媒体是为了从个体社会角色的匮乏这一现实中解脱出来，或寻求补偿，这并不必然意味着对这些角色不可能有积极的反馈。这也并不必然意味着其他个体因其社会角色而不会做出积极的反馈。

新闻、"教育"节目等这些通常不会被认为包含逃避性内容的大众媒体产品，偶尔也会产生逃避现实的效应。媒体消费的社会情境也会导致类似的结果。毕竟，关注一种媒体就意味着将自身与其他社会角色隔离开来。对于媒体使用的后果的关注，实质上是对逃避性内容的批评的根源。正如卡茨与福克斯（1962, p. 385）所言：

个体在许多层面上活动……个体对某一特定的媒体内容的接触可能在某一个层面上发挥效力，而在另一个层面上功能失调。个体接触媒体从而暂时不参加社会或政治公共事务，也有可能有利于他第二天更好地工作。

然而，**逃避**只是针对个体层面而非更大的社会形态层面的回答。

社会冷漠？ 必须承认，功能主义研究为大众媒体的逃避性效果的批评研究提供了一种现实主义的回应，但是必须强调的是，功能主义研究仅仅局限于**个体**与**短期**的层面。同时,卡茨与福克斯的研究表明,逃避的后果也包括"功能失调"。拉扎斯菲尔德与默顿从整体上研究了当前社会秩序下的受众群体。他们在 1948 年的研究中直截了当地表明,大众媒体具有一种"麻醉功能"。据我所知,从那时起,社会学与社会心理学文献中就没有出现过媒体如何以这种方式**长期**运作的宏观理论。克拉珀(1960,p.199)将大众媒体同社会冷漠情绪的滋生相联系,但仅仅局限于个体层面:

>……可以这样说,有两个高度相关的观点在文献中得到了很好的证实。其一,大众传播不太可能使受众的态度或者性格发生重大的改变,它只会强化既有的倾向。其二,大众媒体中的逃避性内容确实在培养并强化那些已经对社会产生冷漠感的受众的反社会倾向。把这两点放在一起,我们完全有理由假设,逃避现实的内容会再次确认冷漠者对社会的冷漠之情,但不太可能扑灭那些积极参与社会活动和充满激情的人的热情。

在本书的末尾,他警告社会心理学家:

>……要避免盲目地将大众传播的影响和潜力降到最低程度的倾向。大众传播媒体具有不同于同辈群体或者意见领袖的各种特征和能力。毕竟,**大众**传播媒体是向大众传播的媒体,它们每天都在用同一个声音向不同的人群喊话。(Klapper,1960,p.252;黑体为原文所有)

他还提醒我们,他总结的相关研究,立足于一个相对稳定的社会中的实验室情境或自然主义情境。在"大规模的政治动乱时期,或在已经发生或即将发生社会动荡的情况下",大众传播"似乎能够形塑某些倾向或者把其引向特定的渠道,从而催生活跃的革命运动"(Klapper,1960,pp.252-253)或者反革命运动。20 世纪 80 年代,随着美帝国出现解体的迹象,垄断资本主义商品信息(包括实物商品与媒体形象)的现实状况与非现实状况之间的差异变得更加明显,对这个体系的破坏也更大。

自克拉珀、卡茨和福克斯对有关需求与满足的研究文献进行回顾的二十年来,对媒体相关需求的研究快速增加,并从资本主义核心地带蔓延至欧洲和其他地区。人们可能同意卡茨、布拉姆勒与古雷维奇(Katz,Blumler,and Gurevitch,1937-1974,p.521)如此评价这些研究,"……媒体研究者应当研究人类的需求,以探究媒体在多大程度上创造了这些需求,以及在多大程度上满足了这些需求"。然而,此处所提及的所有研究,以及作者的理论视野,仅仅把媒体内容的概念局限于免费午餐。他们心照不宣,一致认为他们有兴趣研究的讯息**似乎**就是作为媒体的主要产品的内容。此外,被研究的那些需求总能找到满意或不满意的出口,但前提是在假设的稳定的政治经济环境下研究个体的行为表现。

像引文中的作者那样提出需求和满足研究的目标,并同时将问题**简化**为免费午餐的受众关系,这种做法与下面的情形无异:医生施行外科手术治疗胃溃疡,却完全没有注意到病人还罹患严重的循环系统疾病。同样的批评也适用于传播研究领域里电视节目的暴力性内容对儿童的影响的浩如烟海的研究。受损的**商品**造成的损害,包括受众作为受损的商品被持续生产出来,已经侵蚀了整个核心社会。若继续套用刚才的医学隐喻,研究(面向成年人和儿童的)电视节目的"暴力性"并就此修正既有的传播政策,却不注意受损的商品自身造成的伤害(这种伤害作为一个必然的结果能昭示所有的商业媒体内容和真实的商品世界),就如同将病人的某一轻微症状诊断为其主要病因。[①] 或者,混合不同的隐喻来说,这就好比想用一把茶勺拯救一艘行将淹没的船。

批判的传播理论的进路

现实主义理论(与建制派的唯心主义理论相对)必须发端于人,而非信息或媒体。无人或者很少有人认识到核心地带垄断资本主义环境下受众尚

---

① 参见 Ontario Royal Commission on Violence in the Communication Industry, *Approaches, Conclusions, and Recommendations*, Vol.1(1978年前后修订);若要了解电视及社会行为科学咨询委员会(Scientific Advisory Committee on Television and Social Behavior)及其工作组发布的《美国卫生局报告》(United States Surgeon General's Report)的概要,可参见 Bogart,1972-1973。

品的重要性,因此,接下来我们将以一种试验性、探索性的方式,来进行探索。

批判的传播理论的进路,应当首先认识到受众力是如何实时产生的。从商人的角度来看,受众的力量等于市场;这里,市场既可以是同质化的包装商品的市场,又可以是类似20世纪40年代的电视机这样的耐用消费品的市场,甚至是政治候选人的市场。跨国公司若要开始生产一种商品,必须首先满足一个条件,即生产一种需求(受众力),以确保可以通过销售某种精心制造的、可赢利的商品来实现剩余价值。生产的动力,不在于信息或媒体本身,而在于受众为生产、使用和抛弃被推荐的产品而付出金钱、时间和精力的可能性。真正的顺序是,如果没有预期的利润,就没有受众,没有讯息,没有媒介,没有商品的生产。受众在整个流程中的首要地位是无法否认的;不过,整个流程在过去较长的时期里被有意曲解和神话化,若非如此,我们也无须提及受众的重要性。

就这样,受众定义了大众媒体。受众是销售消费品的必要方式,后者因前者的召唤而存在。受众力作为销售代理,也是一种出类拔萃的商品,因为经由它,所有的消费品市场被依次召唤出来。比尔·利万(Bill Livant,1979b)曾表示,当下,我们对受众这一奇怪的商品一无所知。一方面,受众并非传统意义上的社会群体,例如围绕工作、娱乐或宗教而建立起来的各种古老的志愿组织。受众几乎不会在现实生活中集合在一起。另一方面,他们不仅仅是一种统计学意义上的集合体。为了对抗通货膨胀,他们会疯狂地一起买金购银,会在当地百货公司排队争抢9点开售的特价商品,会边吃午餐边讨论关于阿齐·邦克(Archie Bunker)的话题。正如年轻人同辈群体购买热门唱片这一现象所显示的,受众成员彼此间要有一定的共性,并发生一定的互动。

然而,如果我们认为这就是受众展现给商业世界的唯一面孔(可被称为他们的私人面孔),除此之外别无其他,那么我们就大错特错了。受众还拥有另一张面孔,我们可以称之为**公共面孔**。目前,我们对受众的公共面孔几乎一无所知,只知道它确实存在,以及它与人类生活的独特方面有关。简言之,我们知道它确实可能涉及防御和战略性进攻,此处人们可以向生产出所谓受众这一组织性物种的机制——垄断资本主义讨教一番。受众的政治经济学还有待人们探索和分析,我相信这是必然的。

有关受众同大众媒体之间形成的界面的现实主义理论的基本元素之一是,**由大众媒体生产的受众在广告商的整体战略部署(为每一种具体的商品创造有利可图的市场)中所扮演的角色**。这种理论结构中的元素将涉及受众从大众媒体接收各种广告及免费午餐的方式,同他们加工这些材料时的行为和关系的背景之间的关系。如果我们拿海洋中的波峰与海水的支撑运动的关系做比喻,似乎有助于理解。对广告商而言,受众的工作似乎有效且廉价,因为广告犹如清楚可见的波峰——当你顺着它的路径到达顶峰,就会随着它的破碎而栽下去;但是它依赖一个庞大且复杂的下层结构的运作。这一隐喻有助于我们了解,早在大众媒体的"节目加广告"内容出现在屏幕上之前,受众就已开始"工作",并且在节目播出后,还会继续"工作"更长的时间。

受众在童年早期便已开始工作,以两种典型的情境为代表。在资本主义核心地带,过去二十余年间,或者更长的时间里,孩童在咿呀学语的阶段,就已经开始在家里看电视、听广播。孩子们常常会问:"妈妈,电视里刚刚说 A 品牌的面包是'最好的',可是吃早餐那会儿,电视里又说 X 品牌的面包是'最好的',你说哪个对?"从逻辑实证主义的角度出发并假设幼儿学习成为商品消费者是可取的,研究人员已经对儿童的工作进行了研究,只不过他们站在非批判性的"社会化"立场上。从事此类研究的学者的第一假设是:

> 对于儿童来说,消费是正当的,也是不可避免的。所以,我们的精力应该放在帮助孩子们**做好准备,以便更有效地与市场互动上,而不是让他们远离影响童年固有的产品偏好和购买行为的多重因素。**
> (Ward et al.,1997,p.12;黑体为作者所加)

这些研究得出的某些结论从批判的角度来看颇有意义。例如,众所周知,广告商试图通过让孩子成为他们的代理人,迫使父母购买某些产品来影响家庭开支。作者发现,这种压力在"社会经济地位低"的母亲身上比在中产阶级或者上层社会的母亲身上更有效。在每个年龄段的孩子中,大约有一半的人会定期得到零花钱:

> 社会经济地位较低的母亲比社会经济地位高的母亲,更易于直接把钱交给她们的孩子。因此,社会经济地位较低的孩子的零用钱,要多于社会经济地位较高的同龄人,这一现象一直持续到小学六年级。(Ward et al.,1997,pp.180-181)

广告商在得知这项研究的含义时,会感到放心:

> 主要的(有争议的)议题,与某些特定的实践相关,例如营销刺激以及儿童接触广告后所形成的对产品的基本印象。我们的数据显示,面向儿童的营销行为,应当符合他们的认知水平,以保证他们能够公平地评估每一种试图影响他们的促销活动。采取这些措施的营销人员对当前的公共政策问题做出了回应。**此外,有人可能会说,面对儿童的广告的系统性改善,有可能最终生产出行动更有效、疑心更少的消费者——对于广告商而言,这是非常正向的结果。**(Ward et al.,1997,p.189;黑体为作者所加)

第二种典型的情境是超市:孩子坐在购物手推车里,母亲则穿梭于超市的走道中;孩子关注妈妈如何按照购物清单购物,如何进行各种冲动消费,直到他们在收银处了解到这次购物总共花了多少钱。目前,对于儿童在这样的真实生活情境里学习如何从事受众工作的研究,我不甚熟悉。

很明显,受众无论是儿童、青少年还是成年人,在进入电视世界之前,都已经积累了关于商品的丰富经验。他们观察和评估了街上、朋友和同伴家里的新旧商品以及工作场所、学校和其他社会关系网络(包括交通工具)中的人所使用的新旧商品。他们也与家庭成员、朋友或者陌生人,在五花八门的社会情境下,讨论新旧商品的优缺点。早期,亨利·福特(Henry Ford)的黑色T型车**在没有进行任何广告宣传的情况下,市场反应强烈**,

且市场份额不断扩大。这一事实向我们展示了在没有广告波峰的情况下,波峰的基底(substance)及其下层结构所具有的强大力量。格里·曼德(Gerry Mander)指出,这说明,人们可以不借助广告或免费午餐的内容,就能"召唤"出商品。在我看来,与商品直接接触的持续过程,以及占有性个人主义生活方式所培养的好胜心,会一直存在。它们融入受众生活的每时每刻,每一方面。广告商在电视上播出节目和广告之前,受众便已经做了海量的工作(创造消费者意识)。这些工作对于广告商而言,就是**额外红利**。

创造真正新式的耐用消费品的过程足以说明这一点。20世纪40年代至50年代早期,当电视在资本主义核心地带被发明出来,其示范效应(并非媒体广告)是为电视接收设备生产市场(受众)的主要手段。酒馆、酒吧或其他公共场所,被用于向公众展示电视的功能,例如播出像体育赛事(棒球比赛、周五晚拳击赛等)或综艺节目(埃德·沙利文[Ed Sullivan]秀等)等这些早期的免费午餐内容。自1945年以来,电视业一直在亏损的状态下制作和播出节目,这是因为公众拥有的电视机的数量太少,以至于向广告商售卖受众只能换回微不足道的收入。电视网及其附属的电视台的经营亏损不断累积,已经达到很高的水平,只能由广播电台的累积资本偿付。查尔斯·西普曼(Charles Siepmann)将这一时期称为电视的**黄金时代**,因为有创意的艺术家受到鼓励去开发适合电视这种新媒体的各类节目形式,而不必受限于广告商。这样一来,新产品广告的前两个目的就达到了,即在大众的意识中确立对新服务的需求,以及让大众知道有一种新产品可以满足这种需求。同时,电视广告被用于提升各类国产品牌电视机的销量。意识工业在推广这些创新时,向来讲究实效。当第一批大规模生产、依赖电力而不是内燃机引擎的汽车即将上市时,要在大众中建立起对这种商品的需求意识完全没有问题。这种即将上市的新商品并不需要有偿广告的推广。汽油短缺、价格上涨的事实已经帮助广告商达到了前两个目的。电动汽车的展示,汽车品牌的推广,可以在几乎不需要推广和广告费用的情况下完成创新扩散的目标,因为**受众已经在前期完成了对产品形**

267 **成认知的工作**。大众媒体的新闻编辑室,已经迫不及待地要在"每日新闻"栏目头版头条的显要位置刊登首支现代电动汽车队将从曼哈顿至华盛顿,或从纽约至芝加哥进行中途不停歇的往返巡游的消息。这些信息是免费午餐的一部分,无须广告商支付任何成本。在这种情况下,广告要做的就是让受众在能够"从当地经销商"那里买到的各种品牌和价格的产品中做出选择。

前面的讨论可以得出如下结论。大众媒体上的广告,应当被视为一个宏大的推广活动的必不可少的一部分,这个活动旨在为"新"商品或旧商品的"新"模式建立市场并维持现有商品的市场。人们学习关于商品的知识并与商品打交道,这是一个贯穿一生的过程,而人们形成受众和市场的观念只是这个过程的一个方面。那些出现在电视屏幕上的事件和受众观看电视节目的事件不过是一些短暂的时刻。人们长时间的准备工作——认识并内化对某些商品的"需求"——是他们作为特定的受众提供服务的基本的和必不可少的条件。通过这种方式,我们在受众优先于信息与媒体的理论框架里,再次看到了人民的重要性。这样一种现实主义的传播理论的核心特征在于,将人民和受众置于真实的历史情境里。本书试图对这一历史情境进行批判性的理论分析。

如果我们要切实地评估在人们与大众媒体"面对面"时所发生的事情同之后发生的事情之间的关系,了解这种历史情境是绝对必要的。第1章到第8章的内容已经充分显示,受众是大众媒体的主要产品。我的观点是,受众是一种具有两张面孔的新型社会组织:为意识工业充当市场和营销代理人的"私人"面孔;通过各种机构(家庭、教堂或者工会等)为实现生活的非商品目标而奋斗的"公共"面孔。资本主义核心地带的每个人都有私人和公共两张面孔。现在,我们可以看到,资本主义核心地带的**每个个体始终都是受众**,因为**每个个体**集体性地投身于商品的生产与销售过程。比尔·利万(1979b)曾指出:

> 市场关系已经渗透进受众的视听过程,但是这种渗透并不均衡,而且尚未遍及全球。然而,在美国,这是一个既定事实。美国的电视

业向我们明确地显示了**单一普遍的市场**是如何在受众的活动中形成的。

因此,我们不应该再认为,如果某人没有接触或听闻某一特定信息,他就不在受众之列。他**的确身在其中。他是没有接触或听闻某条信息的受众成员**。我们不能认识到这一点是因为我们关于受众的定义建立在信息的基础之上。当受众成员置身受众市场,意义被生产出来的方式发生了质的变化。此前,受众面对的问题是接受还是放弃既定的**信息**,然而,当下面对的问题是**接受还是抵制既定的市场**(资本主义核心地带现存的所有商品关系)。

我们现在开始进入批判传播学之门,它根植于人们的生活。批判传播学在解释传播如何与意识相互联系等方面,肯定比建制化的传播学理论更有用,后者的前置概念和分析概念都是唯心主义的。

我知道法兰克福学派做了大量理论研究工作,其中威廉·莱易斯(William Leiss,1976)的研究是一个例子。基于我在导论里总结的方法论方面的原因和其他实质性的原因,我认为这些研究成果的帮助并不大。可想而知,资产阶级的社会科学家在分析大众传播时,会抓住"形象"这一概念并加以强调(Boorstin,1962)。我不信任这种分析,因为它似乎是静态的、不符合历史规律的,而且倾向于忽略主要矛盾的变化,即人与资本的对抗。

在批判传播学的阵营里还有一个现实主义的批判研究分支,它对传播制度的政策和结构及其背后更为宏观的政治经济背景加以剖析。赫伯特·席勒(1969,1973,1976)与阿芒·马特拉(Armand Mattelart,1979)的研究,都具有开创性。我可以罗列一系列图书,例如塞思·西格尔劳博(Seth Siegelaub)编写的《马克思主义与大众媒体:主要的参考文献》(*Marxsim and the Mass Media*:*Towards a Basic Bibliography*)。许多国家已经出版了涉及批判传播学内容的期刊,例如英国的《媒体、文化与社会》(*Media*,*Culture and Society*)。国际大众传播研究协会(International Association for Mass Communication Research)专门设立了政治经济学分支。一群关注批判传播学的发展的十分活跃的学者加入其中,他们生活和工作于不同的国家或地区,例如斯堪的纳维亚、西欧、苏联集团、印度、澳大利亚、拉丁美洲、美国和加拿大。他们面对的主要批评是:经济主义或自主马克思主义的色彩过强。

此前,我的研究主要聚焦于对影响传播的政策和结构进行批判性分析,因此在很大程度上也应当接受认为我犯了"经济主义"错误的批评。我的这些研究倾向于强调资本通过资本主义传播制度的结构与政策所获得的权力,却忽略了人民为保护自身不受资本的统治而进行的抵抗。然而,在被统治阶层有意采取主动攻势之前,是否必要了解其被统治的过程,是存在争议的。这方面的研究旨在描述和分析统治过程,并为分析此前所提及的一对主要矛盾中的另一因素**扫清道路**,这个因素就是人民。我的这本书有可能被批评经济主义的色彩过于浓厚。这是可能的,或者说极有可能。然而,对作为机构的受众进行分析或许有助于推动人们尝试建立一系列新的、更完整的理论,这样的理论将比迄今为止的所有研究更有效地理解包含了主要矛盾的辩证过程。批判传播学的发展势头不容小觑。用不了多少年,人们就会发现我的这部作品其实是非常不成熟的。

以批判传播学理论为背景,我们将进入第 12 章,讨论传播与意识的关系。

第12章
论 意 识

  一切固定的僵化的关系以及与之相适应的素被尊崇的观念和见解都被消除了,一切新形成的关系等不到固定下来就陈旧了。一切等级的和固定的东西都烟消云散了,一切神圣的东西都被亵渎了。人们终于不得不用冷静的眼光来看他们的生活地位、他们的相互关系。*

  ——Marx, K., and Engels, F., *The Communist Manifesto*.

  我们已经分析了资本主义核心地带——美国及其附属加拿大——的垄断资本主义的制度过程的特征,尤其关注由大众媒体统率的被称为**意识工业**的集群。由于资本主义体系的强大与有效,读者会形成这样一种整体印象,即一种支配性的、不可抗拒的社会形态作用于消极的个体,以及他们之间约定俗成的社会关系(例如家庭、学校、教堂、工会、"文化"群体、政府等)。的确,人们屈从于意识工业的无情压力;他们被海量的消费品与服务所包围;他们自身被打造成(受众)商品;他们再生产出自己的生命和能量,并将其以受损的商品的形式呈现出来。然而,人们无论如何都不是被动或无能为力的。人们确实在竭尽全力地抵制资本无远弗届的强制力。个人和群体的抵抗行动,每天都在发生,具有一定的可靠性。这些行动源于人们天生的能力和对爱、尊重、社区关系和创造力的需要。也就是说,资本主义核心地带(就像在世界范围内那样)的主要矛盾是人民与资本的矛盾。

---

 * 此处译文参见《马克思恩格斯选集》第 1 卷,北京:人民出版社 2012 年版,第 403—404 页。——译者

271 当前，人民是矛盾的主要方面。本章主要从意识及其可能性的角度，分析这一对主要矛盾。

意识是人们对生活的整体性认知。这包括人们对自己作为个体的认识，以及对与其他各种组织形式的个体，以及他们所处的自然环境的关系的认识。意识是一个动态的过程。它随着个体在家庭和其他社会结构中的行动（或实践）和认识的相互作用而增加和衰退。它利用情感、观念、本能、记忆和所有的感觉器官。这在我们的文化中是显而易见的（如第9章所定义的）。它似乎聚焦于物质与精神之间形成的"界面"。诚如马克思所言：

> "精神"从一开始就很倒霉，受到物质的"纠缠"，物质在这里表现为振动着的空气层、声音，简言之，即语言。语言和意识具有同样长久的历史；语言是一种**实践的**、既为别人存在因而也为我自身而存在的、现实的意识。语言也和意识一样，只是由于需要，由于和他人交往的迫切需要才产生的……因而，意识一开始就是社会的产物，而且只要人们存在着，它就仍然是这种产物。（Marx and Engels, 1970, pp. 50-51；黑体为作者所加）*

和语言一样，意识具有滞留性（retentive）与意向性（intentional）。社区与传播之所以存在，是因为人们共享情感、观点和事业。对我而言，**意识形态**意味着支持或者试图改变一个更大的社会形态的信仰、态度和思想体系——一个政治经济体系，不管它是资本主义的还是社会主义的。例如，资本主义的意识形态基于如下元素和理论：(1) 占有性个人主义；(2) 由专家或专业人士统率的等级结构；(3) 相对主义和多元主义价值观，以及与之相关联的艺术、科学和"技术"的去政治化；(4) 有这样一种理论，认为变化是线性的，是对机械世界的秘密进行技术操控的结果。一个占统治地位的阶级必须不断地制造舆论，以维持其对政治经济体系的控制；而被统治阶级只有在制造出了支持自己的舆论后才能够发动一场成功的革命。

---

* 此处译文参见《马克思恩格斯选集》第1卷，北京：人民出版社1995年版，第81页。——译者

第 12 章 论 意 识

意识从哪里来？它不是来自外太空，即纯粹的思想或本质的领域。它来自真实的生活经历，即人们与他人或环境的互动。垄断资本主义的核心地带（美国和加拿大）孕育出一大批运动，出版了数不清的图书，它们号召个体或集体寄希望于宗教的或神秘的精神源流，从而强化"意识培育"。19世纪提供了丰富的例子（例如，在奥奈达[Oneida]、布鲁克农场[Brook Farm]等地出现的乌托邦合作公社）；在20世纪60年代的抗议运动里，学者们纷纷著书，人们在各地建立小型公社并努力培育个体意识。这种理想主义的方法，在现实生活中根本行不通，因为在政治经济制度中，这些努力只是微不足道的反对因素，而这种制度可以施加强大的力量让它们无法生存。事实上，这个体制根本不需要采取任何特殊行动来消灭它们；它的权力是多面的、惰性的，任由这些反对因素自生自灭。当这些微不足道的力量逐成燎原之势，甚至威胁到既定的政治经济制度（就像20世纪60年代的"反文化运动"那样）时，资本主义社会只需将抗议者的修辞、衣着、珠宝、发型以及音乐收编至麾下，并将其呈现为意识工业产品里火花一般的、虽有些出格却依旧安全的新鲜事物。

美国和加拿大两国的主流学术界与社会科学研究，始终没有把意识视为可兹研究的严肃议题。逻辑实证主义与实用主义影响至深，而意识被视为纯粹的思想。实际上，核心地带的制度和集体意识的主流观点是用透视（X-ray eyes）的方法来观察它们，只查看其中的个体和小型"同辈群体"。我与戴维·里斯曼有过交流。在谈话过程中，我强烈表示：美国电话电报公司的董事长与哥伦比亚广播公司的主席，其影响力远大于普通人，因为他们担任了重要的官方职务。对此，里斯曼说，"达拉斯，你没有认识到，他们和你、我一样，都受制于各自的同辈群体"。

资本主义核心地带传播与意识的现实主义批判理论的发展，目前正处于或者接近一个临界点：既要避免理想主义和逻辑实证主义的浅水区，又要避免盲自攀爬从欧洲借来的古老观念的悬崖峭壁。

接近这个临界点的一个好方法可能是提出一个问题：在垄断资本主义的核心地带是否存在阶级意识？奥尔曼（Ollman，1971，p.205）将**阶级意**

识定义为社会单位的阶级意识,其基础是:

1. 人们与生产方式的关系;
2. 相似的经济条件和利益;
3. 上述利益的意识;
4. 政治群体的存在;
5. 文化亲和力和对对立群体的共同对抗。

需要注意的是,上述**所有**这些关系都是必不可少的。按照这些标准衡量,美国和加拿大两国**不存在**任何革命性的阶级意识。对范围广阔且资源丰富的北美大陆的征服以及对本地人民的大屠杀,极大地侵蚀了英国移民带来的阶级结构。同时,个人的占有欲和从原住民那里获得丰富资源的诱惑淹没了这一阶级结构。第 3 章到第 8 章已经向我们显示,美洲大陆所保留的哪怕那么一点点欧洲大陆原有的阶级结构,也已经完全遭到意识工业的同化。一个世纪以来,资产阶级权力占据着支配地位,极具攻击性的意识工业跨国公司在其中扮演了关键角色,牢牢地控制着美国和加拿大两国。绝大多数人无时无刻不在工作,生活在随时可能被解雇的恐惧里。

美加两国虽然不存在普遍性的革命阶级意识,然而,在核心地带的贫富群体或强势与弱势群体之间的斗争或矛盾中浮现出大量自发性的阶级意识。从这个意义上说,美加两国依然可以发展出游击战。

表现出上述自发性阶级行为的人群,主要是各种少数族群,即魁北克人、黑人、奇卡诺人,以及波多黎各人。如果原住民的政治凝聚力足够强大,他们也应当被算进来。如果以某种标准,例如年龄来衡量,那么有两个群体尤为显眼。其中一个群体便是年龄超过 65 岁的老人。在 1977 年,他们占全美总人口的 11%。由于通货膨胀和退休金(救济收入)不足,这一群体的规模注定会越来越大,且生活越来越贫困。规模更大的是青年群体(1977 年,14 岁到 21 岁的年轻人占全美总人口的 16%)。这一群体是意识工业的主要目标受众。过程其实很简单。关于服装、音乐、发型、迷幻剂和镇静剂的宣传材料,通过同辈群体广泛传播。于是,年轻人被转变成受众,努力地向自己推销各类商品,同时自身获得了商品的特征。不过,如果

第12章 论意识

他们失去了就业机会或者收入微薄,因而无法结婚与购房,这个群体便有可能抵制这一制度——左倾或者右倾皆有可能。假若女性群体的意识足够成熟,她们同样应当被加入这个名单。

上述已存在或尚处于萌芽阶段的群体,无论如何都不符合马克思主义的要求,那是一个带有 19 世纪风格的、对有明确阶级意识的阶级的要求。然而,它们是资本主义核心地带唯一的阶级近似物。它们都与垄断资本主义处于相互对立的关系中。

我们首先要考虑的是,19 世纪欧洲的阶级结构是如何被移植到美国和加拿大的,又是如何在这些国家变成现在的状况的。在这一过程中,资本主义破坏了相对竞争的结构,转变成以意识工业为主体的垄断资本主义。第 2 章至第 4 章已经表明,在工作与家庭场所对科学知识的应用导致了工作场所的转型,很大程度上,它将古老的"上层建筑"所具有的意识形态建构功能,分散在工人有偿工作的工作地点与工人无偿劳动的家庭中。就经济基础与上层建筑之间传统的对立关系而言,大众媒体既属于上层建筑领域,又不可或缺地投身于经济基础的生产这一最后环节。在这一环节,需求以及通过购物实现的需求满足被相继生产出来,而受众也相应地被生产和消费。这一转变的结果,**不是**消除了人民与资本之间的矛盾,而是通过将这一矛盾**普遍化**,从而强化了它。**不只是**工薪一族每天要直面资本主义工业,或者**仅仅**在工作场所直面资本主义工业;如今,他们与失业的配偶及依靠他们赡养的人,全天都在直面资本主义工业。

这一过程与今天在欧洲发生的类似转变有何关联?广电政策似乎可以从阶级的角度给出答案。欧洲和其他地区(**北美除外**)的英国广播公司模式,是 19 世纪前垄断资本主义(premonopoly capitalist)政策的延续。这与经典的阶级斗争与阶级意识理论是一致的。1920 年至 1945 年间,美加两国围绕是否应当推行相似的政策展开了激烈的斗争,对此本书第 8 章已经详述。

在美国,保守主义(在欧洲的阶级的意义上使用这一术语)的势力相对弱小,它们致力于发起一场撤退行动,以实现广电行业的"公共服务"。在加拿大，斗争的形势更为明确。加拿大广播公司的创建，可被视为加拿大民族主义运动的高潮，这是因为要实现这一目标，需要动员加拿大的国家资本，并且与社会民主主义和教会的社会福音力量相结合。这个统一战线的目标在于，尽可能地遵循英国广播公司的传统，即生产出能够接受占主导地位的资产阶级意识形态的受众，以加固既有的自由主义阶级结构。反对这一前垄断资本主义社会形态的是跨国公司的力量。它们倾向于认为，广播公司应该生产出为广告商所用的受众。第8章已经说明，早在1945年之前，加拿大广播公司的胜利成果就已经受到意识工业潜移默化的政治影响的长期侵蚀。电视机的出现，清除了加拿大广播公司原初宗旨的实质性内容；相比美国，加拿大的商业电视更迅速地侵入了私营部门。在随后短短几年的时间里，跨国公司成功地撼动了英国广播公司在英国的垄断地位。随后，澳大利亚与新西兰发生了类似的斗争，但最终的结局大同小异。垄断资本主义在较弱小的欧洲国家（例如芬兰），以及亚非地区前欧洲国家的殖民地取得了一系列胜利后，回过头来按照自身的利益，重新调整法国与意大利两国的国家垄断的广电结构。加拿大反对商业广播的斗争绝不是无产阶级意识的表现。其他国家的斗争，情况也大抵如此。亲商业的力量将它们的斗争建立在资本主义、个人主义的基本意识形态的基础上，并轻而易举地取得了胜利。

若需要更多的证据来说明上述论点，不妨考虑一下广告开支的分配。在1950年至1979年间，美国的广告开支增长了逾7倍；世界其他地区增长了26倍（以当前的美元计）。1950年，美国的广告开支占全球总开支的78%；到了1979年，这一数字下跌至51%（Anderson, 1979, p.25）。

即便我们承认意识是真实生活经历的产物，大众媒体与它的生产又有何关联呢？在第11章，我们发展出一种现实主义的、以历史为导向的理论，考查大众媒体如何适应意识的生产与再生产过程。受众群体里的人民，在这一过程中扮演了极为重要的角色。人民以两种方式与这一过程发生关系：他们以"私人"面孔直面生活消费品与服务的营销；他们以"公共"面孔再生产自身的劳动力与社会关系。关于这一点我们可以继续讨论，例如再想想人们面对电视媒体时的情景。

在单向度地操控人民与决定他们的意识这个问题上,大众媒体和广告的作用,既**不像**大多数教材和批评者说的那么重要,又似乎比其说的**更为**重要。克拉珀关于意见领袖、社区机构等"中介因素"在媒体信息产生传播效果的过程中发挥的**主要**作用的研究,可谓正确无误。必须牢记,中介因素中的人,正是工作中的受众——他们不仅仅是处于下行管理(downwardly administered)过程中的机器上的齿轮。这些人是广义上的受众;无论他们是否顺利地接收了"信息",信息的效果都将被更快地呈现或者放大,或者被阻止和屏蔽。

然而,大众媒体与广告发起各类宣传行动的能力远比大多数教材或批评家所说的更加强大。这来源于它所具有的先声夺人的巨大优势,媒体必须在所有话题(无论是广告还是免费午餐的内容)中进行遴选的简单事实,以及媒体运用渠道、转换方法以及其他操纵手段的能力。媒体从勘查全景的议程设置者、运用各种有效的操纵手段的免费午餐的设计者和生产者,以及受众产品的生产者,摇身一变为垄断资本主义系统的哨兵与代理人。垄断资本主义系统创造出受众,将之"奉为"体制的主要拥护者,但也不忘视其为潜在的、最难以把握的对抗者。

我说过,受众不仅拥有一张面对向他排山倒海般涌来的私人商品的面孔,而且拥有一张思虑人类发展的面孔。关于这个问题,该如何具体说明?第 9 章已经给出了答案,但是它较少关注业余人士在艺术和手工艺领域的表现,以及在资本主义核心地带比美术或表演艺术更牵扯普通人精力的业余爱好。我们还应该认识到,"公共服务"、"社区"工作(例如帮助残疾儿童和老年人),或者家庭与学校组织(Home and School Organization)、男女童子军以及教堂等的慈善工作,都展现出受众的公共面孔。在知识分子中,"贬低"这样的受众工作并认为它们徒劳无益是一种时尚;然而,这些工作应当被视为受众的人性驱力。

在这些团体中,最引人注目的是数以百计的美国地方团体,它们自 20 世纪 40 年代以来就发起广电改革运动。它们被整合进全国性的组织,例如全国黑人媒体联盟（National Black Media Coalition）、儿童电视行动组织（Action for Children's Television）和媒体精确性组织（Accuracy in Media），或作为全国妇女组织（National Organization of Women）或灰豹（Gray Panthers）这样的组织的分支机构而存在。它们对大众媒体展开调查，并向广播电台、电视台呈递各类请愿书，或以儿童、妇女、老年人、同性恋或更广泛的公众之名，在涉及媒体政策和法律的议题上，面对管制机构或国会组织出庭作证。埃弗里特·C.帕克（Everett C. Parker）与联合基督教会的传播办公室（Office of Communications of the United Church of Christ），在引导舆论，借法院、各种立法或行政机构之力保护人民利益不受资本侵蚀等问题上，一直扮演着急先锋的角色。这场广电改革运动极大地推动了广电节目与雇佣制度的改善，特别是自1964年WLBT电视台在密西西比州杰克逊市建立以来，这一事件标志着联邦通信委员会核发广电牌照时首次确立了公众的法律地位。

资本主义核心地带对广电公共商品（与私人生活消费品截然不同）讳莫如深。第10章已经表明，垄断资本主义系统性地摧毁了耐用公共品的生产。

是否存在受众无私**奉献**的例子？或许，我可以提供一些美国大众意识（popular consciousness）发展趋势的例子。

在1964年至1968年间，许多美国城市的黑人频繁发动暴动，影响甚广。因此，在1968年的总统大选中，主张"法律与秩序"的候选人（尤其是理查德·尼克松）提出了"白人的对抗"（white backlash）这个说法。于是，媒体与政客武断地认定，种族融合政策已失去大部分白人先前的支持。格温·贝里斯菲尔德（Gwen Bellisfield, 1972-1973）分析了1963年至1968年间经由年度问卷调查获得的公众对学校和住房等领域的种族融合状况的基本态度：

> 我们发现，6年间，公众对住房与学校领域的种族融合政策的支持态度整体上呈上升趋势，无论是在城市还是乡村地区，无论是男性还是女性，无论是在南方还是非南方地区，无论哪个年龄阶段或哪个

受教育群体……从这些发现中,我们可以得出结论,即保罗·希茨利(Paul Sheatsley)在 1963 年注意到的二十年来白人对种族融合的接受度日益提高的趋势,在 20 世纪 60 年代城市骚乱普遍发生(在美国全体人口的意义上或者被考察的亚群体的意义上)期间既没有停止也没有被逆转……

仍有待研究的一种可能性是,在暴乱发生后,在时间和地点上最接近暴乱的群体可能会减少他们对种族融合的支持,虽然以美国全体人口或亚群体的指标来统计,情况并非如此。

研究者将发生暴乱的大都会区与未发生暴乱的大都会区进行了匹配,并重新统计了投票数据。结果表明,即使在暴乱发生后不久的地区,对种族融合的支持也有增加,尽管这一增加幅度小于非暴乱地区和没有发生暴乱的年份的暴乱地区。作者的结论是:

尽管一部分人投票支持"法治"候选人,而且民意调查显示越来越多的人支持更严格的执法……希茨利在 1963 年注意到的二十年来白人对种族融合的接受度日益提高的趋势既没有因为暴力的增加而停止,也没有被逆转。诚然,暴乱的发生似乎减缓了暴乱地区和暴乱年份人们对种族融合的接受的增加。然而,令人惊讶的发现,并不是在暴乱发生后暴乱地区对融合的接受似乎增加得比较慢,而是在所有时间和地点接受程度都增加了。

第二个例子,来自美国所有主要的舆情调查中心的负责人的证词。[①]他们受邀向美国国会联合经济委员会提交关于舆情现状的报告。他们使用与本书的分析框架相对应的术语,透露了彼时美国人的意识发展状况。卢·哈里斯(Lou Harris)指出:

我们发现,多达 67% 的公众批评国家领导层"无法理解老百姓并不想获得更多的东西,而是希望改善现有生活的质量"。质量这个词,很关键。

---

① Joint Economic Committee, Congress of the United States, 94th Cong., 1st Sess., Part 2, 30 October, 1975.

多达 53% 的公众认为在过去 10 年间,他们所购买的产品或服务的质量急剧下降。他们的生活质量的确下降了,老百姓的心里也是这么想的。

质量这件事远比数量重要,因为它表明能源危机深刻地影响了普通美国人……毫无疑问,公众已经准备好削减对大量实体产品的消费,而我们总是想当然地认为,每个人都想要越来越多的实物商品。美国的人口占全世界的 6%,却消耗了全世界大约 40% 的原材料;美国人开始对这一事实感到惊讶。我认为,在接下来的 5 年内,你将会看到这个国家对绝大多数物质产品的绝对需求趋于平缓,而这些物质产品是我们赖以生存的经济来源。主席先生,我还需要补充一点,大多数经济学家还指望着实体产品成为经济增长的基石。实体产品包括洗衣机、汽车、电视机、各种电器,甚至住房。

随后,哈里斯与委员会展开对话。他表示,自己负责的组织至少 4 次探讨了生活质量问题:

这是很实际的问题。朗先生,它不仅仅是水污染的问题。它还涉及汉弗莱(Humphrey)议员所说的产品安全问题;涉及雇员安全问题;还有一个问题,你在这个问题上得了高分,那就是人们希望看到少数民族和其他拥有较少特权的人就业。

盖洛普机构的负责人证实了哈里斯的观点,并且补充道:

还有关于开支的另一件事。1972 年 8 月,我们发现,只有 9% 的公众支持增加国防开支,40% 的公众认为只需保持原来的水平,37% 的公众表示开支应当减少,另外 5% 的公众甚至要求取消国防开支。很明显,整体而言,公众要求削减国防开支。

彼得·D.哈特研究联合会(Peter D. Hart Research Associates)主席证明:

美国公众对当前经济的表现十分不满;人们普遍不相信官方实施的"微调"政策能够切实可靠地恢复经济活力;更重要的是,**公众已经开始怀疑政府同过去 40 年间塑造了我们的经济体系的私营部门之间**

第12章 论 意 识

所达成的基础性制度设计……

总统的所有统计数据和总统的所有官员都不能再次给经济注入信心。指望公众的态度发生自发的改变,而不从根本上改变谁来决定经济政策、谁将从中受益,这是对国家当前形势的严重误解。

公众普遍认为,联邦政府与大公司之间的亲密关系,或联邦政府与大公司的领导,都无法保护普通人的利益,因此,他们对经济全面复苏的信心严重不足。我可以再一次援引一些数据,来说明这些观点。

足足 58% 的公众认为,"华府的公职人员已经被国家的大公司所控制"。

反托拉斯法是公众的军械库里对抗私营部门的失职的主要武器。然而几乎 2/3 的公众认为,它基本上形同虚设……

57% 的公众选择相信,"民主党和共和党都倾向于偏袒大公司的利益,而非保障普通工人的利益",另有 35% 的公众持有不同看法。

因此,政府和政党都很可疑;我们发现,当我们审视私营部门提出的公众对领导层的态度时,这种怀疑更加明显。在这里我们发现:

公众认为"利润是企业的主要目标,即使这意味着失业和通货膨胀"。61% 的公民倾向于相信,"在大公司之间存在一种尽可能抬高价格的共谋"。就"真正关心普通人的利益"而言,只有 1/4 的美国人给了企业肯定的评价。54% 的公众相信,如果一家美国跨国公司有机会签订一个对公司有利但有损国家利益的涉外合同,它肯定不会错过这个机会,另有 31% 的公众持有不同看法。(黑体为作者所加)

哈特的观点,确证了我的想法,即资本主义核心地带出现的反资本主义情绪,并非尾随 19 世纪以来的阶级斗争路线:

当我们问及美国当前经济发展的健康情况,55% 的公众将之定级为平均线以下,或糟糕;只有 10% 的公众认为美国的经济状况在及格线以上,或表现出色。**重要的是,并非低收入阶层对此抱有否定态度。实际上,高收入阶层与低收入阶层一样,都不看好当前经济的发展。**

(黑体为作者所加)

那么,从意识的角度而言,人们想做些什么呢?他们想重新掌控自己的生活,而不是一味地受意识工业的操纵。卢·哈里斯指出:

> 我意识到,今天我呈现了不少较为激进的发现。它们十分激进,因为它们不符合左右派的对话模式,而当前我们的领导层就陷入了这种模式,尤其是在核心经济地带。主席先生,公众也已经厌倦了这种左右派的对话。他们希望新的问题有新的解决办法,他们不希望自己被这些解决办法牵着鼻子走。实际上,他们希望能够参与问题的解决——不畏惧面对严酷的事实或糟糕的新闻。他们不愿意被当作仅有12岁的消费者。商业和政治领域(这是我加上的)的销售区,已出现全面的危机。强卖(hard sell)、软宣(easy handout)、恐惧诉求……所有这些都面目可憎。新的时代里,人们公开要求经济问题的解决之道,并愿意共享更美好的有品质的生活——过去,它仅仅被少数人所享受,如今所有人都将享受它。问题不在于如何瓜分战利品,而在于如何竭尽全力找到停止破坏地球上的生命的方法。

具体地说,

> ……2/3的美国人表示,如果可以选择的话,他们宁愿待在一家"大部分股权由雇员所有、由雇员自主选择管理层进行运营的公司"。只有8%的公众选择"由政府控股和管理的公司";与此同时,20%的公众宁愿选择当前社会上占主导地位的经济机构,即投资者控股和管理的公司。

74%的美国人支持社区里运营的公司的董事会吸收当地社区的消费者代表,17%的美国人反对。56%的公众表示他们会支持一位宣称应由雇员拥有并控制美国主要企业的总统候选人,26%的公众反对。

意识工业,就其拥有的权力而言,是否难以"捕获"人们的意识?这一证据是否意味着,资本主义核心地带的垄断资本主义制度面临着"合法性危机"? 在评述这些证据后,E. C. 拉德(E. C. Ladd,1976-1977,p. 550)总结道:

第12章 论 意 识

当61%的民众认为他们的领导人道貌岸然时,当62%的民众坚持认为政府仅仅服务于少数大公司的利益时,当将近80%的民众声称,他们相信当前的体制积重难返,富者愈富,穷者愈穷时,当75%的民众相信他们的国家误入歧途,他们的政府穷奢极欲时,我们有必要表明,这个国家的确出现了问题,而且一场信任危机,甚至一场处于萌芽状态的合法性危机,已经出现。①

很明显,美国人对普通工人掌控大公司的支持,似乎来自他们的意识,**而不是来自一个致力于实现这一目标的政党或运动可能提供的支持**;因此,它**现在**属于一种乌托邦似的想象。我们应该还记得,同一家舆情调查中心提供的数据显示,54%的人认为"自由市场经济是个人自由与民主的必要条件"(19%的人反对这一观点)。然而,公平地说,上述情况表明,1976年,在普通美国人的意识里,垄断资本主义制度已经失败。毫无疑问,如下事实让人民同制度之间的矛盾的意识变得更加不容忽视:1976年至1980年间,美元大幅度贬值,黄金与其他贵金属外流,物价随之上涨。加拿大人是否与美国人有同样的意识,我们稍后讨论。不过,考察过美国境内黑人、奇卡诺人以及波多黎各人的传播现状,再来探查加拿大的情况,似乎更有助益。

在意识工业看来,除了局部或者统计上的故障造成的各种观念和意见的高原外,意识基本上是平直、静止的。倘若我们能够深入生产意识的过程,就有必要在更深的层次上处理各类辩证性的矛盾。不可否认,权力由上至下的运作,与大众媒体,以及生活消费品和服务的生产者息息相关。正如我们对克拉珀和卡茨等人的研究的回顾所显示的,大众媒体的免费午餐,每一时刻都在强化现状的价值。实际上,传播研究者很早就已发现,在媒体内容被高度垄断的情况下,意识形态宣传能够深刻地影响受众的意识(Klapper,1949;Lazarsfeld and Merton,1948)。整体上,资本主义核心地带的垄断资本主义制度的确有效地垄断了媒体内容的生产。"弱媒体",以

---

① 作者回顾了相反的证据并得出结论,认为现在考虑宪政危机的存在还为时过早。

及"免费午餐"中偶尔出现的异见之声,非但没有证伪,反而因其在各种边缘位置零星出现而证明了上述论断。在这一点上,赫伯特·马尔库塞(Herbert Marcuse,1964)是正确的,尽管他错误地将精神因素视为受众操控的基础。

因为在资本主义核心地带我们找不到 19 世纪那一类型的工人阶级,那么,在抵抗垄断资本主义制度、争取合理的工作条件与公平的待遇以重新夺回生活的主控权的行动中,最接近 19 世纪的工人阶级的性质的,当属美国的黑人、奇卡诺人与波多黎各人,加拿大的魁北克人,以及两国的北美印第安人。还是用我之前使用的术语,所有这些群体都有"公共的"和"私人的"两张面孔,来面对垄断资本主义制度。当他们面对意识工业时,通常以"私人的"面孔示人。他们都处于或者靠近职业阶梯的底端,工资待遇低下(与白人盎格鲁-撒克逊新教徒相比)。1973 年,美国政府对外宣称:美国家庭年平均收入已达 11237 美元;白人盎格鲁-撒克逊新教徒家庭年平均收入为 12278 美元,奇卡诺家庭是 7908 美元,波多黎各家庭是 7163 美元。找不到黑人或印第安人家庭年平均收入的数据。① 这些群体的人口增长速度都要快于白人盎格鲁-撒克逊新教徒。从居住地来看,黑人、奇卡诺人与波多黎各人大多集中居住在城市的贫民窟里,而城市里的印第安人虽然也居住在贫民窟里,但相对于前三个群体而言更为分散,因为一部分印第安人生活在保留地。对这四个群体而言,他们的意识里的主要矛盾,主要体现为依附意识工业的信息网络(包括免费午餐以及生活消费品和服务)及其资本主义意识形态的教化,同他们通过建立本群体的社区以在更大程度上掌控自己的生活之间的矛盾。这些群体依靠各自的文化甄别模式,争取"民族"自治。然而,它们的文化甄别模式,彼此不同。

黑人是上述群体中人数最多的群体,1973 年约有 2400 万人。1865 年,奴隶制被定为非法;在此之前的两个世纪里,所有被偷运到美国的黑奴的后代,构成了今天的黑人群体。他们成为廉价劳动力,并在大约一个世

---

① United States Department of Commerce, Bureau of the Census, *Statistical Abstract*, 1978, p. 32.

纪的时间里被剥夺了作为美国公民的权利。在20世纪50年代末至60年代的公民平权运动中,他们成为一个凝聚力极强的群体。在争取公民权利和反越战的游行示威(彼时最主要的权力对抗行动)中,他们证明了自身所具有的政治权力的各种可能性。由于在奴隶时代被剥夺了自己的语言和社群文化习俗,因此他们缺乏足够的武器,以彰显民族精神。

美国境内具有民族精神的第二大少数民族群体,是奇卡诺人。1977年,美国估计有1400万奇卡诺人。大多数奇卡诺人居住在密西西比西部地区,在那里,他们是人数最多的少数族群。他们人口增长速度非常快(很大程度上是因为来自墨西哥的非法移民),照此速度增长下去,到1990年加州六成的人口都会是奇卡诺人(Azril,1979)。与黑人不同,奇卡诺人通过享有共同的语言、宗教、家庭与社群观念的文化甄别模式而联系在一起。至今,奇卡诺人同垄断资本主义制度的统治力量之间,尚未爆发激烈的政治冲突,除了他们自己选择的建立和维持工会的长期斗争。

拥有大约200万人口的波多黎各人社区从表面上看就像奇卡诺人的社区。近几十年来,在语言、宗教以及社群观念的文化甄别模式的作用下,社区的数量迅速增长。他们集中居住在大西洋沿岸大城市的贫民区。他们发起的运动中有一种因素,是黑人和奇卡诺人的运动所缺乏的。他们的民族解放运动,发生在美国大陆之外的故土上。他们与故乡保持着强烈的个人、家庭、文化和政治情感联系。

美国印第安人是最难评估的少数族群。根据1970年人口普查,他们的人口总数为79.3万,相对较少;有一半人口居住在农村地区。他们遍布全国各地,政治和文化都呈现碎片化状态。三个世纪以来,他们是欧洲侵略者的种族灭绝战争的目标。他们的文化备受侮辱和攻击,语言不被尊重,土地被褫夺。近几十年来,印第安人发起的运动,建立了国家和地区的领导结构。法院判决帮助印第安人恢复了对一小部分被盗的资源(例如华盛顿的渔业、落基山的矿业)的控制,这在一定程度上帮助他们重新获得了经济权力。大体上,加拿大印第安人的情形与美国相似。

在大众传播媒体方面,上述四大少数族群发起的抗争运动,具有共同点。旨在反对就业歧视的法律(本身就是民权运动的结果),在一定程度上增加了这些族群的成员的就业机会,但要面对占主导地位的权力结构的顽固抵制。因经验缺乏和所受教育不足,他们即使能在媒体行业谋到一个职位,收入也十分有限。他们参与制作媒体免费午餐内容的可能性,更加微乎其微。这些少数族群成员拥有并运营媒体企业的例子层出不穷,然而,他们不得不受到如下因素的限制:行业的一般性实践原则;广告商的诉求,即他们需要定制的目标受众,以向大众推销生活消费品与服务。他们也受到资产阶级黑人、奇卡诺人、波多黎各人与印第安人的政策的影响,这些人在管理公司的过程中不得不遵守意识工业的政策。就媒体的免费午餐而言,少数族群的不懈努力最终带来了符合他们的政治诉求的重要改变,他们消除了在剧本写作、选角和表演等环节体现出来的极端种族主义的刻板印象(例如,斯特平·费奇特["Stepinfetchit"]式的黑人形象)。电视剧《根》吸引了大量黑人(也包括白人)观众。这个成功是现象级的,明显成为一般免费午餐政策的例外;然而,除非这个例子被更多类似的节目效仿,否则它只不过是以对比的方式证实了上述结论。与此同时,大众媒体依然或多或少地培养种族主义价值观,以及白人从根本上就具有的排外性与民族主义,导致原本与源自欧陆的民族主义种族观(例如爱尔兰、意大利或波兰的种族观)进行斗争的四大少数族群之间相互倾轧。

在经济衰退和通货膨胀的压力下,黑人、奇卡诺人、波多黎各人和印第安人的民族主义运动,在 1900 年之前是由所谓的**阶级矛盾**推动的。这些少数族群一方面依赖意识工业提供更多的工作机会与产品,另一方面与大众媒体的免费午餐保持着一种辩证的关系。少数族群的抗争行动导致冲突的新闻,有助于他们的壮大;但是,大众媒体回避了"深入"分析冲突持续的原因和冲突的后果,并将相关分析排除在议程之外的做法,削弱了这些群体的力量。

在资本主义核心地带跨越种族界限的是性别歧视;多重矛盾集中在对妇女的压制上。她们被剥夺了平等就业的机会。她们承担大量家务(如厨师、管家、保姆、洗碗工、洗衣工、裁缝、护士、维修工、营养师、园丁、消费品和服务的采购者），却得不到报酬。身处蓝领或白领家庭的她们，大约每周需要工作 100 小时，但仍被资本家"贬低"为效率低下。她们是否有权终止妊娠，在法律上一直备受争议。她们酗酒或吸毒的可能性非常大，居住在郊区的中产阶级女性尤其如此，这证明了她们的沮丧和绝望。

两个多世纪以来，争取妇女权利的运动愈演愈烈，在 20 世纪 60 年代发展成一场声势浩大的运动。在发达资本主义国家，尤其是核心地带，这场运动与青年运动和民权运动同时兴起。内部存在的主要矛盾导致妇女运动经历了一系列分裂。大男子主义的傲慢使抗议运动中的男子与妇女之间产生了分裂。女权主义运动的成员未能意识到，或无法从理论的层面上理解中产阶级女性同非专业性的就业女性（nonprofessional employed women）之间的差别，这让女权主义运动进一步分裂。1971 年之后，非专业性的就业女性被隔绝在女权主义运动范围之外。剩下来的中产阶级女性的运动又遭到分裂，"女权主义者"将过分"政治化"但明白错误根源的女性驱逐出去。最终，中产阶级主导的女权主义运动，即妇女解放运动分裂为两大阵营：自由主义改良主义（争取平等的就业机会、堕胎合法化等）和极端主义（视男性为敌人）。上述这些进行"意识培育"的弱小群体，只专注于推动实现中产阶级妇女的权益，对少数族群或非专业性的就业女性所面临的各类问题，视而不见。当然，妇女所面临的问题不会简单地消失；未来，新的运动一定会吸取前车之鉴。

上述运动所犯下的最主要错误在于，缺乏足够的理论指导与规划。可以预料的是，主观的还原主义理论会使问题变得混乱。例如，米利特（Millett，1970）与费尔斯通（Firestone，1970）将大量的矛盾归结为基于性行为的权力结构关系，因此只能将女性沙文主义、避孕和克隆作为解决方案，而无法提供解释这一方案与现实中政治经济体制的关系的背景理论。米歇尔（Mitchell，1971）认为，妇女受压迫的根源在于她们被排除在"生产"之外，并且完全受限于家庭。在她看来，家庭外在于经济领域（除非作为消费场所)。扎列特茨基(Zaretsky,1973)因为误读了自19世纪90年代以来的资本主义发展史,所以和垄断资本家一样,认为作为"社会一大进步"的结果,人们在物品消费方面拥有了更多的闲暇时光,从而在"工作"(工作场所)和"个人生活"或"个人意义"之间做出了错误的分割。在他看来,女性问题处于"主体性"的心理沼泽之中,而"主体性"又与"经济"相互关联。米歇尔与扎列特茨基犯了一个常见的错误,即认为生产只发生在人们得到工作报酬的地方。狄克逊(Dixon,1975)虽然受到这一错误观念的束缚,却正确无误地识别出女权主义运动所要处理的主要矛盾:男性和女性,同垄断资本主义制度之间的对抗。她细致地分析了女权主义运动近年来出现的内部分裂,令人信服地表明,女性在家庭里的工作,生产了劳动力,应当成为马克思的劳动价值论不可分割的部分。正如本书认为的那样,女性(和男性)在家庭中的劳动不仅是生产性的,因为它生产了劳动力,而且完成了一般商品的生产(推销)过程。若这些事实没有得到承认,女性主义运动就难以获得现实主义的理论基础。

关于大部分处在舆情调查专家所认可的一般水平线之下的普通美国人的意识,我们能说些什么呢?自1948年冷战之初,亨利·华莱士(Henry Wallace)创建的进步党最终惜败总统选举以来,除了民主党和共和党(同样致力于维系政治经济现状)之外,再无可靠的第三政党出现。此后,尤其是在20世纪60年代末,由黑人、奇卡诺人、其他少数族群、妇女、大学生、当地工会以及各色小资产阶级专业人士所组成的联合阵线推翻了政府关于越南的强硬政策后,创建新政党的努力一直没有消退,甚至出现了"类政党"运动。最近和目前令人困惑和沮丧的状况似乎不太可能无限期地延续下去。

通货膨胀和经济衰退给那些弱势群体带来的不同困难可能会形成新的政治形态,致力于大刀阔斧地改革与各级政府交织在一起的大公司的权力结构。然而,无论美国普通老百姓的意识接受哪一种新的政治方向,大众媒体一定会在即将出现的斗争过程中扮演关键性和中心的角色。

第12章 论 意 识

加拿大的大众意识发展情况怎么样？不像在美国可以获得国会听证会的相关资料，我没有取得直接证据。相较于美国，加拿大的权力结构更加精英化、等级化；特权阶层与无权阶层之间的反差更加鲜明。因此，加拿大的大众媒体影响人们的过程，如此前分析的美国的情况一样，有可能通过同样的中介因素来实现，因为美加两国的意识形态模式毫无区别。有不少线索可用于比较两国的意识发展情况。1979年的一篇媒体报道对比了对美国政治经济组织管理体制的强烈的怀疑和悲观情绪，以及对加拿大类似组织的乐观和信心。加拿大前总理克拉克（Clark）的顾问、一位民意调查专家说：

> 主要的区别在于，尽管加拿大人充分地意识到我们面临严重的问题，但他们相信所有这些问题，甚至包括通货膨胀，都可以由政府来解决。就"可解决性"这一问题而展开的民意调查所得到的结果，令人惊讶。超过70%的加拿大人表示，现在出现的问题，将全部或部分地得到解决。人们甚至认为，他们的政府官员太过悲观。他们觉得自己已经走在政府前面。相对于政府，他们对加拿大的资源、物理和人文条件更有信心……我暂时没有任何证据表明，老百姓对政府作为制度本身的信任度有任何下降。人们对等级制、精英主义有着相当高的接受度，但我必须说，人们对公民自由的接受度没有那么高。所有这些加起来构筑了人们对权威的接受。①

当我们研究1968年与1977年有关意识的一些关键性指标时，我们发现，加拿大的特权阶层同弱势阶层之间的斗争可能比美国更加激烈。由下表可见，在1968年至1977年间，加拿大人在消费品与服务上的支出增长速度高于美国人。然而，加拿大的企业利润增长了3倍以上，美国的企业利润却没有翻倍。加拿大人的工资与薪金数额翻了两倍多，美国翻了一倍多一些，这主要是因为加拿大人的工资与薪金水平**此前**就比美国人低。无论如何，加拿大在过去十年间工资增长速度如此之快，可能是因为劳资双

---

① Allan Gregg，转引自 Richard Gwyn, *Vancouver Sun*, 15 September 1979。

方为了在利润的快速增长中分得更大的份额而进行了更为激烈的斗争。1976年加拿大罢工和停工的次数比1968年增加了78%,而美国只增加了12%。这个事实强化了我们的推断。由于罢工和停工而损失的工作天数表明,这种斗争更加痛苦和漫长。在加拿大,损失增加的比例与罢工和停工增加的比例大致相同(77%);可在美国,因为这一原因而损失的工作天数反而**减少**了23%。尽管加拿大工人在20世纪70年代不得不应付比60年代更高的失业率,但失业增长率(1977年为69%)低于美国。

	相对水平(百分比)			
	加拿大		美国	
	1968年	1977年	1968年	1977年
生活成本指数	100	178	100	174
企业利润	100	301	100	194
工资和薪金	100	307	100	225
个人在消费品和服务上的开支	100	288	100	226
罢工和停工的次数	100	178*	100	112*
罢工和停工中的歇工日	100	177*	100	77*
失业率(劳动力的百分比)	100	169	100	194

* 1976年的数据
资料来源:U. S. Statistical Abstract, *Canada Yearbook*。

这一切都表明,即便19世纪的阶级意识难以在美加两国找到容身之所,但绝大多数加拿大人(工薪阶层)实际上正与垄断资本家(必须牢记,他们的企业大多为美国企业在加拿大的分支机构)展开激烈的斗争,以占有更多的劳动成果。同时,按比例看,相比于美国的情况,加拿大的垄断资本家维持着增速更快的利润率。这些利润来自加拿大的劳动力和其他自然资源。

因此,我们似乎可以合理地推断,在整体上,与美国相比,加拿大的大众意识可能更容易受到面包和黄油问题的困扰,但他们会抑制自身对加拿大政治经济体制的不满。对加拿大工人来说,在认同资本主义制度的意识形态特征的同时,争取更大份额的劳动成果是很有可能实现的。

加拿大人的大众意识(尽管对于以英语为母语的人而言不那么显著)中的一个核心问题是这个国家是否会继续以现在的宪政治理形式(中央政

府,但权力远不如英、法、美等国的中央政府)存在,或者转变成由2到4或5个自治国家所组成的联邦制。这一问题是魁北克省争取自治的斗争所造成的。1976年,魁北克省的自治运动导致了省级政府的出现。这个政府致力于实现自治这一目标,并就这一问题进行了全民公投。

自18世纪英国征服新法兰西以来,加拿大的法语人口(约占总人口的三分之一,主要居住于魁北克省)就被视为一个单一国家中可资利用的、从属的部分。在第二次世界大战期间和之后,魁北克人的文化特性才得到承认,在理想主义的象征主义中显露出来——双语货币和配给书、议会中的官方双语制,以及1968年后特鲁多为阻止分裂主义而采取的措施和在联邦行政机构中实行的双语制。然而,魁北克是加拿大十大省份之一,在政治和经济层面上被视为联邦的组成部分。

蒙特利尔的商人和银行家加入了以英语为母语的统治阶级,开启了经济一体化的模式。他们先是将加拿大构建为英国的殖民地,后来是美国的附属地。魁北克省的居民所享受的利益因此变得可疑:他们享受着由来自安大略省、英国和美国的以英语为母语者管理的分公司提供的就业机会和服务。随着魁北克省以农业—采掘业为主的工业经济的日益工业化,统治者和被统治者之间的矛盾变得尖锐起来。特别是在1945年之后,魁北克省最初的教士—商人权力结构发生了转型,持续增强的**民族**意识在那里得到发展。加拿大(联邦)皇家双语和二元文化委员会(Canadian [federal] Royal Commission on Bilingualism and Biculturalism,1968)的一份报告指出,这种意识植根于文化。

> 文化是一种存在、思考和感觉的方式。它是一种驱动力,激励着一群重要的人,他们被共同的语言联结在一起,分享着相同的习俗、习惯和经历。

带着这种文化民族主义的意识,在20世纪70年代末,魁北克著名思想家克劳德·莫林(Claude Morin)宣布,魁北克人打算作为一个将成为北美集团一部分的民族,寻求**充分的政治、经济和文化自治**。魁北克人拒绝在中央集权的加拿大内部作为少数族群而存在。① 他们也认识到,加拿大的大多数人——以英语为母语的人——不愿意让魁北克人在加拿大现行的宪法制度下获得政治和经济上的自治权,以实现他们的民族目标。除了在正式的政治意义上实现魁北克民族的完全自治外,魁北克人表示也愿意考虑一些其他的选择,例如创建一个由两个民族构成的国家,二者的关税、货币与国防制度统一,又或者退而求其次,成为加拿大联邦内部一个地位独特的省。

是什么样的过程使绝大多数以英语为母语的加拿大人直面这一次碰撞?若你读了第 5 章便会发现,在 19 世纪 30 年代至 60 年代之间,以英语为母语的加拿大统治阶层在两种经济发展模式中徘徊:到底是彻底归并于美国,还是与美国保持自由的贸易关系?最终,在得到美国的允许后,加拿大选择了后者。加拿大联邦在 1867 年成立以后,出台了"国家政策"(National Policy)。加拿大的关税政策吸引了美国的直接投资,并且推动了公司兼并以及美国企业在加拿大开设分支工厂。即便在之前的英国殖民地时期,加拿大统治者也从未认真考虑过依靠英国投资的资本实施一种缓慢的、本土化的发展策略。他们也没有想到采取步骤建立一种文化政策,通过仿效欧洲小资产阶级的民族经验,以保护并发展能够在加拿大的英语—法语环境中成长的民族文化。第 6 章与第 7 章向我们揭示了盲目地顺从自由市场的利润动机是如何阻止了在报纸、杂志、图书、电影、电信以及其他流行文化领域制定和实施这种本土化政策的。

在第 8 章里,我们的分析表明,加拿大广播公司的成立是组建大众机构、推进全国文化自治的唯一的重要尝试。成立伊始,加拿大广播公司就致力于为广告商生产受众。1948 年,在意识工业的强大作用下,它被转变成营利的私营电视台不可或缺的附属机构。这为它作为公共机构在后来的发展过程中逐渐丧失职能,埋下了伏笔。同时,成立伊始,加拿大广播公司就成为英语人群与法语人群就文化政策而展开争论与争斗的场所。随着加拿大政府执着于将本国电视工业打造成美国电视体系的北部延伸物,

---

① Morin, Claude,转引自 Laxer and Laxer,1977,p. 205。

第 12 章 论 意 识

加拿大广播公司的公共职能日渐衰退。到 20 世纪 70 年代末,按照比例计算,加拿大电视节目的受众产量大致与美国公共广播系统的受众产量持平。

尽管统治阶层经常开空头支票,许诺支持加拿大广播公司的抽象理想,即从维护民族文化自治的角度推动发展加拿大人的意识,然而,该阶层通过政府及其工业部门,力争服务于垄断资本主义核心地带的意识工业,确保为之生产出合格的加拿大受众产品。在第 9 章里,马西委员会期待加拿大艺术理事会在美术与表演艺术领域所引领的方向,完全被逆转;并且,就像在图书出版行业那样,加拿大艺术理事会力图迎合以大都市核心区(例如纽约)为中心的市场关系,而非实现加拿大文化自治的目标。

在这些部门中,人们注意到,魁北克人成功地将图书出版、报纸、电影与广播电视机构转变成维系和丰富魁北克文化的平台;在一定程度上,这让主流的英语人群望尘莫及。因此,当我们目睹魁北克的传播机构深度参与魁北克人为民族生存而展开的斗争,而主流英语区域的传播机构对魁北克人所发起的运动毫不在意,甚至发起攻击时,就不应该感到奇怪了。1970 年实施的《战争措施法案》(War Measures Act)是对这一运动的有力惩罚,得到了英语大众媒体和大多数英语主流人群的全力支持。1975 年,在反对特鲁多政府的双语计划的运动中,加拿大英语区再次对魁北克人发起了几乎不加掩饰的种族主义攻击,原因是以英语为母语的加拿大飞行员拒绝在魁北克机场的空对地通信中使用法语。这是一场典型的"乡巴佬式的"情绪风暴。一位证人在早些时候于埃德蒙顿举行的双语和二元文化委员会听证会上的发言可以证明这一点,他说,"如果英语对上帝而言足够好,那么对我而言也足够好"。值得注意的是,主流英语人群在讨论他们对魁北克人及其问题的态度时,很少甚至从来没有认识到一个**国家**和一个民族之间的区别。加拿大无疑是一个国家。然而,它容纳了两个民族。人数占优势的民族否认了人数较少的民族的存在;并且,人数占优势的民族,宁愿与美国保持更加密切的关系,而疏远与魁北克人的联系。

所有那些期待加拿大有可能发展为由单一民族构成的单一国家的人

应该明白,能够延缓加拿大被美国同化的唯一要素就是尽早满足魁北克人的民族需求。这正是戴高乐总统赴加拿大访问时所表达的观点,然而,加拿大的英语大众媒体与政治领导层宁愿选择抵制与回绝他的说法。

只要加拿大现在的统治阶层还在掌权,那么将加拿大从美国的支配结构中解放出来,无异于天方夜谭。但是,面对当前事实的必要前提是,理解加拿大同美国之间的关系。正如拉克色(Laxer)夫妇在近期的一部著作里指出的那样,若有人认为加拿大存在的基础是自由主义的意识形态、政府(自由党与进步保守党政府)在运作过程中对这一意识形态加以**否定**,以及征用国家机构(例如铁路、加拿大广播公司与加拿大航空[Air Canada]等)锻造大一统的国家的话,那他就是一叶障目(Laxer and Laxer, 1977, p. 212)。

的确,自由主义意识形态早已成为加拿大国家政策的基础,但认为它在实践过程中遭遇否定就能表明加拿大在未来的发展过程中脱离美国的各种可能性,则纯属一种理想主义的幻觉。所有资本主义国家的运作都是建立在市场意识形态和占有性个人主义的基础上的。**所有**这些国家,尤其是美国,在必要的时候都会征用国家机构来提供经济和政治上的理想结果,为了实现长期获利而放弃意识形态的纯粹性。说到这里,我们能立刻想到美国田纳西河流域管理局(Tennessee Valley Authority)的创建、原子能计划的出台,以及通信卫星公司(Communications Satellite Corporation)的建立等例子。

即使简单地分析一下加拿大其他民族与魁北克民族之间的矛盾,也不能忽视与美国的联系。美国在这场冲突中能获得什么利益呢?很明显,它是为了保持加拿大作为一个国家的完整性。虽然现在的魁北克民族主义运动是资产阶级性质的,但它的最终目的显然是反对其文化的美国化。一个独立的魁北克国家很有可能成为另一个古巴,这一次距离美国边境甚至不到 90 英里。现在的加拿大在国际政策上已经成为美国的代理人,并且是一个言听计从的代理人。根据定义,垄断资本主义制度受益于现状的延续,并且憎恶任何可能破坏现有制度的稳定性的友好国家的政治变化。加拿大各省完全并入美国将会让美国的几百家跨国公司总部深恶痛绝,因为这会使它们失去宝贵的特权(税收优惠、加拿大不受有效的反托拉斯法和禁止董事会连锁的法律的限制等)。

结合我们分析的真实历史进程,核心地带的人在努力改造垄断资本主义制度的过程中可能采取的战略和战术是什么?虽然实际情况看起来非常复杂,但原则可能是这样的:在任何给定的时间(或者从短期来看),身处加拿大和美国的人都可以依照意识的不同被分为两部分:(1)无论出于何种原因,对现状的维系感到满意的人或看起来感到满意的人;(2)希望彻底改变现状的人。

第一部分人可以分为三类:(1A)那些"有意识地抵制重大的体制性变化"的人,以及那些如果丧失了现有的特权地位便会助力右翼进行体制变革的人。他们将充分致力于实现这些目标。我们可以称他们为**绝不投降派(last ditchers)**。(1B)那些自觉维护现有体制的人,他们自认为可以在不可避免的变化中生存下来。我们可以称他们为**边缘的保守派(marginal conservatives)**。(1C)那些道德沦丧、无动于衷地支持现状的人;他们不会寻求变革,而且有可能被动员起来支持右翼或者左翼。我称之为**骑墙派(undecided)**。

第二部分人可以分为两类:(2A)这些人随时准备为改变现状而努力,但是他们认为目前最急需解决的问题包括:提高消费品的质量、清除大众媒体中的暴力内容、增加少数群体接触大众媒体产品内容的机会,以及避免核能或化学武器对环境造成不可逆转的危害等。这些人正确地认为,加拿大和美国的政府和管制机构正被敦促去解决现有制度执行方面的种种问题。他们与第二类人有明显的差别,因为他们的意识在本质上是自由主义的。简言之,他们认为自己所寻求的变革不需要颠覆既有的意识形态和现有的社会结构。我称之为**进步主义者(progressives)**。(2B)他们相对于第一类人而言,同样寻求变革,对现状不满,但程度更深。他们准备为转变垄断资本主义制度而斗争。他们正确地认为,只有核心地带包括大众媒体在内的垄断资本主义的权力结构发生根本性改变之后,(2A)群体为之奋斗的变革才能确保成功。我们或许可以称这部分人为**解放主义者**（liberationists）。

从短期来看，核心地带的解放运动最有可能采取的战略和策略应该是充分利用代议制政府的各种机构（立法机关、联合国大家庭里的各位国家元首或机构代表）、各种影响管制部门（加拿大广播电视委员会、加拿大通信部，以及美国联邦通信委员会、联邦贸易委员会、司法部反托拉斯司〔Antitrust Division of the Department of Justice〕及其在 50 个州的对应机构等）的机会，以推动各种必要的变革。

对加拿大的解放运动而言，意识到借助加拿大政府之力掌握权力的重要性，尤为紧要；因为加拿大这样的国家完全可以借助国际组织（例如联合国）以及国际舆论的力量，获得更多的筹码，向美国政府施压。"民族"解放运动，是反对跨国垄断资本主义制度的运动的重要站点，在解放斗争中占据了重要的位置。

解放运动中各路人马可能采取的战略简述如下。进步主义者和解放主义者将在某一斗争计划中组成联合阵线，并借此在某些特定议题上，赢得骑墙派与边缘的保守派的支持。绝不投降派毫不示弱，也会竭力争取这两派的支持。解放主义者在这些斗争中将认识到，尽管围绕某些显著议题（例如环保问题）发动斗争并取得胜利至关重要，但是胜利不足以阻挡新的类似问题的出现或合流。他们不应当指望资本主义制度有可能吸纳改革运动的诉求，因为这一制度最终会将改革运动转化为自己的优势。在斗争过程中，一定会出现极化现象，例如参与者分成解放主义者和绝不投降派两大阵营。在解放主义者—进步主义者统一战线内部，尤其在解放主义者阵营内部，左派、极左派、右派及其理论家之间的斗争将引起战略和策略的辩证的变化。这些变化产生于具体环境中的内在矛盾并会激化这些矛盾。出于这一原因，斗争的过程必定是凌乱和混乱的，但斗争的结果会是扩大和强化有利于 2B 群体的舆论的影响。这就是核心地带的真实历史进程中当前的矛盾的逻辑。不过，在美国和加拿大核心地带出现的系统性斗争及其引发的物质与意识形态反弹，将形塑这一斗争的具体发展方向；美国和加拿大核心地带的系统性斗争,既有可能出现在发达资本主义国家集团内部,又有可能出现在发达资本主义国家同社会主义国家之间,甚至第三世界国家或地区同超级大国之间。

在资本主义核心地带的先进技术结构中,传播必然涉及设备和技术。在第10章中,我们分析了**技术**,发现它是垄断资本主义制度下工作的政治和社会形态。现在出现的问题是,在核心地带的解放运动中,传播元素如何与技术相互关联?抵抗运动是否可能在"新"的政治、社会形态中生产自己的技术和设备,以在当前的主导体制中谋求变革,甚至是激烈的变革?现存的主导结构在解放运动面前有多脆弱?

20世纪60年代,美国镇压古巴和越南的解放运动的失败,标志着世界上占主导地位的垄断资本主义权力结构的主动权正在向旨在建立更好的社会制度的人民运动转移。随着1971年美元主导的国际货币市场的崩溃,美国的帝国地位开始瓦解。笼络了一大批产油小国,并掌控了主要原料的买卖环节的石油输出国组织(OPEC),引发了一系列的结构性错位效应,例如失业、通货膨胀,以及核心国家(尤其是美国)的困境。这一组织的创建与运作,也为其他原材料生产小国,树立了范例。几百家大型跨国公司已成为垄断资本主义这样一个世界体系的主要代理人,它们将资本、技术知识、硬件和软件从核心国家转移到成本最低、利润最高的任何国家,以榨取劳动力和其他资源。反过来,它们控制着从边缘国家到核心国家的原材料、半成品,甚至成品的流通。在这个世界体系里,信息是最主要的东西,从核心流向边缘;作为交换,象征劳动力与原材料的真正产品从边缘流向核心地带。作为一个世界体系,它过去是,现在也是一个令人叹为观止的结构,但极易受到破坏。

20世纪80年代以来,现实(例如石油)同形象(例如商标、企业资产负债表、专家为某国的跨国企业的运作所规划的蓝图等)之间的差异至关重要,并且与人民通过传播体系而展开的同资本之间的斗争(无论是世界范围内还是国内)紧密相连。在世界范围内,传播信息制度因脆弱得不堪一击而臭名昭著。借用毛泽东的话,我们可以说:垄断资本主义制度不仅是

"纸老虎",而且是"信息老虎",或者更确切地说,是"电子信息老虎"。

信息流与信息处理,构成了传播信息系统得以运行的连接环节。我曾提到 M. 沃格发现的一种可能性,即信息流与信息处理所需要的资源共享程度的加深,以及由此产生的不断上涨的机会成本,有可能超出垄断资本主义制度(或其他社会制度)的容忍限度(见第 7 章)。这可以被视为应对**过量的**信息时所产生的系统性漏洞。

(将计算机、数据银行与电信相结合的)信息远程处理系统的本质意味着,资本主义制度难以应对即时的或持久的分裂活动。国际通信协会(International Institute of Communications)主席爱德华·W. 普罗曼(Edward W. Ploman)总结了西蒙·诺拉(Simon Nora)在法国所做的报告以及 1977 年瑞典政府出台的一份报告后,指出:

> 瑞典政府报告的主旨在于……计算机化的数据系统较为显著地加深了现代高度工业化社会的脆弱程度;脆弱程度高得令人无法接受;若不采取相应的防范措施,脆弱程度将继续升高。社会的脆弱程度由一系列因素所决定。根据报告,最重要的因素包括:对外国的依附;体制的集中化;依附极少数专业运营者;特定信息的敏感本性。恐怖主义活动与其他犯罪行为,威胁、制裁与战争随时会出现,或者在这些脆弱性因素的助力下,更容易出现。部分因素甚至有可能强化灾难和事故的影响。
>
> 我们应当把脆弱性的程度与受保护的程度,放在一起考虑。例如,委员会研究了连接数据库的电信电路。他们发现:就技术故障而言,社会受保护的程度非常高;在自然灾害(例如风暴、地震、火灾等)面前,受保护程度属于中等。更有趣的是,人们发现,面对蓄意攻击时受保护程度最低。
>
> 此番分析区分了外部因素与内部因素。外部因素可从与犯罪行为相关的因素开始追溯。它包括:对硬件的进攻;对电脑程序、文件或注册信息的进攻;对电信系统的进攻;对系统关键操作人的攻击。更进一步,外部因素还包括政治原因引起的职权滥用行为,从各种国内

第 12 章 论 意 识

外组织在境外发起的经济制裁威胁,到武装冲突与战争。

内部因素主要是指数据系统自身的脆弱性。某些信息(例如,人口普查信息、行业信息、健康与社会福利数据、犯罪与警方记录)因其固有内容的原因,极容易受到攻击。某些数据系统在功能上便十分脆弱,比如公共部门的行政管理系统和私营部门的商业、工业等领域的特定数据系统。内部脆弱性还受如下因素的影响:地理集中度与功能集中度;系统间不断增加的协同、整合与相互依赖;数据使用者缺少足够的训练与知识(有时在无意中导致了错误);计算机程序的质量低;对某些关键人员的过分倚重;等等。(Ploman,1978,p.28)

因此,我们对系统的脆弱性的直接经验,会让我们联想到著名的三里岛(Three Mile Island)核电事故以及其他核能灾难事件、大规模断电事故、侵入金融数据库而实施的各种各样且数量可观的资金盗窃活动。可以预料的是,脆弱的信息流通与信息处理系统会导致不断升级的故障,在政治运动方面情况会越来越严重。必须强调的是,在 20 世纪 80 年代,垄断资本主义制度生产、传输和接收信息完全依赖远程数据处理(通过电信传输和计算机处理)。使用电信系统,又得依赖无线电频谱,而无线电频谱不是私有财产,而是世界公共资源,并且受国际电信联盟的管制。这一组织掌握在资本主义国家手里。在对广播频谱资源的规制上,资本主义国家奉行一种先到先得的逻辑,并主张只需进行最低限度的管理。20 世纪 60 年代,第三世界国家或地区开始逐渐意识到对无线电频谱资源进行管制的重要性;它们积极地利用在国际电信联盟中的多数地位来扭转传统政策。实际上,第三世界国家或地区对既有的无线电频谱资源进行了积极规划,试图取代此前的先到先得政策。借助国际电信联盟之力,第三世界国家或地区继续规划无线电频谱资源的可能性,有可能对垄断资本主义制度的信息系统的生存能力,进而对整个制度的生存能力发起根本性的挑战(参见附录)。

在结束越南战争的斗争高潮中公开"五角大楼文件",便是未经授权而公开披露机密信息的例子。这让我们注意到,在某种程度上,赞成迅速、急剧地改变现状的政治团体将越来越多地利用他们借助体制内的角色而获得的专业知识来达到变革的目的。例如，如果与广大人民的重要政治组织相联系的话，媒体内的工会和专业组织的成员，会利用知识、机会和兴趣形成交换信息的非正式网络，并计划和开展策略和战略行动以实现目标。

大众的抵抗运动一直备受意识工业的压迫，后者借助等级结构由上至下地进行压制；于是，这些抵制意识工业的行动逐渐形成了水平的网络结构，以动员更多的民众参与。在帝国的外围地区，阿尔及利亚人在摆脱法国的殖民统治、寻求民族独立的运动中，借助了"小型"技术（例如广播成为最重要的组织工具）的力量（Fanon，1965，pp. 69-98）；1978 年至 1979 年，阿亚图拉·霍梅尼（Ayatollah Khomeini）也借助"小型"技术之力，率领民众推翻了美国的傀儡政权伊朗国王的统治。不起眼的盒式录音机是霍梅尼组织和指挥反抗运动不可或缺的武器。起义推翻了拥有通信卫星、大量秘密警察，以及充足弹药储备的统治集团。与此同时，人们尝试使用更多小规模实验性的水平传播工具，其中一种在智利的阿连德政权时期被证明是成功的（Mattelart，1979）。在秘鲁首都利马，大众传播中心组织（Centro de Communicacion Popular）是在正规的学校教育系统之外发展起来的，它利用出版物、流行戏剧、视听技术、电影和歌曲等方面的研讨会，每周创作并展示自己的作品。这一举措得到了教科文组织一定程度的支持（Aguirre-Bianchi and Hedebro，1979，pp. 10-12）。1978 年在西班牙举办的一次国际研讨会，主要研究了这种水平传播和"另类媒介"的一般理论。在荷兰、英国、美国和加拿大以及其他国家或地区，都出现了类似的情况。

当前，阻碍这些努力的主要障碍有三个。

1. 对压制性意识形态与追求解放的意识形态认识不足。意识工业所创造的传播硬件和软件（无论是立体声音乐、有线电视系统的社区频道，还是迷幻药或付费电视），旨在培养**个体**的意识，以帮助他们解决因自身被统治而产生的问题；这种想法是一个极具诱惑力的理想主义的思维陷阱。这种意识培养，只能进一步强化异化与收编效应，以服务于既定的统治结构。唯一可行的意识培养方式就是个体参与**集体性**的创造行动以寻求解放；通过这种方式,个体与集体的意识**均能**得到培养。

2. 社群生活的碎片化结构(尤其在资本主义核心地带)。在加拿大,奉监管委员会的命令,尝试使用有线电视运营商的专用频道来满足社区需求就是一个例子。如第 8 章所述,希望使用该频道的各社区、社会和教育志愿组织发现,它们会利用该频道与各自的选民谈论在没有该频道的情况下也会谈论的相同话题。频道的用户彼此**互不连属**。当所有利益集团和符合条件的团体以这种不完整的方式被包容,有线电视系统的管理义务就履行完毕了。若要综合使用电子硬件与软件,以实现水平传播,就需要掌控必要的设备。

3. 统治者因掌握专业知识并掌控硬件而具有的偏见。这一问题,在刚才描述的有线电视系统中体现得较为明显;在泛太平洋卫星教育与通信实验(PEACESAT)所涵盖的由南太平洋岛民所构成的更大社区的个案里,则更为典型。美国在夏威夷创办了泛太平洋卫星教育与通信实验项目,租用即将过期的通信卫星的语音信道,帮助岛民之间,以及南太平洋各岛屿同美国、新西兰和加拿大之间进行信息交换。这一实验旨在提升社区实践在公共健康、营养等方面的能力。仔细分析泛太平洋卫星教育与通信实验网络的使用情况,就能看出:大城市(例如火奴鲁鲁或惠灵顿)与白种人参与者,"同南太平洋岛屿以及岛民相比,发挥了更具主导性的作用";并且,这一项目,作为传播西方理念,主要是美国理念的载体,对发展岛民文化反而起了反作用(Plant,1980)。关于信息的单向自由流动如何在向第三世界国家提供"技术"援助的幌子下得以实现的具体经验研究,可被认为是所有这类援助的净效果,包括对通信卫星系统的使用。

有一项理论原则显然适用于为抵制垄断资本主义制度的等级权力结构而建立水平传播网络的所有行动——不论这些努力出现在资本主义核心地带还是外围国家。对传播手段的控制是政治权力的基础。作为商品的受众群体试图改变其受支配地位的条件和方式的努力将会失败,因为对他们的水平传播网络的控制权掌握在统治者手中。那些发起和激活这一制度的赞助商和官僚机构将大获全胜。积极地说,要实现成功的水平传播需要满足如下条件:本土群体必须掌握控制权;这些群体启动相关项目并加以主导,同时设定目标并为实现这些目标展开斗争。

在摆脱意识工业的控制的道路上,利用水平传播来实现目标的理论,必须是包含刚才讨论的战略和策略的一般理论的一部分。相反,事关垄断资本主义制度如何转型的普遍理论,必须处理体制内的传播如何运作、舆论如何被生产出来并维系现状,以及被统治阶层如何生产舆论以在现有的政治经济结构里完成重大变革等问题。

在资本主义核心地带争取解放的一般理论将认识到,只有动员舆论争取人民的解放,才能实现其目的。这一要求不能由上至下地强加给人民。不存在什么神秘的传播黑匣子可以解决这一问题。这种动员涉及在辩证的矛盾关系以及统治结构中,理解与把握人民的诉求。由此获得的知识将被集中起来,并在此基础上制订行动计划。然后,这个计划及其合理性会被传播给人民。艺术家和其他知识分子在这一过程中所起的作用是收集和分析所需要的知识,并制订和执行由此产生的行动计划。计划完成后,他们还要继续分析人民的需求。民主解放斗争的前提是对专业人士、艺术家、科学家、工程师及其他知识分子进行祛魅。除非"**红专**"压倒"**白专**",否则资本主义的阶级关系就会被不断地再生产出来。

附　录

电子信息老虎,还是无线电频谱的政治经济学和第三世界的利益?

当前,无线电频谱(欣奇曼[Hinchman]更为恰切地称它为**电子空间**[electrospace])①之于传播通信领域的意义,相当于土地之于庄稼、水之于鱼。它是一种特殊的自然资源。在很大程度上,社会科学家忽略了它的政治—经济和社会意义。如同人类环境的其他所有特征,我们只能通过它与人类的关系来认识它。至少两千年以来,西方法律认为,财产意味着关系,而不是某样事物。财产有三类:(1) 私有财产(拒绝他人使用或占有某物的可强制执行的主张);(2) 公共财产(社会和个人对社会和个人可以使用某物的条件的各自要求);(3) 国家财产(国家使用某物的专属权利,例如军队)。②随着生态危机的加剧,人们的注意力已经从私有财产转移到公共财产。公共财产的主要经济特征是,个人使用会削弱或破坏资源为社会服务的能力。唯有通过政府政策强制推行有关个人和集体使用资源的福利标准,才能避免哈丁(Hardin)所说的"公地悲剧"。③

无线电频谱资源与其他自然资源不同,它在很大程度上具有以下一些独一无二的特点:

1. 无线电频谱最初和现在的主要用途是在信源和信宿之间**分享**信

---

① Hinchman, W. R., "Use and Management of the Electrospace: A New Concept of the Radio Resource," IEEE International Conference on Communications, Conference Record, Boulder, Colorado, June 1969, pp. 13.1-13.5.

② MacPherson, C. B., *Property: Mainstream and Critical Positions*, Toronto: University of Toronto Press, 1978, chap. 1, 2.

③ Hardin, Garrett, "The Tragedy of the Commons," Science, Vol. 162, 1968, pp. 1243-1248.

息,例如传播。次要用途是测量,例如雷达测量、大地勘探等。没有任何其他资源的主要功能是传播和保留信息或其他。

2. 既然某一民族或某一阶级的使用者可以使用无线电,那么所有民族和所有阶级都可以作为使用者使用它。例如,在第二次世界大战期间,交战国一直遵守国际电信联盟制定的国际规则,该规则保证它们可以不受干扰地使用无线电频谱资源。因此,有必要在世界范围内建立合作关系,以保证每个人都能使用无线电频谱资源。然而,正如我们即将说明的那样,世界上绝大多数人口将有意利用无线电频谱的干扰来阻止少数人的反人类行为(例如侵略战争)。

3. 无线电频谱资源永远不会耗竭并且可以自我更新。的确,使用者之间会有干扰(国际规定已经将其减至最少),但是这种"污染"会在干扰者停止干扰后立即消失。其他自然资源都是可耗尽的,对于土壤、水和空气而言,再生可能需要花费数百万年的时间,并通过食物链改变有机生命。

4. 对无线电频谱使用权的测量是概率性的,而不是离散地进行的。

5. 由于无线电频谱资源被用于传输信息,也因为对信息流的控制是政治权力的基础,所以对无线电频谱资源的使用的控制权,与在世界社区中获得主权席位紧密相连;当前,世界社区是以民族——国家的形式组建起来的。没有其他资源具有这样的政治、策略和战略意义。无论发生政变还是革命,掌握控制无线电资源的能力都是根本的措施,因为通过控制无线电,甚至可以指挥军队。同时,世界各国必要的共同决策有助于世界主权的行使。因此,国际电信联盟对使用无线电频谱资源的管制证实了如下事实:根据国际法,无线电频谱资源的所有权不是归属于个人或国家,而是归属于全人类。

根据以上这些特点,我们可以把无线电频谱资源部分归类于世界范围内的公共财产,部分归类于国家财产。不像其他资源,无线电频谱资源是世界财产的第一种形式。

正如更多我们所熟悉的资源,工业化国家首先确立了对无线电频谱资源的使用,并让其服务于帝国主义的利益。就像对待其他自然资源那样,当前,第三世界国家开始关注改变无线电频谱资源准入权的不平衡分配局面。最近,苏丹信息部部长阿里·舒默(Ali Shummo)表示,发达国家"……拥有90%的频谱资源和10%的人口,而我们拥有90%的人口和10%的频谱资源"①。此处,我主要考查无线电频谱资源的政治—经济维度,并辨识不同的政党对这些资源的使用及其各自的利益。

什么是无线电频谱资源分配?

　　无线电频谱资源分配过程的技术特征是什么?无线电频谱由磁场和电场组成,能够以不同长度的连续波传输电磁能量。当这些波产生并有信息负载其上时,就可以在一定的限制条件下进行解码。这些限制条件由地球上的环境所设置。只要自然和人为的噪声(包括非预期信号)不产生无法忍受的干扰,这些限制条件就会影响电波的传播。电波传播的特点基本上受制于环境的传导特性。无线电波在地表水中比在土地中传输得更深,土壤的性质会影响电波传输的范围。迄今,热带地区的雷暴和湿度影响了用于热带地区的无线电广播的中、低频率的有效传播。夜间的低、中和高频率无线电波遇到对流层会发生反射,有助于长距离的传播;在白天,无线电波穿过对流层进入外太空,这些频率的传输仅剩下地面电波。在特高频、超高频甚至更高的频率范围内,传输越来越受限于视野范围:山脉或建筑阻碍信号的传输,或把信号转成多通道接收并导致"假峰"效应。其他技术变量也会影响无线电波传输的效率,其中包括调制信号的类型(振幅、频率、脉冲时间等)、信道的宽度、发射和接收端的天线容量、发射时的功率、信号的极化(垂直的或水平的)、设备定向传输信号的能力、多路传输与单路传输性能等。

　　简单地说,频谱资源管理是一个包含着三个相互决定的步骤的过程:

---

① 转引自 Howkins, John, "The Management of the Spectrum," *Intermedia*, September, 1979, p.12。

第一步是根据工程标准确定应使用的特定频率的特定类别,这些工程标准考虑了刚才所说的环境和技术参数。这一步骤可以通过运输机构使用无线电的情况来说明。例如,航空公司需要不同用途的无线电频率:长波用于海上导航和远距离通信,短波用于地空之间或者机场的通信。这意味着被分配的频率位于不同的频谱范围;在这些频谱范围内,传输条件要适合频率的不同用途。因为飞机和轮船的航行范围遍及全球,它们不管去向**何方**,都必须能够使用**相同的**频率波段。制定具体的标准是第一个步骤中同样重要的问题,因为唯有借助这些精心设计的标准,才能最大限度地提高使用效率(并尽可能地减少干扰)。

第二步是在考虑**特定**频带、使用类型,以及针对无线电服务的**特定**类型所制定的工程技术标准等因素的基础上,确定给定的半球、区域或国家所使用的发射台和接收台的位置。例如,一定数量的电视台也许应当建立在特定的地点,以服务于特定的人口。

第三步是根据特定的工程技术标准,决定执照的发放,例如决定谁可以在特定的发射和/或接收点提供某一类型的服务,或进行运营。

上述三个步骤相互决定,这一点毋庸置疑。因为第三步可以体现出频谱资源管理过程的目的,所以似乎我们也可以调换步骤的先后顺序,但是我们也注意到这样一个事实:世界范围内无线电频谱资源的管制结构,会迫使在第三步产生的压力进入第一步开启的决策过程。

自无线电技术被发明以后,近一个世纪以来,这一分配过程已经发展为一种等级体制结构。当前,由 154 个国家组成的头部集团控制着频谱资源的分配过程。其中,每一个国家作为国际电信联盟的成员之一,都能投出一票;这个集团将前文提及的第一步保留在国际电信联盟内部,并将整个过程的具体执行权下放给联盟下属的各类"会议"和民族国家。照此方式组织起来的制造并研发电子设备的企业,以及每一个不同类型的频谱使用者(如航空、海事等)都参与了这一过程的每一个阶段,代表它们的同业公会也参与其中。在这样一个结构紧密、复杂的人类组织内部会进行不定期的协商,以做出决策。这些协商的高峰就是国际电信联盟举办的各种会议,名为"世界无线电行政大会",会议旨在重新考虑和修正无线电频谱资源的管理内容和模式。1979年9月在日内瓦召开的世界无线电行政大会(WARC-79)是20年来首次举办的这类会议,该会议做出的决议重新规定了无线电频谱资源的使用原则,有效期至少到2000年。

它是怎样工作的？谁能从中获益？

无线电频谱资源的世界管理过程是怎么产生的？谁会从中获益？谁的利益会因此受损？它是如何帮助生活在资本主义核心地带之外的国家的人依附核心地带的占支配地位的政治结构的？当英国、德国、法国、美国和俄罗斯开始使用马可尼在19世纪90年代发明的无线电信息传输技术后,这一过程就启动了。起初,军方想借助无线电技术与海军舰艇和陆地上的哨所保持沟通,以服务于大国的帝国主义利益。无线电频谱资源的分配经常引发大国在合作过程中的相互对立。在1903年召开的管制无线电频谱资源的首次国际会议上,德国政府代表的发言表明,德国已经意识到这一矛盾：

> ……旨在消除国家之间的相互干扰的条款的出台,将阻止"一场针对所有人的战争"。[①]

每个国家的军队通过研发、财政援助和设备制造合同,与商业企业（具有科学和工程技能以及在电气系统,特别是电话和电报市场的利益）分享其在无线电艺术方面的经验。这个军工联盟在无线电通信领域推动了知识、设备和实践的发展。在第一次世界大战期间,各种资源首次被投入这一发展过程。到了1920年,致力于无线电生产和研究的私营企业已经形成很大的规模。当战争结束,同样的几家大公司从军用转向民用,开发民

---

① Codding, G. A., *The International Telecommunications Union*, Leiden, The Netherlands: E. J. Brill, 1952, p. 85.

用商品市场,其中最引人注目的商品包括无线电广播,改良有线电话和有线电报性能的设备,用于警事、航空和非军事船舰的无线电通信设备等。用现在的行话说,无线电频谱资源的民用用途,只是基于军事目的而得到了战时资助的研发项目的副产品而已。理解这一点是理解对无线电频谱资源的开发利用的周期性波动的关键。第二次世界大战之后、20世纪50年代早期的冷战期间以及始于1958年的超级大国之间的太空竞赛之后,对无线电频谱资源的开发和利用都到达过顶峰。在每一种情况下,基于军事目的的密集政府开支催生了电信领域的密集研发项目,而所有的研发都依赖对无线电频谱资源的使用。

当分析与这一动态过程有关的国际电信联盟分配会议的综合性模式时,我们似乎能发现,在主要的工业国家支配这一过程的时期,无线电频谱资源的发展呈现出"连续新高"的特点。国际电信联盟对分配和标准的新的审查和修订,将使新的发展达到较高的水平。召集这样一个国际电信联盟会议的理由将是以下两点或者其中一点:(1)在早先的频谱频率分配决策下进行革新所导致的实际干扰的叠加;(2)自最新一次分配决策以来的研发情况所导致的变革新的无线电服务的压力的叠加。在国际电信联盟对分配和标准进行修订以回应上述某一种或两种情况时,下一次发展的新高将会出现。

这些发展新高的边界和时机并不准确,但这样的发展模式看起来与对不同地区的频谱资源的不断勘察和使用相适应。因此,中低频区(低于3兆赫)就成为19世纪90年代至20世纪20年代间无线电技术革新所占领的高地。第一次世界大战后无线电技术的进步,以及既有的无线电分配惯例所导致的令人无法忍受的频率干扰情况,直接导致国际电信联盟会议1927年在华盛顿召开。在这场会议与1932年的马德里会议之后,与会者针对高频区(3兆赫—30兆赫)的无线电分配和标准达成了共识。固定运输(公共承运人)、海运、航空、国际(宣传)广播、陆地移动通信(例如警用)和政府公职通信(主要是军用)等领域迅速占领了高频区;至1947年,严重的频率"拥塞"和干扰现象已经出现,这导致1932年制定的频谱分配计划和标准显得不合时宜。第二次世界大战期间,得益于政府的巨额研发投入,甚高频(30兆赫—300兆赫)已经可以使用,而实际上,这些甚高频在国际电信联盟出台最后的分配政策之前就已经用于军事项目。因为这场战争,国际电信联盟针对上述频率的分配和标准依然处于萌芽阶段。在战前国际电信联盟召开的最后一次世界大会上,它就属于有待开发的"前沿"领域。1947年在大西洋城召开的国际电信联盟会议再次理顺了适用于已被开发的高中低频区的分配原则和标准。会议还确立了使用甚高频和特高频(300兆赫—3000兆赫)的基本原则,这使得军方开始率先探索超高频(3吉赫—30吉赫)这一无线电频谱新前沿阵地。至1959年,在某些甚高频和特高频区(主要因为陆地移动服务的快速发展)调解"拥塞"现象的压力,以及为军用和民用通信卫星制定超高频分配原则的压力,导致另一场国际电信联盟会议的召开,目的是解决这些问题。相应地,在1959年至1963年间,超高频区必要的分配原则和标准也被制定出来,这使得军方又开始带头探索极高频(30吉赫之上)这一更新的前沿。自20世纪60年代中期以来,工业化国家在某些已经分配好的频段内遭遇严重的拥塞问题,特别是在高频、甚高频和特高频段,还有加诸超高频段的尚未化解的压力。同时,在世界无线电频谱资源管理过程中出现了一股新兴的力量,即第三世界国家和地区的诉求。这些诉求构建了由新议题组成的议程,要求1979年世界无线电行政大会采取进一步措施,理顺世界无线电频谱资源的管理方式。

在考虑这些议题之前,有必要说明一下前面提到的这些必要的、概括性的分析的某些限定条件。

第一,无线电频谱资源分配框架的完整范围,即此前所总结的三个相互作用的阶段,直到1947年国际电信联盟的大西洋城会议召开时才真正形成。无线电资源管理的理论和实践,也因此产生于与必然出现的实际矛盾有关的理论和实践的相互作用;它并非产生于真空。[1] 无线电分配实践

---

[1] 有关这一问题的详述,请参见 Smythe, Dallas W., *The Structure and Policy of Electronic Communication*, Urbana: University of Illinois Press, 1957, pp. 61-63。Republished in Kittross, J. M., *Documents in American Telecommunications Policy*, New York: Arno Press, 1977, Volume 2。也可参见 Codding, G. A., Jr., *Broadcasting without Barriers*, Paris: Unesco, 1959。

最初仅关注在设备标准和程序上达成国际共识,以将频率干扰减至最少;这是第一届(柏林,1906年)以及第二届(伦敦,1912年)无线电电报会议的主旨。在1927年的华盛顿会议上,关注重点从运行程序和设备标准转移到全方位地分配频谱资源(包括为不同类型的用户指定频率和为设备指定地理位置)。至1932年,在马德里会议上,无线电频谱资源管理部门与1865年成立的国际电报联盟(International Telegraph Union)合并成国际电信联盟。随着1925年欧洲广播联盟(European Broadcasting Union)的成立,区域频谱管理开始与世界范围内的频谱管理协调起来,就频率分配、标准以及无线电广播的运营程序进行协商,并召开了一系列相关会议,直到今天。1937年,《美洲区域广播协定》(Inter-American Regional Broadcast Agreement)(古巴)使北半球此类问题的国际协定正常化,该协定始于1927年美国和加拿大之间的"君子协定"。此外,国际电信联盟的做法是采取世界会议的形式,致力于为特定用户和特定频谱地区制定分配原则,例如1977年世界无线电行政大会处理的就是直接卫星广播问题。

第二个限定条件是第一个限定条件的另一方面。尽管世界各国从未把使用特定无线电频谱资源的权利排除在"世界产权"这一概念的范围之外,但这种权利在实践中往往被视为基于先到先得政策的政治经济权力的核心基础之一。在正式帝国(formal empire)时代,加入国际电信联盟(及其前身国际电报联盟)的一个条件是,各帝国享有"殖民投票权"。例如,在1927年,英国、法国、美国和俄罗斯帝国(如果当时还存在的话)各自拥有6票的投票权,意大利和荷兰各3票,比利时、日本和西班牙各2票。苏联由于被排除在会议的成员国之外,所以没有投票权。①第二次世界大战后,当正式的帝国分崩离析,国际电信联盟附属于联合国时,投票规则第一次变成一国一票。

相较于投票权,维持帝国权力更微妙的基础在于赋予某些国家务实的"优先权",即这些国家可以事先"告知"国际电信联盟它们想使用特定无线

---

① 在赫伯特·胡佛(Herbert Hoover)部长的建议下,德国尽管不再是殖民国家,但仍然在那次会议上拥有6票的投票权。

电频谱资源的意图（这就是前述管理过程第三阶段的产物）。这一原则在1906年的柏林会议上通过。在这个意义上说，美国很早就为1945年后在世界电信领域的主导地位和它所维持的正式帝国奠定了基础。美国海军通信部门主管在谈到20世纪20年代中期时说，"……最重要的事情是获得分配下来的渠道，这样才能抢在其他国家之前在国际事务局（International Bureau）进行注册"①。1945年，美国实际上抢先成功地使用了无线电频谱资源。在4兆赫—20兆赫这一频段，当时最拥堵和使用频率最高的频段，美国实施了频率分配登记制度，并宣称这些频道被"永久地分配给美国电台"。此类"标准频道"总计达1699个，略多于**世界上可用的此类频道的一半**。②根据注册日期"优先"分配的政策满足了资本主义制度的扩张诉求，并通过民族国家发挥作用。正如将要看到的那样，这一政策自20世纪60年代中期以来，在国际电信联盟的会议上遭遇了第三世界国家的正面攻击。

这种先到先得、登记优先的政策被合理化为国际无线电管制的一种纯技术方法。国际电信联盟被工业化国家誉为"非政治性"国际组织。事实上，这一政策同样体现了占有性个人主义的意识形态。当这种意识形态被应用于其他自然资源（大气污染、臭氧层退化等）时，"公地悲剧"的后果就是不可避免的。实际上，正是为了维护大国利益而将国际无线电频谱资源管制政治化的做法，与第三世界的积极规划路径——主张全世界共享无线电频谱资源这一公共财产——产生了正面冲突。这是"技术"的政治本质的极好例子。

第三个限定条件与独特的自然资源的分配过程理论有关。包含了竞争性假设的新古典主义市场理论，显然不适用于典型的垄断民用无线电服务市场。在渔业和林业中发展起来的公共财产理论可能会有所帮助。诸如此类的批判性、历史性、现实性分析，避免了经济学理论中粗陋的狭隘观

---

① United States Senate, Committee on Interstate Commerce, *Hearings on S. 6*, 71st Congress, 1st Session, testimony of Captain S. C. Hooper, 29 May, 1929, p. 319.

② United States Senate, Subcommittee of Committee on Interstate Commerce, *Hearings Pursuant to S. Res.* 187, 79th Congress, 1st Session, Part 1, pp. 110-114.

点,并且对本部分一开始就讨论的无线电频谱资源的理论的独特方面持开放态度。大卫·李嘉图(David Ricardo)的地租理论可以有效地应用于多个领域。他区分了(土地)耕种的粗放边际和集约边际,这一点对于我们的分析尤其有意义。他将**经济地租**定义为"为使用土地原有的和不可摧毁的生产力而付给地主的那一部分土地产品"①。在区分商业租金(包含经济租金、利息和因改良土地所获取的利润等在内的复合体)和经济租金的基础上,他把粗放边际确认为"最后"一批尚未耕作但即将耕作的土地,把集约边际确认为向地理位置优渥并早已耕作的土地的所有者追加资本所获的报偿。因此,竞争性市场条件下的经济地租其实就是以高成本耕作边际水平衡量的农作物价值,同在粗放边际和集约边际条件下生产的农作物价值之间的差额。

若将这一理论应用于无线电频谱资源的使用过程,我们可以把粗放边际定义为在指定时间点使用无线电指定频区的"最后边沿"。集约边际则存在于此前对无线电频谱资源(既在那个频区又在早先已被开发利用的频区)的使用中。我们发现总统的传播政策专责工作组(President's Task Force on Communications Policy)已经做了这一区分:

> 关于频谱资源的集约型使用,我们是指不止一方对同一频谱资源进行同步、可兼容的使用;与其形成对照的频谱资源的粗放型使用,则意味着使用迄今完全未被使用的频谱资源。②

因此,随着时间的推移和人口与工业规模的增长,经济租金将从使用无线电频谱资源(如同使用土地一般)中产生,并且,租金由那些获得了执照、在粗放边际和集约边际的模式下有效地使用这些有限资源的机构收取。这是不劳而获的增值。如果承认这种不劳而获的增值确实存在,而且是由社会的进步造成的,那么社会作为一个整体来设计税收政策或收取费用,以

---

① Ricardo, David, *Principles of Political Economy*, London: J. M. Dent, 1817, 1926(Everyman Edition), p. 33.

② Rostow, Eugene V., *The Use and Management of the Electromagnetic Spectrum*, Part I, Washington D. C.: United States Department of Commerce, 1969, p. 78.

将增值的一部分或全部返还给社会自身,才是公平的。

从 1879 年至 20 世纪 30 年代,试图从私人土地所有者手中收回不劳而获的增值的努力,并没有在资本主义体系内获得普遍认可,因为资本主义意识形态把土地尊崇为私有财产。[①] 对公共财产的不劳而获的增值征税就不会被加上污名。对无线电频谱资源的分配属于公共财产领域。这是从广播电台、电视台或网络运营中赚取高额利润的基础。向因使用无线电频谱资源而获得的全部或部分不劳而获的增值征税,就是向人民集体返还只有人民作为集体才能生产出来的东西。这或许对资本主义核心地带和第三世界国家的人民都有益。

第四个限定条件与无线电频谱资源所谓的"稀缺性"有关。我们注意到,由于存在抢先登记和容许部分频谱资源处于未被使用或未被充分使用的状态的情况,所以出现了大量闲置的频谱容量。然而,除此之外,原则上并不存在无线电频谱资源的绝对稀缺。更准确地说,无线电频谱资源在任何给定的短时间内都是**有限的**资源。如果频谱资源的用户和潜在用户愿意采取某种特定类型的行动,这些限制(包括不可容忍的干扰)可能会被取消。第一种行动是投入必要的资源进行研究和开发,以改进实践。对无线电频谱资源分配过程中出现的严重拥塞和"沉默危机"的关注在 1969 年达到顶峰,面对这样的情况,一份美国政府的报告这么说:

> 如果有人愿意支付费用,或者订立技术标准,从用户那里榨取费用,那么频谱资源的潜在传播能力将远远超出任何预计的需求。[②]

第二种人们可以采取但很少采取的行动是要求淘汰陈旧设备,以及在特定的频段中取消没有充分理由的使用类型。这无非是推行一种对积压报废(accrued obsolescence)的强制性接受。第三种行动是要求组织革新

[①] George, Henry, *Progress and Poverty*, San Francisco, 1879; Young, Allyn A., *The Single Tax Movement in the United States*, Princeton: Princeton University Press, 1916; Haig, Robert M., *The Exemption of Improvements from Taxation in Canada and the United States*, New York, 1915; Brown, H. G., Buttenheim, H. S., Cormick, P. H., and Hoover, C. E., *Land Value Taxation around the World*, New York: Robert Schalkenback Foundation, 1955.

[②] Rostow, 同前, p.78.

以节约对频谱资源的使用。"不可分割的共同利益"这一运营模式就是海底电缆通信领域中我们熟悉的一个例子。50多年前,美国的频谱资源管理人员强制创建了一个单一的运营实体航空无线电公司(ARINC),为众多竞争激烈的美国航空公司提供无线电通信服务,而这些航空公司中的**每一家**此前都要求拥有频谱空间。第四种行动一定程度上已经实施了,它就是"无线电通信纪律",即将**不同的**无线电频谱资源用户的运营行为加以整合,以保证渠道使用效率的最大化。以上四种行动的实施都在工程师、管理者以及管制人员的能力范围内。我们应该指望管制人员,而不是经济学家实施这些措施。

此处并不适合讨论20世纪世界最先进的工业化大国如何让因使用无线电频谱资源而被赋予的权力有效地服务于自身的利益。其他学者已经有过相关论述,还有更多的学者将就此议题展开论述。① 很明显,以美国为中心的核心国家将无线电频谱资源当作它们的军事、经济和政治权力的基础加以使用。大多数受到控制的跨国公司都依赖这一基础。那些从事生产、销售、租赁或计算机运营等业务的跨国公司,只有依赖这一基础才能建构起它们遍及全球的跨国数据远程处理和存储网络。② 使用无线电频谱资源的国际传播绝大部分流向美国,或来自美国。③ 资本主义政治经济体系本质上就是依赖电子传播的体系。广义上说,传播的净流量主要从核

---

① 直接或在一定程度上讨论无线电技术应用的作品包括:Schiller, Herbert I., *Mass Communication and American Empire*, Boston: Beacon Press, 1971; *The Mind Managers*, Boston: Beacon Press, 1973; *Communications and Cultural Domination*, White Plains, New York: International Arts and Sciences Press, 1976; Hamelink, Cees, *The Corporate Village*, Rome: IDOC International, 1977; Matterlart, Armand, *Multinational Corporations and the Control of Culture*, Brighton, England: Harvester Press, 1979; Wells, Alan, *Picture Tube Imperialism*, Maryknoll: Orbis Press, 1972; Smythe, Dallas W., *The Structure and Policy of Electronic Communication*,同前。

② Schiller, Herbert I., "The Transnational Corporation and the International Flow of Information Challenges National Sovereignty," *Current Research on Peace and Violence*, Vol. 2, No. 1, 1979, pp. 1-11.

③ 早在1963年,世界国际通信领域的电话营收的70%来自美国(作为起点或终点),其余的大部分来自西欧。可参见 Reiger, S. H., Nichols, R. T., Early, I. B., and Dews, E., *Communications Satellites: Technology, Economics and System Choices*, Santa Monica: Rand, 1963, p. 66; American Telephone and Telegraph Company, *Estimated Overseas Telephone Message Traffic*, 1960, New York, October, 1961。我想起了1963年信息的物理流动的总量。相关资料显示,世界范围内超过80%的跨国通信来自美国大陆或者目的地是美国大陆。

心地带流向边缘国家。其他自然资源（劳动力和原材料）的产物的流向却是从边缘国家流向核心地带。第三世界国家之间的横向流动绝对不能与工业发达国家之间的流动相提并论。当然，这种情况是动态的，而非静止的。资本对于扩张的诉求不断地驱使资本主义体系向此前尚未被开发的市场渗透（当前就是中国）。

与此同时，通过远程处理和无线电频谱进行的信息交换过程非常不稳定，容易中断。普罗曼在总结法国和瑞典政府的报告时说：

> 瑞典政府报告的主旨在于……计算机化的数据系统较为显著地加深了现代高度工业化社会的脆弱程度；脆弱程度高得令人无法接受；若不采取相应的防范措施，脆弱程度将继续升高。社会的脆弱程度由一系列因素所决定。根据报告，最重要的因素包括：对外国的依附；体制的集中化；依附极少数专业运营者；特定信息的敏感本性。恐怖主义活动与其他犯罪行为，威胁、制裁与战争随时会出现，或者在这些脆弱性因素的助力下，更容易出现。部分因素甚至有可能强化灾难和事故的影响。
>
> 我们应当把脆弱性的程度与受保护的程度，放在一起考虑。例如，委员会研究了连接数据库的电信电路。他们发现：就技术故障而言，社会受保护的程度非常高；在自然灾害（例如风暴、地震、火灾等）面前，受保护程度属于中等。更有趣的是，人们发现，面对蓄意攻击时受保护程度最低。

在讨论完面对外部攻击的脆弱性后，他接着说，

> 内部因素主要是指数据系统自身的脆弱性。某些信息（例如，人口普查信息、行业信息、健康与社会福利数据、犯罪与警方记录）因其固有内容的原因，极容易受到攻击。某些数据系统在功能上便十分脆弱，比如公共部门的行政管理系统和私营部门的商业、工业等领域的特定数据系统。内部脆弱性还受如下因素的影响：地理集中度与功能集中度；系统间不断增加的协同、整合与相互依赖；数据使用者缺少足

够的训练与知识(有时在无意中导致了错误);计算机程序的质量低;对某些关键人员的过分倚重;等等。(Ploman,1978,p.28)

借用毛泽东的名言,垄断资本主义是否有可能已经成为电子信息老虎,而不是纸老虎?

第三世界国家在无线电频谱资源分配中的利益是什么?

看起来,人们在这个世界上所面对的大部分问题,在一定程度上都表现为围绕无线电频谱资源的分配而出现的多重矛盾。但是,制约和支配它们的主要矛盾是人口只占世界一小部分的高度工业化国家和人口占世界大部分的前殖民地和新殖民地国家之间的矛盾。更确切地说,它存在于人民与源自资本主义历史的特权阶级的等级结构体系之间。资本主义核心地带(美国和西欧、日本的市场经济体)依然支配着这一体系,尽管苏联及其卫星国家已经具备了核心地带的某些特征。在国际电信联盟的 154 个成员国中,大约三分之二来自第三世界:历经两次世界大战,以及苏联和中国革命摧毁了旧帝国后,这些边缘社会脱离了 19 世纪类型的帝国统治。这些社会在人口规模、自然资源、文化特征以及追求物质进步的目标的程度等方面差异很大,但它们享有如下相同的利益(尽管程度有所不同):

1. 在资源和劳动力被资本主义掠夺长达一到五个世纪之后,它们在"贸易条件"和贸易结构上享有共同利益。这意味着,它们需要通过提高出口到发达工业国家的主要商品的价格来理顺自身与发达工业国家之间的经济关系(就像石油输出国组织成员国那样)。同时,它们作为单个国家或者区域集团都需要发展横向贸易,并通过比较优势的发展模式减少对资本主义(主要通过跨国公司)所支配的专业化的依赖。在使用资源时进行经济规划是很有必要的。

2. 为了发展成完全独立而非欠缺独立性的国家,它们需要资金。它们需要**无附加条件的**长期贷款或资本馈赠。它们意识到,与购买西方技术的义务绑定在一起的贷款,将摧毁第一个目标的成果。

3. 假如它们要发展成为独立国家,一个绝对的要求是,它们必须拥有、控制和运营它们自己的通信体系。它们掌控自己的通信体系,对自身的独立发展,与发展自身的军事能力一样具有重要意义,甚至具有更为重要的意义。原因在于,外国对通信体系的控制会发挥特洛伊木马那样的作用,让军队瘫痪并导致路径依赖。通信体系不需要,在大多数情况下也不应当过于复杂,例如它们都以计算机和数据银行、交互性电视—可视图文等为特色。如果我们能回忆起以下事实,那是很有意义的:伊朗人民在成功推翻伊朗国王并由此掌握自己的命运的过程中所使用的"设备",无非是清真寺、纪念活动(宗教集会)、会议、集市、盒式磁带、影印机、磁带录音和电话等并不复杂的传播手段。①

对第三世界国家来说幸运的是,在参加1979年世界无线电行政大会之前,它们通过不结盟运动进行了一些集体准备工作。不结盟运动起源于20世纪20年代第三世界国家对殖民主义的共同敌意。它的组织形式是召开一系列会议,第一次会议于1955年在万隆召开。自1973年不结盟国家在阿尔及尔召开会议以来,文化与通信领域的工作借助众多国家、地区和国际层面的会议,突飞猛进;这些会议的组织者包括政府部门、非政府机构、个人或组织,会议的议题是政策导向或研究导向的。为了回应第三世界新成员国的诉求,联合国教科文组织从20世纪70年代初开始主办了更多的会议,并帮助不结盟运动建立了自己的新闻机构。与此同时,不结盟运动抨击了美国写入联合国教科文组织宪章的"信息自由流动"原则,并在1976年于内罗毕召开的联合国教科文组织大会上成功地对其进行了实质性修改。在准备参加1979年世界无线电行政大会的过程中,不结盟运动举行了一系列会议。在雅温得的会议结束时,它们的电信协调委员会(Telecommunications Co-ordination Committee)声称:

与会者认为,国际电信联盟有必要全面修改无线电通信条例,以

---

① Mowlana, Hamid, "Technology versus Tradition: Communication in the Iranian Revolution," *Journal of Communication*, Vol. 19, No. 3, Summer 1979, pp. 107-112.

确保分配给每个参与国的无线电资源得到适当的法律保护。与会者重申不结盟国家希望公平使用固定卫星业务轨道。它们还审查了与技术转让有关的某些问题,并强调不结盟国家必须制定自己的电信政策。它们决定成立一个专家组负责审核涉及共同立场的文件……喀麦隆负责邮政与电信事务的国务部长埃贝·塔比(Egbe Tabi)透露,工业化国家在不断提高无线电通信设备的价格,并强调必须建立一个新的、平衡的世界电信秩序。

几年前,很明显,第三世界国家将会反对"先到先得"原则,即在国际电信联盟内部分配频率波段和电台,以此冲击国际电信联盟以前的分配政策的核心。实际上,它们要求对无线电频谱资源的使用进行积极的、长期的规划,并保留那些尚未准备好使用这些频谱资源的国家(通常是它们自己)的频率分配权利。1974 年,国际电信联盟海事会议(ITU Maritime Conference)商定了一项计划,即根据数学的公正原则分配无线电频谱资源。同样,1977 年世界无线电行政大会针对直接广播卫星采纳了:

> ……一项全面的计划,将国际电信联盟 1 区和 3 区(除美国以外的世界其他地区),以及在为覆盖地面指定服务区域而设立的特定轨道位置上的个别频道(频率)和极化,都纳入国际电信联盟的行政管辖范围。①

这种更有序地使用频谱资源的做法遭到了美国、加拿大和巴西的反对,这三国成功地阻止了针对 2 区的类似计划的出台。

法国电信工程师协会(Ingenieur Generale des Telecommunications)于 1977 年指出,在此前召开的世界无线电行政大会上,分配的基础本质上是技术标准,但是

> 如今,这种纯粹的技术思维已不再可能。在确定优先事项时,除

---

① Gould, R. G., and Reinhart, E. E., "The 1977 WARC on Broadcasting Satellites: Spectrum Management Aspects and Implications," *IEEE Transactions on Electromagnetic Compatibility*, August 1977, p.171.

了技术因素,必须同时考虑经济、社会和政治因素。我们不能忘记各种业务之间、用户之间以及最终的个人之间,必须实施微妙的公正原则。①

与第三世界主张的这一要点相反,

> 美国国务院代表工业国表示,"频谱资源的分配应基于已证明的需要和使用这些资源的能力。我们的关切在于:现有的固定分配计划,与使用频谱资源的诉求和能力无关,只是把频谱资源和轨道空间分配给国家或地区,这样有可能无法保证对频谱资源的优化使用,或有可能无法提供**足够的驱动力,以采用能够节省无线电频谱资源的技术和模式**"。**苏联大体上持同样的立场**。②

国际通信协会下属的杂志《跨媒体》(Intermedia)的编辑在提到海事和广播卫星计划时,这么评论:

> 这些计划很粗糙,缺陷也很明显。但是,以更优的管理、计划以及干预为目标的行动是无法阻挡的,而且理由充足。
>
> 必须指出,在这些问题上拥有丰富的资源和高超的技术的工业大国既没有使用它们的资源,也没有使用它们的技术来寻求更好的规划。它们发现要适应新的形势非常困难(在大多数国际舞台上,不管涉及原材料还是技术,这种不作为再常见不过)。只要可能,它们宁愿维持传统的方式,而不是想着要成功地开发新的方式……
>
> 一些工业国家长期以来习惯了享有占有者的权利,认为国际电信联盟的新目标让人生厌。一些发展中国家则视国际电信联盟为唯一的平台,认为大多数成员国可以在这个平台上一起纠正过去70年间的错误。
>
> 随着电信技术越来越明显地成为国家发展过程中不可缺少的一

---

① 转引自 Howkins, John, "The Management of the Spectrum," Intermedia, Vol. 7, No. 5, September 1979, p. 14。
② Ibid., p. 14;黑体为作者所加。

部分,它的政治内涵也越来越清晰,越来越有力。我们不可能说通信是社会组织(无论是一个城市还是一个大洲的社会组织)的核心,然后指望政客把未来的发展留给工程师(和商人)。本月召开的世界无线电行政大会从这一政治意识中获得了很多潜在的成就,也因此引发了诸多争议。①

在坚持积极的频谱资源规划方案之外,第三世界国家在1979年世界无线电行政大会以及下一次即将在1982年召开的国际电信联盟全权代表大会上还有一系列亟待实现的目标。其中之一是将遥感卫星置于有效控制之下;目前,美国的地球资源卫星正在侵犯另一国家的权利,在未获许可的情况下对其矿产、作物和其他物理特征进行了探测和测绘。第三世界国家迫切需要分配热带国家进行广播所需要的高频和甚高频频谱资源。在1979年世界无线电行政大会的文件公开后,我们或许可以了解更多第三世界国家的诉求。

无论第三世界国家作为国际电信联盟的多数成员将提出哪些具体的实质性要求,这些要求背后的假设都是预测无线电频谱资源管理的未来变化的最佳基础。正如不结盟运动专家德万丁(Tran Van Dinh)指出的,第三世界国家无线电频谱资源政策的基础是:(1)无线电频谱政策是国家主权和独立的一个重要方面;(2)事先同意是现行无线电分配政策的基本特征;(3)积极规划无线电频谱资源的使用是必要的,自由放任是不可接受的;(4)技术绝不是政治上中立的事物,而是高度意识形态化的;(5)人必须永远高于机器和工具;(6)通信"技术"领域的"对外援助"是新殖民主义政策的左膀右臂。②

---

① 转引自 Howkins, John, "The Management of the Spectrum," *Intermedia*, Vol. 7, No. 5, September 1979, pp. 15-18.

② Tran Van Dinh, "The Third World and the 1979 World Administrative Radio Conference (WARC)" (Xerox), 1979.

内在含义

无线电频谱资源的政治经济学要化解一系列矛盾,这些矛盾与人们使用无线电频谱资源时必然的依赖程度有关,而与人们所处的意识形态、文化和经济体系以及各自的利益无关。在其短暂的历史中,国际电信联盟一直被资本主义国家所主导。这些国家的主要关注点是出于军事目的发展和使用无线电频谱资源,并假设世界范围内的人都将容忍资本主义体系所选择的利用无线电频谱资源的任何方式。当然,对无线电频谱资源的使用依赖人民,而且它的性质不同于其他自然资源,这一点也是事实。

在参与分配无线电频谱资源的过程中,世界上大多数人民通过占主导地位的第三世界国家政府,朝着决定无线电频谱资源在未来使用的目的这一方向迈出了第一步。目前,许多第三世界国家的政府不清楚如何使用无线电频谱资源或使用它的过程。因此,1979年世界无线电行政大会是这些国家开始学习的第一步。这些政府会把自己学到的知识传递给人民,因为它们在真实情况中遇到的矛盾教会了它们这样做。

作为国际电信联盟的多数成员,第三世界国家有可能确立有关人类公共财产(无线电频谱)的新型规则。两个假设的例子显而易见:(1) **收回租金**。"发达"国家现在从对无线电频谱资源(以及其他自然资源)的使用中获得了不成比例的好处。现在私人企业从使用无线电频谱资源(明显是通过电视和广播)中抽取的经济租金,产生于人们对一种特殊形式的世界财产的使用。把这些经济租金的一部分或者全部收回来,用于第三世界国家通信系统的发展,显然是公正和明智的。核心资本主义国家将拒绝支付这样的许可费。而且,苏联在麦克布莱德委员会的代表断然反对这种有利于第三世界国家的想法。[①] (2) **保护本国不受他国对本国事务的干涉**。第三

---

① International Commission for the Study of Communication Problems, *Report: Many Voices, One World*, Paris, UNESCO, 1980, p.275.

世界国家可以利用它们的影响力消除军事和通信侵略,这些侵略现在仍在继续侵犯人民决定自己的未来的权利。

这是怎么发生的呢?考虑一下这样的情形。在未来的某一时刻,在第三世界国家的坚持下,国际电信联盟将采取一般性政策,并宣布那些出于军事侵犯和宣传目的而使用无线电频谱资源的行为是非法的。那些潜在的侵略国家肯定会强烈地抵制这一政策,并会正式警告,它们不会受到这一限制的约束。然后,比如说在中美洲,一个第三世界外围国家的独裁者被推翻了。美国会采取经济制裁、大众媒体宣传,或许还有军事援助,甚至公开干涉等手段。第三世界国家通过它们的集体组织主张美国应当即刻停止干涉行动。然而,美国继续其干涉行为。第三世界国家在战略层面上进行精密部署后采取措施,干扰美国对无线电频谱资源的使用:或者是干扰军用无线电频谱,或者是干扰通信卫星的通信等。当然,这样的情况在当前是不现实的。但是假若它发生了,它将是人类发展史上的里程碑:以非暴力的方式防止侵略。考虑到使用无线电频谱资源的实际情况,这在原则上不可能吗?也许不会像那些从拖延中获利的人所假装的那样不可能。

最后,我们想到国际电信联盟总裁顾问琼·培辛(Jean Persin)所说的话。他是一位积极投身实践的工程师,他曾说:

> 如果人们普遍承认,电磁,与被猜想为类似于磁力的引力一起,为宇宙的平衡提供了条件,那么,我们就不必为自己大胆的幻想——通过无线电,电磁也有助于人类世界的和谐——而感到愧疚了。[①]

---

① Persin, Jean, "On the Eve of the Seventh World Radio Conference—The ITU and the International Regulation of Radio," *Telecommunications Journal*, March 1959, p.53.

参 考 文 献

Adorno, T.W. "Kultur und Verwaltung," *Sociologischen Schriften*, Vol. 1, Frankfurt: Suhrkamp, 1972.

Aguirre-Bianchi, Claudio, and Hedebro, Goran. *Communication Alternatives and the New International Order in Latin America*. Stockholm: Latinameriko Institutet, 1979.

Althusser, Louis. *Reading Capital*. Paris: Maspero, 1965. (English ed., London: NLB, 1977.)

American Telephone and Telegraph Company. *Estimated Overseas Telephone Message Traffic, 1960*. New York: October 1961.

Anderson, Michael H. "An Overview of the Wide, Wide World of Advertising and the 'New World Information Order' Debate," August 1979.

Association of Universities and Colleges of Canada. *The Symons Report*. Toronto: McClelland and Stewart, 1978.

Averch, Harvey, and Johnson, Leland L. "Behavior and the Firm under Regulatory Constraint," *American Economic Review*, Vol. 52, December 1962, pp. 1052–1069.

Azril, Bacal R. "Peace Research and the Chicano Perspective: Ethnicity and the New International Division of Labor," August 1979. (Unpublished paper.)

Babe, Robert E. *Cable Television and Telecommunications in Canada*. East Lansing: Michigan State University Press, 1975.

Babe, Robert E. "Economies of Vertical Integration in the Canadian Telephone Industry," Restrictive Practices Commission, June 1978.

Baran, P.T., and Sweezy, P. *Monopoly Capital*. New York: Monthly Review, 1966.

Barnet, Richard J., and Mueller, Ronald E. *Global Reach*. New York: Simon & Schuster, 1974.

Barnouw, Erik. *The Sponsor*. New York: Oxford University Press, 1978.

Barnouw, Erik. *A Tower in Babel*. New York: Oxford University Press, 1966.

Baumol, W.J., and Bowen, W.C. *The Performing Arts*. New York: Twentieth Century Fund, 1966.

Bellisfield, Gwen. "White Attitudes toward Racial Integration and the Urban Riots of the 1960's," *Public Opinion Quarterly*, Vol. 36, Winter, 1972-3, pp. 579–584.

Berelson, Bernard. "The Study of Public Opinion," in White, Leonard D. Ed., *The State of the Social Sciences*. Chicago: University of Chicago Press, 1956.

Bernal, J.D. *The Social Function of Science*. London: Routledge and Sons, 1939.

Bernays, Edward L. "The Engineering of Consent," *Annals of the American Academy of Political and Social Science*, Vol. 250, March 1947, pp. 113–120.

Bernays, Edward L. *Public Relations*, Norman, Oklahoma: University of Oklahoma Press, 1952.

Bettelheim, Charles. *Cultural Revolution and Industrial Organization in China*. New York: Monthly Review Press, 1974.

Blank, David M. "Pleasurable Pursuits—The Changing Structure of Leisure Time Spectator Activities," National Association of Business Economists, Annual Meeting, September 1970. (Unpublished paper.)

Bliss, Michael. "Canadianizing American Business," in Lumsden, Ian, Ed., *Close the 49th Parallel, Etc.: The Americanization of Canada*. Toronto: University of Toronto Press, 1970.

Bogart, Leo. "Mass Advertising: The Message, not the Measure," *Harvard Business Review*, Vol. 54, No. 5, September–October 1976, pp. 107–116.

Bogart, Leo. "Warning: The Surgeon General has Determined that Television Violence is Moderately Dangerous to your Child's Mental Health," *Public Opinion Quarterly*, Vol. 36, Winter, 1972–73, pp. 491–521.

Boorstin, Daniel. *The Image*. New York: Atheneum, 1962.

Boswell, E. *The Restoration Court Stage*. New York: Benjamin Blom, 1932.

Boulding, K. *Economic Analysis*. New York: Harper & Row, 1955.

Brady, Robert A. *Business as a System of Power*. New York: Columbia University Press, 1943.

Braverman, Harry. *Labor and Monopoly Capital*. New York: Monthly Review Press, 1974.

Bright, Charles. *Submarine Telegraphs*. London: Lockwood, 1898. (New York: Arno, 1974.)

Britnell, G.E. Public Ownership of Telephones in the Prairie Provinces. M.A. Thesis, University of Toronto, 1934.

Brown, H.G., Buttenheim, H.S., Cormick, P.H., and Hoover, C.E. *Land Value Taxation Around the World*. New York: Robert Schalkenback Foundation, 1955.

Bryson, Lyman. *The Communication of Ideas*. New York: Harper & Row, 1948.

Canada. Department of Communications, *Description of the Canadian Telecommunications Manufacturing Industry*, Telecommission Study 2(g). Ottawa: Information Canada, 1971a.

Canada. Department of Communications, *Instant World*. Ottawa: Information Canada, 1971b.

Canada. Department of Communications. *Review of the Procurement Practices and Policies and the Intercorporate Financial Relationships of the British Columbia Telephone Company*, Ottawa, 1975.

Canada. Director of Investigation and Research, Combines Investigation Act, *The Effects of Vertical Integration on the Telecommunication Equipment Market in Canada*. Ottawa: Department of Consumer and Corporate Affairs, Bureau of Competition Policy, 1976.

Canada. House of Commons. "Proceedings of the Select Committee on Telephones,"

Appendix A., *Journal of the House of Commons*, Vol. 40, Session 1905. Ottawa: King's Printer, 1905. (Mulock Committee.)

Canada. Royal Commission on Book Publishing, *Report*, Toronto: Queen's Printer, 1972. (Rohmer Report.)

Canada. Royal Commission on Bilingualism and Biculturalism, *Report*. Ottawa: Queen's Printer, 1968.

Canada. Royal Commission on National Development in the Arts, Letters and Sciences, *Report*, Ottawa: Queen's Printer, 1951. (Massey Commission.)

Canada. Royal Commission on Publications, *Report*. Ottawa: Queen's Printer, 1961. (O'Leary Report.)

Canada. Special Senate Committee on the Mass Media, *The Uncertain Mirror*. Ottawa: Queen's Printer, 1970. (Davey Report.)

Cantril, Hadley, Gaudet, Hazel, and Herzog, Herta. *Invasion from Mars*. Princeton: Princeton University Press, 1940.

Carlson, M. *The Theatre of the French Revolution*. New York: Cornell University Press, 1966.

Catton, Bruce. *The War Lords of Washington*. New York: Harcourt Brace, 1948.

Chamberlin, E.H. *The Theory of Monopolistic Competition*. Cambridge: Harvard University Press, 1931.

Chandler, Alfred D., Jr. *Strategy and Structure*. Cambridge: M.I.T. Press, 1962.

Chase, Stuart, and Schlink, F.J. *Your Money's Worth: A Study in the Waste of the Consumer's Dollar*. New York: Macmillan, 1927.

"China's Tourist Service," *Beijing Review*, No. 2, 12 January, 1979.

Chotas, James, and Phelps, Miriam E. "Who Owns What?" In Appelbaum, Judith, Ed., *The Question of Size in the Book Industry Today*. New York: Publishers Weekly, 1978.

Codding, G.A., Jr. *Broadcasting without Barriers*. Paris: UNESCO, 1959.

Codding, G.A., Jr. *The International Telecommunications Union*. Leyden: Brill, 1952.

Commoner, Barry. *The Closing Circle*. New York: Knopf, 1971.

Conant, Michael. *Antitrust in the Motion Picture Industry*. Berkeley: University of California Press, 1960.

Cook, Earl. "The Flow of Energy in an Industrial Society," *Scientific American*, Vol. 225, No. 3, September 1973, pp. 135–144.

Cook, Fred, J. *The Warfare State*. Foreword by Bertrand Russell, New York: Macmillan, 1962.

Crean, Susan M. *Who's Afraid of Canadian Cultures?* Don Mills, Ontario: General Publishing, 1976.

Daniellian, N.R. *The A.T. & T.* New York: Vanguard, 1939.

Davey Report, see, Canada, Special Committee on Mass Media (1970).

de Bord, Guy. *The Society of the Spectacle*. Detroit: Black & Red, 1970.

de Grazia, Sebastian. *Of Time, Work and Leisure*. New York: Anchor, 1964.

Dexter, Gail. "Yes, Cultural Imperialism Too," in Lumsden, I., Ed., *Close the 49th Parallel, Etc.: The Americanization of Canada*. Toronto: University of Toronto Press, 1970.

Dimaggio, Paul, and Useem, Michael. "Cultural Democracy in a Period of Cultural Expansion: The Social Composition of Arts Audiences in the United States," *Social Problems*, Vol. 26, No. 2, December 1978, p. 179-197.

Dixon, Marlene. "Women's Liberation: Opening Chapter Two," *Canadian Dimension*, Vol. 10, No. 8, June 1975, p. 56-68.

Dorfman, Ariel, and Mattelart, Armand. *How to Read Donald Duck: Imperialist Ideology in the Disney Comic*. New York: International General, 1975.

Drache, D. "The Canadian Bourgeoisie and Its National Consciousness," in Lumsden, Ian, Ed., *Close the 49th Parallel, Etc.: The Americanization of Canada*, Toronto: University of Toronto Press, 1970.

Ellis, Kenneth. *The Post Office in the Eighteenth Century*. London: Oxford University Press, 1958.

Ellis, W. Russell. "Advertised Life: Dwelling Family and Commercial Culture in American Habitation," in Bearse, P., et al., Eds., *American Values and Habitat: A Research Agenda*. Washington: American Association for the Advancement of Science, Division of Public Sector Programs, 1976.

Ellul, Jacques. "The Technological Order," in Stover, Carl F., Ed., *The Technological Order—Proceedings of the Encyclopaedia Britannica Conference*. Detroit: Wayne State University Press, 1963.

Enzensberger, Hans Magnus. *The Consciousness Industry*. New York: Seabury Press, 1974.

Ernst and Ernst Management Consulting Services. *The Book Publishing and Manufacturing Industry in Canada: A Statistical and Economic Analysis*. Ottawa: Information Canada, 1970.

Ewen, Stuart. *Captains of Consciousness*. New York: McGraw-Hill, 1976.

Fanon, Frantz. *Studies in a Dying Colonialism*. New York: Monthly Review Press, 1965.

Firestone, O.J. *The Economic Implications of Advertising*. Toronto: Methuen, 1967.

Firestone, S. *The Dialectic of Sex*. New York: W. Morrow, 1970.

Frank, Andrew Gunder. *Latin America: Underdevelopment or Revolution*. New York: Monthly Review Press, 1969.

Friendly, Fred. *Due to Circumstances beyond Our Control*. New York: Random House, 1967.

Gagne, Wallace, Ed. *Nationalism, Technology and the Future of Canada*. Toronto: Macmillan, 1976.

Galbraith, J.K. *The New Industrial State*. Boston: Houghton Mifflin, 1967.

Gans, Herbert J. *Popular Culture and High Culture: An Analysis and Evaluation of Taste*. New York: Basic Books, 1974.

Garnham, Nicholas. "Towards a Political Economy of Culture," *NUQ*, Summer 1977, pp. 341-357.

George, Henry. *Progress and Poverty*. San Francisco: W.M. Hinton & Co., 1879.

Gerstacker, Carl A. "A New Look at Business in 1990." White House Conference on the Industrial World Ahead, Washington, D.C., February 7-9, 1972.

Gitlin, Todd. "Prime Time Ideology: The Hegemonic Process in Television Entertainment," *Social Problems*, Vol. 26, No. 3, February 1979, pp. 257-266.

Gonick, C.W. "Foreign Ownership and Political Decay," in Lumsden, Ian, Ed., *Close the 49th Parallel, Etc.: The Americanization of Canada*, Toronto: University of Toronto Press, 1970.

Goodis, Jerry. *Have I Ever Lied to You Before?* Toronto: McClelland & Stewart, 1972.

Gould, Richard, G., and Reinhart, Edward E. "The 1977 WARC on Broadcasting Satellites: Spectrum Management Aspects and Implications," *IEEE Transactions on Electromagnetic Compatibility*, August 1977, pp. 171-178.

Gray, Horace M. "The Passing of the Public Utility Concept," *Journal of Land and Public Utility Economics*, Vol. 16, 1940, pp. 8-20.

Greene, Felix. *A Curtain of Ignorance*. New York: Doubleday, 1964.

Gundy, H.P. "Development of Trade Book Publishing in Canada," Royal Commission on Book Publishing, *Background Papers*. Toronto: Queen's Printer for Ontario, 1972. (Rohmer Report, Background Papers.)

Haig, Robert M. *The Exemption of Improvements from Taxation in Canada and the United States*. New York: M.B. Brown, 1915.

Halberstam, David. "CBC: The Power and the Profits," *Atlantic*, January 1976, pp. 33-71.

Hameling, Cees. *The Corporate Village*. Rome: IDOC International, 1977.

Harbage, Alfred. *Shakespeare's Audience*. New York: Columbia University Press, 1941.

Hardin, Garrett, "The Tragedy of the Commons," *Science*, Vol. 162, 1968, pp. 1243-1248.

Hauser, Arnold. *The Social History of Art*. New York: Vintage Books, 1957.

Heiss, Charles A. *Report on Second-Class Mail to the Postmaster General*. Washington: U.S. Government Printing Office, 1946.

Herring, J.M., and Gross, G.C. *Telecommunications*. New York: McGraw-Hill, 1936.

Herring, E. Pendleton. "Politics and Radio Regulation", *Harvard Business Review*, Vol. 13, No. 2, January, 1935, pp. 167-178.

Hills, Lee. *Faximile*. New York: McGraw-Hill, 1949.

Hinchman, W.R. "Use and Management of the Electrospace: A New Concept of the Radio Resource", IEEE International Conference on Communications, *Conference Record*, Boulder, June 1969, pp. 13.1-13.5.

Hobsbawm, Eric. *The Age of Capital, 1848-1875*. London: Weidenfeld and Nicholson, 1975.

Hobsbawm, Eric. *The Age of Revolution, 1789-1849*. Cleveland: World, 1967.

Hoch, Paul. *Rip Off the Big Game*. New York: Doubleday, 1972.

Hogan, John V.K. "Facsimile and Its Future Uses," *Annals, American Academy of Political and Social Science*, Vol. 213, January 1941.

Hovland, C.I., Lumsdaine, A.A., and Sheffield, F.D. *Experiments on Mass Communication*, "Studies in Social Psychology in World War II." Princeton: University Press, 1949.

Howard, Roger, and Scott, Jack. "International Unions and the Ideology of Class Collaboration," in Teeple, Gary, Ed., *Capitalism and the National Question in Canada*. Toronto: University of Toronto Press, 1972, pp. 67–89.

Howkins, John. "The Management of Spectrum," *Intermedia*, Vol. 7, No. 5, September 1979, pp. 10–22.

Huettig, Mae. *Economic Control of the Motion Picture Industry*. Philadelphia: University of Pennsylvania Press, 1944.

Hull, C.L. *Principles of Behaviour: An Introduction to Behaviour Theory*. New York: Appleton Century, 1943.

Innis, H.A. *The Bias of Communication*. Toronto: University of Toronto Press, 1951.

Innis, H.A. *The Cod Fisheries: The History of an International Economy*. Toronto: University of Toronto Press, 1954.

Innis, H.A. *The Fur Trade in Canada: An Introduction to Canadian Economic History*. Toronto: University of Toronto Press, 1970.

International Commission for the Study of Communication Problems. *Report: Many Voices, One World*. Paris: UNESCO, 1980.

Johnson, A.W. *Touchstone for the CBC*. Ottawa: Canadian Broadcasting Corporation, June, 1977.

Johnson, Leland L. *Communications Satellites and Telephone Rates: Problems of Government Regulations*. Santa Monica, Rand Corporation, 1961. (Reprinted in U.S. Senate. Committee on the Judiciary, Subcommittee on Antitrust and Monopoly, Hearings, S. Res. 258, Part 2, pp. 603–652.)

Johnson, Leo A. "The Development of Class in Canada in the Twentieth Century," in Teeple, Gary, Ed. *Capitalism and the National Question in Canada*. Toronto: University of Toronto Press, 1972.

Jones, Charles R. *Facsimile*. New York: Murray Hill Books, 1949.

Kampf, Louis. "A Course in Spectator Sports," *College English*, Vol. 38, No. 8, April 1977, pp. 835–842.

Kaplin, Max. *Leisure in America: A Social Inquiry*. New York: Wiley, 1960.

Kaplin, Max. *Leisure: Theory and Policy*. New York: Wiley, 1975.

Katz, E., Blumler, J.G., and Gurevitch, M. "Uses and Gratification Research," *Public Opinion Quarterly*, Vol. 37, Winter 1973–74, pp. 509–523.

Katz, E., and Foulkes, D. "On the Use of the Mass Media as 'Escape': Clarification of a Concept," *Public Opinion Quarterly*, Vol. 26, No. 3, Fall, 1962, pp. 377–388.

Kekkonen, Urho. "The Free Flow of Information: Towards A Reconsideration of National and International Communication Policies," Symposium on the International Flow of Television Programmes, University of Tampere, Tampere, Finland, May 21, 1973.

Kellner, Douglas. "Ideology, Marxism, and Advanced Capitalism," *Socialist Review*, Vol. 8, No. 6, November-December 1978, pp. 37-65.

Kellner, Douglas. "TV, Ideology and Emancipatory Popular Culture," *Socialist Review*, Vol. 9, No. 3, May-June 1979, pp. 13-53.

Kendall, Donald M. (Chairman, Pepsico, Inc.), "United States-Soviet Trade Relations," before National Press Club, Washington, D.C. 21 February, 1978.

Kesterton, W.H. *A History of Journalism in Canada*. Toronto: McClelland and Stewart, 1967.

Kittross, M., Ed. *Documents in American Communications Policy*. New York: Arno Press, 1977.

Klapper, Joseph T. *The Effects of Mass Communications*. New York: Free Press, 1960.

Klapper, Joseph T. *The Effects of the Mass Media*. New York: Columbia University Bureau of Applied Social Research, 1949.

Knight, M.M., Barnes, H.E., and Flugel, F. *The Economic History of Europe*. New York: Houghton Mifflin, 1928.

Kolko, Gabriel. *The Triumph of Conservatism*. New York: Free Press, 1963.

Kotler, Philip. *Marketing Management*, 2d ed. Englewood Cliffs, New Jersey: Prentice-Hall, 1972.

Kristeller, Paul Oskar. "The Modern System of the Arts," in Weitz, Morris, Ed., *Problems in Aesthetics*. London: Macmillan, 1970.

Ladd, E.C. "The Polls: The Question of Confidence," *Public Opinion Quarterly*, Vol. 40, Winter 1976-77, pp. 544-552.

Larrabee, E., and Meyersohn, R., Eds. *Mass Leisure*. Glencoe, Ill.: Free Press, 1958.

Lasswell, H.D. "The Structure and Function of Communication in Society," in Bryson, L., Ed., *The Communication of Ideas*. New York: Harper & Row, 1948, pp. 37-51.

Laxer, J., and Laxer, R. *The Liberal Idea of Canada*. Toronto: James Lorimer, 1977.

Lazarsfeld, P.F., and Merton, R.K. "Mass Communications, Popular Taste, and Organized Social Action," in Bryson, L., Ed., *The Communication of Ideas*. New York: Harper & Row, 1948. (Also published in Schramm, W., Ed., *Mass Communications*. Urbana: University of Illinois Press, 1949.)

Leiss, W.A. *The Domination of Nature*. New York: Braziller, 1972.

Leiss, William. *The Limits to Satisfaction: An Essay on the Problems of Needs and Commodities*. Toronto: University of Toronto Press, 1976.

Leiss, William, and Kline, Stephen. "Advertising, Needs, and 'Commodity Fetishism,'" *Canadian Journal of Political and Social Theory*, Vol. 2, Winter 1978, pp. 3-32.

Leith, James A. *The Idea of Art as Propaganda in France, 1750-1799*. Toronto: University of Toronto Press, 1965.

Lessing, Lawrence. *Man of High Fidelity*. New York: Lippincott, 1956.

Levitt, Kari. *Silent Surrender*. Toronto: Macmillan, 1970.

Levitt, T. N. "The Industrialization of Service," *Harvard Business Review*, September–October 1976, pp. 63–74.

Lewis, Ben W. "Emphasis and Misemphasis in Regulatory Policy," in Shepherd, W.C. and Gies, T.G., Eds., *Utility Regulation: New Directions in Theory and Policy*. New York: Random House, 1966.

Liebling, A.J. *The Press*. New York: Ballantine, 1961.

Linder, Staffen B. *The Harried Leisure Class*. New York: Columbia University Press, 1970.

Livant, Bill. "The Audience Commodity: On the 'Blindspot' Debate," *Canadian Journal of Political and Social Theory*, Vol. 3, No. 1, Winter 1979a, pp. 91–106.

Livant, Bill. "The Communication Commodity," University of Regina, 25 December, 1975a. (Unpublished paper.)

Livant, Bill. "More on the Production of Damaged Labour Power," 1 April, 1975b. (Unpublished paper.)

Livant, Bill. "Notes on the Development of the Production of Labour Power," 22 March, 1975c. (Unpublished paper.)

Livant, Bill. "On Two Emerging Features in Communication and Their Relation," June, 1979b. (Unpublished paper.)

Loercher, Diana. "Publishing: Hype vs. Integrity, Mergers," *Christian Science Monitor*, 2 June, 1978, p. 16, (1978a).

Loercher, Diana. "Publishing: Hype vs. Integrity, The Media Tie-in," *Christian Science Monitor*, 5 June, 1978, p. 20, (1978b).

Lorimer, James. "The Politics of Publishing." (Unpublished paper.)

Lough, John. *Paris Theatre Audiences in the Seventeenth and Eighteenth Centuries*. London: Oxford University Press, 1957.

Lowenthal, Max. *The Federal Bureau of Investigation*. New York: William Sloane, 1950.

Lukacs, George. *Realism in Our Time*. New York: Harper & Row, 1964.

Lumsden, I., Ed., *Close the 49th Parallel, Etc.: The Americanization of Canada*. Toronto: University of Toronto Press, 1970.

Lyle, Jack. "Television in Daily Life: Patterns of Use," in Rubenstein, E.A., Comstock, G.H., and Murray, J.P., Eds., *Television and Social Behaviour*, Vol. IV, pp. 1–32. Rockville, Md., National Institute of Mental Health, 1972.

Lynd, Robert S., and Lynd, Helen M. *Middletown, A Study in Contemporary American Culture*. New York: Harcourt Brace, 1929.

McDermott, John. "Technology: The Opiate of the Intellectuals," in Teich, A.H., Ed., *Technology and Man's Future*. New York: St. Martin's Press, 1972.

McKechnie, Samuel. *Popular Entertainment through the Ages*. New York: Benjamin Blom, 1969.

MacPherson, C.B. *Property: Mainstream and Critical Positions*. Toronto: University of Toronto Press, 1978.

McQueen, Humphrey. *Australia's Media Monopolies*. Camberwell, Victoria, Australia.

Magdoff, Harry. "Is There a Non-Capitalist Road?" *Monthly Review*, Vol. 3, No. 8, December 1978, pp. 1–16.

Man, Science, Technology. Moscow/Prague: Academia Prague, 1973.

Mander, Jerry. *Four Arguments for the Elimination of Television*. New York: Morrow, 1978.

Mander, Raymond, and Mitchenson, Joe. *British Music Hall*. Edinburgh: R. & R. Clarck, Ltd., 1965.

Mao Zedong. *Four Essays on Philosophy*. Beijing: Foreign Language Press, 1968.

Marcuse, H. *One-Dimensional Man*. Boston: Beacon Press, 1964.

Marschak, T.A. "On the Study of Taste-Changing Policies," *American Economic Review*, Vol. 68, No. 2, May 1978, pp. 386–391.

Marshall, Herbert, Southard, Frank, and Taylor, Kenneth W. *Canadian American Industry*. New York: Carnegie Endowment for International Peace, 1936. (Toronto: McClelland and Stewart, 1976.)

Martines, Lauro. *Power and Imagination: City States in Renaissance Italy*. New York: Knopf, 1979.

Marx, Karl. *Capital*. New York: Modern Library Edition, 1959.

Marx, Karl. *Grundrisse*. London: Pelican Books, 1973.

Marx. Karl, and Engels, Frederick. *The German Ideology*, edited by C.J. Arthur, New York: International Publishers, 1970.

Matson, Floyd W. *The Broken Image*. Garden City, N.Y.: Anchor Books, Doubleday, 1964.

Mattelart, Armand. *Multinational Corporations and the Control of Culture*. Brighton, England: Harvester Press, 1979.

Mattelart, Michelee. "Las Communicaciones Populares en Chile, 1971–73," in Vidal Benyto, Jose, Ed., *Alternativas Populares a las Communicaciones de Masa*. Madrid: Centro de Investigaciones Sociologicas, 1979.

Mayer, David. *Harlequin in His Element*. Cambridge, Mass.: Harvard University Press, 1969.

Melody, William H. "Are Satellites the Pyramids of the 20th Century? *Search*, Vol. 6, No. 2, Spring 1979, pp. 2–9.

Melody, William H. "Market Structures and Public Policy in Communications," Paper presented at American Economics Association, New York, 28 December, 1969.

Melody, William H., and Smythe, Dallas W. *Telecommunications Equipment Inquiry*, before the Restrictive Trade Practices Commission, Vancouver, 10 September, 1977. (Unpublished paper.)

Milgram, Stanley. *Obedience to Authority: An Experimental View*. New York: Harper & Row, 1974.

Mill, John Stuart. *On Liberty*. London: Oxford University Press, 1963.

Millett, Kate. *Sexual Politics*. New York: Doubleday, 1970.

Millionshchikov, M. "The Crucial Test for Mankind," *The Scientific and Technological Revolution: Social Effects and Prospects*, Moscow: Progress Publishers, 1972.

Mitchell, Juliet. *Women's Estate*. New York: Pantheon, 1971.

Moffett, Samuel E. *The Americanization of Canada*. Toronto: University of Toronto Press, 1906 (1971).

Mowlana, Hamid. "Technology versus Tradition: Communication in the Iranian Revolution," *Journal of Communication*, Vol. 29, No. 3, Summer 1979, pp. 107-112.

Mulock Committee, see, Canada. House of Commons (1905).

Murdock, Graham. "Blindspots about Western Marxism: A Reply to Dallas Smythe," *Canadian Journal of Political and Social Theory*, Vol. 2, No. 2, 1978, pp. 109-119.

"Native Art." *The Native Perspective*, Vol. 3, No. 2, 1978, pp. 31-90.

Naylor, R.T. "The Rise and Fall of the Third Commercial Empire of the St. Lawrence," in Teeple, Gary, Ed., *Capitalism and the National Question in Canada*. Toronto: University of Toronto Press, 1972.

Newman, Peter. *The Canadian Establishment*. Toronto: McClelland and Stewart, 1975.

Noble, David F. *America by Design: Science, Technology and the Rise of Corporate Capitalism*. New York: Knopf, 1977.

O'Leary Report, see, Canada. Royal Commission on Publications (1961).

Ollman, B. *Alienation: Marx's Conception of Man in Capitalist Society*. New York: Cambridge University Press, 1971 (1976).

On Khrushchov's Phoney Communism and Its Historical Lessons for the World. Beijing: Foreign Languages Press, 1964.

"On Policy Towards Intellectuals," *Beijing Review*, No. 5, 2 February, 1979.

Ontario. Royal Commission on Violence in the Communications Industry, *Approaches, Conclusions and Recommendations*, Vol. 1, 1978.

Ouimet, J.A. "Report on Television," *The Engineering Journal*, V. 83, pp. 172-176, 187, March 1950.

Palamountain, Joseph C., Jr. "Vertical Conflict," in Stern, Louis W., *Distribution Channels: Behavioural Dimensions*, New York: Houghton Mifflin, 1969.

Palmer, Bryan. "Class, Conception and Conflict: The Thrust for Efficiency, Managerial Views of Labor and the Working Class Rebellion, 1903-1922," *Review of Radical Political Economy*, Vol. 7, No. 2, Summer 1975, pp. 31-49.

Parkinson, C.N. *The Evolution of Political Thought*. New York: Viking, 1958.

Parsons, Frank. *The Telegraph Monopoly*. Philadelphia: C.F. Taylor, 1899.

Pawley, Martin. *The Private Future: Causes and Consequences of Community Collapse in the West*. New York: Random House, 1974.

Peers, Frank. *The Politics of Canadian Broadcasting*. Toronto: University of Toronto Press, 1969.

Persin, Jean. "On the Eve of the Seventh World Radio Conference—The ITU and the International Regulation of Radio," *Telecommunications Journal*, March 1959.

Pessemier, Edgar A. "Stochastic Properties of Changing Preferences," *American Economic Review*, Vol. 68, No. 2, May 1978, pp. 380-385.

Plant, Christopher. *PEACESAT and Development in the Pacific Islands*. M.A. Thesis, Simon Fraser University, 1980.

Ploman, Edward W. "Vulnerability in the Information Age," *Intermedia*, Vol. 6, November 1978.

Pollak, Robert A. "Endogenous Taste in Demand and Welfare Analysis," *American Economic Review*, Vol. 68, No. 2, May 1978, pp. 374-379.

Pope, Daniel A. *The Development of National Advertising, 1865-1920*. New York: Columbia University Press, 1973. (Ph.D. dissertation.)

Porat, Marc Uri. "Global Implications of the Information Society," *Journal of Communication*, Vol. 28, No. 1, Winter 1978, pp. 70-80.

Porat, Marc Uri. *The Information Economy: Definition and Measurement*. Washington, D.C.: United States Government Printing Office, 1977.

Posner, Richard A. "Natural Monopoly and Its Regulation," *Stanford Law Review*, Vol. 21, February 1969, pp. 548-643.

Presbrey, Frank. *The History and Development of Advertising*. New York: Greenwood, 1929 (1968).

Probst, S.E. "International and United States Preparation for the 1979 World Administrative Radio Conference," *IEEE Transactions on Electromagnetic Compatibility*, August 1977, pp. 166-170.

Prothro, James W. *Dollar Decade*. Baton Rouge: Louisiana State University Press, 1954.

Reiger, S.H., Nichols, R.T., Early, I.B., and Dews, E. *Communications Satellites: Technology, Economics and System Choices*. Santa Monica: RAND, 1963.

Renmin Ribao Special Commentator, "On Policy Towards Intellectuals," *Beijing Review*, Vol. 22, No. 5, 2 February, 1979, pp. 10-15.

Resnick, Phillip. "Canadian Defense Policy," in Lumsden, Ian, Ed., *Close the 49th Parallel, Etc.: The Americanization of Canada*. Toronto: University of Toronto Press, 1970.

Ricardo, David. *Principles of Political Economy*. London: J.M. Dent, 1819 (1926).

Richeri, Giuseppe. "Italy: A Democratizaton of the Media," Paper at Congress of International Association for Mass Communication Research, Warsaw, Poland, September 1978.

Riesman, David. *The Lonely Crowd*. New Haven: Yale University Press, 1950.

Rinehart, James W. *The Tyranny of Work*. Don Mills, Ontario: General Publishing, 1975.

Roberts, Vera. *On Stage: A History of Theatre*. New York: Harper & Row, 1962.

Robinson, Joan. *The Cultural Revolution in China*. London: Penguin, 1969.

Robinson, Joan. *The New Mercantilism*. London: Cambridge University Press, 1966.

Rockefeller Brothers Fund, Inc. *The Performing Arts*. New York: McGraw-Hill, 1965.

Rogers, Everett. *Communication of Innovators: A Cross-Cultural Approach*. New York: Free Press, 1962.

Rohmer Report, see, Canada. Royal Commission on Book Publishing (1972).

Rohmer Report, *Background Papers*, see Gundy (1972).

Rosenberg, B., and White, D.M., Eds. *Mass Culture: The Popular Arts in America*. Glencoe, Ill.: Free Press, 1964.

Rosenberg, B., and White, D.M., Eds. *Mass Culture Revisited*. New York: Van Nostrand, 1971.

Rosenfeld, Sybil. *The Theatre of the London Fairs*. London: Cambridge University Press, 1960.

Rostow, Eugene V. *The Use and Management of the Electromagnetic Spectrum*. Part 1, Washington: United States Department of Commerce, 1969.

Rubenstein, E.A., Comstock, G.A., and Murray, J.P., Eds. *Television and Social Behaviour*, Vol. IV., "Television in Day-to-Day Life: Patterns of Use." Rockville, Md.: National Institute of Mental Health.

Rutkowski, A.M. "Six Ad-hoc Two: The Third World Speaks Its Mind," 1979. (Unpublished paper.)

Sanches Vasguez, Adolfo. *Art and Society: Essays in Marxist Aesthetics*. New York: Monthly Review Press, 1973.

Sauvy, Alfred. *La Nature Social*. Paris: Armand Colin, 1959.

Schiller, Herbert I. *Communications and Cultural Domination*. White Plains, N.Y.: International Arts and Sciences Press, 1976.

Schiller, Herbert I. "Decolonization of Information: Efforts Towards a New International Order," *Latin American Perspectives*, Vol. 5, No. 1, Winter 1978, pp. 35–48.

Schiller, Herbert I. *Mass Communications and American Empire*. New York: A.M. Kelley, 1969.

Schiller, Herbert I. *The Mind Managers*. Boston: Beacon Press, 1973.

Schiller, Herbert I. "The Transnational Corporation and the International Flow of Information Challenges National Sovereignty," *Current Research on Peace and Violence*, Vol. 2, No. 1, 1979, pp. 1–11.

Schiller, Herbert, I., and Phillips, J.D. *Superstate*. Urbana: University of Illinois Press, 1976.

Schmalensee, R. *The Economics of Advertising*. Amsterdam: North Holland Publishing Company, 1972.

Schramm, W., Ed. *Mass Communications*. Urbana: University of Illinois Press, 1949.

Schumacher, E.F. *Small is Beautiful*. London: Sphere Books, 1973.

Scott, Jack. *Plunderbund and Proletariat*. Vancouver: New Start Books, 1975.

Seldes, Gilbert. *The Great Audience*. New York: Viking, 1950.

Siepmann, Charles. "Radio," in Bryson, Lyman, *The Communication of Ideas*. New York: Harper & Row, 1948.

Simon, Julian L. *Issues in the Economics of Advertising*. Urbana: University of Illinois Press, 1970.

Sinclair, Upton. *The Brass Check*. New York: Arno Press, 1920.

Sinclair, Upton. *the Goose Step*. Pasadena, Author, 1923.
Sinclair, Upton. *The Goslings*. Pasadena, Author, 1924.
Singham, A., and Tran van Dinh, Eds. *From Bandung to Colombo: Conferences of the Non-aligned Countries, 1955-1975*. New York: Third Press Review Books, 1976.
Skinner, B.F. *Verbal Behaviour*. New York: Appleton-Century-Crofts, 1957.
Skinner, B.F. *Walden Two*. New York: Macmillan, 1949.
Smith, A.D. *The Development of Rates of Postage*. New York: Macmillan, 1918.
Smythe, Dallas W. "Communications: Blindspot of Economics," in Melody, W., Ed., *Culture, Communication and Dependency: The Tradition of H.A. Innis*. Norwood, N.J.: Ablex Publishing Corporation, 1980.
Smythe, Dallas W. "Communications: Blindspot of Western Marxism," *Canadian Journal of Political and Social Theory*, Vol. 1, No. 3, Fall 1977, pp. 1-28.
Smythe, Dallas W. "Rejoinder to Graham Murdock," *Canadian Journal of Political and Social Theory*, Vol. 2, No. 2, 1978, pp. 120-127.
Smythe, Dallas W. *The Relevance of United States Telecommunications Experience to the Canadian Situation*. Department of Communications Telecommission Study 2(c), Ottawa: DOC, 1970.
Smythe, Dallas W. *The Structure and Policy of Electronic Communications*. Urbana: University of Illinois Press, 1957. (Reprinted in Kitross, J.M., *Documents in American Telecommunications Policy*, Vol. II. New York: Arno Press, 1977.)
Smythe, Dallas W. A Study of Saskatchewan Telecommunications, 1974. (Unpublished paper.)
Spry, Graham. "The Costs of Canadian Broadcasting," *Queen's Quarterly*, Vol. 67, No. 4, Winter 1961, pp. 505-513.
Steffens, Lincoln. *The Shame of the Cities*. New York: Arno Press, 1920.
Stephenson, H.E., and McNaught, Carolton. *The Story of Advertising in Canada*. Toronto: Ryerson, 1940.
Stephenson, Marylee. "Never Done, Never Noticed: Women's Work in Canada," *This Magazine*, Vol. 11, No. 6, December 1977, pp. 31-33.
Stern, Louis, W. *Distribution Channels: Behavioural Dimension*. Boston: Houghton Mifflin, 1969.
Stigler, George J., and Friedland, Claire. "What Can Regulators Regulate?" Journal of Law and Economics, Vol. 5, October 1962, pp. 1-16.
Stone, Catherine. "The Origins of Job Structures in the Steel Industry," *Review of Radical Political Economy*, Vol. 6, No. 2, Summer 1974, pp. 113-173.
Stone, I.F. *The Hidden History of the Korean War*. New York: Monthly Review Press, 1952.
Tarbell, Ida. *History of the Standard Oil Company*. New York: McClure, Phillips & Company, 1904.
Teeple, Gary, Ed. *Capitalism and the National Question in Canada*. Toronto: University of Toronto Press, 1972.

Teich, A.H., Ed. *Technology and Man's Future.* New York: St. Martin's Press, 1972.

Terkel, Louis. *Working.* New York: Pantheon, 1974.

Trainor, Lynn. "Science in Canada, American Style," in Lumsden, I., Ed., *Close the 49th Parallel, Etc.: The Americanization of Canada.* Toronto: University of Toronto Press, 1970.

Tran Van Dinh. "The Third World and the 1979 World Administrative Radio Conference (WARC)," 1979. (Unpublished paper.)

Trebing, Harry M. "Common Carrier Regulation—the Silent Crisis," *Law and Contemporary Problems,* Part I. Vol. 34, No. 2, Spring 1969a, pp. 299–329.

Trebing, Harry M. "Government Regulation and Modern Capitalism," *Journal of Economic Issues,* Vol. 3, March 1969b, pp. 87–109.

Tribolet, Leslie B. *The International Aspects of Electrical Communications in the Pacific Area.* Baltimore: Johns Hopkins Press, 1929.

Tunstall, Jeremy. *The Media are American.* New York: Columbia University Press, 1977.

U.S. Congress. House of Representatives. Subcommittee on International Organizations and Movements, Committee on Foreign Affairs, Report No. 5, *Winning the Cold War: The United States Ideological Offensive.* 90th Congress, 1st Session, House of Representatives, 1967.

U.S. Senate. Committee on Interstate Commerce. *Hearings* on S. 6, 71st Congress, 1st Session, 1919.

U.S. Congress. Senate. *Government Ownership of Electrical Communications Industry.* S. Doc. 399, 63rd Congress, 2nd Session, 1914.

U.S. Senate. Subcommittee of the Committee on Interstate Commerce. *Hearings Pursuant to S. Res. 187,* 79th Congress, 1st Session, Part 1, 1945.

U.S. Federal Communications Commission. *Proposed Report, Telephone Investigation.* Washington, D.C.: Government Printing Office, 1937.

U.S. Federal Communications Commission. *Report of the Investigation of the Telephone Industry in the United States.* Washington, D.C.: Government Printing Office, 1939.

U.S. Federal Communications Commission. *Rules and Regulations for Facsimile Broadcasting and Multiplex Transmission.* Report and Order, Docket 8751, June 9, 1948.

Veblen, Thorstein. *Absentee Ownership and Business Enterprise in Recent Times: The Case in America.* New York: Viking, 1923 (1954).

Veblen, Thorstein. *The Engineers and the Price System.* New York: A.M. Kelley, 1903 (1965).

Veblen, Thorstein. *The Higher Learning in America.* New York: Huebsch, 1918.

Veblen, Thorstein. *The Theory of Business Enterprise.* New York: C. Scribner's Sons, 1904.

Veblen, Thorstein. *The Theory of the Leisure Class.* New York: Macmillan, 1899 (1927).

Viner, Jacob. *Canada's Balance of International Indebtedness, 1900-1913*. Cambridge, Mass.: Harvard University Press, 1924.

Wang, Yao-ting. "China's Foreign Trade," *China Reconstructs*, Vol. 28, No. 1, January 1979, pp. 24-28.

Ward, S., Wackman, D.B., and Wartella, E. *How Children Learn to Buy*. Beverly Hills, Calif.: Sage, 1977.

Warnock, John W. "All the News it Pays to Print," in Lumsden, Ian, Ed., *Close the 49th Parallel, Etc.: The Americanization of Canada*. Toronto: University of Toronto Press, 1970a.

Warnock, John W. *Partner to Behemoth: The Military Policy of a Satellite Canada*. Toronto: New Press, 1970b.

Watson, J.B. *Behaviourism*. Chicago: University of Chicago Press, 1924 (1958).

Watson, K., Sunter, A., and Ermuth, F. *A Financial Analysis of the Private Radio Sector in Canada and the United States*. A Report by Abt Associates Research of Canada Ltd., Ottawa, 31 March, 1978.

Watt, Ian. *The Rise of the Novel*. Harmondsworth: Penguin Books, 1963.

Weir, E. Austin. *The Struggle for National Broadcasting in Canada*. Toronto: McClelland & Stewart, 1965.

Weitz, Morris, Ed. *Problems in Aesthetics*. London: The Macmillan Company, 1970.

Wells, Alan. *Picture Tube Imperialism*. Maryknoll: Orbis Press, 1972.

Westfield, Fred M. "Regulation and Conspiracy," *American Economic Review*, Vol. 55, June 1965, pp. 424-443.

Wheelwright, E.L., and McFarlane, Bruce. *The Chinese Road to Socialism*. New York: Monthly Review Press, 1970.

"Why China Imports Technology and Equipment," *Beijing Review*, Vol. 21, No. 41, 13 October, 1978, pp. 11-13.

Wiener, Norbert. *The Human Use of Human Beings*. New York: Doubleday, 1950.

Wilcox, Clair. *Public Policies Toward Business*. Chicago: Irwin, 1955.

Williams, Raymond. *Marxism and Literature*. Oxford: Oxford University Press, 1978.

Williams, Raymond. *Television: Technology and Cultural Form*. New York: Schocken Books, 1975.

Xiaoping, Deng. "Greeting the Great Task," *Beijing Review*, Vol. 21, No. 42, 20 October, 1978. pp. 5-8.

Young, Allyn A. *The Single Tax Movement in the United States*. Princeton: Princeton University Press, 1916.

Zaretsky, Eli. "Capitalism, The Family and Personal Life," *Socialist Revolution*, Vol. 3, January-April; May-June, 1973, pp. 69-125; 19-70.

索　　引

（此部分页码为英文原书页码，即本书边码）

A

Adorno，T. W.　T. W. 阿多诺，190
Advantage of being first　首发优势，255
Advertising　广告
　　as alternative to personal selling　作为代替人力销售的手段，67-69
　　as buyers of audience power　作为受众力的购买者，27
　　comparison of expenditures on，by country　不同国家广告开支的对比，275
　　and elimination of competition　和竞争的消除，55
　　magazine rates for　杂志开出的价格，30
　　mergers of advertising agencies　广告代理商的合并，75-76
　　newspaper rates for　报纸的要价，30
　　"no name brand" commodities　"无名品牌"商品，41
　　patent medicine national　专利药，67
　　radio and TV rates for　广播和电视的售价，30-33
　　services performed by audience power　受众力提供的服务，39-49
Aesthetics　美学，201
Agenda　议程
　　of Consciousness Industry　意识工业，13-14
　　institutions as agenda-setters　作为议程设置者的机构，1-2，7
　　role of mass media in ideology　在意识形态里大众媒体的作用，2
Althusser，L.　路易·阿尔都塞，25
Amateurs and art　业余爱好者和艺术，214-215
Art　艺术
　　Capitalist realism in art　艺术中的资本主义现实主义
　　　alienation of art and artists　艺术和艺术家的疏离，197-198
　　　amateurs　业余爱好者，214-215
　　　audiences small and elite　小众和精英受众，204-206
　　　and behavioral theories　行为主义理论，194-197
　　　constraints on applied art in mass production　对大规模生产的应用艺术的制约，211-212
　　　consequences　后果，215-216
　　　contradictions between theory of culture and theory and practice of bourgeois art　文化理论同资本主义艺术理论和实践之间的矛盾，203

and class struggle and ideology 阶级斗争和意识形态,212-213

deficits in inevitable 无法避免的赤字,210

incomes of stars and others in 明星和其他人的收入,209-210

institution-building process for 建制化过程,201-203

possessive individualism, markets and 占有性个人主义,市场,199-201

purity of 纯净性,195-197

and sports 体育,213-214

state intervention in, United States and Canada 美国和加拿大的国家干预,204-208,210-211

technique as "industrial art" 作为"工业艺术"的工艺手法,218

common tactical and strategic aspects of art and science 艺术和科学都具有的策略和战略两个层面,192-193

cultural realism 文化现实主义,192

Socialist realism 社会主义现实主义,191-192

Associated Press 美联社

Mutual aid pact with Western Union Telegraph Co. 与西部联合电报公司达成的互助协议,59

Audiences 受众

and commodity consumption 商品消费,9

and cultural democracy 文化民主,9

and Fine Arts 美术

production of is main concern of entrepreneurs 生产是企业家的主要关注,208-209

small and elite 小众和精英,204-206

an intermediate product 中间产品,13

power of 受众力

comparative cost of production of by advertisers and people 广告商和普通人的生产的成本比较,33-37

principal product of mass media 大众媒体的主要产品,26-27

for sports: a growth industry 体育:成长的行业,213-214

theory of 理论,263-269,276-299

work of 工作

for advertisers 为广告商,8-9,22-23,39-42

in relation to time use and "leisure" 与时间使用和"闲暇"相关的,42-47

B

Bacon, Francis 弗朗西斯·培根,195

Baran, Paul and Sweezy, Paul 保罗·巴兰和保罗·斯威奇,25,250

Barnouw, Erik 埃里克·巴尔诺,10,31

Base-superstructure dichotomy 经济基础—上层建筑二元结构,24-26,49-51,274

Baumol, W. J. and Bowen, W. G. W. J. 鲍莫尔与 W. G. 鲍恩,204-206,211

Bellisfield, G. 格温·贝里斯菲尔德,277

Berelson, B. 伯纳德·贝雷尔森,195

Bernal, J. D. J. D. 伯纳尔,196

Bernays, E. L. 爱德华·L. 伯奈斯,15-16,71,251

Blank, D. 戴维·布兰克,46

Bogart, L. L. 博加特,212-213,263n

Book publishing 图书出版

Monopoly capitalism rationalizes it after 1945 1945年后垄断资本主义的合

357

理化,117-120

Putting-out system in 外包制度,116-117

Braverman, H. H.布里夫曼,63-65

British Broadcasting Corporation 英国广播公司,159,274-275

C

Canada 加拿大

 autonomy and ruling class 自治和统治阶级

  "Continentalism" and interpenetration of Canadian and United States ruling class 加拿大和美国的统治阶级的大陆主义思想和相互渗透,61-62

  ruling class never struggled for autonomy 统治阶级从不为自治而斗争,94-99,102

  surrender of control of communications and military to United States 对美国传播和军事控制的屈服,100-101

 books 图书

  and British mercantilism 与英国重商主义,120-121

  constraints on Canadian publishers 对加拿大出版商的限制,123-124

  dominated by foreign publishers 被国外出版商控制,120-123

  efforts to support Canadian publishers 支持加拿大出版商的努力,126-129

  mass market paperbacks 大众市场平装书,124-125

  retailers of 零售商,125

  textbook publishing 教材出版,125-127

  and "free flow", Manufacturing Clause 自由流动,制作条款,120-121

 class consciousness in 阶级意识,287-299

 class struggle:Quebecois 阶级斗争:魁北克,288-292

 Fine Arts 美术

  and Canadian struggles for autonomy 加拿大人争取自治,216

  Massey Commission 马西皇家委员会,207

  state intervention in 国家干预,201-207

 interlocked with United States via investment 通过投资与美国联系在一起,91-92,100-101

 magazines 杂志

  business periodicals 商业杂志,114-115

  "consumer magazines", marketing agent 消费者杂志,经销商,111-114

  distribution dominated by United States 美国控制的发行,112-113

  ethnic press 民族刊物,115

  postal subsidies to 邮政补贴,111-112

  Rohmer Royal Commission policy proposals for autonomy 以文化自治为目的的罗默皇家委员会政策建议,113-114

  Time and *Reader's Digest* 《时代》和《读者文摘》,113

 miniature replica effect 微型复制品效应,92

 motion pictures 电影

  Canadian Film Development Corporation 加拿大电影发展公司,137

National Film Board 国家电影局,135-136

a no-branch-plant-branch-plant industry 没有分公司的分公司行业,129-130

Québec film production 魁北克地区的电影制作,136-137

struggle over national film policy 围绕国家电影政策而展开的斗争,135-138

newspapers 报纸

Canadian Press, modelled on and dependent on Associated Press 模仿并依赖美联社而创建的加拿大通讯社,108

competitive newspapers to about 1900 1900年的竞争性日报,107

mergers of 合并,108

news flow north, news trickle south 新闻如潮水般涌向北方,新闻如涓涓细流般流向南方,111

postal rate subsidies for 邮政补贴,106

open United States intervention against Diefenbaker government 美国对迪芬贝克政府的公开干预,101-102

postal and print media policy and structure of Canada and United States, on British model 基于英国模式的加拿大和美国的邮政和印刷媒体政策与结构,104-105

radio broadcasting 广播

aid by CBC to commercial stations 加拿大广播公司对商业电视台的帮助,173-174

Canadian Broadcasting Corporation 加拿大广播公司

analogous to share of audience in United States of Public Broadcasting System 与美国公共广播系统的受众份额的比较,187-188

nation-building role of CBC radio 加拿大广播公司的节目所起到的凝聚加拿大人的民族意识的作用,174-175

radio broadcasting after 1953 1953年之后的广播,186-187

Canadian National Railways 加拿大国家铁路公司,163-164,169

Canadian Radio Broadcasting Commission,1932 1932年的加拿大无线电广播委员会,168-171

Canadian Radio League 加拿大无线电联盟,165-168,169,171,179

Canadian Newspaper Radio Association 加拿大报纸广播协会,170

direct advertising forbidden in prime time,1922 1922年,黄金时段禁止播送直接广告,163

Parliamentary Commission,1932 1932年议会委员会,166-168

tariff of 1878 induced massive direct investment from United States 1878年出台的关税法导致美国大规模的直接投资,61-62

telecommunications 电信业

Bell Telephone Co., federally chartered branch plant 贝尔电话公司,联邦政府特许设立的分公司,141-145,146-148,149-150

359

common carrier status 公共承运人的地位, 144-146

early service and price policies 早期服务和价格政策, 142-143

later monopoly policies of 后来的垄断政策, 146-150

vertical integration with Northern Electric 与北方电气公司的垂直整合, 149-150

British Columbia Telephone Co., federally chartered branch plant 不列颠哥伦比亚省电话公司,联邦政府特许设立的分公司, 151-153

Canada's role as United States ally at WARC 1979 加拿大在1979年的世界无线电行政会议上充当美国的盟友, 156

data processing 数据处理, 148-149

information/subsistence substitution 信息/生存替代, 156-157

small telecommunications companies 小型电信公司, 152

public ownership of in prairie provinces 草原省份的公共所有权, 146

radio spectrum allocation policy 无线电频谱的分配政策, 152-156

television broadcasting 电视

cable television innovated by Consciousness Industry 意识工业革新有线电视产业, 182-183

CBC forced to increase advertising 加拿大广播公司被迫增加广告播出量, 180-181

CBC subsidies to commercial stations 加拿大广播公司对商业电视台的补贴, 180-181

direct reception of United States programs via satellite 通过卫星直接接收美国电视节目, 188-189

dominance of cable TV by few giants 几家大型公司掌控有线电视产业, 184

Massey Royal Commission 马西皇家委员会, 178-179

Canalization 引导, 256-257

Capitalism 资本主义

"censorship", propaganda term in 审查,宣传用语, 235

class struggle in 阶级斗争, 2-3,第12章

creation of the corporation 公司的创建, 57-58

"general staff" of creators of monopoly capitalism 垄断资本主义创建者的总参谋部, 58-59

ideological values of 意识形态价值观, 16-18

mercantilism, cultural screen for capitalist empires 重商主义,资本主义帝国的文化甄别制度, 232-233

self-destructive competition in 19th century capitalism 19世纪资本主义自我毁灭的竞争, 54-55

and socialist countries 社会主义国家, 3, 190-216

and third world countries 第三世界国家, 3, 附录

Chandler, A. D. A. D. 钱德勒, 55, 85-86

China 中国, 27, 226-227, 229-231, 242-248

Class consciousness 阶级意识

of aged 老人的,273-274

of Blacks 黑人的,273,282-284

of Chicanos 奇卡诺人的,273,282-284

in Canada 加拿大的,286-299

crisis of systemic legitimacy 制度的合法性危机,281

defined 定义,273

of Indians 印第安人的,282-284

no general revolutionary class consciousness in United States and Canada 美加两国不存在普遍性的革命阶级意识,273

of Puerto Ricans 波多黎各人的,273,282-284

of Québécois 魁北克人的,273,289-292

sexism 性别歧视,285-286

and youth 青年的,274

Class struggle 阶级斗争

and development in socialist countries 在社会主义国家的发展,230-232

principal contradiction in 主要矛盾,270-273

in United States 在美国,60-61,第12章

Commodities 商品

Internal contradictions, and ideology 内部矛盾和意识形态,4-5,223-225

and style and quality control 时尚潮流和质量控制,11

Commoner, Barry 巴里·康芒纳,18

Communications 传播

Origins of study of in propaganda needs of government and Consciousness Industry 为满足政府和意识工业的宣传需求而展开的早期研究,250

Consciousness 意识

defined 定义,271

not on scholarly agenda in Canada and United States 不在美加两国学术界的研究范围内,272

Consciousness Industry 意识工业

amateurs as market for 作为市场的业余爱好者,214-215

based on scientific management of people 基于对普通人的科学管理,62-65

centrality of art to struggle between Consciousness Industry and people 艺术在意识工业同普通人之间的斗争中的重要性,211-216

communications satellites, processing of data 通信卫星、数据处理,84

dependence of on advertisers and advertising agencies 对广告商和广告代理商的依赖,75-76

as sentinel and protagonist 作为哨兵和主要拥护者,276

sports markets, art and audiences 体育市场、艺术和受众,213-214

Conversion 改变,256

Coolidge, C. 卡尔文·柯立芝,89-90

Crean, S. 苏珊·克林,135-138,203,205-209

Culture 文化,190-191

D

Dagger, F. 弗朗西斯·达格,142-143

Daniellian, N. R. N. R. 丹尼利恩,259

Data processing 数据处理

in scientific management 在科学管理中,86-87

teleprocessing 远程处理,148-149

Deng Xiaoping 邓小平,244

Determinism and "technology" 决定论和"技术",219

Deutsch, J. 约翰·多伊奇,101

Development 发展

 capitalist "technology" produces underdevelopment 资本主义"技术"导致欠发达状态的出现,3-4

 "censorship", propaganda term of capitalism "审查",资本主义的宣传用语,235

 China：dialectical process of "technology", cultural screening, class struggle, and development 中国："技术"、文化甄别、阶级斗争和发展的辩证过程,226-248

 cultural screens 文化甄别,232-248

 defined 定义,19-20

 destruction of cultural screens of traditional societies 传统社会的文化甄别导致的破坏,232-248

 International Commission for the Study of Communications Problems 传播问题研究国际委员会,239-240

 and international division of labor 国际范围内的劳动分工,236

 national screens 国家的甄别,241-242

 New International Economic Order，New International Information Order 国际经济新秩序、国际信息新秩序,236-241

 processual nature of 过程性本质,19

 tariffs, embargoes and quotas as screens 作为甄别手段的关税、禁运和配额制,241-242

and xenophobia and class struggle 仇外和阶级斗争,235-236

Dexter, Gail 盖尔·德克斯特,216

Dimaggio, Paul and Useem, M. 保罗·迪马乔和M.尤西姆,205

Dixon, M. M.迪克逊,286

Domestic (putting out) system 国内(外包)制,116-117

Drache, D. D.德拉赫,94,99

Dulles, J. F. 约翰·福斯特·杜勒斯,11,155

E

Electronic information tiger 电子信息老虎,附录

 vulnerability of dominant system to disruption 主导体制易于崩溃的脆弱性,294-299

Electrospace 电子空间,300

Ellul, J. 雅克·艾吕尔,219

Empire 帝国

 mercantilism as cultural screens for capitalist empire 重商主义是资本主义帝国文化甄别的一种形式,232-233

 United States empire and free flow of information 美帝国和信息的自由流动,11

Equipment and liberation 设备和解放

 horizontal networks of and liberation 水平的网络和解放,297-299

 obstacles to use of equipment for liberation movements 为了解放运动而使用设备所遇到的障碍,298

 PEACESAT 泛太平洋卫星教育与通信实验,298-299

索引

theory of 理论,299
Escape 逃避,260-261
Ewen,S. 斯图尔特·尤恩,43,44,88
Explicitness vs implicitness 明确的还是隐晦的,257-258

F

Facsimile broadcasting 广播传真,83-84
 and"technology" "技术",221
Frank,A. G. 安德鲁·冈德·弗兰克,20
Frankfurt School 法兰克福学派,25,268
Fromm,E. 埃里克·弗罗姆,9

G

Gagne,W. 华莱士·加涅,219
Galbraith,J. K. 约翰·肯尼思·加尔布雷斯,24,250
General Telephone and Electronics Corporation 通用电话与电子公司,151
Gifford,W. 沃尔特·吉福德,77
Goodis,J. 杰里·古迪斯,8,75-76
Gramsci,A. A.葛兰西,25
Gray,H. M. 霍勒斯·M.格雷,146
Great Britain 英国
  Arts Council of,model for Canada 艺术委员会,加拿大模仿的模式,207
  BBC model and the class cultural context 英国广播公司的模式和阶级文化背景,78,159,164-165
  British model of policy and structure of postal,press,and publishing in Canada and United States 美加两国邮政、印刷媒体和出版业的政策与结构复制了英国模式,103-106
  common carrier concept for regulation of telephone and telegraph derived from English common law 来自英国普通法的电话与电报监管中的公共承运人概念,145-146
  denied Canada right to adopt own copyright laws until 1911 1911 年前,加拿大无法实施自己的版权法,120
  disappearance of British empire coincided with shift of Canadian dependency to United States 英帝国的消失与加拿大转向对美国的依附同时发生,3-4
  effect of World Wars Ⅰ and Ⅱ on decline of British power 两次世界大战对英帝国霸权衰落的影响,78-79,100
  Factory system abuse of workers made militant radicals 工厂制度对工人的虐待激起了激进分子的武力反抗,55-56
  illegality of corporations under English common law 股份公司在英国普通法条款下是非法的,57-58
  investment by Britain in Canada 英国在加拿大的投资,96,100-101
  mercantilist policy of,applied to Canada 应用于加拿大的重商主义政策,94,95
  patent medicine advertising in,in 18th century 18 世纪的专利药广告,67
  reciprocal growth of technique and scale of newspaper production in,in 19th century 19 世纪技术的发展和报纸生产规模的扩大相互促进,69-70
Greene,F. 费利克斯·格林,259
Gresham's law 格雷欣法则,160
Grierson,J. 约翰·格里尔森,135-136
Griffith,D. W. D. W. 格里菲斯,130

H

Hardin, Garrett 加勒特·哈丁, 300
Harris, L. 卢·哈里斯, 278-281
Hauser, A. A. 豪泽, 193, 197-198
Herring, E. P. E. 彭德尔顿·赫林, 162
Herzog, H. 赫塔·赫佐格, 259
Hinchman, W. R. W. R. 欣奇曼, 300
Hogan, J. V. L. 约翰·V. L. 霍根, 83-84
Hoover, J. Edgar 约翰·埃德加·胡佛, 258
Howe, C. D. C. D. 豪, 101, 135, 172
Hull, C. L. C. L. 赫尔, 251
Hungary 匈牙利, 226

I

Ideology 意识形态
    defined 定义, 16-18, 271
    elitist nature of Canadian 加拿大人的精英主义本质, 102
    linked to central values and institutions of art and science 与核心价值, 以及艺术和科学机构的关联, 192-216
    role of artists in 艺术家的角色, 212
Information 信息
    and cultural screens 和文化甄别, 232-248
    free flow of 自由流动, 11, 155-156
    "Manufacturing Clause" and one way flow of "制作条款"和单向流动, 121-122
    New International Information Order 国际信息新秩序, 236-241
Information/subsistence substitution 信息/生存替代, 156-157
Innis, H. 哈罗德·英尼斯, 6, 51, 70n, 100
Institutions 机构
    capitalist context of dominant institutions 居于主导地位的机构的资本主义背景, 2

J

Jefferson, T. 托马斯·杰斐逊, 91
Johnson, L. A. 利奥·A. 约翰逊, 98-99

K

Kant, I. 伊曼纽尔·康德, 202-203
Katz, E., and Foulkes D. E. 卡茨与D. 福克斯, 260-261, 282
Kesterton, W. H. W. H. 凯思特顿, 110
King, W. L. M. W. L. M. 金, 62, 101
Klapper, J. 约瑟夫·克拉珀, 39, 251-262, 276, 282
Knight, M. M. M. M. 耐特, 22, 53n, 57n
Kolko, G. G. 科尔科, 61
Kotler, P. 菲利普·科特勒, 87

L

Labor power 劳动力
    conditions of production of under monopoly capitalism 垄断资本主义制度下的生产条件, 44-47
    cottage industry production of in mid-19th century 19世纪中叶家庭手工业劳动力的生产, 43-44
    theory 理论, 48-51
Ladd, E. C. E. C. 拉德, 281
Lasswell, H. D. H. D. 拉斯韦尔, 195
Lazarsfeld, P. F. 保罗·F. 拉扎斯菲尔德, 18, 255-256, 259-261

索 引

Laxer, J. and Laxer, R. 拉克色夫妇, 291-292
Leiss, W. 威廉·莱斯, 41
Leisure 休闲
 under monopoly capitalism all time of most people is work time 垄断资本主义制度下,大多数人在所有时间里都在工作, 42-47
 mystification of by bourgeois sociologists 资产阶级社会学家对其的神话化, 48-49
Lenin, V. I. V. I. 列宁
 and ideology 和意识形态, 16
 and modernization in China 和中国的现代化, 245, 247
Levitt, T. N. T. N. 莱维特, 40
Lewin, K. 库尔特·勒温, 257
Liebling, A. J. A. J. 利布林, 37
Linder, S. B. 斯塔芬·B. 林德, 42
Livant, Bill 比尔·莱文特, 47-49, 94
Lorimer, J. 詹姆斯·洛里默, 128-129
Lowenthal, M. M. 洛文塔尔, 25, 258
Lukacs, G. G. 卢卡奇, 201

M

Mander, Gerry 格里·曼德, 266
Marcuse, H. 赫伯特·马尔库塞, 282
Market research 市场调查
 and academic research 和学术研究, 254-255
 demographics and psychographics 人口统计学和消费心理学, 10
Martines, L. 劳罗·马丁内斯, 198-199
Mass market paperbacks 大众市场平装书, 120, 124-125

Mass media 大众媒体
 and audience production 和受众生产, 29
 basis of political power 政治权力的基础, 19-20
 "independence" of editorial and "free lunch" content in 编辑内容和"免费午餐"内容的"独立性", 14-17, 37-38
 and new markets: sports 和新的市场:体育, 213-214
 news management 新闻管理, 14, 71-73,
 screen ideological values 甄别意识形态价值观, 17
 shock troops of Consciousness Industry 意识工业领域的突击部队, 4-5
Massey Royal Commission 马西皇家委员会, 178-179, 207
Mao Zedong 毛泽东
 capitalist road 资本主义道路, 229-230
 electronic information tiger 电子信息老虎, 295, 300-318
 one divides into two 一分为二, 57
 public opinion and change 舆论和变化, 271, 286
 theory and practice 理论与实践, 27
Marx, K. 卡尔·马克思
 and classical economists ignored advertising 和古典经济学家都忽略了广告, 54
 conception of production and consumption compatible with realistic theory of advertising 生产和消费的观念,同广告的现实主义理论相匹配, 68
 and demand management 需求管理, 24-25
 expected revolution first in Western Eu-

365

rope 预测在西欧出现首次革命,229

factory conditions 工厂的条件,53,55-56

ideology, consciousness and hegemony 意识形态、意识和霸权,15-17

labor power, theory of 劳动力,理论,47-48

revolutionary role of bourgeoisie 资产阶级的革命作用,217,270

Matson, F. 弗洛伊德·马特森,196

Mattelart, A. 阿芒·马特拉,268

Mayflower decision 五月花决定,72

Melody, W. H. W. H. 梅洛迪,147n,148,150

Merton, R. and Lazarsfeld, P. 罗伯特·默顿和保罗·拉扎斯菲尔德,18,255-257,259

Mesthene, E. G. E. G. 梅斯特内,219

Milgram, S. 斯坦利·米尔格拉姆,229

Mill, J. S. 约翰·斯图尔特·密尔,117

Millionshchikov, M. M. 米林斯奇科夫,230

Mitchell, J. J. 米歇尔,285-286

Moffett, S. E. 塞缪尔·E. 莫菲特,107,111-112

Monopoly capitalism 垄断资本主义

civilian and military sales sectors 民用和军用销售领域,12,79-81

coordinating role of trade associations 同业公会的协调作用,59-60

demand management and induced suction of commodities 需求管理和商品的诱导引力,87-88

evidence of crisis of legitimacy in core area 核心地带的合法性危机的证据,277-281

politically conscious unions and hegemony 有政治意识的工会和霸权,61-62

post-World War Ⅱ conditions for world imperial control 二战后,帝国主义的全球控制的条件,79

and "Technology" 和"技术",219

and TNCs 和跨国公司,11-12,233-234

Morin, C. 克劳德·莫林,289

Motion pictures 电影,129-138

Murdock, G. G. 默多克,49-50

Mulock, W. 威廉·马洛克,142-144

Murrow, E. R. 爱德华·R. 默罗,72-73

McLuhan, M. 马歇尔·麦克卢汉,25n,51,249

McQueen, H. 汉弗莱·麦奎因,14

N

Nader, R. 拉尔夫·纳德,72

National Film Board 国家电影局,135-136

Naylor, R. T. R. T. 内勒,95,96

Newman, P. 彼得·纽曼,94

News agencies 通讯社,29

Nixon, R. 理查德·尼克松

and merchandising candidates for public office 宣传自己的竞选公职的候选人,13-14

and news management 新闻管理,14

Watergate 水门事件,13

Noble, D. E. 戴维·E. 诺布尔,12,63,220-221

Non-aligned movement 不结盟运动,313-318

Non-Aligned Press Agencies Pool 不结盟新闻通讯社大家庭,238

Nora, S. 西蒙·诺拉,295-296

Nordenstreng, K. 卡利·诺顿斯登, 16, 237

O

Ollman, B. B. 奥尔曼, 273

Olympics 奥林匹克

 sports as new markets 作为新的市场的体育, 213-214

One versus both sides 单面信息还是双面信息, 257

OPEC 石油输出国组织, 294-295

Opinion leaders 意见领袖, 258-259

Order, emphasis and organization of message 讯息的顺序、重点与组织, 259

Ortega y Gasset 奥尔特加·伊·加塞特, 1

Ouimet, J. A. J. A. 维梅特, 178-179

P

Palamountain, J. C. 约瑟夫·C. 帕拉蒙顿, 87

Parker, E. C. 埃弗里特·C. 帕克, 277

Parkinson, C. N. C. N. 帕金森, 117

Peace, defined 和平, 定义 19

Pearson, L. 莱斯特·皮尔逊, 102

Peers, F. 弗兰克·皮尔斯, 166-167, 170-171

Persin, J. 琼·培辛, 318

Plaunt, A. 艾伦·普劳恩特, 165, 171

Ploman, E. W. 爱德华·W. 普罗曼, 295

Postal and publishing policy 邮政和出版政策

 European model imported into United States and Canada 移植到美加两国的欧洲模式, 103-108

Privacy 隐私

 computers and data processing 计算机与数据处理, 148-149

 vulnerability of teleprocessing 远程处理的脆弱性, 311-312

Property 财产

 three kinds: private, common, state 三种类型: 私有财产、公共财产和国家财产, 300

 tragedy of the commons 公地悲剧, 300

 under western law means relationship, not thing 西方法律认为, 财产意味着关系, 而不是某样事物, 300

Prothro, J. W. 詹姆斯·W. 普罗思罗, 259

Q

Québécois 魁北克人, 103, 289-292

R

Radio broadcasting 广播

 BBC 英国广播公司, 78, 159-160, 274-275

 civilian spin-off of government R & D and military use 民用同政府研发和军用的分离, 76-77

 dependence on radio spectrum meant continuing struggle between Monopoly Capitalism and prodemocratic forces 对无线电频谱资源的依赖, 意味着垄断资本主义同主张民主的力量之间将持续斗争, 78, 161-163

 educational stations in United States 美国的教育电台, 161-162

 Herbert Hoover and the Radio Act of 1927 赫伯特·胡佛和《1927年广播法案》的出台, 161-162

Radio spectrum 无线电频谱资源

 capitalist imperial first come, first serve versus collective planning 资本主义帝

国主义的先到先得原则同集体规制之间的矛盾,296-297,300-318

characteristics of 特点,301

common/state property 公共/国家财产,301

dependence of monopoly capitalist system on 垄断资本主义制度的依赖,311

fragility and asymmetric use of by core and periphery 脆弱性,以及核心和边缘地带的不均衡的使用,295-297,304,310-311

initial and still dominant interest of military in use of 军事利益是使用过程中的首要的、支配性的利益,304-306,307-308

ITU regulation of allocation policy 国际电信联盟关于分配政策的规定,153-156

a limited rather than scarce resource 有限而非稀缺的资源,310

a non-violent potential deterrent to foreign aggression 以非暴力的方式对外国的侵略形成潜在威慑,316-318

progressive complexity of structure and policy for spectrum use and management 频谱资源使用和管理的结构与政策的日益复杂,306-307

recapture of economic rent 收回经济租金,317

Ricardo's rent theory applied 应用李嘉图的地租理论,308-310

spectrum management: three mutually determining steps 频谱资源管理:三个相互决定的步骤,303

Third World interest in spectrum management 第三世界在频谱资源管理中的利益,312-318

Third World radio spectrum management policy elements 第三世界无线电频谱资源管理中的政策因素,316

Repetition 重复,258

Ricardo,D. 大卫·李嘉图,308-310

Riesman,D. 戴维·里斯曼,43,272

Robinson,Joan 琼·罗宾逊,20

Richeri,G. G.里盖利,50

Rogers,E. E.罗杰斯,259

S

Sauvy, A. 艾尔弗雷德·索韦,20

Schiller, H. I. 赫伯特·I.席勒,25,75,84,235,236-237,268

Scientific management 科学管理 63-64,86-87

Scientism 科学主义,194

Seldes, George 乔治·塞尔迪斯,72

Seldes, Gilbert 吉尔伯特·塞尔迪斯,159,260n

Shummo, Ali 阿里·舒默,302

Siegelaub, S. 塞思·西格尔劳博,268

Siepmann, C. 查尔斯·西普曼,260n,266

Sinclair, U. 厄普顿·辛克莱,71

Skinner, B. F. B. F.斯金纳,251

Smith, Adam, law of comparative advantage 亚当·斯密,比较优势法,93

Social apathy 社会冷漠,261

Spry, G. 格雷厄姆·斯普赖,165-169

Steffens, L. 林肯·斯蒂芬斯,71

Stephenson, M. 玛丽李·斯蒂芬森,44

Stone, I. F. I. F.斯通,72

Symons Commission 西蒙斯委员会,126

索引

T

Tarbell, I. 艾达·塔贝尔,71
Taylor, E. P. E. P. 泰勒,102
Technology 技术
  and determinism 和决定论,219
  for whom and how to produce? 为谁生产,如何生产? 229-232
  full implementation of industrial art as 工业艺术的全面应用,218-219
  ideological character of commodities 商品的意识形态特征,223-225
  political nature of 政治本质,220-223
  propaganda term 宣传术语,217-220
  research and development 研发,218
  scientific management of people 对人的科学管理,62-65
  what is to be produced? 生产出什么? 223-228
Telecommunications 电信业
  data processing 数据处理,148-149
  dependent on international radio allocation policy 对国际无线电频率分配政策的依赖,155-186
  information/subsistence substitution 信息/生存替代,156-157
Theory 理论
  behaviorism and positivism 行为主义和实证主义,194-197
  political power and science 政治权力与科学,195-196
  realistic theory of communications 传播的现实主义理论,23
    audiences define mass media 受众定义了大众媒体,263-264
  childhood audience work 童年时期的受众工作,264-265
  evidence of public face of audiences 受众的公共面孔的证据,277-299
  permits repudiation of technological determinism 得以拒绝技术决定论,51
  the private and public faces of audiences 受众的私人面孔和公共面孔,264-267
  role of audiences in advertisers' campaigns 受众在广告宣传中的作用,263-267
Threats 威胁,258
Trade Associations 同业公会,59
Trainor, L. 林恩·特雷纳,178
Tran, V. D. 德万丁,316
Trudeau, P. T. P. T. 特鲁多,102
Tunstall, J. 杰里米·腾斯托尔,76

U

Unions 工会
  as affected by scientific management 受到科学管理的影响,87
  and control of production knowledge 和对生产流程中的知识的控制,56
  smashing of politically active unions 镇压政治活跃的工会,61
  support and control of Canadian by United States unions 美国工会支持和控制加拿大工会,62
United Church of Christ, Office of Communication 联合基督教会的传播办公室,277

V

Vail, T. N. T. N. 韦尔, 71, 77
Veblen, T. 索尔斯坦·凡勃伦, 43, 57-58, 63, 213
Violence 暴力, 262-263
Voge, M. M. 沃格, 156-157, 295

W

Watson, J. B. 约翰·B. 华生, 88n, 251
Weir, E. A. E. A. 韦尔, 181, 182
Welles, O. 奥森·韦尔斯, 49
Western Union Telegraph Co. 西部联合电报公司
    Canadian operations 加拿大运营, 139-141
    mutual aid pact with Associated Press 与美联社签订相互援助的协议, 59
Wiebe, G. G. 维贝, 257
Williams, R. R. 威廉斯, 25
Work 工作
    before the factory system 工厂制出现之前, 53
    defined 定义, 26
    services 服务部门, 86-87

X

Xenophobia 仇外, 235

Z

Zaretsky, E. E. 扎列特茨基, 285-286

译　　跋

吴畅畅

历经七年，达拉斯·斯迈思这本《依附之路：传播、资本主义、意识和加拿大》终于要与读者见面。此时百感交集，有愧疚，也有兴奋。愧疚在于，因为过去五年忙于其他事务，不得已耽误了这本书翻译和校对的进程；兴奋在于，在多方努力下，斯迈思这本最具影响力、在国内经常被提及的著作的中文版即将由北京大学出版社付梓。

这本书的出版，首先要感谢赵月枝教授的信任。六年前她将此书稿交予我校对，并始终关注这本书的校对和出版情况。其次要感谢周丽锦编辑。对这本书的前期文字工作，她给予最大限度的耐心与等待，并在后期编校过程中展现出扎实的文字功底，对文字的疏通起到极为关键的作用。也要感谢从未谋面的合译者张颖，感谢她在最艰难的时刻坚持翻译完初稿，感谢她对我的校对和编辑工作所花时间的容忍。还要感谢姬德强，他一直关心此书的翻译出版情况。最后，感谢我的父母，让我可以更加珍惜生命的当下每刻。

这本书的分工如下：第一章到第五章，张颖初译，吴畅畅进行全面精校；第六章到第七章，张颖初译，吴畅畅进行粗校；第八章到第十二章，与附录，吴畅畅翻译。全书所有章节，周丽锦再次进行精校，保证文字畅晓无误，最终吴畅畅校对定稿。

2014年以来，国内网络视频强势崛起，针对青少年展开了一场轰轰烈烈的青年文化运动；主流媒体的对外传播在复杂的地缘政治和国际关系甚至重大公共事件（例如今年的新冠疫情）中，直接遭遇信息和舆论战争。这些情况的出现，再次紧迫地向我们提出了斯迈思近半个世纪以前就已提出的社会主义现实主义文化体系的主体和自主问题。也希望各位读者在阅读完这本从制度经济学的角度分析加拿大的传播在垄断资本主义核心地带的依附地位的著作,能清晰地感受到斯迈思对彼时构建世界新闻传播新秩序的宏大愿景,以及构建社会主义传播体系的真诚期许。

谨以此书献给所有投身社会主义建设的普通人。

于上海

2020 年 5 月 13 日